제2판

교수개발가이드

교수학습센터의 설립,
조직, 관리 및 운영,
평가에 관한 가이드북

제2판

교수개발가이드

교수학습센터의 설립, 조직, 관리 및 운영, 평가에 관한 가이드북

Kay J. Gillespie, Douglas L. Robertson and Associates 엮음

장은정, 홍성연, 신종호 옮김

∑ 시그마프레스

교수개발가이드, 제2판

발행일 | 2015년 9월 25일 1쇄 발행

저자 | Kay J. Gillespie, Douglas L. Robertson and Associates
역자 | 장은정, 홍성연, 신종호
발행인 | 강학경
발행처 | (주)시그마프레스
디자인 | 이상화
편집 | 이지선

등록번호 | 제10-2642호
주소 | 서울특별시 영등포구 양평로 22길 21 선유도코오롱디지털타워 A401~403호
전자우편 | sigma@spress.co.kr
홈페이지 | http://www.sigmapress.co.kr
전화 | (02)323-4845, (02)2062-5184~8
팩스 | (02)323-4197

ISBN | 978-89-6866-511-0

A Guide to Faculty Development, 2nd Edition

＊ 책값은 책 뒤표지에 있습니다.

이 도서의 국립중앙도서관 출판시도서목록(CIP)은 서지정보유통지원시스템 홈페이 지(http://seoji.nl.go.kr)와 국가자료공동목록시스템(http://www.nl.go.kr/kolisnet)에 서 이용하실 수 있습니다.(CIP제어번호 : CIP2015024437)

역자 서문

> 교사의 영향력은 영원하다. 교사는 자신의 영향력이 어디서 끝날지 결코 말할 수 없다.
>
> – Henry Brooks Adams

인간은 가르침과 배움을 함께 공유하며 평생 끊임없는 성장을 거듭해 왔다. 대부분의 교수자는 교수(teaching)의 결실로 성장하는 학습자에게 투영되는 자신의 모습을 보면서 보람을 느낄 때도 있지만 간혹 약간의 두려움을 느낄 때도 있을 것이다. 그러하기에 교수자는 그 두려움을 느끼지 않기 위해 끊임없이 자신을 채찍질하며 제자리에 머무르지 않고 전후좌우를 살피면서 긍정적인 변화를 지속적으로 추구하여야 한다. 가르치는 즐거움은 배우는 즐거움을 능가할 수 있으며 잘 가르치기 위해서는 가르치는 자가 배움을 게을리 하지 말아야 한다.

대학 교육 현장에서 잘 가르치는 데 필요한 전문성을 갖추는 것과 수업의 질을 향상시키는 것의 중요성이 우리나라에서 부각된 것은 채 20년 정도밖에 되지 않았다. 대학의 교수학습을 증진시키기 위해 1990년대 중반부터 교수학습센터(Center for Teaching and Learning)가 설립되기 시작하였다. 2001년 12월 대학교육개발센터협의회가 발족한 이래로 현재 200여 개의 대학이 가입하여 활발히 운영되고 있다. 한국의 교수학습센터는 이제 한층 성장기에 들어섰으며 '잘 가르치는 대학'을 표방하는 대학이 나타났고 고등교육의 전문성 향상을 위한 다양한 워크숍과 세미나, 그리고 활발한 연구가 진행되고 있다. 그리고 대학교육의 개선을 위한 연구자와 대학의 노력은 앞으로도 계속될 것으로 보인다.

역자들은 대학의 교수학습 분야에서 일하고 연구하면서 교수개발이라는 주제를 체계적으로 정리한 기본서가 마땅하지 않다는 아쉬움을 늘 마음 한구석에 가지고 있었다. 그때 마침 *A Guide ot Faculty Development*라는 책의 제2판이 출판된 것을 발견하였고 이 책이라면 우리들의 갈증을 해소해 줄 수 있을 것이라는 영감을 받아 의기투합하여 번역을 하게 되었다.

이 책은 고등교육 분야의 교수개발에 관한 기본적인 내용부터 각 대학의 특성에 맞는 구체적인 실제사례까지 총망라하였으며 교육현장에 있는 저자들이 일하면서 고민한 흔적이 고스란히 묻어난다. 따라서 이 책은 교수개발에 관하여 공부하고 있는 대학생과 대학원생, 그리고 교수학습센터에서 교수개발에 관한 연구와 실무를 담당하고 있는 모든 분께 유용한 이론과 실제를 경험할 수 있도록 도와줄 것이다.

31명의 저자가 쓴 원서를 번역하면서 가능하면 독자들이 쉽게 이해할 수 있도록 노력하였으나 여러 저자의 글을 일관성 있게 풀어가는 데 많은 어려움이 있었다. 혹시 의미가 통하지 않거나 부족한 부분이 있더라도 넓은 마음으로 양해해 주기를 바라며 필요하면 원서를 통해 다시 한 번 의미를 확인할 수 있기를 바란다.

3명의 역자가 이 책을 번역하고 편집을 거쳐 세상에 나오기까지 열과 성을 다하여 함께 작업해 주신 이지선 선생님과 (주)시그마프레스 강학경 사장님, 그리고 출판을 도와주신 모든 관계자 여러분들께 진심으로 감사드린다.

그리고 이 책이 한국 대학의 교수학습의 질을 한층 더 향상시킬 수 있는 근간이 되는 기본서이자 필독서가 되기를 희망한다.

2015년 9월

장은정, 홍성연, 신종호

저자 서문

980년대 중반, POD 네트워크(Professional and Organizational Development Network)는 이 분야를 위한 핸드북의 필요성을 인식하였다. Gillespie(2002)가 저술한 이 책의 이전 판은 Wadsworth, Hilsen, & Shea(1988)의 *Handbook for New Practitioners*의 의미 있는 확장이라고 할 수 있다. 고등교육과 이 분야는 제1판이 출판된 후 10년도 되기 전에 제2판이 필요하고, 이 책이 출판이 되기 전부터 번역에 대한 요구가 있을 만큼 충분히 역동적이다. 제2판은 새로운 저자들과 18개의 새로운 챕터를 포함하여 전면 개정하였다.

이 책은 소속대학에 가치 있는 서비스와 상담, 리더십을 제공하고 있는 모든 교육개발자를 도울 수 있도록 설계되었다. 이 책은 비교적 짧지만 빠르게 성숙해 가고 있는 이 분야의 특성과 유용성, 약속에 대해 이해하기를 원하거나 알아야 할 필요가 있는 행정가, 교수, 재단이사, 입법가, 학생들을 위하여 교육개발 분야의 모습을 상세하게 서술하였다.

이 책은 23개 장을 제3부로 묶었다. 제1부 '교수개발 프로그램의 수립과 유지'는 8개 장으로 구성하였다. 제1부에서는 교육개발 분야의 도입, 역사, 문헌, 핵심 주제, 성공적인 교육개발 프로그램을 수립하고 유지할 때 수반되는 기본적인 이슈, 의사결정, 실천, 뛰어난 교육개발자가 되기 위해 요구되는 필수적인 지식과 기술에 대한 논의를 제공한다. 제2부 '교수개발의 핵심요소 : 평가, 다양성, 테크놀로지'는 8개 장으로 구성되어 있다. 제2부에서는 프로그램, 수업, 학습의 평가에 대해 다루고, 교육개발자가 교수와 학생, 직원을 돕고 다문화적이고 상호문화적인 유능함을 갖추기 위하여 반드시 알아야 하는 것이 무엇인지를 탐색하고, 교육개발자들의 업무 수행을 위한 효과적인 테크놀로지 활용방법뿐만 아니라 교수들이 수업에서 테크놀로지를 효과적으로 사용할 수 있도록 도울 수 있는 방법을 논의한다. 마지막으로 제3부 '기관 유형, 경력 단계, 조직에 따른 교수개발'은 7개 장으로 구성되어 있으며 다양한 교육기관 유형에서의 교육개발을 탐색하고 다양한 경력 단계에 있는 교수들을 지원할 수 있는 방법을 조사하고 교육개발자들이 소속 교육기관에서 조직개발을 위해 수행할 수 있는 역할을 논의한다.

이 책의 독자들은 이 분야가 교육개발(educational development), 교수개발(faculty development), 전문성 개발(professional development)과 같이 수많은 용어로 명명되고 있다는 것을 알게 될 것이다. 사실 독자들은 이 책이 전통적이긴 하지만 점점 부정확한 이름이 되어 가고 있는 교수개발(*Faculty development*)이라는 이전의 책 제목을 그대로 유지하고 있다는 것을 알아챌 것이다. 이 분야를 뭐라 명명할 것인지는 명확하지 않다. 이 분야의 관심과 전문성, 그리고 핵심 목적은 교수개발 이상의 것을 포함하고 있다. 그러나 우리 직업 공동체는 이 분야를 어떻게 명명해야 할지 아직 합의에 이르지 못하였다. 이 책의 편집자로서 이 분야를 무엇이라 명명할 것인가에 대한 현재의 대화는 생산적이기 때문에 저자들의 기고에 공통의 용어를 강요하는 것은 현재 시점에서 부적절하다고 생각한다. 따라서 편집자로서 우리는 이 대화를 너무 조급하게 제한하지 않기로 하였으며, 이에 따라 독자들은 이 책에서 다양한 용어들을 접하게 될 것이다. 그렇긴 해도 이 책의 제3판이 출간될 때에는 용어에 대한 합의가 이루어질 것이며, 책의 제목도 반드시 개정되어야 한다고 우리는 굳게 믿고 있다.

31명의 저자들이 저술한 23개의 장에서 몇몇 사항은 서로 다른 저자들이 반복하고 강조하였다. 몇몇 저자는 동일한 이슈에 대하여 다른 의견을 내었다. 물론 모든 저자가 각자 독자적으로 논의하는 이슈에 대하여 독창적인 의견을 제시하였다. 이러한 복잡성은 여러 가지 의견의 수렴과 합의가 이루어지고 성장하고 있는 현재의 교육개발 분야를 잘 보여주는 것이다. 우리는 이 책을 통하여 독자들이 지금까지 이루어진 이 분야의 모든 풍성한 축적물과 실현될 수 있는 모든 가능성을 경험하기를 희망한다.

Kay J. Gillespie

CKF Associates in Higher Education Development

Douglas L. Robertson

Florida International University

참고문헌

Gillespie, K. H. (Ed.). (2002). *A guide to faculty development: Practical advice, examples, and resources*. Bolton, MA: Anker.

Wadsworth, E. C., Hilsen, L., & Shea, M. A. (Eds.). (1988). *A handbook for new practitioners*. Stillwater, OK: New Forums.

차 례

●●●

제1부
교수개발 프로그램의 수립과 유지

제3부

기관 유형, 경력 단계, 조직에 따른 교수개발

교수개발 프로그램의
수립과 유지

제1부는 교수개발 분야의 도입, 역사, 문헌, 핵심 주제를 소
개하고, 성공적인 교육개발 프로그램을 수립하고 유지하기
위한 기본적인 이슈, 의사결정, 실천이 무엇인지 확인하며,
뛰어난 교육개발자에게 요구되는 필수적인 지식과 기술에
대해 논의한다.

1

교수개발 개관
역사와 선택

Mathew L. Ouellett

이 장의 목적은 다음에 이어지는 후속 장들을 위한 폭넓은 무대를 마련하고 교수개발 업무를 지속적으로 개선하고 확장하기 위해 필요한 핵심 질문을 제안하며 이론과 실천에 근거하여 저술된 문헌들에 대하여 독자들의 관심을 환기시키기 위한 것이다. 교수개발 분야의 실천가들에게 희소식은 과거 수십 년 동안 왜 우리가 우리의 방식대로 우리의 업무를 추구하는지, 우리가 하는 일을 어떻게 해야 하는지, 우리가 하는 일을 뒷받침하는 원칙과 가치가 무엇인지 분명하게 보여줄 수 있는 지식체계를 우리의 동료들이 지속적으로 발전시키고 있다는 것이다.

용어와 범위

이 책의 서문에서 편집자들은 현재 교육개발(educational development), 교수개발(faculty development), 전문성 개발(professional development) 등의 용어가 불분명하고 혼용하여 사용됨으로써 발생하는 혼란에 대해 이야기하였다. 편집자가 지적한 바와 같이 우리 공동체는 어떤 단어가 우리의 업무를 가장 잘 기술할 수 있는지에 대하여 의견을 일치시켜 가는 과정에 있지만 아직 합의에 이르지는 못하였다. 따라서 이 책의 독자들은 수많은 용어로 불리고 있는 여러 분야를 경험하게 될 것이다.

특정 장에서 심층적으로 다루어지는 주제에 대한 폭넓은 토대를 제공하기 위해서 이 장에서는 첫째, 역사적 맥락을 요약하고, 둘째, 이 책의 다른 장에서 다루어질 질문과 주제를 소개하고자 한다.

교수개발의 약사

역사적으로 미국의 대학들은 오랫동안 교수들의 학문적 전문성을 강화하고 연구의 성공과 발전을 위하여 지원하였다. Lewis(1996)는 아마도 1810년 하버드대학교에서 도입한 안식 휴가가 교수개발의 가장 오래된 형태일 것이라고 지적하였다. 초기 교수개발 프로그램의 주요 목적은 교수가 소속 분야에서 보다 훌륭한 학자가 될 수 있도록 지원하기 위한 것이었으며, 1960년대까지 대학은 교수의 연구 전문성 향상에 초점을 두어 지원하였다.

오늘날 우리가 이해하고 있는 교수개발은 1950년대 후반과 1960년대의 사회경제적 격동기에 미국 고등교육에서부터 부상하기 시작했다(Bergquist, 1992; Rice, 2007; Sorcinelli, Austin, Eddy, & Beach, 2006). 미국 전체 고등교육에 퍼진 학생권리운동(student right movement)의 등장과 함께 학생들은 자신들이 공부하는 것(예 : 민족학 프로그램의 부상)에 대하여 더 많은 통제력을 행사하기를 요구하였고, 지루하거나 쓸모없다고 생각하는 과목에 대하여 교사들에게 개선을 요구할 수 있는 권리를 주장하였다(Gaff & Simpson, 1994). 게다가 학생의 관점에서 교육과정의 내용을 자신들의 경험과 관심, 열망에 비추어 더 적절한 과목이라고 기대하는 것으로 결정할 수 있는 일정 역할을 요구하기 시작하였다.

1960년대와 1970년대는 교수의 삶을 돌이켜 볼 때 교수의 중심 업무가 확장되는 시기였다. 이 시기에 교육과 봉사의 수월성에 대한 관심이 확대되고 거기에 따르는 보상을 제공하기 시작하였다. 이는 그때까지 일반적으로 허용되었던 연구와 저술에서의 성공이 교수 성공의 기준이라는 독점적인 규정과의 극적인 결별을 의미하는 것이었다. 교수들은 대학의 경력적 보상, 특히 정년심사와 승진기준 같은 경력적 보상에 교수들의 업무 특성을 폭넓게 이해하고 반영하여야 한다고 주장하기 시작하였다. 대학 교수진들에 대한 보상과 역할에 대한 이러한 관점의 전환은 인간잠재능력개발운동과 학생권리운동이라는 두 가지 중요한 사회 운동과 밀접하게 관련이 있었다. 이 시기에 연구자의 역할에 대한 전통적인 관점이 재평가되기 시작했으며, 수업의 수월성에 대하여 관심을 가지는 교수들의 가치와 그들에 대한 보상을 재검토하기 시작하였다. 그리고 이러한 대화는 전문 협회 내부에서뿐만 아니라 대학 캠퍼스에서도 계속되고 있다.

교수개발 업무의 진화 단계

많은 연구자들이 과거 수십 년 동안 이루어진 교수개발 분야의 연구와 실천의 진화 단계를 이해하기 위한 모델들을 제안하고 있다(Rice, 2007; Sorcinelli et al., 2006; Tiberius, 2001). Sorcinelli 등(2006)은 ‘*Creating the Future of Faculty Development: Learning from the Past, Understanding the Present*’에서 교수개발의 진화를 네 가지 과거 시대(학자, 교사, 개발자, 그리고 학습자)와 하나의 새로운 시대(네트워커의 시대)로 구분하였다.

Sorcinelli 등의 개념화에 따르면 1950년대 중반에서 대략 1960년대 초반을 첫 번째 단계로 구분하고, 이를 학자의 시대(age of scholar)로 기술하였다. 이 시기 교수개발 활동의 목적은 학문적인 경쟁력을 향상시키기 위한 것이었다. 1950년대와 1960년대 초반 몇몇 소수의 교육기관이 수업 개선을 다루는 공식적인 프로그램을 보유하고 있었다. 하지만 그 지원의 초점은 연구 성공과 저술 비율로 나타나는 학문적 전문성을 개발하는 것에 있었다. Heiss(1970)는 그 시기에는 ‘이론과 실천에의 엄격한 노출’을 통한 연구 능력의 개발은 존중되었지만, 수업 능력은 교수진의 연구가 증가하면 ‘자연스럽게’ 또는 자동적으로 따라오는 것이라는 입장이 보편적이었다고 언급하였다. 이에 따라 당시의 연구자들은 몇몇의 소수 박사과정에서만 교수법에 대한 공식적인 교육 훈련을 포함하고 있었다고 지적하였다(Nowlis, Clark, & Rock, 1968). 실제 교수진들 또한 성공의 경로는 연구와 저술 실적에 기반을 둔다고 이해하고 있었다.

두 번째 단계인 교사의 시대(age of teacher)는 1960년대 중반부터 1970년대에 걸쳐 이어졌으며, 수업 효과성 개선에 대한 교수(faculty), 수업(instructional), 조직(organizational) 요소를 포함하여 확대되었다. 교수 업적 평가의 최종적인 기준을 연구에만 초점을 두고 다른 평가자원을 고려하지 않는 것에 대하여 불만을 품는 교수들의 수가 이 시기에 증가하였다. 이러한 변화 분위기를 인식함에 따라 개인과 재단은 교수의 성취감을 높이고 교수들에게 활력을 불어넣을 수 있는 다른 방법을 모색하고 학문성(scholarship)에 대한 정의의 확장에 대해서 논의하기 시작하였다(Astin, Comstock, Epperson, Greeley, Katz, & Kaufman, 1974; Rice, 2007). 같은 시기에 연구중심대학들이 교수개발 기회를 수립함으로써 이러한 변화 요구에 반응하기 시작하였다(Eble & McKeachie, 1985). Melnik와 Sheehan(1976)은 '일회성' 프로그램, 전문 센터, 재정적 인센티브 프로그램 등 세 가지 핵심적인 형태의 '수업향상 프로그램'이 이 시기에 등장하였다고 기술하였다. 일회성 프로그램은 워크숍, 콜로키움과 같이 상대적으로 짧은 기간에 이루어지는 프로그램이다. '전문 센터'의 예는 1962년 미시간대학교 앤아버캠퍼스에 설립된 교수학습연구센터(Center for Research on Learning and Teaching), 1972년 매사추세츠대학교 애머스트캠퍼스에서 설립한 수업개선클리닉센터(Clinic to Improve Teaching)를 들 수 있다(Melnik & Sheehan, 1976; Tiberius, 2001). 이러한 센터들은 보통 동료 교수들이 수업 개선 서비스와 자문을 지속적으로 제공하였다. 재정적 인센티브 프로그램은 수업 개선 프로젝트를 실천하고 개발할 수 있도록 개별적인 교수진에게 제공하는 소규모 연구비 지원이다. 이 기간 동안 교수개발 또는 교육개발의 진화과정에 있어서 중요한 사건이라 할 수 있는 전문성 및 조직개발 네트워크(POD 네트워크)[1]가 교수들과 고등교육 학자들에 의해 1974년에 설립되었다.

Sorcinelli 등(2006)은 1980년대를 개발자의 시대(age of the developer)라고 정의하였다. 이 기간에는 수많은 교수개발 부서들이 공식적으로 대학 캠퍼스에 등장하였으며, 교수개발자의 역할에 대한 상당한 제도화가 이루어졌다(Eble & McKeachie, 1985; Erickson, 1986; Sorcinelli et al., 2006). 사립재단(예 : Bush, Ford, Lilly 재단)에서부터 출발한 학부교육변화계획은 교육과 교수개발에 대한 새로운 접근방법을 통한 실험과 혁신을 실천하도록 동기를 부여하고 자원을 제공하는 데 일조하였다.

1990년대는 학습자의 시대(age of learner)이다. 이는 수업(teaching)과 교수(instructional)개발의 관심이 교사들의 교수법적 전문성과 플랫폼 스킬에만 집중되어

---

1 [역자주] Professional and Organizational Development Network, 즉 POD는 고등교육에서 교수학습을 증진시키고 교강사 및 조직의 인적자원개발에 관심이 있는 교수개발자, 교수, 행정가, 컨설턴트 등의 네트워크이다. 우리나라의 대학교육개발센터협의회와 유사한 기능을 담당한다(http://www.podnetwork.org).

왔던 것('무대 위의 현자')에서 학생들의 학습에 관심을 갖는 것을 포함하는 것('객석의 안내자'로서의 교사)으로 이동한 극적인 패러다임의 전환이 일어난 시기였다. 이러한 변화는 학습자를 교수학습 방정식에 직접적으로 끌어들이는 능동적이고 협력적인 접근, 문제와 탐구중심 학습전략과 같은 학습자중심 교수법에 대해 급격한 관심을 갖도록 하였다(Barr & Tagg, 1995; Sorcinelli et al., 2006). 이러한 십 년의 기간은 교수, 수업, 조직개발 분야를 계획할 수 있는 새로우면서도 보다 복잡한 선택과 자원이 풍성하게 나타난 시기였다. 교육지원 프로그램은 학문적 전문성을 확장하기 위한 정기적 안식 휴가로부터 시작하여 교수의 전체적인 경력 단계와 역할에 맞추어 교수의 개발과 향상의 요구를 다루는 대학 차원의 종합적인 프로그램으로 진화하였다. 교수지원 프로그램의 빠른 진화는 아마도 교육개발에 대한 보다 체제적인 접근의 가치와 반향을 보여주는 최대의 증거라 할 수 있다.

마지막으로 Sorcinelli 등(2006)은 우리가 현재 새로운 단계인 네트워커의 시대(age of the networker)로 진입하고 있다고 제안하였다. 이 시대의 교수개발자는 "교수개발의 목적을 유지하면서도 보다 명확히 하고 강화해야 하며 대학이 직면한 문제에 대응할 수 있도록 교수진과 대학 지도자와 관계를 맺고 새로운 세기의 도전에 당면했을 때 건설적인 해결책을 제안"하도록 요구받을 것이다.

Sorcinelli 등(2006)이 수행한 설문결과는 대학에서 교육개발 활동의 책임을 맡고 있는 개인들이 빠르게 성장하고 있음을 보여준다. 설문 응답자 중 가장 많은 수가 그들의 주요 역할을 행정가로서 규정하였으며, 그들에게 교수개발은 상대적으로 새로운 분야였다. 그러나 응답자의 5분의 3은 교수신분이었으며 그 외에 몇몇 센터들, 특히 대형 교육기관에 소속된 센터들은 직원신분을 가진 인력을 보유하고 있었다. 이와 같이 교육개발자들은 전통적인 교수경력 경로를 따르기보다는 교육공학과 같은 특정 전문지식을 가진 전문가들이 교육개발 분야에 들어와 일하는 구조를 가진다. "십 년 이상의 경력을 가졌다고 응답한 교수개발자의 4분의 1만이 상대적으로 그 분야가 새로운 것이었다." 이러한 급속한 수의 증가는 경력이 많은 교수개발자와 상대적으로 경험이 적은 교수개발자가 서로 경험을 공유하고 대화를 통해 생각을 발전시키려는 노력을 해야 한다는 것을 의미한다. 당연한 것이지만 교수개발자가 하는 업무를 명확히 기술하려는 표현 역시 진화하고 있다.

공통된 어휘의 정립

일찍이 Francis(1975)는 교수개발을 주로 교실 기반의 개별적인 요구에 맞춘 노력으로서 "학생들의 요구, 교수들의 요구, 교육기관의 요구를 충족시키기 위하여 더 뛰어난 역량과 효과성을 향상시킬 수 있도록 교수들의 태도, 기술 그리고 행동을 변화시킬 수 있도록 추구하는 과정"이라고 정의하였다. 약 20년 후에 Lewis(1996)는 교수개발 분야가 진화해 온 것처럼 교수개발이라는 용어도 교수개발 활동의 세 가지 핵심 분야인 개인개발(자아 성찰, 활력, 성장), 수업개발(교과목과 학습자 기반 계획), 조직개발(프로그램, 학과와 대학 차원의 노력)이라는 의미를 포함하여 보다 확장적인 용어로 진화해 오고 있다고 주장하였다. 이러한 접근은 상호 배타적이지는 않으며, 당면한 문제나 목표에 가장 적합하도록 분야 간의 상호 결합을 통하여 프로그램과 자원을 조정하는 것이라고 Diamnod(2002)는 지적하였다.

Diamond(2002)는 교수개발을 교수개발, 수업개발, 조직개발, 전문성 개발을 위한 독립적 영역으로 제시함으로써 각각의 역할에 대한 보다 자세한 분석을 제안하였다. 그의 관점에서 이러한 역할은 다음과 같이 분석할 수 있다. 교수개발은 개별적인 교수자의 수업 기술 향상에, 수업개발은 교과목과 교육과정을 향상시킴으로써 학습자의 학습 향상에, 조직개발은 교육기관 내에 있는 부서들의 효과성과 상호관계에 대하여 관심을 가지며, 마지막으로 교육개발은 앞선 세 가지 활동으로부터 발생하는 전체적인 상호작용과 관련이 있다(Diamond, 1988, 2002).

교수개발, 전문성 개발, 조직개발, 그리고 교수학습의 학문성[2]은 교수개발자들이 수행해 온 광범위한 직무와 상호 관련이 있다. 국제적인 맥락에서 보면 교육개발(educational development)이라는 보다 포괄적인 용어가 학문개발(academic development), 직원개발(staff development), 품질 강화(quality enhancement)와 관련된 계획을 다루기 위하여 사용되고 있다. 최근 Felten, Kalish, Pingree, Plank(2007)는 "대학이 교수학습 공동체로서 효과적으로 기능할 수 있도록 전념하는 전문 직종"을 기술하기 위한 가장 포괄적인 용

---

2 [역자주] Scholarship of Teaching and Learning은 고등교육에서 일어나는 일종의 경향으로, 학문적 관점에서 학생들의 학습에 관심을 가지고 공식적인 연구성과에 기반하여 수업 행위를 증진시켜 나가는 교수학습의 개선 움직임을 의미한다(http://en.wikipedia.org/wiki/Scholarship_of_Teaching_and_Learning).

어로서 교육개발이라는 용어를 채택해야 한다고 주장하고 있다. 이러한 여러 가지 용어와 그 용어를 언제, 어떻게 정확히 사용해야 하는지에 대한 혼란은 이 분야가 빠른 속도로 성장하고 있음을 가리키는 것이며, 서로 중복되는 기능으로 인해 발생하는 요구가 상충되고 복잡하다는 것을 보여주고 있다(Gosling, Sorcinelli, & Chism, 2008).

오늘날 교수에게 부여되는 요구와 그들의 역할과 책임의 복잡성은 놀라운 속도로 진화하고 있다. 따라서 '교수개발'을 구성하는 것이 무엇인지에 대한 교수개발자의 이해와 긴 안목을 통하여 이러한 변화를 표현하는 교수개발자의 언어는 새로운 개념화를 반영하기 위하여 계속해서 진화할 것이다.

교수개발의 지평 확장

교수학습 패러다임 변환, 교수 생애 단계에 대한 연구의 등장 등 고등교육의 변화 그리고 교수진들의 기대 변화는 교수개발의 관점과 범위에 상당한 영향을 미치고 있다. Sorcinelli 등(2006)은 교수와 대학이 직면하고 있는 세 가지 상위 도전과제가 무엇인지 파악하기 위하여 교수개발자들을 대상으로 설문조사를 하였다. 대학마다 우선순위가 다를 수 있지만 아래 다섯 가지 결과는 대학의 유형이나 규모와 상관없이 부각되는 것이다.

1. 점점 더 복잡해지고 너 많이 요구되는 교수의 역할
2. 수업과 학습자의 학습에 대한 평가(특히 점점 더 다양해지는 학생들의 맥락에서)
3. 테크놀로지의 영향력
4. 시간제 교수의 요구 다루기
5. 학과장과 대학의 학제적 리더십 개발 요구

현재 국제적인 차원에서도 이러한 문제에 공감하고 있다는 것을 이 연구에 대한 반응을 통해 알 수 있다(Gosling, Sorcinelli, & Chism, 2008).

Chism(2006)은 교육개발 업무에 대해 접근할 때 복합적인 관점으로 접근하는 것이 유용하다고 하였다. 그러한 접근방법이 가지고 있는 장점 중 하나는 당면한 문제에 가

장 적합한 전략, 이론적 관점, 협의적 실천이 무엇인지 알 수 있게 한다는 것이다. 물론 대학 고유의 요구와 우선순위에 대응해야 한다는 것에는 논쟁의 여지가 없다. 그러나 교수개발자로서 일할 때에는 대학 전체를 포괄하는 플랫폼을 가지고 있어야 하며, 이러한 관점은 대학의 발전과 그 과정에 영향을 미치는 새로운 아이디어, 모델 그리고 실천을 도입할 수 있는 기회를 제공할 수 있다.

이후부터는 교수개발자의 공통적 관심인 (1) 점점 더 복잡해지는 교수의 역할 (2) 학습자 학습과 교육과정 혁신의 평가, (3) 테크놀로지, (4) 다양성 등 네 가지 핵심 주제를 짧게나마 강조하고자 한다.

교수 역할의 다양성

교수 업무에 대한 관점은 전통적으로 연구, 교육, 봉사로 정의되었다. 전공 분야에 집중하여 더 많은 전문성을 쌓을수록(다시 말해, 연구를 더 잘 할수록), 교육을 더 잘하게 된다는 것을 보통의 상식으로 여겨 왔다. 훌륭한 교수자가 훌륭한 연구자가 될 수 있고 훌륭한 연구자가 훌륭한 교수자가 될 수 있다는 것이 진리라고 하였지만, 반드시 그렇지만은 않다. 실천가들은 전문성의 신장과 개발을 위하여 다른 전략을 활용해야 할 때 성인개발, 교육심리, 학습이론을 교수개발 맥락에 적용하여 왔다(Herbert & Loy, 2001; McKeachie, 1991; Menges & Rando, 1989). 교수개발자들은 학습이론의 유용성(Kolb, 1984), 반성적 실천(Brookfiled, 1995; Schön, 1983), 성인 교육(Saroyan, Amundsen, & Li, 1997), 성인학습이론(King & Lawler, 2003)에 익숙하다.

그러나 교수의 연구목록이 변화하는 것처럼 교수의 요구와 가치도 교수경력 경로의 모든 단계에서 변화하고 있다. 따라서 교수개발자를 안내하는 이론과 실천도 역시 그렇게 변화해야 하며, 교수개발자들도 창의적이고 유연한 자세로 이러한 요구에 접근하는 것이 유용하다(Rice, Sorcinelli, & Austin, 2000; Sorcinelli & Austin, 2006; Trower, 2000). 제22장 '경력 단계별 교수지원'에서 이러한 이슈를 직접 다루고 있다.

예를 들어, 신임교수나 젊은 교수들의 경우 고령의 부모님 부양과 양육의 요구에 대한 인정, 맞벌이 부부의 어려움을 위한 지원, 현재 업무와 삶 사이에서의 보다 나은 균형에 대한 요구가 점점 증가하고 있다. 우리는 이미 전통적인 지원 메커니즘을 재검토할 수 있는 혁신적인 활동을 목격하고 있다. Gonzales와 Baran(2005)은 같은 학과의 신임교수와 원로교수 간에 이루어지는 지속적인 다문화적 대화(multicultural dialogue)가 그들 서로에게 도움이 되는 전문성과 기술 교환의 장으로 어떻게 변화되었는지, 그들의 관계가 어떻게 인종이 다른 학생들 간의 대화 모델이 되었는지에 대하여 언급해 왔다. 또 다른 예는 하향식, 개별화 모델로서 신임교수와 주니어 교수, 유색인종 교수의 사회화 요구에 대응하기 위한 상호 멘토링(동료 대 동료) 커뮤니티로의 변화에 대하여 다시 완벽하게 그려 보는 것이다(Yun & Sorcinelli, 2007, 2008).

그 외에 상급대학원생들, 특히 교수가 되고자 하는 대학원생의 사전 전문성 교육 요구를 다루는 것에 대한 관심도 증가하고 있다. 미국대학협회(Association of American Colleges)와 제휴한 대학원협의회(Council of Graduate Schools)는 1993년에 학생들이 다양한 대학 환경에서 교수라는 직업을 준비하기 위한 모델과 자원을 개발하려는 초기 노력으로 미래교수자준비(Preparing Future Faculty initiatives)를 만들었다(Council of Graduate Schools, 2008). 그러나 대학교수가 되기 위한 준비와 대학원 교육 모델을 보다 투명하고 튼튼하게 수립하기 위해서는 아직도 많은 것들이 남아 있다(Gaff, Pruitt-Logan, Sims, & Denecke, 2003; Golde & Dore, 2001; Lovitts, 2001). 특히, 연구중심대학에 근무하는 개발자들이 이 주제에 대하여 관심을 가지고 있긴 하지만(Nyquist, Austin, Sprague, & Wulff, 2001; Nyquist & Sprague, 1998; Wuff & Austin, 2004), 사실 대학원생들은 연구중심대학뿐만 아니라 다양한 형태와 다양한 규모의 대학에서 교수로 일할 것이다. Border와 von Hoene는 제20장 '석·박사 학위 학생개발 프로그램'에서 이러한 이슈에 대한 안내 지침을 제공하고 있다.

마지막으로 교육개발자는 시간강사와 겸임교수 수의 급격한 증가에 따라 학문공동체에서 제대로 인정받지 못하는 구성원들의 요구를 다루어야 하는 문제에 대처해야 한다(제21장 '외래 교수진과 협력' 참조).

학습자의 학습평가와 교육과정 혁신

교수개발은 부분적으로는 학생들이 최적의 교수학습 환경을 경험할 수 있도록 보장하고 학부모와 입법의원들의 걱정을 덜어 주려는 필요에 의해서 등장했다(Lewis, 1996). 오늘날 대학은 예산 문제, 입법적 행동주의(legislative activism), 인증기준의 변화를 비롯한 다양한 압력을 받고 있다. 이 때문에 평가(assessment)와 책무성 운동(accountability movement)은 교과목, 교육과정, 교육기관의 학습목표를 성취하기 위해 학생들이 얼마나 잘하고 있는가를 동문, 입학희망자들, 시민들, 입법가들, 부모들에게 알릴 수 있는 방법에 대하여 교수들과 학교 행정가들이 더 많은 관심을 갖게 하였다(Wehlburg, 2006). 그러한 노력은 교실을 넘어서 학교발전계획에 폭넓게 적용되고 있다.

교수개발자들은 기존 교육과정에 대한 검토를 지원하고 현재의 교육과정에 대한 사정과 평가 데이터에 기반을 둔 경험적 근거를 제공하며 핵심 논의를 촉진함으로써 이러한 분야에서 중요한 공헌을 할 수 있다(Diamond, 2005). 교수개발자들은 교수진들과 핵심 행정가들이 중요한 결정을 내리기에 앞서 모임을 활성화하고 조직을 돕기 위해 필요한 능력, 테크놀로지에 대한 이해, 중립성을 보유하고 있다. 그들은 또한 혁신적인 교과목을 설계하는 것을 돕고, 교육과정의 강화를 평가할 수 있는 전문지식과 자료를 제공할 수 있다. 더욱이 개발자들은 새로운 교육과정의 평가와 사정에 도움이 되는 정보를 지속적으로 획득하고 있다. 예를 들어, Cook(2001)은 미시간대학교의 최근 교육과정 개선 활동에 있어 수업컨설턴트의 참여에 대하여, Smith(2000)는 교수들의 탐구중심 학습방법의 활용을 촉진하기 위해 고등교육증진펀드(Fund for the Improvement of Postsecondary Education, FIPSE)에서 지원한 프로그램에 대하여 기술하였다. 이 책의 다른 장에서 이러한 문제에 대하여 자세하게 다루고 있다.

테크놀로지

교수 테크놀로지는 현재 대부분의 대학에서 흔히 볼 수 있다. 테크놀로지와 관련된 교수들의 중심 이슈는 '테크놀로지를 사용해야 하는가'에 대한 질문에서 '언제, 어떤 수준, 어떤 목적으로 테크놀로지를 활용해야 하는가'에 대한 질문으로 이동하고 있다. 테크놀로지는 적절하게 실행될 때 교수학습 과정에서 훌륭한 촉진 도구로서 역할을 할 수 있다. 예를 들어, 내가 속한 대학의 학생들은 가장 유용한 수업 자원 중 하나로 과목 공지사항을 확인할 수 있고 과제 제출일을 확인하고 강의 발표물이나 강의노트를 구할 수 있는 교과목 웹 사이트를 거명하였다.

좋은 소식은 교수들이 교수 테크놀로지를 실행할 때 도움을 필요로 한다는 것을 기꺼이 인정한다는 것이다. 교실에서의 경험, 즉 교수 테크놀로지의 이용이 긍정적인 차이를 만들어낼 수 있다는 것을 학생들을 통해 직접 확인할 때 그것은 즉각적인 보상이 될 수 있다. 나쁜 소식은 교수 테크놀로지를 효과적으로 사용하여 좋은 수업을 실행하기 위해서는 많은 노동력이 필요하고 예측 불가능하며 비용이 매우 많이 든다는 것이다. 흔히 거론되는 이슈는 하드웨어와 소프트웨어의 비용, 저작권과 공정한 사용에 대한 불명확성, 교수학습의 관계에서 테크놀로지의 역할에 대한 사회적 이해에 관한 것이다(Shih & Sorcinelli, 2000). 명백한 것은 기존의 교수법을 대체하기보다는 테크놀로지의 사용을 향상시킬 수 있도록 꾸준히 교수들을 안내해야 한다는 것이다. 교수 유형에 매우 적합하거나 학생들의 학습 유형에 따른 요구를 수용할 수 있는 테크놀로지가 선택되고 적용될 때 특히 효과적이다(Gibbs, Major & Wright, 2003; Shih & Sorcinelli, 2000).

오늘날 대학에서 까다롭지만 널리 퍼져 있는 이슈는 하이브리드 교육과 원격 교과목의 역할이다. 누군가에게 그러한 과목은 의식적으로 선택한 교수법이라기보다는 비용을 절감하거나 수익을 내는 방법일 수도 있고, 제한되어 있는 교실 활용을 극대화하는 전략일 수도 있다. 그러나 온라인으로 강의해 온 교수들은 온라인이나 하이브리드 과목이 면대면 과목보다 교수자들의 노력이 덜 들어가는 것은 아니라는 사실을 입증하고 있다. 교수자와 행정가들이 그러한 온라인 계획을 포함하여 교육의 근본적인 신념과 가치, 가정을 모색할 때 그들 간의 대화를 촉진하는 것은 교수개발자들의 중요한 역할이 될 것이다(Chickering & Ehrmann, 1996). 한편으로 테크놀로지 계획에 대한 대화는 대학 캠퍼스 전체를 망라하는 네트워크를 구축할 수 있는 기회를 만들어낸다. Sally Kuhlenschmidt의 제16장 '테크놀로지와 교수개발'에서 이러한 이슈에 대한 더 많은 논의를 제공한다.

교수와 학생의 다양성

1960년대 이후로 교수개발자들은 조직 구조의 중요성에 대하여 세심한 관심을 가져왔다(Diamond, 1988; Graf, Albright, & Wheeler, 1992; Lindquist, 1978). 그러한 노력은 일반적으로 초기에 기술된 세 가지 공통 차원인 개인 상담과 지원 서비스, 교육과정과 학과 수준에서의 수업개발 계획, 조직개발에 따른 계획된 활동과 혁신의 효과성에 집중되었다. 그러나 최근에는 실천가들과 학자들이 보다 조직 수준에서의 지속적인 분석을 요청하고 있다(Baron, 2006; Chism, 1998). 우리가 행하는 모든 실천에서 논의되고 있는 주제 이슈들 내부에는 조직 수준에서의 다양성과 다문화적인 역학 관계가 깊이 내재되어 있지만 이를 무시해 왔다는 것이다(Jacobson, Borgford-Parnell, Frank, Peck, & Reddick, 2001; Lieberman, 2007). 그러나 조직을 이해하기 위한 새로운 연구와 실천 모델은 우리가 수행해야 하는 복잡하고도 필수적인 주제이다(Jackson, 2005; Lockhart & Borland, 2001). Marchesani와 Jackson(2005)은 다문화조직개발(Multicultural Organization Development, MCOD)의 이론과 실천을 교육기관에 적용하고 있다. 이 데이터 기반 모델은 체제적인 변화 계획의 맥락에서 사회 정의와 다양성의 목표를 지원할 수 있는 도구이다. 다른 조직 변화 시스템과는 달리 MCOD 모델에서 사회 정의의 수준은 사회적 다양성을 추구하기 위해 제시되어야 한다. 커뮤니티칼리지, 흑인대학(Historically Black Colleges and Universities, HBCUs)[3], 히스패닉대학(Hispanic Serving Institutions, HSIs)[4], 종교대학(Tribal Colleges)과 같이 서로 다른 교육기관의 환경에서 나타나는 독특한 어려움과 기여에 대한 이해를 확대하기 위해서는 데이터 기반의 다문화조직개발 모델을 포함하는 연구 패러다임의 확장이 필요하다. 커뮤니티칼리지와 같은 교육기관의 교수진들은 학생들의 학습성과, 학습자중심 교육에 대한 적응, 교실에서의 테크놀로지를 포함한 학습에 대한 책임이 증가하고 있다. 따라서 커뮤니티칼리지의 교수개발자들에게 이러한 상황은 고민거리이다. 커뮤니티칼리지의 교수진들은 학생 수의 빠른 증가, 자원 경쟁, 강의 부담의 가중, 자료 부족이라는 어려움을 겪고 있으며, 예전보다 더 다양해진 교실 환경에서 효과적으로 가르치도록 요구받아 왔다(Eddy, 2005). 그러나 직원, 프로그램 및 조직개발을 위한 북미위원회(North American Council for Staff, Program and Organization Development, NCSPOD) 등의 조직을 통해 이러한 요구를 다루려는 노력이 증가하고 있다(Burnstad와 Hoss의 제19장 '커뮤니티칼리지에서 교수개발' 참조). 서로 다른 유형의 교육기관은 그들만의 교수개발 요구를 가지고 있다(Sorcinelli et al., 2006). 흑인대학은 대학교육 맥락에서

---

3 [역자주] Historically black colleges and universities(HBCUs)는 1964년 이전부터 흑인 사회에 기여할 의도로 설립된 미국의 고등교육기관들을 일컫는 말이다. 현재 미국에는 다양한 유형의 106개의 HBCUs가 있다(http://en.wikipedia.org/wiki/Historically_black_colleges_and_universities).

4 [역자주] Hispanic serving institution(HSI)은 이민 첫 세대이자 대다수 저소득 계층인 히스패닉계 학생들이 미국의 대학생활을 돕기 위해 1965년 고등교육법에 의해 연방정부가 설립한 기구이다(http://en.wikipedia.org/wiki/Hispanic-serving_institution).

독특한 역사적 전통, 문화 그리고 미션을 가지고 있으며 다른 대학들처럼 교수, 학생, 지원 요구 변화에 대응하고 있다. 1994년에 설립된 흑인대학 교수개발 네트워크는 교수학습에서의 혁신을 강조하는 것뿐만 아니라 이러한 대학들에서 교수개발의 제도화를 촉진하는 데 매우 지대한 역할을 했다(Dawkins, Beach, & Rozman, 2006). 커뮤니티 칼리지와 이웃 4년제 대학들 간의 관계와 마찬가지로, 교수개발자들은 교육기관의 유형이나 미션과 상관없이 보다 더 긴밀한 업무 협력을 통해 얻을 수 있는 이익을 간과하고 있는 것 같다. 우리는 서로 간의 업무를 확대하고 장려할 수 있는 지속적인 대화 방법을 찾아야 한다. 이는 흑인대학 교수개발 네트워크의 멤버들이 그들의 대학에서 어떤 교수개발 기회가 제공되어야 하는지, 미래의 중요한 우선순위를 무엇으로 해야 하는지를 결정하기 위하여 구성원들에게 설문조사했을 때 근거로 활용하였던 것을 예로 들 수 있다. 그들은 대부분 백인조직인 POD 네트워크의 구성원들에게 했던 비슷한 설문조사를 진행해 온 연구팀들과 협력할 수 있었다(Sorcinelli, Austin, Eddy, & Beach, 2006). 궁극적으로 이를 통해 양 조직의 연구팀은 새롭고도 중요한 방향을 설정함에 있어 그들이 진행하는 프로젝트의 자료들을 모두 동원하고 데이터를 비교할 수 있었다(Dawkins, Beach, & Rozman, 2006).

결론

모든 주제가 모든 교수개발자나 교육기관에게 중요하지 않을 수 있다. 경험에 상관없이 실천자들의 과제는 교육기관의 요구, 지원 수준, 교수진의 기대를 바탕으로 가장 유익한 프로그램과 서비스를 어떻게 올바르게 배치하고 균형을 맞추느냐 하는 것이다. 사실 그러한 다양한 관점과 기대, 노력은 교수개발 분야가 풍성해지는 데 기여하고 있다. 우리의 책임은 우리가 집이라 부르는 교육기관과 교수들의 중심 이슈를 다루고 규명하는 것이다. 더욱이 교육개발 실무자의 수가 계속 증가하고, 이 분야가 점점 더 전문화되기 때문에 우리는 그 분야의 다양한 실무자 그룹을 어떻게 환영할 것이며 어떻게 그들의 준비와 훈련을 지원할 것인가에 특히 주목해야 한다.

참고문헌

Astin, A. W., Comstock, C., Epperson, D., Greeley, A., Katz, J., & Kaufman, R. (1974). *Faculty development in a time of retrenchment.* Washington, DC: Group for Human Development in Higher Education and Change.

Baron, L. (2006). The advantages of a reciprocal relationship between faculty development and organizational development in higher education. In S. Chadwick-Blossey & D. R. Robertson (Eds.), *To improve the academy: Vol. 24. Resources for faculty, instructional, and organizational development* (pp. 29–43). Bolton, MA: Anker.

Barr, R. B., & Tagg, J. (1995). From teaching to learning: A new paradigm for undergraduate education. *Change, 27*(6), 13–25.

Bergquist, W. H. (1992). *The four cultures of the academy: Insights and strategies for improving leadership in collegiate organizations.* San Francisco: Jossey-Bass.

Brookfield, S. (1995). *Becoming a critically reflective teacher.* San Francisco: Jossey-Bass.

Chickering, A., & Ehrmann, S. (1996, October). Implementing the seven principles: Technology as lever. *AAHE Bulletin,* 3–6.

Chism, N.V.N. (1998). The role of educational developers in institutional change: From the basement office to the front office. In M. Kaplan & D. Lieberman (Eds.), *To improve the academy: Vol. 17. Resources for faculty, instructional, and organizational development* (pp. 141–153). Bolton, MA: Anker.

Chism, N.V.N. (2006). POD connections: Faculty development theories. *NEFDC Exchange, 17*(1), 8.

Cook, C. E. (2001). The role of a teaching center in curriculum reform. In D. Lieberman & C. Wehlburg (Eds.), *To improve the academy: Vol. 19. Resources for faculty, instructional, and organizational development* (pp. 217–231). Bolton, MA: Anker.

Council of Graduate Schools. (2008). *The preparing future faculty program.* Retrieved November 5, 2008, from http://www.cgsnet.org

Dawkins, P. W., Beach, A. L., & Rozman, S. L. (2006). Perceptions of faculty developers about the present and future of faculty development at Historically Black Colleges and Universities. In S. Chadwick-Blossey & D. R. Robertson (Eds.), *To improve the academy: Vol. 24. Resources for faculty, instructional, and organizational development* (pp. 104–120). Bolton, MA: Anker.

Diamond, R. M. (1988). Faculty development, instructional development, and organizational development: Options and choices. In E. C. Wadsworth (Ed.), *A handbook for new practitioners* (pp. 9–11). Stillwater, OK: New Forums.

Diamond, R. M. (2002). Faculty, instructional, and organizational development: Options and choices. In K. Gillespie, L. Hilsen, & E. Wadsworth (Eds.), *A guide to faculty development: Practical advice, examples, and resources* (pp. 2–8). Bolton, MA: Anker.

Diamond, R. M. (2005). The institutional change agency: The expanding role of academic support centers. In S. Chadwick-Blossey & D. R. Robertson (Eds.), *To improve the academy: Vol. 23. Resources for faculty, instructional, and organizational development* (pp. 24–37). Bolton, MA: Anker.

Eble, K. E., & McKeachie, W. J. (1985). *Improving undergraduate education through faculty development*. San Francisco: Jossey-Bass.

Eddy, P. L. (2005). Faculty development in community colleges: Surveying the present, preparing for the future. *Journal of Faculty Development 20*(3), 143–152.

Erickson, G. (1986). A survey of faculty development practices. In M. Svinicki, J. Kurfiss, & J. Stone (Eds.), *To improve the academy: Vol. 5. Resources for faculty, instructional, and organizational development* (pp. 182–196). Stillwater, OK: New Forums.

Felten, P., Kalish, A., Pingree, A., & Plank, K. (2007). Toward a scholarship of teaching and learning in educational development. In D. R. Robertson & L. B. Nilson (Eds.), *To improve the academy: Vol. 25. Resources for faculty, instructional, and organizational development* (pp. 93–108). Bolton, MA: Anker.

Francis, J. B. (1975). How do we get there from here? Program design for faculty development. *Journal of Higher Education, 46*(6), 719–732.

Gaff, J. G., Pruitt-Logan, A. S., Sims, L. B., & Denecke, D. (2003). *Preparing future faculty in the humanities and social sciences: A guide for change*. Washington, DC: American Association of Colleges and Universities, Council of Graduate Schools.

Gaff, J. G., & Simpson, R. D. (1994). Faculty development in the United States. *Innovative Higher Education, 18*(3), 167–176.

Gibbs, J. E., Major, C. H., & Wright, V. H. (2003). Faculty perception of the costs and benefits of instructional technology: Implications for faculty work. *Journal of Faculty Development, 19*(2), 77–88.

Golde, C. M., & Dore, T. M. (2001). *At cross purposes: What the experiences of doctoral students reveal about doctoral education.* A report prepared for The Pew Charitable Trusts. Retrieved December 8, 2008, from http://www.phd-survey.org

Gonzales, D., & Baran, J. (2005). Breaking the silence: Innovative approaches for promoting dialogue about diversity issues within a communication disorders department. In M. L. Ouellett (Ed.), *Teaching inclusively: Resources for course, department & institutional change in higher education* (pp. 225–240). Stillwater, OK: New Forums.

Gosling, D., Sorcinelli, M. D., & Chism, N.V.N. (2008, June). *The future of faculty/educational development: An international perspective.* Presentation at the biennial meeting of the International Consortium for Educational Development, Salt Lake City, UT.

Graf, D. L., Albright, M. J., & Wheeler, D. W. (1992). Faculty development's role in improving undergraduate education. In M. J. Albright & D. L. Graf (Eds.), *New directions for teaching and learning, no. 51. Teaching in the information age: The role of educational technology* (pp. 101–109). San Francisco: Jossey-Bass.

Heiss, A. M. (1970). *Challenges to graduate schools.* San Francisco: Jossey-Bass.

Herbert, F., & Loy, M. (2001). The evolution of a teacher professor: Applying behavior change theory to faculty development. In D. Lieberman & C. Wehlburg (Eds.), *To improve the academy: Vol. 20. Resources for faculty, instructional, and organizational development* (pp. 197–207). Bolton, MA: Anker.

Jackson, B. (2005). The theory and practice of multicultural organization development in education. In M. L. Ouellett (Ed.), *Teaching inclusively: Resources for course, department and institutional change in higher education* (pp. 3–20). Stillwater, OK: New Forums.

Jacobson, W., Borgford-Parnell, J., Frank, K., Peck, M., & Reddick, L. (2001). Operational diversity: Saying what we mean, doing what we say. In D. Lieberman & C. Wehlburg (Eds.), *To improve the academy: Vol. 20. Resources for faculty, instructional, and organizational development* (pp. 128–149). Bolton, MA: Anker.

King, K. P., & Lawler, P. A. (Eds.). (2003). *New directions for adult and continuing education, no. 98. New perspectives on designing and implementing professional development of teachers of adults.* San Francisco: Jossey-Bass.

Kolb, D. (1984). *Experiential learning: Experience as the source of learning and development.* Upper Saddle River, NJ: Prentice-Hall.

Lewis, K. G. (1996). A brief history and overview of faculty development in the United States. *International Journal for Academic Development, 1*(2), 26–33.

Lieberman, D. (2007). Diversity initiatives, institutional change, and curricular reform in higher education. In D. A. Brunson, B. Jarmon, & L. L. Lampl (Eds.), *Letters from the future: Linking students and teaching with the diversity of everyday life* (pp. 3–25). Sterling, VA: Stylus.

Lindquist, J. (1978). Approaches to collegiate teaching improvement. In J. Lindquist (Ed.), *Designing teaching improvement programs* (pp. 3–22). Berkeley, CA: Pacific Soundings.

Lockhart, M., & Borland Jr., K. (2001). Incorporating diversity in all faculty/ staff development programs . . . Regardless of the content. *Journal of Faculty Development, 18*(2), 57–64.

Lovitts, B. E. (2001). *Leaving the ivory tower: The causes and consequences of departure from doctoral study.* Lanham, MD: Rowman & Littlefield.

Marchesani, L. M., & Jackson, B. W. (2005). Transforming higher education institutions using multicultural organizational development: A case study of a large northeastern university. In M. L. Oullett (Ed.), *Teaching inclusively: Resources for course, department, and institutional change in higher education* (pp. 214–251). Stillwater, OK: New Forums.

McKeachie, W. J. (1991). What theories underlie the practice of faculty development? In K. Zahorski (Ed.), *To improve the academy: Vol. 10. Resources for faculty, instructional, and organizational development* (pp. 3–8). Stillwater, OK: New Forums.

Melnik, M. A., & Sheehan, D. S. (1976). Clinical supervision elements: The clinic to improve university teaching. *Journal of Research and Development in Education, 9*(2), 67–76.

Menges, R., & Rando, W. (1989). What are your assumptions? Improving instruction by examining theories. *College Teaching, 37*(2), 54–60.

Nowlis, V., Clark, K. E., & Rock, M. (1968). *The graduate student as teacher.* Washington, DC: American Council on Education.

Nyquist, J. D., Austin, A. E., Sprague, J., & Wulff, D. H. (2001). *The development of graduate students as teaching scholars: A four-year longitudinal study, final report.* Seattle: University of Washington, Center for Instructional Development and Research.

Nyquist, J. D., & Sprague, J. (1998). Thinking developmentally about TAs. In M. Marincovich, J. Prostko, & F. Stout (Eds.), *The professional development of graduate teaching assistants* (pp. 61–88). Bolton, MA: Anker.

Polich, S. (2008). Assessment of a faculty learning community program: Do faculty members really change? In L. B. Nilson & J. E. Miller (Eds.), *To improve the academy: Vol. 26. Resources for faculty, instructional, and organizational development* (pp. 106–118). San Francisco: Jossey-Bass.

Rice, R. E. (2007). It all started in the sixties: Movements for change across the decades—a personal journey. In D. R. Robertson & L. B. Nilson (Eds.), *To improve the academy: Vol. 25. Resources for faculty, instructional, and organizational development* (pp. 3–17). Bolton, MA: Anker.

Rice, R. E., Sorcinelli, M. D., & Austin, A. E. (2000). *Heeding new voices: Academic careers for a new generation.* New Pathways Working Paper Series, no. 7. Washington, DC: American Association for Higher Education.

Saroyan, A., Amundsen, C., & Li, C. (1997). Incorporating theories of teacher growth and adult education in a faculty development program. In D. DeZure (Ed.), *To improve the academy: Vol. 16. Resources for faculty, instructional, and organizational development* (pp. 93–116). Stillwater, OK: New Forums.

Schön, D. A. (1983). *The reflective practitioner: How professionals think in action.* New York: Basic Books.

Shih, M., & Sorcinelli, M. D. (2000). TEACHnology: Linking teaching and technology in faculty development. In M. Kaplan & D. Lieberman (Eds.), *To improve the academy: Vol. 18. Resources for faculty, instructional, and organizational development* (pp. 151–163). Bolton, MA: Anker.

Smith, K. S. (2000). Faculty development that transforms the undergraduate experience at a research university. In D. Lieberman & C. Wehlburg (Eds.), *To improve the academy: Vol. 19. Resources for faculty, instructional, and organizational development* (pp. 193–204). Bolton, MA: Anker.

Sorcinelli, M. D., & Austin, A. E. (2006). Developing faculty for new roles and changing expectations. *Effective Practices for Academic Leaders, 1*(11), 1–16.

Sorcinelli, M. D., Austin, A. E., Eddy, P. L., & Beach, A. L. (2006). *Creating the future of faculty development: Learning from the past, understanding the present.* Bolton, MA: Anker.

Tiberius, R. G. (2001). A brief history of educational development: Implications for teachers and developers. In D. Lieberman & C. Wehlburg (Eds.), *To improve the academy: Vol. 20. Resources for faculty, instructional, and organizational development* (pp. 20–37). Bolton, MA: Anker.

Trower, C. A. (Ed.). (2000). *Policies on faculty appointment: Standard practices and unusual arrangements.* Bolton, MA: Anker.

Wehlburg, C. (2006). *Meaningful course revision: Enhancing academic engagement using student learning data.* Bolton, MA: Anker.

Wulff, D., & Austin, A. E. (Eds.). (2004). *Pathways to the professoriate: Strategies for enriching the preparation of future faculty.* San Francisco: Jossey-Bass.

Yun, J., & Sorcinelli, M. D. (2007). From mentors to mentoring networks: Mentoring in the new academy. *Change, 39*(6), 58–61.

Yun, J., & Sorcinelli, M. D. (2008). When mentoring is the medium: Lessons learned from a faculty development initiative. In L. B. Nilson & J. E. Miller (Eds.), *To improve the academy: Vol. 27. Resources for faculty, instructional, and organizational development* (pp. 365–384). San Francisco: Jossey-Bass.

2

교수개발 프로그램 유형과 프로토타입

Virginia S. Lee

미 국 최초의 교수학습센터는 1962년 미시간대학교 앤아버캠퍼스에 설립된 교수학습연구센터이며, 그 후 메사추세츠대학교 애머스트캠퍼스에 수업개선클리닉센터가 설립되었다. 21세기 초 교수학습센터가 설립되기 시작한 이후 미국과 캐나다의 교수학습센터 수는 지속적으로 증가하고 있다. 이러한 증가추세를 보여주는 지표는 전문성 및 조직개발네트워크(이하 POD 네트워크)의 회원 규모이다. 1976년 20명에서 2007년에는 약 1,800명으로 증가하였으며, 미국과 캐나다 그리고 해외의 다양한 대학교육기관이 참여하고 있다.

교육개발 분야 또한 수십 년에 걸쳐 변화를 거듭하고 있다. 1950년대와 1960년대에는 교수개발 분야만의 특별한 이론, 연구, 실천적 기반이 없었기 때문에 초등교육과 중등교육 환경에서의 연구자와 실무자들의 노력으로부터 영감을 얻고자 하였다. 교수개발은 1960년대와 1970년대의 사회적 동요 속에서 특별한 분야로서의 발판을 마련하고자 하였다. 같은 시기에 대학생의 개발과 대학교육에 대한 연구가 성장하였으며, 최고의 실천사례를 공유하려는 다양한 방안이 전문 조직들의 콘퍼런스, 대학교육 전문 저널, 출판물들을 통하여 제시되기 시작하였다.

같은 기간 동안 교수학습 의제에 대한 극적인 변화가 대학교육에서 일어났다. 그 당시 미국경제는 제조업 기반의 산업이 잠식되었고 농업 분야의 합병이 이루어졌으며 지식 경제의 요구조건으로서 대학 학위가 고등학교 졸업장을 대체하게 되었다. 대학교육이 민주화됨에 따라 대학 등록이 지속적으로 증가하였으며, 오늘날은 이민 1세대 대학생, 유색인종 학생, 유학생과 성인대학생의 비중이 높아지고 있다. 고등교육의 소비자로 불리는 미국 대중의 책무성에 대한 요구가 증가하면서 평가운동도 부상하였다. 동시에 대학의 전공학문도 진화하여 페미니즘, 아프리카계 미국인 연구, 비판이론, 포스트모더니즘, 학제적 접근으로부터 일어나는 대안적 인식론 등 새로운 연구 분야가 나타났다. 교수 테크놀로지는 개인 컴퓨터와 마이크로소프트오피스, 월드와이드웹 (WWW), 온라인 환경, 원격 교육, 스마트 교실, 무선 연결, 무선전화와 MP3 플레이어와 같은 소프트웨어의 대두로 예전보다도 더 광범위하고 다양해졌다. 마지막으로 전자 테크놀로지의 증가와 인도와 중국 경제의 부상으로 대학교육은 보다 세계화되고 수출 가능하며 경쟁적이고 국가적 의제와도 결합하게 되었다.

교수학습센터에서 제공하는 프로그램이 지닌 독특한 색깔, 음영, 특징은 마치 카멜레온처럼 변화해 왔지만, 동시에 근본적 구조와 기본적인 활동 범위에 있어서는 그 분야의 기원을 유지해 왔다. 1975년 **고등교육연구**(*Journal of Higher Education*)는 William Bergquist와 Steven Phillips가 쓴 교수개발에 대한 주요 논문을 게재하였다. 그 논문에서 저자들은 태도, 과정, 구조의 세 가지 변화 수준을 제안하였다. 이 세 가지의 변화 수준은 오늘날 교수학습센터의 실천에 여전히 영향을 미치고 있는 교육개발의 고전적 모델인 전문성(또는 '교수'), 수업, 조직개발이 되었다(Burdick, 2007). 교수(또는 교육)개발 분야는 진화해 오고 있기 때문에, 이러한 각각의 세 가지 하위 분야는 그 중요성이 증대하기도 하고 쇠퇴하기도 하였다. 일시적으로 수업개발에 대한 관심이 희미해지는 동안 교수개발이 보다 더 지배적이 되었고, 최근에는 조직개발이 보다 더 중요하게 여겨진다. 그러나 교수학습센터의 실천과 교수학습센터가 제공하는 프로그램의 종류는 교육기관의 유형(즉 연구 기반 종합대학, 학부중심대학, 커뮤니티칼리지, 또는 특수교육기관)과 센터의 디렉터, 직원들의 경험과 관심 수준에 따라 대체로 다양하다.

사실 센터의 디렉터나 5년 미만의 경력을 보유한 직원들로 구성된 센터는 상당히 많으며(Sorcinelli, Austin, Eddy, & Beach, 2006), 이는 최근 수년 동안 센터 수의 확산과 함께 이 분야의 영역이 증가하고 있다는 것을 반영하는 것이다. 센터 지도자의 상당수가 상대적으로 경험이 부족한데 이것은 교수개발 분야로의 보직임명의 특이성 때문이다. 이러한 현상은 특히 소규모 대학에서 나타나기도 하지만 간혹 규모가 큰 대학에서도 나타난다. 대학은 제한된 기간(예 : 3~5년) 동안 통상 교수진의 직급을 기준으로 센터 디렉터를 선택한다. 센터의 디렉터가 수업에서의 성공과 교육에 대하여 높은 관심을 가지고 있다면, 교수개발 분야에서의 공식적 경력이 없어도 되며, 그것과 관련된 문헌과 연구에 덜 익숙하다 해도 문제가 되지 않는다. 반면 잘 설립된 대규모 센터의 디렉터들은 교수개발 분야에서 20~30년간의 경험을 쌓은 교수개발 분야의 개척자들이다. 그 결과 교수개발에서 이루어지는 최근의 실천은 그 분야의 진화를 요약해 주고 있다. 새롭게 설립된 많은 센터들이 초기에 실천했던 다양한 교수 기술에 대한 기본 워크숍을 주로 제공하고 있는 동시에, 발전된 센터에서는 최근 부상하고 있는 실천 영역을 개척해 나가고 있다.

이 장의 후반부에서는 첫째, 미국 교수(또는 교육)개발센터에서 제공하는 프로그램과 서비스 그리고 조직 구조에서의 다양성을, 둘째, 최근 대학교육의 교수학습 의제 변화에 대응하여 부상하고 있는 실천 영역을 기술할 것이다.

센터의 유형

센터의 수가 많고 교육기관이 다양함에도 불구하고 교수개발센터는 다음과 같이 다섯 가지 기본 조직 구조로 되어 있다.

1. 중앙집권화된 단일의 교수학습센터
2. (물리적 센터 공간을 확보하거나 그렇지 않은) 개별 교수진
3. 교수개발위원회
4. 프로그램과 자료를 제공하는 정보센터
5. 캠퍼스 통합형 교수학습지원부서(Sorcinelli et al., 2006)

대학원생과 같은 특별한 대상의 서비스를 제공하고 문제중심학습이나 서비스러닝 같은 특화된 계획을 지원하거나 또는 단과대학에 존재하는 센터들도 기본적인 구조는

위와 비슷하다. POD 네트워크 웹 사이트[1]는 미국과 캐나다 그리고 해외에 있는 수백 개의 교수학습센터를 검색할 수 있는 매우 유용한 기능을 포함하고 있다.

중앙집권화된 단일 교수학습센터는 모든 교육기관 유형에서 나타나기는 하지만 연구중심대학과 종합대학에서 가장 일반적인 유형이다(Sorcinelli et al., 2006). 이러한 센터는 개별 교수진 또는 교수개발위원회 구조를 가진 센터에서 진화되었지만 보다 오래되었고 잘 확립되어 있다.

주요 전문 직원은 센터 디렉터, 부디렉터, 간혹 특정 영역(예 : 대학원생과 같은 특정한 사람들)을 책임지는 1~2명의 조교나 프로그램 디렉터, 과학, 기술, 공학, 수학, 사회과학, 인문학과 등의 전공자들, 행정 조교와 같은 지원인력으로 구성되어 있다. 센터 디렉터는 교수이거나 교수개발 전문가, 또는 둘 다 일 수 있으며, 전임이거나 비상근일 수 있다. 비상근 센터 디렉터는 교수개발 분야의 배경을 가지고 있는 교수들 중 중견교수, 정교수 또는 부교수, 학과에서 방문 교수를 선발하여 임명하는 것이 보통이다. 중앙집권화된 센터들은 대개 교수자문위원회를 두고 있다. 교수자문위원회는 센터가 신설되거나 센터 디렉터가 교수개발 전문가이면서 기관의 정치적 지원을 추구하거나 교수진, 행정가 또는 조력자들의 부가적인 신뢰를 원하는 경우 매우 활발하다. 대학원생과 학부생들이 특별 프로젝트, 테크놀로지 또는 행정 보조 업무를 비롯한 많은 영역에서 유급 직원의 업무를 보충하기도 한다.

일반적으로 센터 디렉터는 대개 교무부처장을 통해 교무처장에게 보고한다. 교무처로의 보고라인은 고위 행정가와의 접촉을 보장하여 주며, 교수학습센터가 교육기관의 학문적 미션에 맞추어 명시적으로 동조할 수 있기 때문에 매우 바람직하다. 흔치 않지만 센터의 기원과 진화에 따라 어떤 센터는 대학원장에게 보고하기도 한다. 중앙집권화된 센터에서는 일반적으로 다수의 프로그램을 제공할 뿐만 아니라 특별 계획을 지원하거나 대학에 있는 특별한 집단에 도움을 주기 위한 소수의 프로그램들을 제공한다. 이것은 다음에 더 자세히 기술할 것이다.

기본 예산은 주로 직원 규모와 센터의 교육 테크놀로지 지원 수준에 따라 매우 다양하다. 센터는 보조금과 같은 외부 지원을 통해 센터의 부족한 기본 예산을 보충한다.

---

1 http://www.podnetwork.org

개별 교수진은 대부분 규모가 작고, 학부중심대학(liberal arts college)에서 발견되는 모형이며, 정도는 덜하지만 종합대학에서도 발견되는 모델이다(sorcinelli et al., 2006). 그러나 앞에서 언급한 것처럼 대형 대학의 중앙집권화된 센터들이 바로 이러한 모델에서부터 진화해 나간다. 이 유형의 센터들이 규모가 작은 대학에서 최근 몇 년 동안 급증하였으며, POD 네트워크는 이러한 집단을 돕기 위하여 소규모대학위원회를 두고 있다.

대부분 정교수의 지위에서 선출하긴 하지만 이러한 종류의 노력을 이끌어 가는 개인은 비상임 보직으로 물리적 공간이나 전임 행정직원도 없다. 흔하지는 않지만 몇몇 센터는 부총장이나 다른 행정가들의 당연직의 일부이기도 하다. 센터 디렉터는 교수진들과 지속적으로 접촉하고 그들의 요구를 지원하기 위한 목적을 가진 교수자문위원회와 함께 일한다. 센터 디렉터가 정교수라는 것과 아울러 자문위원회와 같이 일한다는 것은 교수개발의 지속적인 성공을 보장하는 것이기도 하다. 소규모 대학은 개별 교수진과 교수개발을 지나치게 동일시하기도 한다. 하지만 이러한 노력의 결과는 센터 디렉터가 안식년을 가지거나 원소속으로 복귀하게 되면 일시적일 수밖에 없다.

제공되는 프로그램도 센터의 규모를 적당하게 유지하는 선으로 제한되어 있다. 초기에는 다른 대학의 교수개발 계획과 제휴하여 하나 또는 두 가지 프로그램에 집중한 후 점차 확대한다. 센터의 활동은 별개로 진행되거나 정규 모임, 위원회 업무, 교육과정 및 교과목 계획의 일부로서 진행된다(Reder, Mooney, Holmgren, & Kuerbis, 2009). 이러한 모델에서의 센터 예산은 일반적으로 매우 적다.

교수개발위원회는 기본적으로 센터 디렉터가 없는 자문위원회이며, 학부중심대학과 커뮤니티칼리지에서 나타나는 가장 전형적인 유형으로 개별 교수진 모델과 많은 속성을 공유한다. 비슷한 모델인 프로그램과 자료을 제공하는 정보센터는 커뮤니티칼리지에서 가장 일반적이다(Sorcinelli et al., 2006). 이러한 모델은 시간이 지남에 따라 부총장의 당연직, 개별 교수진의 업무 또는 중앙집권화된 센터가 되어 가며 보다 공식적인 구조로 진화한다.

캠퍼스 통합형 교수학습지원부서는 캘리포니아나 조지아와 같이 보다 큰 주(州) 단위 시스템에서 발견된다. 이러한 센터는 중앙집권화된 센터의 활동이나 개별 캠퍼스에서 진행하는 서로 다른 교수개발 활동을 조정하거나 지원한다.

대학 맥락에 상관없이 센터 설립을 위한 계획은 (교수진, 행정, 재인증, 문제중심학습과 같은 특별한 계획의 지원에 의한 기본적 운동 등) 많은 이유에서 비롯된다. 동시에 센터는 또 행정적 지원의 감소, 예산 긴축, 캠퍼스 단위들의 합병, 핵심 교수진의 퇴직, 안식 휴가, 다른 직위로의 이동으로 인한 갑작스런 부재와 같은 행정 변화에 취약할 수밖에 없다.

교수개발 프로그램과 서비스

개별 센터에서 제공하는 교수개발 프로그램과 서비스의 수와 범위가 매우 다양하기는 하지만 제공하는 프로그램의 형태는 아래의 범주 안에 해당된다. 다음에 논의될 세 가지 프로그램 유형인 워크숍, 개별 상담, 교실수업 관찰은 교수개발 분야에서 가장 먼저 제공되었다는 특징을 가지고 있으며, 지금도 많은 센터에서 가장 보편적으로 시행한다. 이러한 프로그램 유형은 교수개발의 퍼실리테이터로서, 그리고 수업개발 영역에서의 교수들을 위한 자원으로서 교수개발 전문가의 전문성이 강조된다. 교수개발 전문가는 수업개발에서의 전문가보다는 우선적으로 교수개발의 퍼실리테이터로서, 다음으로 조직개발의 변화 촉진 주체로서 기여하고 있다. 이러한 교수개발자의 역할이 조화를 이룰 때 다양한 프로그램이 전략적으로 결합되어 대학에 유의미한 영향을 줄 수 있다.

워크숍은 여러 주제에 대한 외부 자문가 또는 교직원, 센터의 직원들에 의해 제공되는 단일 행사 또는 일련의 행사를 아우른다. 일반적인 주제 영역은 교과목 설계, 수업전략, 학생평가, 수업평가, 다양한 수업 테크놀로지의 활용 등이다.

개별 상담은 교수와 센터 직원이 일대일로 만나 이루어진다. 또 흔치는 않지만 교실수업실천 영역에 있어 교과목 및 수업계획서 개발, 새로운 수업전략의 소개, 학생평가 전략을 비롯한 교육 관련 분야에 대한 비결을 가진 교수 동료와도 이루어진다. 상담은 교수진들의 실천에 중요한 변화를 가져올 수 있는 강력한 전략이다. 그러나 개별 상담은 매우 자원 집약적이어서 직원이 적은 센터에서는 수행하기 어렵다.

교실수업 관찰은 교수가 자신의 수업을 관찰하여 줄 것을 센터의 직원에게 요청함으로써 수행된다. 일반적으로 개별 상담이 앞서 이루어지고 교실수업 관찰이 뒤따른다다. 교수와 상담자가 함께하는 사전관찰모임에서 교수의 관심에 대한 공통적인 이해가 이루어진다. 사후관찰모임에서 수업에 대해 논의하고 상담자는 어떤 방법으로 교수의 수업실천을 변화시킬 수 있는지에 대한 아이디어와 함께 (때로는 수업촬영 비디오를 활용하여) 수업 관찰에 따른 상세한 의견을 공유한다. 다양한 관찰을 위해 센터 직원, 교수진 또는 대학원생과 같이 훈련받은 퍼실리테이터가 교수의 승인 아래 교수 입회 없이 학생들을 대상으로 소그룹수업진단(SGID)[2]을 활용한다. 이어서 교수자와 공유할 수 있도록 퍼실리테이터는 교수자의 수업향상을 위한 핵심 영역과 강점이 무엇인지에 대하여 합의에 도달할 수 있는 소그룹 회의를 안내하거나 진행할 수 있다.

오리엔테이션은 보통 가을 학기 초에 열리거나 흔하지는 않지만 신임교수들과 대학원 수업조교를 위하여 봄 학기에 열린다. 교수학습센터는 가끔 교내 전문가 이외에 외부 전문가를 초청하여 이러한 이벤트를 조직하고 계획한다. 오리엔테이션의 시간과 내용은 참가자들이 점심식사를 함께하며 대학 정보에 대해 청취하는 일일 행사에서부터 대학 정보와 중요한 수업 기술에 대한 일일 워크숍, 학기 시작 전에 며칠 동안 계속되는 장기 오리엔테이션까지 다양하다. 가끔 오리엔테이션 프로그램 행사는 전체 학기 동안 진행되기도 한다.

개별 교수진이나 교수 그룹 또는 학과차원에 지원되는 연구비 지원(grant)은 교육 소프트웨어와 같은 자료의 구입, 일부 대학원생 지원, 교육과 관련된 콘퍼런스 여비, 외부 컨설턴트 비용, 또는 교수진 연수 등 일반적으로 교과목이나 교육과정 개발 측면에서 지원된다.

펠로우 교수를 통해 교수진들과의 관계를 형성하고 센터의 영향력을 확장할 수 있다. 펠로우 교수는 센터와의 협의 아래 프로젝트를 수행하거나 교육 프로그램을 개발하거나 서비스를 수행한다. 펠로우 교수는 이러한 시간을 확보하기 위하여 강의나 학과 업무를 일부 면제받는다.

2　[역자주] Small Group Instructional Diagnosis, 즉 SGID는 수업을 수강하는 일군의 학생들에게 수업에서 학습한 것이 도움이 되는지, 어떤 부분을 개선할 필요가 있는지 학기 중간에 물어보는 일종의 구조화된 인터뷰 프로세스를 말한다. 이것은 Joseph Clark과 Mark Redmond(1982)가 FIPSE 기부 프로젝트에 참여하여 만든 것으로 수업의 중간에 소집단 토론을 통해 피드백 정보를 산출한다. 학생들은 교수자가 인식한 수업문제를 해결할 수 있는 방법을 제안할 수도 있다. 이 방법은 행정적인 평가라기보다 수업의 개선을 위한 전략 중 하나이다(http://wikipodia.podnetwork.org/Home/topics-for-discussion/small-group-individual-diagnosis).

티칭서클은 일반적으로 공통의 관심 주제를 중심으로 6~8명의 교수진이 모여 구성된다. 참가자들은 일정 기간(학기) 정기적으로 만나며, 능동학습이나 문제중심학습, 티칭 포트폴리오, 교과목 기반 평가와 같은 특정 강의 전략 등 공통적인 주제를 다룬다. 참가자들은 함께 책을 읽고 토의하며 그들의 수업을 위한 의미(관계)를 탐색한다. 일반적으로 센터는 모임의 조직을 촉진하고 책이나 다른 자료를 준비할 수 있도록 약간의 재원을 제공한다.

교수학습공동체(Faculty Learning Communities, FLCs)는 지원하는 기간이나 자원 면에서 티칭서클보다 확장적인 교수개발 활동이다. 교수학습공동체는 한 학기나 일 년 동안 관심의 초점이 되는 어떤 주제를 중심으로 다양한 학과에서 모인 8~10명의 교수그룹이다. 교수학습공동체는 특정집단 중심과 주제 중심의 두 가지 주요 유형이 있다. 특정집단중심 교수학습공동체는 신임교수, 중견교수, 여성교수, 유색인종교수, 학과장 등의 보직교수 그룹의 요구를 다룬다. 주제중심 교수학습공동체는 팀티칭, 다양성 또는 교양교육에서의 학과 평가와 같은 특별한 대학 교수학습 요구에 초점을 맞춘다. 센터는 교수학습공동체 조직과 협력하고 모임을 위한 식사나 다과, 외부 모임, 책과 같은 자원을 지원할 수 있는 재원을 제공한다.

연구비 지원 프로젝트의 관리는 탐구학습, 신입생 세미나, STEM 교과목과 교육과정의 개선, 대단위 교과목 수업, 수업 테크놀로지의 통합 또는 멘토링 등 교내에서 진행되는 프로젝트를 지원하기 위하여 다른 학술 단체나 지원 단체 또는 다른 대학과의 제휴를 통해 센터의 내부적 자원을 확장할 수 있는 대표적인 프로그램이다. 센터의 직원은 해당 프로젝트가 지원하는 프로그램이나 서비스를 단순히 제공하거나, 연구비를 관리한다. 연구비를 수주하면 연구비 지원 기간이나 후에 성과물을 보급하기 위한 자금을 제공할 수 있으며, 또 이를 통해 센터의 업무뿐만 아니라 대학의 전국적인 인지도를 높일 수 있다. 연구비의 성공적인 수주는 소속 대학에서 센터의 위상을 강화하고 행정지원을 향상시킬 수 있다.

국가프로젝트의 참여는 연구비 지원 프로젝트와 관련이 있다. 센터들은 미국 대학협의회(American Association of Colleges and Universities, AAC&U's)의 위대한 유산 프로젝트(Greater Expectations Project)나 카네기재단이 지원하는 카네기 장학프로그램(Carnegie Scholars Program)과 같이 수많은 국가 프로젝트에 대학이 참여할 수 있도록 한다. 센터의 직원들은 일반적으로 다른 교육기관과 함께 참여를 모색하며, 실천을 통해 알 수 있는 것 이상의 이익을 얻는다. 또 연구비 지원 프로젝트에서처럼 국가 프로젝트의 참여는 교내에서의 센터의 위상과 교육기관의 인지도를 강화할 수 있다.

센터는 이외에도 여타 프로그램과 서비스를 제공한다. 예를 들어, 우수강의를 선발하는 과정을 조직하고 우수강의 시상 계획과 프로모션을 통해 교육에서의 수월성을 인정받을 수 있도록 지원한다. 그러나 공정성을 유지하기 위해서 우수강의 수상자의 선발에 참여하지는 않는다. 또한 대부분의 센터는 도서관처럼 대학 수업에 대한 책이나 출판물 등 수업에 대한 자료를 수집하며, 도움이 되는 내용을 담은 자체 뉴스레터를 발행하고 수업자료가 링크되어 있는 웹 사이트를 개발한다.

센터장과 직원들은 센터 업무의 인지도를 강화하기 위하여 다양한 비공식 활동에 참여하며, 교수나 행정직원들과의 중요한 제휴를 구축하여 대학 내 다른 부서나 지지층과의 동반 관계를 중재한다. 또 센터장과 주요 직원은 교내 교수학습을 강화하기 위한 새로운 전략으로서 소속 대학의 교수학습 미션 관련 위원회의 일원으로 활동한다. 이러한 위원회에서의 역할을 통해 조직개발 과정에 기여할 수 있고 교육개발 활동에 대한 신뢰도나 인지도를 강화할 수 있다. 한편 인증기관은 견실한 교육개발 활동의 중요성을 평가하기 시작하였다. 결론적으로 센터 디렉터와 직원은 품질강화계획의 개발과 실천, 대학에게 새롭게 요구하는 인증사항을 비롯한 재인증 활동을 위하여 점점 더 중요한 역할을 수행하고 있다. 센터 디렉터와 직원은 승진, 이직 방지, 정년제 가이드라인의 개정, 교실 개선을 비롯한 대학의 물리적 공간 배치, 학생들의 성공적 대학생활과 대학 풍조와 같은 폭넓은 전략적 계획 이슈에 관한 새로운 관점도 제공하고 있다.

프로그램 유형의 통합

대학에서의 교수학습 의제가 보다 복잡해지고 교수개발이 하나의 실천 영역으로서 성장해 가고 있기 때문에 점차적으로 교수학습센터에서는 소속 대학에 영향을 미치기 위해서 기본적인 조직 구조뿐만 아니라 그들이 사용하고 있는 프로그램 유형과 전략을 확대하고 있다. 보다 구체적으로 오랜 경력을 지닌 능력 있는 교수개발 전문가들은 보다 넓은 영역으로 그들의 영향이 미칠 수 있도록 실천을 확대하고 있다. 센터 폐쇄, 예산 긴축, 경기 침체의 여파로 몇몇 센터들은 소속 대학의 상황에 따라 그리고 대학의 전반적인 계획 내에서 센터를 어떻게 자리매김할 것인지에 대해 훨씬 더 신중해지고 있다. 센터들은 고위 행정가와의 잦은 접촉과 더불어, 교수학습에 더욱 중점을 둔 교수 개발, 소속 인적 자원의 지속적인 개발을 통한 이직 방지, 한정된 자원 아래에서의 등록 향상, 학생 집단의 다변화와 같이 보다 큰 전략적 이슈들을 어떻게 처리할 수 있는 지를 행정가들이 확인할 수 있도록 돕고 있다. 조직개발은 특별하고 보다 정교해지는 실천의 영역으로서 천천히 진입하고 있다.

고등교육에서 다음의 변화들은 교수학습센터의 전통적인 구조나 프로그램에 대한 특별한 도전이 되고 있으며, 이를 위한 프로그램과 실천 영역들이 새롭게 배치되고 있다.

- 점점 더 정교해지는 학습 테크놀로지의 증가와 확산, 학습 플랫폼 수의 증가, 세계 어디서나 비동시적인 강의 제공을 통한 교육기관 영역의 합병, 보편화된 전자 테크놀로지와 이러한 테크놀로지를 매우 손쉽게 다루는 학생들
- 다양한 학생 집단의 증가 : 글로벌화, 특히 중국과 인도의 성장으로 대학교육의 국제적인 경쟁 증가(특히, STEM 영역에서), 아시아와 중동으로의 미국 대학교육의 수출, 대학교육의 국가적 의제 증가
- 평가 분야의 성장과 함께 교수학습의 학문성의 등장
- 재인증 절차에서 학생 학습이 핵심적인 역할을 하고 성과 기반 프로그램 평가, 품질강화계획의 평가를 비롯한 지역 인증단체들의 재인증 가이드라인의 변화
- 도서관, 테크놀로지 센터, 학생처와 기숙사 등 학습 관련 부서와 대학 내 커뮤니티 수의 증가
- 소비자 지상주의 성향의 증가와 유비쿼터스 텔레커뮤니케이션을 보유한 부모들의 끊임없는 경계 역할
- 전통적인 교수 역할을 외부에서 조달하는 과정에서 발생하는 시간 강사 수의 증가

이러한 모든 도전의 결과로 교수개발자와 센터는 교내외적으로 교수학습 효과성의 강화와 교육기관의 전반적인 미션에 기여할 수 있는 기회를 얻을 수 있게 되었다. 사실, 내부에 전념할 것인지 외부에 전념할 것인지의 사이에서 적절한 균형을 찾는 것은

많은 교수개발자들에게 여전히 해결해야 하는 어려움이다. 점점 더 많은 센터들이 기본적인 조직 구조 없이도 교양교육과 같은 더 폭넓은 교육과정 이슈에서의 역할을 수행하거나 평가와 같은 영역에서 교내 다른 전문가들과 제휴를 맺고 있다. 또 숙련된 교수개발 실천가들이 점점 증가하면서 교수개발에 대한 책임을 맡는 학장이나 교무부처장처럼 보다 높은 행정가의 역할을 수행하고 있다. 새로운 환경에 적응하는 유기체와 같이 개별 조건에 따라 폭넓은 미션을 채택하고, 새로운 제휴관계를 맺고, 새로운 조직 구조를 창출하는 센터의 수는 적지만 증가하고 있다.

수업에 전자 테크놀로지의 활용이 점점 확산됨에 따라, 원격 교육 프로그램의 수익 창출 역량이 확대됨에 따라, 그리고 최고정보책임자가 고위 행정관리자 지위로 올라감에 따라 교수학습센터와 수업 테크놀로지 부서의 **합병**이 증가하고 있다. 테크놀로지 센터와 교수학습센터가 합병하기도 하지만 교수학습센터가 테크놀로지 부서의 일부가 되기도 한다. 그러나 나의 관점에서는 교수학습센터가 테크놀로지 센터를 흡수하는 것이 학습, 교수법, 테크놀로지 사이의 수단목적 관계를 정확하게 반영하는 것이다. 어떤 수업 테크놀로지를 활용할 것인지보다는 학생들의 학습성과를 기반으로 어떤 교수법을 활용할 것인지의 결정이 우선해야 한다. 더 자세히 설명하자면 정교해진 전자 테크놀로지의 활용이 필연적 결론이 되어서는 안 된다는 것이다. 조지타운대학교의 학습과 학문설계센터와 그린즈버러대학교의 교수학습센터는 처음부터 막강한 수업 테크놀로지 요소를 가진 부서를 계획한 센터의 사례이다.

합병은 전문성 개발을 위하여 일련의 교수지원 프로그램을 응집력 있게 배치하는 것이다. 구성된 프로그램은 다양하지만 교육, 테크놀로지, 교육과 관련된 승진과 정년 정책과 절차, 교수의 건강, 그리고 여성, 신임교수, 겸임교수들과 같은 소수교수 집단과 관련된 프로그램들이다. 이런 방법으로 조직된 센터들은 인디애나대학교-퍼듀대학교 인디애나폴리스(IUPUI)의 학습과 학문컨소시엄(교수학습센터를 포함하여)과 메사추세츠대학교 애머스트캠퍼스의 교수개발부(교수센터를 포함하여)가 있다. 애팔래치아주립대학교의 하버드교수개발센터는 역사적으로 교수진을 위한 다양한 프로그램을 조명하고 축적해 온 센터의 예이다.

또 교수, 직원, 행정가들을 위한 프로그램을 결합시킨 몇몇 센터도 있다. 예를 들어, 미시간주립대학교의 교수 & 조직개발부는 이러한 방법으로 구성되었다.

최근에는 센터의 미션 확대에 따라 단발적이기는 하지만 기존 센터의 재조직화가 이루어지고 있다. 예를 들어, 노스캐롤라이나대학교 채플힐캠퍼스의 교수학습센터는 장기간의 교수개발 요구에 대한 재조사 후에 교수수월성센터로 재조직하였다. 교수진에서 임명된 비상근 디렉터와 교수개발에서의 전문성을 가진 전일제 최고 디렉터에 의해 주도되는 새로운 센터는 교육, 연구, 리더십 등 세 가지 활동 영역으로 분리하여 구성된다. 센터는 테크놀로지 요소를 강화하고, 더불어 확대된 미션을 함께 수행해야 하는 부서와 보다 분명하고 강력한 제휴를 시사하며 대학교 중앙 도서관에 새로운 사무실을 마련하였다.

조직 구조와 프로그램 유형의 합병만으로 교수개발이 새로운 국면을 맞고 있다는 것을 나타내는 것이라고 말하기는 쉽지 않다. 그러나 확실한 것은 이러한 센터의 미션 확대는 교수개발의 전통적 영역을 확대하는 것이며 센터의 범위를 확장하는 것이다. 우연히도 영국, 캐나다, 호주에서 장기간 사용된 **교육개발**(educational development)이라는 용어는 과거 몇 년 동안 미국에서 널리 통용되었다. 미국에서 보다 흔히 사용되는 교수개발(faculty development)과 비교할 때 교육개발은 대학교육에서 교수학습 의제에 영향을 미칠 수 있는 교수, 수업, 조직개발 전략을 더욱 단단하게 통합한다는 의미를 가지고 있다. 보다 넓은 용어인 **학술개발**(academic development)은 연구, 교육, 리더십, 봉사와 같은 대학교육기관의 폭넓은 미션과 관련된 개발 활동들을 인정하고 이해하기 시작하였다는 것을 의미한다. 나의 관점에서 학술개발은 교수학습을 교수의 관심과 교수 활동에 대한 적절한 영역으로 포용할 수 있는 기회일 수 있지만, 한편으로는 연구 지배적인 영역이 되는 경우 교수학습이 쇠퇴할 수 있는 위험이 될 수 있을 것이다.

결론

센터가 시작된 이후 교수개발은 하나의 분야로서 성장해 가고 있으며 이에 따라 많은 교육개발 센터를 보유해 오고 있다. 대부분의 센터는 공통의 색깔을 가진 프로그램과 서비스를 결합하여 제공하는 다섯 가지 기본 조직 구조 중 하나로 나누어진다. 이러한 프로그램과 서비스는 교육개발, 교수 및 수업개발, 조직개발과 같은 세 가지 고전적 영역의 표본이다. 교수개발 분야에서 경험 있는 전문가가 이끄는 보다 성장한 센터들은 교육개발센터의 새로운 모델을 제시하는 영역들을 실천하고 있다.

교수 또는 교육개발이 시작된 이후 변화에 집중해 왔으며 이러한 변화에 대한 관심은 계속되고 있다. 대학에서 교수가 중심이 되고 대학교육의 변화가 촉진되어야 한다면 교수개발은 예전보다 더 중요하다. 교수개발이 교육기관의 교수학습 의제와 밀접하게 관련되어 있다면 교수개발은 전체적인 교육기관의 효과성을 강화하기 위하여 중요한 역할을 한다. 점점 더 많은 교육개발자들이 학생의 성공, 교수의 이직방지, 비용 효과성, 운영 효율성과 같은 폭넓은 전략 계획 이슈를 다루기 위하여 고위 행정가들과 제휴하고 있다. 실제 교수개발은 오늘날 단과대학, 종합대학 그리고 대학교육의 변화에 있어 중추적인 역할로서 부각되고 있다.

참고문헌

Bergquist, W. H. (1992). *The four cultures of the academy: Insights and strategies for improving leadership in collegiate organizations*. San Francisco: Jossey-Bass.

Bergquist, W. H., & Phillips, S. R. (1975). Components of an effective faculty development program. *Journal of Higher Education, 46*(2), 177–212.

Burdick, D. (2007). *An outline of POD's history*. Nederland, CO: POD Network in Higher Education.

Reder, M., Mooney, K. M., Holmgren, R. A., & Kuerbis, P. J. (2009). Starting and sustaining successful faculty development programs at small colleges. *To improve the academy: Vol. 27. Resources for faculty, instructional, and organizational development* (pp. 267–286). San Francisco: Jossey-Bass.

Sorcinelli, M. D., Austin, A. E., Eddy, P. L., & Beach, A. L. (2006). *Creating the future of faculty development: Learning from the past, understanding the present*. Bolton, MA: Anker.

3

교육개발 프로그램 수립

Douglas L. Robertson

많은 국가에서 전문성과 조직의 효과성을 개발하도록 대학을 압박하고 있다. 이러한 압력은 대학이 교육개발 프로그램을 새롭게 창출하고, 다시금 부활시키고, 재조직하게 만드는 공통된 성과로 나타났다.

'프로그램 수립'은 무엇을 내포하고 있는가? '프로그램 수립'이라는 문구에는 프로그램의 개념화와 관리를 위한 일련의 과제들이 함께 중첩되어 있다. 디욱이 교육개발 프로그램들 또한 장기간에 걸쳐 새로운 현상이 나타날 만큼 충분히 오랫동안 존재해 왔다. 한때는 기능했지만 어떤 이유로 사라져 버리거나 현저히 줄어 버린 프로그램들이 다시 부활하고 있다. 아마도 새로 부임한 교무처장이 그 프로그램을 지원하지 않았거나 예산 위기로 자금을 단절시키게 했을 수도 있다. 또 최근의 교육개발 프로그램은 다른 프로그램(예 : 정보기술이나 인적 자원 프로그램)과 합병되기도 한다. 이러한 세 가지 모든 노력 ― 교육개발 프로그램의 신설, 부활, 재조직 ― 은 '프로그램 수립' 논의에 포함된다.

이 장의 목적은 독자들에게 아래의 능력을 향상시키기 위함이다.

- 결정이 요구되는 것이 무엇인지 결정하기 : 소속 교육기관에서 교수개발 프로그램을 새롭게 창출하고 다시 부활시키거나 재조직하려 할 때 고려해야 하는 근본

적인 사항
- 핵심 이슈에 대한 의사 결정하기 : 이러한 근본적인 고려사항에 대한 바람직한 입장 파악
- 비전 명확히 하기 : 교육개발 프로그램을 위한 명확하고 설득력 있는 비전을 결정

이러한 목적을 달성하기 위해서는 관련 질문을 확인하고 논의하여야 한다. 독자들이 처한 특정한 맥락은 이러한 질문에 어떻게 대응해야 하는지에 영향을 미친다. 따라서 이 장에서는 가능한 탈맥락화되어 있는 '우수 실천 원리'를 전달하는 것은 피하려 한다. 이 장의 목표는 무엇이 필요하고 중요한지를 설명하는 것이 아니라 고려사항이 무엇인지를 규명하는 것이며, 독자들이 처한 상황과 밀접한 관련이 있는 사항들을 고려하여 바람직한 입장을 개발할 수 있도록 독자들을 돕는 것이며, 그러한 입장을 비전에 명확히 연결시키는 것이다.

이 장에서는 실제적으로 접근하고자 한다. 교육개발 문헌을 통해 이미 알려진 것일 수 있고 이미 이 주제에 관한 보다 자세하고 유용한 연구들이 존재하고 있다(이 장의 마지막에 있는 참고문헌을 참조). 특히 POD 네트워크에서 매년 발간하는 *To improve the Academy*는 이 장의 주제인 교육개발 프로그램 수립하기와 관련하여 새로운 상황에 이용할 수 있는 사실에 입각한 27년간의 실제적 아이디어를 축적하고 있는 보물창고이다. 아직 읽지 않은 독자들은 지금까지 발간된 책을 대강이라도 훑어볼 수 있는 충분한 시간을 확보할 수 있기를 바란다.

효과적인 프로그램 수립을 위한 중요 사항 결정

지금부터의 논의는 교육개발 프로그램을 수립함에 있어 근본적인 질문을 확인해 보는 것이다. 다음의 열네 가지 질문은 특별한 과정을 나타내는 선형적인 순서로 배치된 것이 아니므로 독자의 흥미에 따라 질문을 선택해서 이동해도 된다.

교수개발 프로그램을 수립하기 위한 바람직한 선행조건은 무엇인가

프로그램을 위한 첫 번째 필수 단계는 프로그램의 지지 기반을 폭넓게 수립하는 것이

다. 모든 교육기관의 교수진, 직원, 행정가, 학생들이 교육개발 프로그램의 수립을 지지하게 할 수는 없다. 그러나 가능한 많은 사람들이 교육개발 프로그램의 수립을 갈망하도록 하는 것이 성공을 위한 첫걸음이 될 수 있다. 예를 들어, 교수개발을 지원하기 위한 근거를 조사하는 교무처장이나 대학평의회 의장이 교수 특별위원회를 담당하고 그 위원회가 교수개발 프로그램을 추천하는 보고서를 발행한다면, 이는 교수개발 프로그램의 수립과 궁극적인 성공에 기여한다. 그 프로그램이 직원들을 위한 것이라면 직원들을 위해서도 마찬가지이다. 총장, 교무처장, 그리고 관련 부총장, 학장, 학과장 그리고 책임 관리자의 지원을 확보하는 것 또한 도움이 될 수 있다. 학생들은 교수나 직원 개발의 이슈에 대해 잘 알지 못하지만, 프로그램 수립을 지지하는 보고서를 발행하는 논의에 학생회나 다른 학생 그룹을 참여시키는 것도 방법일 수 있다.

교수학습센터여야 하는가

교육개발 프로그램이 취하는 형태는 매우 다양하다(제2장 '교수개발 프로그램 유형과 프로토타입' 참조). 예를 들어, Sorcinelli, Austin, Eddy와 Beach(2006)는 2001년 POD 네트워크 멤버 전원을 대상으로 교수개발 프로그램이 어떻게 구조화되는지 조사하였다. 300개의 교육기관이 응답하였으며, Sorcinelli 등은 다음과 같은 구조를 발견하였다.

- 전담 직원이 있는 중앙집권형 부서(54%)
- 개별 교수진 및 행정가(19%)
- 교수개발위원회(12%)
- 프로그램과 자료를 제공하는 정보센터(4%)
- 캠퍼스 통합형 교수학습 지원부서(11%)

이 설문조사에서 교수개발 프로그램의 구조는 교육기관의 유형에 따라 다양하였다. (제17장 '연구중심대학에서 연구와 교육의 상생', 제18장 '소규모 대학의 효과적인 사례', 제19장 '커뮤니티칼리지에서 교수개발' 참조). 중앙집권형 부서(일명 '교수학습센터')는 연구대학(72%), 종합대학(51%), 커뮤니티칼리지(34%)에서 가장 흔한 구조인 반면 학부중심대학에서는 개별 교수진 및 행정가(33%)가 가장 흔한 형태였다(Sorcinelli et al., 2006). 특정 상황에서 어떤 형태의 프로그램을 취해야 하는가에 대한 논의를 시작할 때 경험에 근거한 두 가지 규칙은 첫째, 교수학습센터가 일반적으로 선호되는 형태이고, 둘째, 차라리 그러한 구조라도 없는 것보다는 낫다는 것이다.

프로그램의 미션은 무엇이 되어야 하는가

프로그램의 미션 수립을 위해서는 중요한 선택을 해야 한다. 예를 들어, 누구를 위한 프로그램인가? 교수뿐만 아니라 직원을 위해서도 존재하는 프로그램인가? 행정가를 위한 것이기도 한가? 겸임교수? 대학원생 조교? 교육개발 프로그램에 투자되는 교육기관의 자원은 명확한 목표에 맞추어 조정되어야 하는데 그렇다면 그 목표는 무엇인가? 누가 무슨 목적으로 제공할 것인가?

Senge(1990)가 제기한 '학습조직'이라는 용어가 대중화된 이후에 거의 20년 동안 많은 단과대학과 종합대학들이 학습조직이 되고자 선언하였다. 사실 이러한 목표는 특이한 것이다. 왜냐하면 모든 조직은 원하든 원하지 않든 이미 학습조직이기 때문이다. 조직에서 일을 하는 사람들은 공식적인 전문성 개발 프로그램이 없다 하더라도 상호작용을 통해 매일 학습하고 있다. 그들이 학습하는 것은 때론 조직에 유용하지만, 때로는 그렇지 않기도 하다. 대학은 이미 학습조직이기 때문에 대학의 전략적인 방향에 맞추어 교수, 직원, 행정가들이 배우고 개발할 수 있도록 지원하는 학습 자원이 존재하는 '의도적인 학습조직'이 되기를 희망한다고 말하는 것이 정확할 것이다.

대규모 조직에서는 이러한 의도적인 학습에 참가하는 사람을 때로는 '학습담당 최고 책임자(chief learning officer)'라고 일컬었다. 실제로 저널에서 그 이름이 부상되고 있으며, 그 기능적 개념은 단과대학과 종합대학에서는 합당한 것처럼 보인다. 교육개발자는 이러한 의도적 학습을 책임지는 타당한 사람이라 할 수 있다. 만약 교육개발자와 프로그램이 이러한 새롭고 중요한 기능을 수행해야 한다면 그러한 기능을 미션에 명확히 진술하여야 할 것이다.

전략적으로 학습을 이끄는 또 다른 대안적 접근방법은 센터의 도움을 필요로 하는 사람들의 학습 요구에 대응하여 프로그램을 개발하는 것이다. 전략적 방향에 맞추어 프로그램을 개발하는 것보다 후자의 접근이 교육개발에 있어 산탄효과를 유발하는 경향이 있다.

프로그램의 미션을 결정함에 있어 또 다른 중요한 고려요소는 개발 프로그램의 유형이다. 프로그램 유형은 적어도 네 가지 선택이 가능하다.

1. 수업개발 : 보다 효과적으로 가르칠 수 있도록 교수자를 지원
2. 교수개발 : 교수의 전체 경력에 따른 업무의 측면에서 교수진을 지원
3. 교육과정개발 : 예를 들어, 교양 교육이나 학위 과정 등 전체 교육과정에 이르기까지 교과목 단위의 맥락에서 교수 설계(통합적인 학습목표, 수업활동, 평가)를 촉진
4. 조직개발 : 예를 들어, 신임의장 및 직원개발을 통하여 대학의 효과성을 전략적으로 강화하기 위하여 대학을 의도적 학습 조직으로서 개발할 수 있도록 지원

교육개발 프로그램은 교수학습센터 그 이상이 될 수 있으며, 프로그램의 전체적인 범위는 프로그램의 미션에 표현되어야 한다.

다음은 교수학습센터보다 폭넓은 용어로 개념화되고 테크놀로지 훈련이 포함된 전문성개발센터(professional development center)를 묘사하는 가상 미션이다.

센터의 주요 미션은 대학의 핵심 가치와 전략 우선순위에 맞추어 교수, 직원이 철저하고 적절하며 지속적인 개발을 유지할 수 있도록 지원하여 의도적 학습 조직으로서 대학의 가능성을 인식하도록 대학을 지원하는 것이다. 센터는 네 가지 영역에서 교수와 직원을 지원함으로써 대학에 기여한다.

1. 수업개발
2. 교수개발
3. 교육과정개발
4. 조직개발

센터의 프로그램과 상담은 이러한 네 가지 개발 관련 영역에 적절한 테크놀로지를 활용한 훈련을 포함한다.

프로그램의 미션에는 여러 가지 중대한 선택이 따르며 대표적인 이해관계자의 적극

적 참여를 통해 명확하고 신중하게 수립되어야 한다. POD 웹 사이트[1] 첫 페이지에 있는 검색 엔진을 이용하여 기존 교육개발 프로그램의 미션을 찾아볼 수 있다.

미션과 전략적 계획을 수립하기 위하여 어떤 과정을 활용해야 하는가

교육개발 프로그램의 미션, 비전, 핵심 가치, 전략 계획의 진술문을 만드는 과정은 다양한 형태를 통해 실천할 수 있다. 일반적으로 그 형태가 무엇이건 간에 그 과정에 참여하도록 모든 주요 이해관계자들에게 다양하고 폭넓은 기회(면대면, 인쇄, 전자 또는 개인, 집단)를 제공한다면 도움이 될 수 있다. 이러한 이해관계자들은 학생, 교수, 학과장, 학장, 최고 행정가, 교무처와 학생처 직원, 동문, 지역 구성원 또는 새로운 교육개발 프로그램에 직간접적으로 영향을 받거나 줄 수 있는 사람이라면 누구라도 될 수 있다.

서로 다른 범주의 이해관계자들을 초청하여 일련의 모임 또는 대화를 유치하는 과정은 매우 유용한 정보를 제공해 줄 수 있다. 뿐만 아니라 각 그룹의 대화를 활성화함으로써 적절한 이슈와 새로운 교육개발과 관련된 조직을 정교화할 수 있다. 이해관계자들과 모임의 결과 및 대화에 대한 분석을 공유하는 반복적 과정은 일반적으로 이해관계자들이 새로운 프로그램에 깊이 있고 폭넓은 투자를 하도록 만들어낼 수 있다.

프로그램에 교수 테크놀로지를 포함하여야 하는가

면대면이나 온라인 또는 하이브리드 형태 등의 교수방법과 상관없이, 교수들은 교과목 관리 시스템, 프레젠테이션 어플리케이션, 스마트보드, 표절방지 프로그램, 스트리밍 미디어, 팟캐스팅, 소셜네트워크(제16장 '테크놀로지와 교수개발' 참조)와 같이 기존에 있었거나 새롭게 부상하고 있는 기술적인 도구들의 사용 방법을 배울 필요가 있다. 교수들이 이러한 기술적 도구의 사용 방법을 배우도록 돕는 교수 테크놀로지 전문가는 조직 차원에서 정보 테크놀로지 부서에 존재하거나 또는 교수개발 프로그램에 통합될 수 있다.

이러한 정보기술과 교육개발, 두 가지 문화에서 나타나는 차이의 중요성을 과소평가해서는 안 된다. 정보기술 조직 부서에 상주하는 교수 테크놀로지 전문가는 교수진

---

1 http://www.podnetwork.org/search.htm#faculty

의 테크놀로지 활용 여부와 상관없이 워크숍을 제공하고, 테크놀로지를 하나의 콘텐츠로 다루는 경향이 있다. 그들은 교수진이 실제 교과목의 과목관리 시스템을 사용하기 전에 블랙보드(Blackboard) 교육을 받아야 한다는 신념을 비밀리에 또는 아마도 공개적으로 가지고 있다. 반면 테크놀로지 자체보다는 교수법을 지속적으로 강조하는 교수학습센터에 있는 교수 테크놀로지 전문가는 온라인 환경에서 온라인 커뮤니티 개발하기 또는 능동학습과 같이 수업에서의 문제에 초점을 두고 컨설팅과 교육훈련을 개발하는 경향이 있다. 후자의 접근방법으로의 지원을 통해 교수진들은 기술적인 도구를 어떻게 활용할 수 있을지 배울 수도 있지만, 수업에서의 문제점을 해결함으로써 수업의 실천을 향상시키는 맥락 차원에서도 지원받을 수 있다. 새로운 기술적 도구를 배워야 한다는 요구는 교수 테크놀로지 전문가에게 교수들이 수업의 실천과 관점을 재분석하는 것을 도울 수 있는 기회를 제공한다. 정보기술 조직문화 내에서 일하는 교수 테크놀로지 전문가는 이러한 교수법적인 활동을 회피하고자 하는 반면, 교육개발 프로그램 내에서 일하는 교수 테크놀로지 전문가는 이러한 수업개발 기회를 즐길 가능성이 크다.

교수 테크놀로지 전문가를 교육개발 프로그램에 통합하는 것이 쉬운 것은 아니다. 그러나 두 조직부서는 일반적으로 차별적인 급여 구조를 가지고 있으며, 보통 정보기술자들의 급여가 교육개발자들보다 높다. 또 다른 이슈는 교수 테크놀로지 전문가 시장이 대도시 지역에서 탄탄하다는 것이며, 교수개발 프로그램의 교수 테크놀로지 전문가의 정년은 짧다. 따라서 많은 성과를 내는 교육개발 부서의 교수 테크놀로지 전문가가 내부적 갈등을 일으키지 않도록 정보기술 부서 소속의 교수 테크놀로지 전문가에게 뒤지지 않는 급여를 보장하는 대학 지도자의 의미 있는 결단이 필요하다. 또한 교육개발 프로그램의 교수 테크놀로지 전문가의 급여가 기업과 차이가 많이 난다는 것을 인식하여 외부 시장과의 급여에서도 뒤처지지 않도록 애써야 한다.

예산

예산이 아예 없는 것보다 낫다는 것을 기억해야 한다(Fink, personal communication, June 20, 2007). 다양한 형태의 교육기관에서 교수개발 프로그램을 경험한 전 POD 회장 Dee Fink는 재정적으로 지원이 잘된다고 여겨지는 교수학습센터의 예산도 교수들에게 지급되는 급여와 혜택의 0.5~1%에 지나지 않는다고 언급하였다. 예를 들어, 전임 또는 시간제 교수들에게 제공되는 급여와 혜택이 총 7,000만 달러라면, 자금을 잘 지원받는 교수학습센터의 예산은 35만~70만 달러 사이일 것이다. 여기서 중요한 고려사항은 교수학습센터가 교수 테크놀로지를 포함하고 있느냐의 여부이다. 교수테크놀로지를 담당하는 직원의 급여와 장비는 교수 컨설턴트에 비해 상대적으로 높으며, 그 비용은 더 큰 규모의 예산을 요구한다.

프로그램은 어느 조직에 위치해야 하는가

교육개발 프로그램을 수립함에 있어 중요한 고려사항은 어느 조직 구조에 프로그램을 위치시켜야 하며, 디렉터나 코디네이터들의 보고라인을 어디로 결정하느냐 하는 것이다. 교육개발 프로그램은 소외감을 느낄 정도로 매우 취약하다. 따라서 보고라인은 가능한 높아야 하고 교무처장에게 직접 보고하기가 용이하도록 교무처에 존재해야 한다.

이상적인 디렉터의 특징은 무엇인가

교육개발 프로그램의 디렉터나 코디네이터는 다양한 형태로 임명된다. 그들은 상근 또는 비상근, 교수 또는 직원, 정년 트랙 또는 비정년 트랙일 수도 있다. 그러나 형태에 상관없이 센터의 책임자들은 이해관계자, 특히 교육개발 프로그램과 관련된 특정 고객과의 신뢰가 필요하다.

일반적으로 교수진은 교육개발 프로그램의 주요 고객 그룹이기 때문에 디렉터가 교수들과 신뢰를 구축하면 유리할 수 있다. 최적의 신뢰는 교수학습센터 디렉터를 교수를 지원하는 직원으로 여기기보다는 자신의 전공에 더하여 교육개발이라는 또 다른 전문성을 지닌 동료로서 인식할 때 발생한다. 다시 말해 만약 교수학습센터의 디렉터가 가 되기 전에 성공적인 교수로서 존재해 왔다면 더욱 유용하다는 것이다. 물론 매우 성공한 디렉터들 중 많은 수가 이러한 지위 없이도 다른 방식으로 신뢰를 획득하였다. 하지만 교수학습센터 디렉터들을 위한 중요한 신뢰는 교육, 연구, 봉사에서 견고한 배경을 가진 중견교수 동료(정교수, 적어도 부교수급 이상의 지위)일 때 발생할 수 있다. 만약 디렉터가 교수 지위를 받고 동료 교수로 인정받는다면 더 많은 도움이 된다. 교육개발자를 대상으로 한 연구에서 Mullinix(2008)는 응답에 참여한 교육개발자의 5분의

4(79%)가 교수 지위는 중요하다고 말하였으며, 이들 중 절반(48%)은 그것이 매우 결정적이거나 매우 중요하다고 응답하였다. 응답자의 절반 이상(54%)은 교수 지위가 그들의 신뢰도를 더 높여 줄 수 있으며, 4분의 1(28%)은 그들의 효과성에 영향을 미친다고 답하였다. 다음의 두 가지의 인용구를 통해 이 연구의 질적 데이터를 요약할 수 있다.

교수 지위를 가진 교육개발자는 다음과 같이 설명하였다. "교수 동료가 되는 것은 즉각적인 공감대를 형성할 수 있고 다른 교수들의 존중을 받을 수 있다고 믿는다. 나는 이론보다는 단지 개인적인 경험을 통해 승진, 정년보장, 교실수업관리, 온라인 교육, 전자 포트폴리오에 대하여 이야기할 수 있다(Mullinix, 2008)." 교수 지위가 없는 교육개발자는 다음과 같이 언급하였다. "나는 교수 지위를 가진 적이 없지만, 교수 지위를 갖는 것은 교수들과의 업무에 매우 도움을 줄 것이라고 생각한다. 내가 자격(박사 학위)과 교육경험을 가지고 있음에도 불구하고 교수 지위가 아니기 때문에 특정 교수들을 돕기에는 자격미달로 보이게 만든다."

교수 배경에 대한 이러한 근본적인 고려사항 이외에도, 이상적인 디렉터의 다른 중요한 특징은 다음과 같다(제6장 '교수개발자에게 중요한 기술과 지식' 참조)

- 교육개발 관련 문헌과 실천, 테크놀로지에 대한 지식
- 교육개발 경험
- 임상기술(예 : 상담관계 업무에서의 자신감)
- 촉진기술(예 : 워크숍, 연수, 회의, 행사의 촉진)
- 관리기술
- 리더십기술(Sidle, 2005 참조)

그러나 우리는 디렉터가 이러한 특징을 모두 가질 필요가 없다는 것을 반드시 기억해야 한다. 신뢰와 효과성은 그러한 기술 모두가 동시에 조화를 이룰 때 발생한다.

프로그램 디렉터는 영구적이여 하는가 또는 순환되어야 하는가

이 주제에 대하여 소규모 학부중심대학의 센터 디렉터와 중견교수가 센터 디렉터 순환근무의 장점에 대해 언급한 것을 살펴보는 게 도움이 될 수 있다. "우리는 학습센터 코

디네이터 자리를 3년에 한 번씩 순환하도록 설계하였다. 당시에는 흥미로운 것처럼 보였지만 결함을 발견했다. 예를 들어, 나는 마지막 해에 센터의 디렉터로 임명되는 순간(비록 일 년 동안 머문다고 계획하였지만), 바로 교수개발자로서 애매한 경쟁력을 가지겠구나라고 느꼈다(익명, personal communication, April, 10, 2007)." 디렉터 보직을 순환하는 것은 영구적으로 임명하는 것만큼 바람직한 것처럼 보이지는 않는다. 교육개발은 분명 확립된 전문 분야이며, 교수나 직원이 일 년 안에 새로운 분야를 숙달하기를 기대하거나 일 년 안에 자리를 떠나라고 하는 것은 합리적이거나 효율적이지 않다.

프로그램은 어떤 서비스를 제공해야 하는가

교육개발 프로그램은 적어도 네 가지 서비스를 제공한다(제2장 '교수개발 프로그램 유형과 프로토타입'과 제8장 '교수개발 프로그램과 활동을 위한 실제적인 제언' 참조)

- 이벤트(워크숍이나 특강 등)
- 프로그램(동료 교수들이 함께 참여하는 실천공동체 또는 혁신적 교수법 개발지원 등)
- 컨설팅(교수학습 이슈에 관한 교수진과의 컨설팅 또는 교수평가시스템에 관한 학과와의 컨설팅 등)
- 과정 촉진(인증 과정에 집중하는 연수회 또는 주로 학습성과를 논의하는 학과 모임 등)

〈표 3.1〉과 같이 두 가지 고려사항인 (1) 고객이 누구인가(개인 또는 그룹)와, (2) 누가 활동을 만들었는가(고객 요구 또는 센터의 계획)를 결합한 2×2 매트릭스를 만들어서 활용하면 프로그램 서비스 이슈에 따라 유용하게 분류할 수 있다.

만약 프로그램의 서비스가 주로 고객에 의해 만들어진 활동으로 이루어져 있다면, 교육기관이 주도할 기회는 적어진다. 반대로 프로그램이 주로 센터가 주도하여 만들어진 활동을 추구한다면 정작 지원되어야 하는 활동에 대해서는 센터가 대응하지 않는다고 인식될 수 있고, 이해관계자의 지원도 줄어들 수 있다. 개인과 그룹 측면에서도 유사하다. 만약 개인과의 업무에 대해서만 너무 많이 강조하면 효과의 폭은 좁아질 수

표 3.1 프로그램 서비스 분류표

	고객 요구	센터 계획
개인		
그룹		

있다. 그러나 만약 프로그램의 관심이 주로 교수들의 참여가 매우 높은 그룹 활동에 집중되어 있다면 효과의 깊이에 의문이 생길 수 있다. 왜냐하면 대규모 이벤트의 맥락에서는 유의미한 행동 변화가 있을 것 같지 않으며, 이러한 이벤트는 주로 이러한 프로그램에 대해 이미 '이해하고' 반복하여 참여하는 참가자들에게만 매력적이기 때문이다. 각 교육기관은 어떤 서비스를 혼합해야 소속 교육기관에 기여할 수 있는지에 대한 자체적인 결정을 해야만 할 것이다.

서비스는 어떻게 전달되어야 하는가

서비스의 전달은 두 가지 근본적인 방법으로 개념화될 수 있다.

1. 구심력 : 물리적으로(예 : 워크숍), 전자적으로(예 : 웹 사이트) 고객을 부르는 것
2. 원심력 : 물리적으로(예 : 찾아가는 서비스), 전자적으로(예 : 팟개스팅을 통해) 고객에게 가는 것

독자들은 서비스 전달 분류표로서 상단(구심력·원심력)과 측면(물리적·전자적)을 구분한 또 다른 균형 있는 2×2 매트릭스를 만들어 활용할 수 있다.

추가적으로 고객들은 종종 만성적인 과부하 상태에 있기 때문에(Robertson, 2003), '24시간 주 7일 적시 지원 계획'의 일부로서 서비스를 전달하게 되면 유용하다. 교수들이 필요할 때 개발지원을 받을 수 있도록 자원을 전자적으로(예 : 웹 기반 튜토리얼, 검색 가능한 데이터베이스), 지면상으로(예 : 교육 참고문헌 도서관을 구축하는 것) 이용 가능하도록 만들 수 있다. 또한 잠깐 방문하여 진행하는 면대면 컨설팅이나 필요한 경우 전화, 이메일, 인스턴트 메시지를 통해 온라인 컨설팅을 제공하는 것도 유용하다. 각 교육기관이 수행하는 프로그램은 매우 다양하겠지만, 보통 매우 바쁜 고객을 위한

즉시적인 24시간 주 7일 개발지원을 제공하는 것에 대한 이슈는 중요하다.

교육개발자를 위한 윤리 가이드라인은 무엇인가

때때로 교육개발 프로그램의 수립에 관여하는 의사결정자들은 교육개발 분야에 확립된 연구문헌, 상당한 역사를 가진 협회, 오랜 경력을 지닌 지도자가 있다는 것을 알지 못한다. 때때로 그들은 POD 네트워크[2]가 개발한 교육개발자들을 위한 윤리 가이드라인도 알지 못하는 경우가 있다. 특히, 나는 독자들이 고객에게 프로그램 참여를 권장할 때 가장 중요한 요소 중 하나인 비밀유지에 관한 POD 윤리 가이드라인을 조사하기를 강력히 권장한다. 윤리 가이드라인은 교육개발자들이 겉으로 드러나는 방법보다는 비밀리에 고객의 참여를 도울 수 있다. 이러한 비밀유지 가이드라인은 개발 프로그램과 평가시스템 속에 존재하는 어려운 관계를 극복하고 교육개발자들이 길을 찾을 수 있도록 도움을 준다.

프로그램은 자문위원회를 가져야 하는가

효과적인 자문위원회는 전체 교육기관으로부터 정보를 가져오고, 교육기관 전체에 정보를 제공하는 양방향 커뮤니케이션 전달자로서 기여한다. 또한 효과적인 위원회는 프로그램에 대한 소유의식이 강하다. 그렇다고 하여 교육개발자들은 효과적인 위원회를 구축하고 유지하는 데 소요되는 시간을 너무 짧게 잡아서는 안 된다(제4장 '교수개발위원회와의 업무' 참조).

프로그램의 브랜드를 어떻게 구축할 것인가

브랜딩을 통해 새로운 교육개발 프로그램에 대한 기대와 긍정적인 이미지를 갖도록 할 수 있다. 물론 이러한 긍정적인 이미지와 기대(또는 브랜드)를 구축하기 위해서는 프로그램이 고객과 이해관계자들에게 유용하다고 여겨져야 한다. 이러한 경험과 인식에 쉽게 연관 지을 수 있는 상징(예 : 기억에 남을 만한 명칭 또는 로고)을 확보한다면 프로그램의 정체성을 긍정적으로 구축할 수 있다(제7장 '교수개발 프로그램의 프로모션'

---

2   http://www.podnetwork.org/faculty-development/ethicalguidelines.htm

참조).

　교수학습센터에서 제공하는 서비스를 통해 이득을 얻을 것이라고 사람들에게 약속하는 것과 그 후 약속을 실천하는 것은 분명한 과제이다. 하지만 센터의 명칭과 센터를 나타내는 그래픽이나 로고의 중요성은 쉽게 비하되고 그 중요성도 명확하지 않다. 수백 개의 센터가 있는 상황에서 새로운 부서의 이름을 만드는 데 어려움을 겪기도 한다. 저자가 진행한 비공식적인 분석에 의하면 센터 명칭 중 가장 흔한 단어는 센터, 교수(teaching), 학습(learning), 강화(enhancement), 수월성(excellence), 효과성(effectiveness), 수업(instructional), 교수(faculty), 개발(development), 테크놀로지(technology) 등인 것으로 드러났다.

　수많은 미국 내 센터들은 기부자나 교육기관의 역사적인 인물을 따서 이름을 짓는다. 일반적으로 기부자들은 교수개발 프로그램과 프로젝트에 대하여 지원하는 것을 주저하지만, 학생과 그들의 학습에 이득을 주는 프로그램에 기부하고자 하는 열정을 가지고 있다. 따라서 미래의 기부자들에게 교수개발 목적을 가진 프로그램에 기부하라는 것은 궁극적으로는 학생들의 학습을 돕기 위해 기부하는 것과 같다고 설명하는 것은 가치 있는 일이다.

　명칭을 위한 로고를 만들 때 소속 교육기관의 그래픽 디자인 학생들에게 실제적인 프로젝트를 할 수 있는 소중한 기회를 줄 수 있다. 로고는 반드시 그것을 대표하는 교육개발 프로그램의 전문성을 전달해야 한다. 따라서 단순히 클립아트를 사용해서는 안 된다.

결론

이러한 열네 가지 질문은 교수개발 프로그램을 새롭게 만들고 다시 부활시키고 재조직함에 있어 매우 중요한 것이다. 이 장을 통해 주요한 고려사항이 무엇인지, 그러한 고려사항과 관련하여 교수학습센터가 어디에 위치해야 하는지, 그리고 소속 교육기관에서 교육개발 프로그램을 수립하기 위한 비전을 창출하는 데 그러한 고려사항과 센터의 위치가 어떻게 어우러져야 하는지를 명확히 하는 데 도움을 줄 수 있기를 희망한다.

참고문헌

Mullinix, B. B. (2008). Credibility and effectiveness in context: An exploration of the importance of faculty status for faculty developers. In D. R. Robertson & L. B. Nilson (Eds.), *To improve the academy: Vol. 26. Resources for faculty, instructional, and organizational development* (pp. 173–195). San Francisco: Jossey-Bass.

Professional and Organizational Development Network in Higher Education. (n.d.). *Ethical guidelines for educational developers.* Retrieved August 14, 2008, from http://www.podnetwork.org/faculty_development/ ethicalguidelines.htm

Robertson, D. R. (2003). *Making time, making change: Avoiding overload in college teaching.* Stillwater, OK: New Forums.

Senge, P. M. (1990). *The fifth discipline: The art and practice of the learning organization.* New York: Doubleday.

Sidle, C. C. (2005). *The leadership wheel.* New York: Palgrave Macmillan.

Sorcinelli, M. D., Austin, A. E., Eddy, P. L., & Beach, A. L. (2006). *Creating the future of faculty development: Learning from the past, understanding the present.* Bolton, MA: Anker.

SELECTED BIBLIOGRAPHY

Ambrose, S. (1995). Fitting programs to institutional cultures: The founding and evolution of the university teaching center. In P. Seldin & Associates, *Improving college teaching* (pp. 77–90). Stillwater, OK: New Forums.

Bergquist, W. H., & Phillips, S. R. (1975). *A handbook for faculty development, Vol. I.* Washington, DC: Council for the Advancement of Small Colleges.

Bergquist, W. H., & Phillips, S. R. (1977). *A handbook for faculty development, Vol. II.* Washington, DC: Council for the Advancement of Small Colleges.

Bowman, M. A. (1993). The new faculty developer and the challenge of change. In D. L. Wright & J. P. Lunde (Eds.), *To improve the academy: Vol. 12. Resources for faculty, instructional, and organizational development* (pp. 247–259). Stillwater, OK: New Forums.

Centra, J. A. (1976). *Faculty development practices in U. S. colleges and universities.* Princeton, NJ: Educational Testing Service.

Chism, N.V.N., Fraser, J. M., & Arnold, R. L. (1996). Teaching academies: Honoring and promoting teaching through a community of expertise. *New Directions for Teaching and Learning, no. 65. Honoring exemplary teaching* (pp. 25–32). San Francisco: Jossey-Bass.

Crawley, A. L. (1995). Faculty development programs at research universities: Implications for senior faculty renewal. In E. Neal & L. Richlin (Eds.), *To improve the academy: Vol. 14. Resources for faculty, instructional, and organizational development* (pp. 65–90). Stillwater, OK: New Forums.

Diamond, R. M. (1984). Instructional support centers and the art of surviving: Some practical suggestions. In L. C. Buhl & L. A. Wilson (Eds.), *To improve the academy: Vol. 3. Resources for faculty instructional, and organizational development* (pp. 49–57). Stillwater, OK: New Forums.

Diamond, R. M. (2002). Faculty, instructional, and organizational development: Options and choices. In K. H. Gillespie, L. R. Hilsen, & E. C. Wadsworth (Eds.), *A guide to faculty development: Practical advice, examples, and resources* (pp. 2–8). Bolton, MA: Anker.

Eble, K. E., & McKeachie, W. J. (1985). *Improving undergraduate education through faculty development.* San Francisco: Jossey-Bass.

Erickson, G. (1986). A survey of faculty development practices. In M. Svinicki, J. Kurfiss, & J. Stone (Eds.), *To improve the academy: Vol. 5. Resources for faculty, instructional, and organizational development* (pp. 182–196). Stillwater, OK: New Forums.

Fink, L. D. (2002). Establishing an instructional development program: An example. In K. H. Gillespie, L. R. Hilsen, & E. C. Wadsworth (Eds.), *A guide to faculty development: Practical advice, examples, and resources* (pp. 35–44). Bolton, MA: Anker.

Frantz, A. C., Beebe, S. A., Horvath, V. S., Canales, J., & Swee, D. E. (2005). The roles of teaching and learning centers. In S. Chadwick-Blossey & D. R. Robertson (Eds.), *To improve the academy: Vol. 23. Resources for faculty, instructional, and organizational development* (pp. 72–90). Bolton, MA: Anker.

Gaff, J. C. (1975). *Toward faculty renewal: Advances in faculty, instructional, and organizational development.* San Francisco: Jossey-Bass.

Gillespie, K. H., Hilsen, L. R., & Wadsworth, E. C. (Eds.). (2002). *A guide to faculty development: Practical advice, examples, and resources.* Bolton, MA: Anker.

Gray, T., & Conway, J. (2007). Build it (right) and they will come: Boost attendance at your teaching center by building community. *Journal of Faculty Development, 21*(3), 179–184.

Hellyer, S., & Boschmann, E. (1993). Faculty development programs: A perspective. In D. L. Wright & J. P. Lunde (Eds.), *To improve the academy:*

Vol. 12. Resources for faculty, instructional, and organizational development (pp. 217–224). Stillwater, OK: New Forums.

Kalivoda, P., Broder, J., & Jackson, W. K. (2003). Establishing a teaching academy: Cultivation of teaching at a research university campus. In C. M. Wehlburg & S. Chadwick-Blossey (Eds.), To improve the academy: Vol. 21. Resources for faculty, instructional, and organizational development (pp. 79–92). Bolton, MA: Anker.

Lang, H. G., & Conner, K. K. (1988). Some low-budget tips for faculty development programming. In E. Wadsworth (Ed.), A handbook for new practitioners (pp. 139–143). Stillwater, OK: New Forums.

Lewis, K. G. (1996). Faculty development in the United States: A brief history. International Journal of Academic Development, 1(2), 26–33.

Lewis, K., & Lunde, J. P. (Eds.). (2001). Face to face: A source book of individual consultation techniques for faculty/instructional developers (rev. ed.). Stillwater, OK: New Forums.

Lieberman, D. A., & Guskin, A. E. (2003). The essential role of faculty development in new higher education models. In C. M. Wehlburg & S. Chadwick-Blossey (Eds.), To improve the academy: Vol. 21. Resources for faculty, instructional, and organizational development (pp. 257–272). Bolton, MA: Anker.

Lindquist, J. (Ed.). (1979). Designing teaching improvement programs. Washington, DC: Council for the Advancement of Small Colleges.

Lindquist, J. (1981). Professional development. In A. W. Chickering & Associates, The modern American college: Responding to the new realities of diverse students and a changing society (pp. 730–747). San Francisco: Jossey-Bass.

Mooney, K. M., & Reder, M. (2008). Faculty development at small and liberal arts colleges. In D. R. Robertson & L. B. Nilson (Eds.), To improve the academy: Vol. 26. Resources for faculty, instructional, and organizational development (pp. 158–172). San Francisco: Jossey-Bass.

Mullinix, B. B. (2008). Credibility and effectiveness in context: An exploration of the importance of faculty status for faculty developers. In D. R. Robertson & L. B. Nilson (Eds.), To improve the academy: Vol. 26. Resources for faculty, instructional, and organizational development (pp. 173–195). San Francisco: Jossey-Bass.

Neal, E., & Peed-Neal, I. (2009). Experiential lessons in the practice of faculty development. In L. B. Nilson & J. Miller (Eds.), To improve the academy: Vol. 27. Resources for faculty, instructional, and organization develop-

ment (pp. 14–31). San Francisco: Jossey-Bass.

Nelsen, W. C. (1980). Faculty development: Perceived needs for the 1980s. In W. C. Nelsen & M. E. Siegel (Eds.), *Effective approaches to faculty development* (pp. 145–149). Washington, DC: Association of American Colleges.

Nelsen, W. C., & Siegel, M. E. (Eds.). (1980). *Effective approaches to faculty development*. Washington, DC: Association of American Colleges.

Nemko, M., & Simpson, R. D. (1991). Nine keys to enhancing campus wide influence of faculty development centers. In K. J. Zahorski (Ed.), *To improve the academy: Vol. 10. Resources for student, faculty, and institutional development* (pp. 83–87). Stillwater, OK: New Forums.

Nyquist, J. (1986). CIDR: A small service firm within a research university. In M. Svinicki, J. Kurfiss, & J. Stone (Eds.), *To improve the academy: Vol. 5. Resources for student, faculty, and institutional development* (pp. 66–83). Stillwater, OK: New Forums.

O'Banion, T. (1972). *Teachers for tomorrow: Staff development in the community junior college*. Tucson: University of Arizona Press.

Rice, D. R. (1991). What every faculty development professional needs to know about higher education. In K. J. Zahorski (Ed.), *To improve the academy: Vol. 10. Resources for student, faculty, and institutional development* (pp. 89–96). Stillwater, OK: New Forums.

Rice, R. E. (2007). It all started in the sixties: Movements for change across the decades—A personal journey. In D. R. Robertson & L. B. Nilson (Eds.), *To improve the academy: Vol. 25. Resources for faculty, instructional, and organizational development* (pp. 3–17). Bolton, MA: Anker.

Schuster, J. H., Wheeler, D. W., & Associates (1990). *Enhancing faculty careers: Strategies for development and renewal*. San Francisco: Jossey-Bass.

Seldin, P., & Associates. (1990). *How administrators can improve teaching*. San Francisco: Jossey-Bass.

Senge, P. M. (1990). *The fifth discipline: The art and practice of the learning organization*. New York: Doubleday.

Siegel, M. E. (1980). Empirical findings on faculty development programs. In W. C. Nelsen & M. E. Siegel (Eds.), *Effective approaches to faculty development* (pp. 131–144). Washington, DC: Association of American Colleges.

Sorcinelli, M. D. (1988). Encouraging excellence: Long-range planning for faculty development. In E. Wadsworth (Ed.), *A handbook for new practi-*

tioners (pp. 27–34). Stillwater, OK: New Forums.

Sorcinelli, M. D. (2002). Ten principles of good practice in creating and sustaining teaching and learning centers. In K. H. Gillespie, L. R. Hilsen, & E. C. Wadsworth (Eds.), *A guide to faculty development: Practical advice, examples, and resources* (pp. 9–23). Bolton, MA: Anker.

Sorcinelli, M. D., & Aitken, N. (1995). Improving teaching: Academic leaders and faculty developers as partners. In W. A. Wright & Associates (Ed.), *Teaching improvement practices: Successful strategies for higher education* (pp. 311–323). Bolton, MA: Anker.

Sorcinelli, M. D., Austin, A. E., Eddy, P. L., & Beach, A. L. (2006). *Creating the future of faculty development: Learning from the past, understanding the present.* Bolton, MA: Anker.

Tiberius, R. G. (2002). A brief history of educational development: Implications for teachers and developers. In D. Lieberman & C. Wehlburg (Eds.), *To improve the academy: Vol. 20. Resources for faculty, instructional and organizational development* (pp. 20–37). Bolton, MA: Anker.

Wadsworth, E. C., Hilsen, L., & Shea, M. A. (Eds.). (1988). *A handbook for new practitioners.* Stillwater, OK: New Forums.

Wheeler, D. W., & Schuster, J. H. (1990). Building comprehensive programs to enhance faculty development. In J. H. Schuster, D. W. Wheeler, & Associates, *Enhancing faculty careers: Strategies for development and renewal* (pp. 275–297). San Francisco: Jossey-Bass.

Wilkerson, L. (1984). Starting a faculty development program: Strategies and approaches. In L. C. Buhl & L. A. Wilson (Eds.), *To improve the academy: Vol. 3. Resources for faculty instructional, and organizational development* (pp. 25–43). Stillwater, OK: New Forums.

Wright, D. L. (2000). Faculty development centers in research universities: A study of resources and programs. In M. Kaplan & D. Lieberman (Eds.), *To improve the academy: Vol. 18. Resources for faculty, instructional, and organizational development* (pp. 291–301). Bolton, MA: Anker.

Wright, D. L. (2002). Program types and prototypes. In K. H. Gillespie, L. R. Hilsen, & E. C. Wadsworth (Eds.), *A guide to faculty development: Practical advice, examples, and resources* (pp. 24–34). Bolton, MA: Anker.

Zahorski, D. (1993). Taking the lead: Faculty development as institutional change agent. In D. L. Wright & J. P. Lunde (Eds.), *To improve the academy: Vol. 12. Resources for faculty, instructional, and organizational development* (pp. 227–245). Stillwater, OK: New Forums.

4

교수개발위원회와의 업무

Kim M. Mooney

교수개발위원회의 목적과 활동은 해당 대학의 문화와 상황에 따라 달라진다. 교수개발위원회의 구성과 역할은 위원회가 대학의 행정관리 시스템 내부에 존재하느냐 또는 외부에 존재하느냐에 따라 다양하다. 이러한 교수개발위원회의 위치는 위원회의 구성원들이 자문 역할을 할 것인지 또는 프로그램 계획에 적극적 참가자로서 기여할 것인지에 따라 결성된다. 이외에도 위원회의 활동은 교수학습센터와 센터 디렉터의 존재 유무에 따라 그 방향성이 달라진다.

이 장의 목적은 교수개발 코디네이터, 교수개발위원회 위원장, 교수학습센터 디렉터가 동료들을 대신하여 의미 있고 공유된 전문성 개발 활동에 참가할 수 있도록 대학의 교수개발위원회 조직을 돕기 위한 것이다. 이 장은 교수개발자들을 위한 창의적이고 전략적인 계획을 장려함과 동시에 위원회의 구성원들이 단지 자문 역할에 머물기보다는 보다 실질적인 역할을 수행할 수 있는 방향을 제시하고자 한다.

최근 교수개발자들을 대상으로 그들의 업무 인식에 대한 설문결과(Sorcinelli, Austin, Eddy, & Beach, 2006)는 교수개발 프로그램이 보다 중앙집권화되고 전담 직원이 있는 정규 조직에 의해 운영되고 있음에도 불구하고, 여전히 대학의 유형에 따라 프로그램의 계획, 실천, 관리의 주요 형태가 결정되고 있음을 보여주고 있다. 왜냐하면 학부중심대학, 종교기반대학과 특성화대학은 다른 유형의 대학기관보다 교육개발 활동을 지원하고 홍보하기 위하여 위원회를 활용하고 교수 자원을 투입하여 교수개발을 계획할 가능성이 더 많기 때문이다(Sorcinelli et al., 2006). 따라서 예외가 있을 수도 있지만, 이 장에서 제공되는 아이디어와 조언은 보다 작은 대학 캠퍼스에 설립된 교수개발 조직과 더 직접적으로 관련이 있을 것이다.

소규모 대학과 학부중심대학 소속의 교수개발자들이 다양한 역할(Mooney & Reder, 2008)을 수행해야 하는 것을 고려해 볼 때 교수개발위원회의 업무를 성공적으로 이끌어 간다면 대학 내 프로그램을 활성화시키는 것뿐만 아니라 개발자들의 부담을 덜어 줄 수 있다. 대형 연구중심대학이나 교육중심의 소규모 대학에서 근무하는 개발자라 하더라도 궁극적으로 교수개발을 위해 협력해야 하는 비전을 부여받은 위원회를 소집하는 것은 '교육개발의 고독함을 끝낼 수 있는' 첫 번째 단계가 될 것이다(Shulman, 2004). 일단 그 비전이 폭넓게 공유되고 있다면, 두 번째 중요한 단계는 교수개발위원회의 중요한 업무가 무엇인지를 정의하는 미션을 개발하는 것이다(Tierney, 2002). 만약 오래 전에 설립되고 장기간 활동하고 있는 위원들이 있는 교수개발위원회를 신임 교수개발자가 계승하는 것이라면, 첫 미팅을 활용하여 위원회가 담당하는 업무의 강점과 어려운 점이 무엇인지에 대하여 위원들을 통해 탐색하는 것이다. 이는 진행 중인 업무에서 일부를 재조정하기 위해 어떻게 준비해야 하는지를 결정할 수 있는 방법 가운데 하나이다. 새로운 아이디어에 대한 위원회의 관심을 활성화하면서도 과거에 수립되어 왔던 위원회의 업무를 인정하고 존중하는 것도 균형 있게 추구해야 할 가치이다. 만약 위원회가 업무를 바로 시작하여 행정관리자나 교수회와 같은 또 다른 그룹으로부터 명확한 임무를 부여받지 못했다면, 위원회의 첫 번째 과제는 책임 임무를 개발하는 것이다. 이 과제는 대학의 중요한 실천 활동을 위하여 위원회가 취해야 하는 방향이 무엇인지에 대한 계획 수립의 시작이기 때문에 대단히 중요하다. POD 네트워크의 자료는 위원회의 책임 임무 개발의 시작 지점이 어디인지를 파악할 때 도움이 될 수 있다. POD 네트워크 웹 사이트 상의 검색 엔진을 이용하여 유사한 구조를 가진 대학을 찾을 수 있으며, 검색된 대학의 교수개발위원회에 부과된 담당 임무의 사례를 검토할 수 있다.

교육기관의 맥락과 교수개발위원회의 목표

교수개발위원회는 교수학습센터와 함께 공존하며 센터의 디렉터가 업무를 주재하고 센터의 미션과 직접적으로 연관되어 있는 것이 보편적이지만, 교수개발의 구조와 행정관리는 각 대학문화에 따라 독특하다. 센터 디렉터는 위원회의 의장이 되거나 당연직 위원이 된다. 대형 연구중심대학과 달리 교수학습센터의 존재가 명확하지 않은 학부중심대학이나 다른 유형의 소규모 대학에서의 교수개발위원회는 공식 행정체제의 일부로 담당책무가 확립되어 있고, 위원회 구성원으로 미리 임명된 교수들과 행정 직원으로 구성되어 있다. 교수개발위원회의 연간 목표와 의제는 교수들의 요구와 관심, 대학문화와 대학의 계획, 대학기관의 폭넓은 미션에 따라 결정된다.

교육기관의 유형에 상관없이 모든 교육기관의 교수개발자들은 그들이 해야 하는 업무의 주요 목적이 수업 수월성(teaching excellence) 문화를 창조하고 유지하는 것이라는 점에 동의한다(Sorcinelli et al., 2006). 어느 정도 효과적으로 교수개발위원회를 운영하기 위해서는 교수개발위원회를 교육을 증진하기 위한 활동과 노력을 하는 정치적 중립 조직으로 여기는 것이 이상적이다. Lunde와 Healy(2002)에 의하면 교수개발위원회는 단순히 대응적이거나 요식적인 역할을 위한 것이 아니며 깊이 있는 논의를 통하여 창의적 프로그램을 만들어내고 소속 대학의 요구에 맞추어 융통성 있게 대응하고 유지하는 기능을 하는 그룹으로서 여겨져야 한다.

교수개발위원회 위원장이나 교수개발 지도자의 책임

교수개발자를 위한 열세 가지의 효과적인 실천 원칙(특히 소규모 대학에서)을 설명하는 최근의 논문은 교수개발자들이 교수개발위원회와의 효과적인 업무 수행을 위하여 직접 적용할 수 있는 여러 제안을 담고 있다.

교수개발위원회 위원의 구성

교수학습 논의와 워크숍을 활성화하는 것에 무관심해 보이는 1~2명의 교수 동료를 위원으로 요청하게 되면, 그들은 생산적인 방법으로 사고할 뿐만 아니라 위원회가 후원하는 이벤트에 대한 관심을 증가시키고 참여를 확대할 수 있다.

교수개발자들은 넓은 수준에서의 교육문화에 긍정적인 영향을 미치는 것에 주목하지만 상대적으로 훌륭한 교육이 무엇인지에 대하여 인식하게 하는 것에는 덜 주목한다. 따라서 교실수업과 학생들의 학습 성공을 잘 알고 있는 교수 지도자를 구성원으로 포함시키는 것은 위원회의 업무에 대한 또 다른 수준의 신뢰를 부여한다. 대학의 뛰어난 교수자와 학자들을 참여시키는 모델은 그들에게 '준회원'이나 '펠로우회원'의 역할을 요청하는 것이며, 매 학기마다 적용할 수 있는 매우 특정한 프로그래밍 아이디어를 그들에게 주는 것이다. 도서관 사서, 교수 테크놀로지 전문가처럼 수업 이외에 다른 임무를 가지고 있는 준회원은 위원회 자체에 대하여 기여할 필요는 없지만, 교수개발위원회 구성을 다양한 대표성을 가진 구성원들로 조직하는 것은 매우 중요하다.

교수개발위원회 위원 중 일부는 매년 바뀔 수 있다. 신임위원들이 위원회 구성원의 자격과 소속 대학에서의 교수개발 목적에 대하여 알 수 있도록 일반적인 읽을 자료와 함께 FAQ 자료를 배포할 수 있다. 덧붙여 신임위원에게 교수개발 웹 사이트를 살펴보도록 요청한 후 웹 사이트와 제공된 읽을거리에서 발견한 정보에 대해 논의할 수 있는 모임 일정을 정할 수도 있다. 이전 해의 의제나 이벤트 일정을 공유한다면 새로운 위원들은 교수개발위원회 업무에서 무엇을 해야 할 것인지에 대하여 예상할 수 있다.

교수개발위원회의 업무 조직

교수개발자들은 교수개발 워크숍과 이벤트의 기획, 실천, 촉진을 위한 중요한 역할을 하는 것 외에도 교수개발위원회의 시간, 전문지식, 에너지를 생산적이고 효율적으로 활용할 수 있는 방법에 대하여 반드시 알아야 한다. 여기서 제시하는 교수개발위원회와의 효과적인 업무진행을 위한 조언은 기본적이고도 기초적이다. 조직된 위원회의 위원장은 위원회에 스스로 헌신하고 있다는 것을 보여줌으로써 다른 사람들의 참여를 격려한다. 다음 목록은 교수개발위원회의 업무를 조직화할 때 참고할 수 있는 좋은 지침이다.

- 만약 이미 구축되었다면 특정 학년도에 개최하고자 예상하는 프로그램과 이벤트의 범위, 계획한 횟수에 기초하여 위원회의 규모를 정한다. 프로그램을 공동후원

하거나 창의적인 위원회가 조직될 수 있도록 새로운 위원을 포함시킨다.

- 공통적인 모임 시간을 정할 수 있도록 회원들의 의견을 조사한다. 그리고 만약 가능하다면 예측 가능한 일정과 정기적 모임 장소를 정한다.

- 의사전달을 쉽게 하고 위원들 간에 소속감을 느낄 수 있도록 위원회 이메일 목록을 만들고 활용한다. 만약 최근 프로그램에 대하여 피드백을 전달하고자 하거나 공식 모임 이전에 공유하고자 하는 아이디어가 있다면 모든 위원들이 이메일 목록을 활용하도록 장려한다.

- 1년 전체 학기를 위한 프로그램과 주요 목적을 위한 조언을 요청한다.

- 이메일 목록을 활용하여 적어도 각 모임 며칠 전에 위원들에게 의제 항목을 요청한다. 모임을 위한 의제를 항상 미리 제공한다.

- 주요 계획을 위한 소위원회를 만들고 모임 동안 임무를 달성하여 전체 위원회에 이를 보고할 수 있는 시간을 제공한다. 이렇게 소위원회 모임을 위한 별도의 시간을 제공하는 접근방법은 전체 위원회의 모든 구성원들이 소위원회의 한 사람으로서 일할 때 가장 효과적이다.

- 주기적으로 적절한 읽을 자료(예 : *Change Magazine*, *POD Network publication To Improve the Academy*, 또는 *POD Network Essays on Teaching Excellence*)를 제공하여 대학교육과 교수개발의 폭넓은 이슈에 대하여 위원회 구성원들이 학습하도록 한다. 이런 종류의 자료 배포와 차후 논의는 위원회 구성원들의 지식기반을 확장할 뿐만 아니라 위원회 구성원들이 서로의 생각, 반응, 경험을 공유할 수 있어 구성원들 간의 공동체 의식을 구축하는 데 기여할 수 있다.

- 만약 위원회 위원장이 매년 POD 콘퍼런스에 정기적으로 참석하거나 위원장의 전문성 개발의 일부로서 모임을 만들고자 하는 의도가 있다면, 그 콘퍼런스에 1~2명의 위원들이 참석하도록 요청하는 것도 유익하다. 콘퍼런스에 참석한 위원회 위원들이 향후 창의적 아이디어를 통해 프로그램 계획에 기여할 수 있다.

- 가능하다면 언제든지 주요 계획을 실천할 수 있도록 행정지원을 제공한다. 핵심 행정 관리자들이 위원회의 아이디어와 이벤트를 실천할 수 있는 유형적 지원을 지속적으로 제공한다.

- 예산을 관리하고 활동을 계획하기 위하여 그 유용성을 위원회에 전달한다.

- 지속적으로 그 분야의 모범 운영사례를 찾아보고 다른 곳에서 진행되는 창의적인 임무를 위원회에 부여한다.

교수개발자는 대개 교수개발위원회의 위원장보다는 위원으로 활동한다. 따라서 만약 위원장으로서 교수개발위원회를 주재하지 않는다면 여러분이 직면할 수 있는 첫 번째 문제는 위원회 모임을 정기적으로 개최하는 것이다. 교수개발위원회 모임의 횟수, 풍부한 의제 목록, 생산적인 모임의 활성화는 교수개발자가 달성해야 하는 행정적인 책임의 수준과 품질에 직접적으로 영향을 미친다. 만약 가능하다면 교수개발위원회의 업무를 위한 가장 효과적인 위원회 모임의 횟수와 다양한 의제 항목에 대한 의견을 전달하기 위하여 미리 위원장과 의사소통하는 것이 좋다. 교수개발을 위하여 관여할 수 있는 충분한 기회를 위원장에게 확실히 부여하고, 지속적으로 소속 대학의 교수개발을 위한 협력적 접근이 필요하다는 것을 강조해야 한다.

다른 부서와의 조정

교수개발위원회 위원들의 관점과 통찰력은 전체적인 계획과 일정 수립에 매우 중요하다. 그러나 위원회의 아이디어와 계획을 다른 부서나 다른 프로그램과 조정하는 것은 교수개발자의 역할이며 책임이다. Reder 등(2009)은 교수개발 지도자들이 이벤트를 도와줄 수 있는 사람이 누구인지 고민할 때 "소속대학의 인재풀을 활용"하라고 제언하였다. 그리고 교수개발위원회는 이러한 인재를 어디서 찾을 수 있는지 결정할 때 매우 도움이 될 수 있다. 교수학습에 대하여 전국적인 인지도가 있는 유명 저자를 대학에 초청하는 것은 관심을 불러일으키고 유익할 수 있겠지만 재정적인 부분도 고려해야 한다. 교수학습 논의를 촉진하기 위하여 소속 대학의 현직 교수를 초청하면 이러한 교수학습의 중요성에 대한 주인의식을 공유할 수 있다. 이런 주인의식은 교수들이 신뢰할 수 있는 아이디어를 찾고자 이벤트에 참석하도록 해줄 수 있다. 위원회가 계획한 활동과 미션을 대학의 다른 부서와 적절히 조정하는 것은 교수개발자의 책무 중 하나라고 할 수 있다.

관리

교수개발위원회에서 교수개발자가 재정이나 인사관리와 같이 중요한 행정 과업을 맡는 것은 쉽지 않으며, 이는 소규모 단과대학 맥락에서만 나타나는 현상이 아니다. 그러나 위원회 업무를 위한 연간 예산이 있을 것이며, 교수개발자는 아마도 이러한 예산의 세부 항목을 결정하는 책임자일 것이다. 또 위원회 업무를 도와주는 업무를 담당하는 직원의 관리감독 업무도 교수개발자에게 있다. 이러한 책임은 어려운 일이 아니지만 만약 이러한 업무를 어떻게 처리할지 의문이 생긴다면 교수개발자는 이러한 경험을 가진 사람들에게 도움을 청할 수 있다.

위원회의 업무

원칙적으로 교수개발위원회는 동료들을 대신하여 좋은 반응을 얻을 수 있는 성공적인 교수개발 프로그램을 창안하여 이를 계획하고 지원하며 실행한다. 수업에서 토론 이끌어 내기, 효과적인 피드백과 성적 부여, 전체 학문 분야에 적용할 수 있는 글쓰기와 말하기와 같은 특정 교수학습 주제에 대한 공식적인 교육훈련 워크숍을 계획하는 것 이외에도, 교수개발 프로그램의 구성요소는 교수동료들의 제안과 조언을 기반으로 위원회의 깊이 있는 논의를 통해 결정된다. 위원회는 모든 교수학습 이슈에 관하여 대학 캠퍼스 전체와 의사소통하고 협력할 수 있는 위치에 있어야 하며, 이러한 목표 달성이 용이하도록 위원회의 구성을 전략적으로 조직하여야 한다. 교수개발자가 위원회와 함께 진행해야 하는 초기 임무 중의 하나는 프로그래밍을 위한 아이디어를 수립하기 위하여 위원회가 언제 어떻게 동료와 접촉하기를 원하는지, 그리고 공동체에 언제 어떻게 그들의 프로그램을 알려야만 하는지이다. 교수개발자들의 미션과 일치하면서도 다른 대학의 공지와는 차별성을 갖는 메시지와 매체를 위원회에게 고려하도록 요청하는 것은 이러한 논의를 위한 훌륭한 출발점이다.

프로그램 아이디어

연임 중인 위원이 있는 교수개발위원회는 위원들의 시간 투입과 위원회의 재정 자원에 기대어 특성화된 활동을 제공할 준비를 잘 수행할 수 있다. 아래 목록은 교수개발위원회가 그들의 대학에서 제공하고 적용하기를 원했던 Svinicki(2002)가 제안한 몇 가지 프로그래밍 아이디어를 확장하는 것이다. 아래에 제안한 세 가지 가능성은 교수개발위원회가 교수학습의 향상을 촉진하는 프로그램의 계획, 준비, 실행에 어떻게 참가할 수 있는지를 묘사하는 것이다.

교실수업의 동료 관찰　교수개발위원회의 위원은 교수진의 요청에 따라 수업계획서나 다른 수업자료를 검토할 수 있으며, 교실수업에 들어가 특정 수업 이슈에 대한 피드백을 줄 수 있다. 이러한 상담은 평가가 아니며 교수진의 정년보장이나 승진자료를 찾기 위한 방법이 아니라는 것을 제일 먼저 이해해야 한다. 이 영역에서의 위원회 업무는 형성적이고 지원적이며 교실수업에 대하여 논의하기를 원하는 개별 교수진의 요구에 집중하는 것이다. 따라서 교실수업 관찰은 자발적 참여에 의해 진행되는 것이라는 것을 동료들에게 확실히 해주어야 한다. 이러한 종류의 활동을 준비하기 위하여 교수개발위원회와 함께 진행하는 것은 필수적이며 이러한 준비는 모범 운영사례를 참고하여 진행되어야만 한다(예 : Chism, 2008과 Back issues of *To Improve the Academy*를 참조).

만약 교수개발위원회가 보다 정기적이고 총괄적인 교실수업 관찰 서비스를 개발하고자 한다면, 교수가 참여하는 공개포럼이나 뉴스레터를 통해 충분히 수업 관찰의 철학과 모델을 설명해야 한다. 이러한 사실의 공개는 교수들이 가질 수 있는 비밀 준수에 대한 염려를 덜어 줄 수 있으며, 동료들 간의 논의가 위원회 수준의 논의로 회귀되지 않는다는 확신을 줄 수 있다.

신임교수 오리엔테이션의 계획과 지원　대학에서 새로운 동료를 기쁘게 맞이하는 것은 모든 교수개발자들과 교수개발위원회의 중요한 역할이다. 신임교수들이 수업을 시작하기 전에 참가하는 잘 조직화된 사전 미팅은 그들을 가치 있게 여기며 대학 공동체가 그들의 성공을 기원한다는 것을 보여주는 것이다. 교수개발위원회 위원들은 교수학습 문화를 비롯한 다양한 주제나 수업과 연구를 위하여 이용 가능한 자원에 대하여 조언해 줄 수 있는 전문가 집단이 될 수 있다. 또 신임교수 오리엔테이션의 활성화는 다음 학기의 프로그래밍과 워크숍 주제를 만들어낼 수 있는 좋은 방법이다.

신임교수가 알아야 하는 중요한 세부사항이나 정책 모두를 학기 초의 짧은 기간 안에 다룬다는 것은 바람직하지도 않으며 가능하지도 않다. 교수개발위원회는 부가적인 관련 정책과 실제적 정보를 논의할 수 있는 모임을 매달 개최함으로써 신임교수 오리엔테이션을 위한 중요한 역할을 할 수 있다. 유용한 정보를 제공하는 것 이외에 그러한 모임이 신임교수에게 사회적 배출구의 역할을 할 수 있다.

정년보장 심사와 승진자료 준비에 대한 워크숍　교수개발위원회는 정년보장과 승진을 검토하는 위원회 또는 학장이나 교무처장과 협력하여 정년심사와 승진자료에서 제외되어야 하거나 포함되어야 하는 정보나 자료의 종류에 대해 논의할 수 있는 공식 또는 비공식적 모임의 시간과 공간을 결정하는 서비스를 수행할 수 있다. 물론 이러한 논의와 형식은 대학에 따라 다양하다. 그러나 포트폴리오 개발과 일관성 있는 사례를 어떻게 구성할 것인가에 대한 논의에 정치적으로 중립적인 위원회의 참여를 요청하는 것은 가치 있는 정보를 교환할 수 있는 기회를 제공한다.

효과적인 소위원회 업무

교수개발 프로그램이 한두 가지 프로그램의 집중적인 운영을 넘어 더욱 성장하게 되면 교수들에 대한 지원과 범위를 확대하기 위하여 위원회의 업무를 분류할 필요가 있다. 만약 교수개발자가 9명 이상의 개별 위원회 위원들과 업무를 진행하며 프로그래밍이 확장되는 것만큼 교수개발위원회의 모임이 생산적이지 못하다고 여겨진다면, 소위원회 설립을 고려해야 할 시기이다. 가령 모든 위원회의 위원들이 소위원회의 한 사람으로 기여하고 있다고 가정한다면, 위원장은 정기 모임 시간에 소위원회 위원들끼리 대화할 수 있는 시간을 제공하고 미팅 종료 전에 소위원회에 속한 위원들이 보다 큰 그룹에게 다시 보고할 수 있는 추가적인 시간을 남겨 두는 것이 중요하다.

전체 위원회가 2~3개의 소위원회의 관심주제를 결정하면 위원회 구성원들이 자유롭게 임무를 선택할 수 있도록 교수개발자는 각각의 담당업무를 작성하여 이메일을 통해 이를 전달한다. 특히, 이러한 전체 위원회 차원의 정규 모임 이외에 소규모 그룹에게 별도의 모임이 필요하다면 각각의 소위원회를 주도하거나 소집할 수 있는 담당자를 정해야 한다. 전체 교수개발위원회는 특정 소위원회가 업무를 맡아주기를 원할 것이고 해당 업무의 마감일을 정해 줄 수 있다. 전체 위원회의 위원장은 위원들이 임무를 시작하기 전에 소위원회에서 업무에 대한 논의가 활성화되기를 원할 것이다. 다음은 교수개발위원회 활동에 대하여 실질적인 기여를 할 수 있는 소위원회의 종류에 대한 몇 가지 제안이다.

기술지원과 교육훈련   대학의 교수 테크놀로지 지도자들이 수행한 연간 EDUCAUSE 현황조사(Annual EDUCAUSE Current Issue Survey)(Allison & Deblois, 2008)의 상위 10개 목록에 교수개발, 지원, 교육훈련 부문이 없다는 것은 놀라운 일이다. 보안과 재원 문제는 지속적으로 IT 인력들의 어려움을 더 압박하고 있다. 교수들을 대상으로 하는 테크놀로지 교육훈련은 전통적인 기숙형 대학에서는 여전히 진화 중인 사업이므로 특정 대학문화 내에서 반드시 고려되어야 할 이슈이다.

하지만 교육기관의 유형에 상관없이 수업에서 테크놀로지를 활용해야 한다고 강요하는 것은 오히려 역효과를 낳기 쉽다(Brown, 2003). 만약 교육 테크놀로지 담당 직원들과 교수들의 협력이 이루어지고 있지 않다면 교수개발과 교육위원회는 교육 테크놀로지 담당 직원의 지원이 필요한 곳이 어디이고 무엇을 해야 하는지에 대한 지침을 제공한다. 교육 테크놀로지 담당 직원은 새로운 테크놀로지의 초기 채택자에 대해 더 알아야 하며, 이러한 정보를 위원회가 주목할 수 있도록 하고, 위원회의 교수는 나머지 동료들에게 새로운 테크놀로지 도입에 대한 생산적인 접근을 제안할 수 있다. 또 만약 교육 테크놀로지 직원이 새로운 소프트웨어를 구매하거나 교실 공간을 업그레이드하는 것을 고려한다면 이 소위원회가 자문 역할을 할 수 있다. 교육 테크놀로지 담당 직원과의 강력한 관계를 구축하고 위원회의 구성원으로서 그들을 참여시키는 것은 자문단이나 자문위원회 수립의 초기 단계에 취해야 하는 중요한 단계이다. 또한 그것은 교수개발위원회가 다양한 교육기관 부서들과의 협력과 협동을 촉진하며 자리를 잘 잡아가는지를 보여주는 사례이다.

교수학습에 대한 정보와 대학 연구의 통합   Sorcinelli 등(2006)의 전국조사연구는 교수개발자들이 교육기관의 중요한 요구에 대응하기보다는 개별 교수와의 모임에 더 관심을 갖고 그곳에 우선순위를 두고 있다는 것을 보여준다. 따라서 교수개발 프로그래밍은 교수가 제시하는 이슈에 역점을 두어 대응하기가 쉽다. 특히 학부중심대학이 이에 해당한다. 교수학습에 대한 대학 정보를 이용하여 교수개발 업무를 진행하면 특정한 전국조사연구 결과들과 교육기관을 벤치마킹하여 직접 관련된 교수개발 프로그램을 개발할 수 있다. 대학 교수들은 대학생의 학습경험에 관한 국가적 설문조사인 대학생학습참여조사(NSSE)[1]를 통해 대학생들의 반응에 대해 알 수 있다. 특히, 교수들이 전국조사결과와 소속 대학의 결과를 비교하여 고려할 수 있다면 매우 설득력 있는 조사결과를 알 수 있어 교실수업에 적용할 수 있을 것이다. 대학에서 진행되는 설문, 데이터가 이용 가능한 시기, 지속적인 관심을 갖고 있는 교수학습 이슈에 대한 연구를 담당하는 대학연구(institutional research) 부서와의 협력을 담당하는 소위원회는 다른 교수진이나 대학 위원회의 업무뿐만 아니라 매년 수립되는 전체 위원회의 계획에 유익한 영향을 미칠 수 있다.

웹 자원과 뉴스레터의 생산　교수들은 시간적 제약으로 인하여 관심이 있는 모든 대학 행사에 참석할 수는 없다. 일단 교수개발 프로그램이 안정되어 가고 워크숍, 티칭서클, 또는 테크놀로지 교육훈련을 정기적으로 제공한다는 것이 알려지면, 행사 자료를 이용할 수 있게 해달라는 요청을 받을 수 있다. 이러한 요청을 담당하는 소위원회는 교수개발 웹 사이트에 등록할 정보를 결정하고, 전체 위원회를 대신하여 기본적인 서비스를 제공할 수 있도록 정기적으로 그러한 자료를 확보하고 등록할 것이다. 이러한 소위원회의 구성원들은 동료들의 성공적인 혁신적 교수법을 보여주기 위해 웹 사이트 활용을 고려할 수 있으며, 교수학습을 지원할 수 있는 다른 웹 사이트의 링크나 독서목록을 등록할 수 있다.

　보통 교수개발위원회의 논의를 통해 교수학습에 대한 중요한 문제점이 제기된다. 프로그래밍 일정 상 학기 내에는 추가적인 모임을 개최할 수 없기 때문에 그러한 문제점들은 워크숍을 통해 쉽게 다루어질 수 없으며, 다루어질 가능성도 없다. 따라서 교수개발위원회는 우수한 교수들, 교수학습에 관한 서평, 대학교육에서 부상하는 이슈 또는 교수와 학생 간의 인터뷰를 다룬 정기 칼럼을 수록한 간단하지만 정기적인 출판물

1　[역자주] National Survey of Student Engagement, 즉 NSSE는 매년 수백 명의 대학 4학년생을 대상으로 대학에서 그들의 학습참여, 경험, 발전에 대한 조사를 실시하고 The College Student Report를 발표한다(http://nsse.iub.edu).

을 통해 교수들이 성찰할 수 있는 장을 마련해 줄 수 있다.

교수개발위원회에 대한 질문과 대답

만약 대학이 교수개발에 대한 공식적인 논의를 막 시작하고 있거나 위원회 위원장이나 센터의 디렉터가 새롭게 임명이 되었다면, 교수개발자의 지도적인 역할을 넘어 위원회와 함께해야 하는 확장된 업무에 대한 것이나 위원회의 기능에 대한 질문이 발생할 수 있다. 아래 질문은 공통적인 것이기 때문에 그에 대한 답은 교수개발자가 속한 교수, 학습, 대학문화의 맥락을 고려하여야 한다.

교수개발위원회의 업무를 위하여 나는 어떤 종류의 행정지원을 강구해야 하는가

교수개발 활동을 성공적으로 이끄는 행정지원의 수준과 종류에 대한 Svinicki(2002)의 요약은 매우 유용하다. 보통 행정관리자들이 돈주머니를 쥐고 있기 때문에 교수개발위원회는 목표 달성을 위한 현실적인 예산을 제안하고 확보하는 것이 중요하다. 그러나 교수개발위원회의 업무에 대해서 많이 알고 교수개발위원회의 업무가 교육문화의 측면에 일정 부분 영향을 미친다는 것을 인정하며 일부 전략적 계획의 측면에서 교수개발위원회나 적어도 위원회의 위원장을 포함해야 한다는 것을 기억하고 있는 행정관리자들은 교수개발위원회의 업무를 가치 있게 생각하며 교수개발위원회가 제공하는 기회에 주목해야 한다고 인식하는 데 행정이 기여하고 있다고 표명하고 있다.

어떻게 하면 위원회의 이벤트에 주목하도록 하고 실제적인 참여와 참석률을 향상시킬 수 있는가

Reder 등(2009)은 "프로그램을 알리기 전에 프로그램에 대한 근본적인 흥미를 가질 수 있도록 해야 할 것"을 제안하였다. 이벤트를 알리기 전에 위원회의 개별 위원들이 두 사람의 다른 교수진을 만나서 위원회가 계획하는 것이 무엇인지 설명하고 피드백을 위한 아이디어를 견고히 한다면, 이러한 초기 접촉은 특정 이벤트에 대한 흥미와 참여를 이끌어 낼 수 있다. 또 Reder 등(2009)은 논의를 주도할 수 있는 영향력 있는 교수를 워크숍과 프로그램에 초청하는 계획을 권장하였다. 기억해야 하는 또 다른 중요한 요소는 가능하다면 항상 다과를 제공하는 것이 중요하다는 것이다. 종류에 상관없이 간단한 다과를 제공하는 것은 교수개발위원회가 이벤트에 참여하는 동료들의 시간과 노력을 가치 있게 생각한다는 것을 명확하게 보여주는 것이다. 위원회의 모든 과정과 결과의 기준은 포괄성과 수월성이다. 따라서 이러한 모든 제안에 내포되어 있는 메시지는 이 기준을 촉진하기 위한 것이다.

효과적인 교수개발에 있어 교수학습센터의 역할은 얼마나 중요한가

이 질문은 모든 교수개발의 맥락에 적용되는 것으로 교수개발위원회는 이 질문에 대해 고심해 볼 필요가 있을 것이다. 그 질문의 답에 영향을 미치는 중요한 요소 중 하나는 대학의 미션과 유형이다(Mooney & Reder, 2008; Sorcinelli et al., 2006). 대규모의 연구중심대학은 보다 많은 교수들과 대학원생들에게 서비스를 제공하고 있기 때문에 교수개발위원회가 주도하는 교수개발 프로그램의 성공은 물리적 공간과 정규 직원을 비롯한 중앙집권화된 행정 구조에 달려있다. 반면 소규모 대학에서 교수개발위원회와 교수개발 프로그램의 책임을 맡은 개인들은 다양한 형태로 업무를 수행한다. 소규모 대학에 있는 교수학습센터는 비록 명목상이거나 가상 센터에 불과할지라도 교수개발에 대한 유형의 정체성을 대학에 제공하고 있으며, 유명 소규모 대학들에서 이루어지는 교수개발 활동은 교수진이나 행정사무실 없이도 매우 효과적으로 운영된다. 교육기관의 맥락에서 이러한 질문에 대한 답을 찾는 것은 여러분이 속한 교육기관에 있는 어떤 자원을 어떻게 교수학습개발센터나 중앙집권화된 교수개발 활동을 구축하는 데 투입할 것인가에 대해 결정하는 첫 단계이다.

결론

교수개발 목표와 활동은 결코 정적이지 않다. 교수개발위원회와의 협력적 업무는 교수개발과 교수개발의 실천을 위한 프로그래밍과 미션의 모양을 갖출 수 있는 다양한 목소리와 관점을 제공해 준다. 그러한 위원회가 효과적인 리더십을 보유하기 위해서는 위원회에 대한 지속적인 관심과 위원회에 대한 개별 교수 동료의 요구와 교육기관의 책임에서의 균형이 필요하다. 그리고 한편으로는 개발자의 지속적인 전문성 개발을 요구한다. 다양한 교수 동료들과 다른 분과에게 다가서고 이를 통해 고도로 조직화되고 협력적인 방법으로 교수개발위원회의 업무를 달성할 수 있는 기회는 많다. 정치 중립적인 위원회로서 교수개발그룹은 교수들과 궁극적으로는 학생들을 위한 가치 있는 정보와 프로그래밍의 원천으로서 정당성을 획득할 수 있다.

참고문헌

Allison, D. H., & Deblois, P. B. (2008). Top-ten IT issues, 2008. *EDUCAUSE Review, 43*(3), 36–61.

Brown, D. (2003). (Ed.). *Developing faculty to use technology: Programs and strategies to enhance teaching.* Bolton, MA: Anker.

Chism, N.V.N. (2008). *Peer review of teaching: A sourcebook.* Bolton, MA: Anker.

Lunde, J. P., & Healy, M. M. (2002). The basics of faculty development committees. In K. H. Gillespie (Ed.), *A guide to faculty development: Practical advice, examples, and resources* (pp. 251–257). Bolton, MA: Anker.

Mooney, K. M., & Reder, M. (2008). Faculty development at small and liberal arts colleges. In D. R. Robertson & L. Nilson (Eds.), *To improve the academy: Vol. 26. Resources for faculty, instructional, and organizational development* (pp. 158–172). Bolton, MA: Anker.

Reder, M., Mooney, K. M., Holmgren, R., & Kuerbis, P. (2009). Starting and sustaining successful faculty development programs at small colleges. In L. Nilson & J. Miller (Eds.), *To improve the academy: Vol. 27. Resources for faculty, instructional, and organizational development* (pp. 267–286). San Francisco: Jossey-Bass.

Shulman, L. S. (2004). *Teaching as community property: Essays on higher education.* San Francisco: Jossey-Bass.

Sorcinelli, M. D., Austin, A. E., Eddy, P. L., & Beach, A. L. (2006). *Creating the future of faculty development: Learning from the past, understanding the present.* Bolton, MA: Anker.

Svinicki, M. (2002). Faculty development: An investment for the future. In R. M. Diamond (Ed.), *Field guide to academic leadership* (pp. 211–222). San Francisco: Jossey-Bass.

Tierney, W. G. (2002). Mission and vision statements: An essential first step. In R. M. Diamond (Ed.), *Field guide to academic leadership* (pp. 49–58). San Francisco: Jossey-Bass.

5

교수개발 업무의 시작

Margaret W. Cohen

이 책의 독자들은 교수개발 업무를 준비하거나 이 업무를 방금 시작했을 가능성이 높다. 새롭게 설립된 교수학습센터에 임명되든 아니면 이미 구축되어 있는 센터에 임명되든 간에, 처음 부임기간은 새로운 책임이 무엇인지 탐험하고, 새롭고 다른 관점을 통해 대학과 대학 공동체와 친숙해질 수 있는 중요하면서도 호사스러운 시간이다. 이 장에서는 교수개발자의 역할 수행을 위해 필요한 전문성과 개인의 강점을 알아보고 이를 통해 교수개발자의 역할과 책임에 적응할 수 있는 방법이 무엇인지 제안한다. 비록 신임 교수개발자들이 업무에 대해 가질 수 있는 초기의 걱정과 질문만큼이나 교수개발의 경로가 다양하지만, 그들의 강점은 두 가지 열정으로 집중된다. 교수개발 전문가들은 공통적으로 교육과 연구에서의 전문성과 교육과 연구를 위한 강렬한 열정을 가지고 있다. 이 두 가지 열정은 교수개발 업무에 집중하며, 교수개발 업무의 방향을 밝혀내고, 교수개발 업무의 성공을 위하여 주변 자원을 탐색할 때 요구되는 근본적인 경쟁력이다.

연구를 위한 다중 경로와 기회

교육과 연구를 위한 열정은 직업 경로상에서 교수개발로의 변화나 확장을 추구하는 이

유와 관련되어 있을 수 있다. '교육개발자'라 불리기도 하는 교수개발자들 중에는 동료 교수를 지원하는 활동에 주력하도록 요청받은 교수들도 포함되어 있다. 그들은 전공 분야에서 존경받는 동시에 교육학 전문가인 노련한 교수들이다. 이 분야에 입문한 사람들의 열정은 신임교수들, 시간제 교수들 또는 대학원생들의 멘토링에서의 성공을 통해 더욱 높아진다. 교육개발자의 구성원은 교수설계자들, 교육기관의 연구원들, 도서관 사서, 전통적 학과 전공을 가진 사람들이다. 과정관리 시스템과 같은 새로운 테크놀로지 이용자를 훈련시키는 업무를 담당하는 정보 테크놀로지 직원들은 교육개발 부서에서 직원으로 일할 수 있다. 대학원협의회가 미국대학협의회(AAC&U)와 미래교수자준비 프로그램(Preparing Future Faculty Program)을 시작하기 위해 협력관계를 맺을 때인 1993년 이후, 점점 더 많은 교육기관이 대학원생에게 교육과 봉사를 준비할 수 있는 기회를 제공하는 전통적인 박사과정을 늘려 오고 있다(Colbeck, O'Meara, & Austin, 2008). 학생들이 졸업 학점을 획득하고 학구적인 방식으로 교육을 탐구할 때, 일부 학생들은 교수개발센터에서 전일제로 일하기도 한다. 고등교육에서 박사과정 학생들을 위한 프로그램 개발 옵션 중 하나는 교수개발과 수업지원개발과 관련된 직업에 흥미가 있는 전문가를 양성할 수 있는 새로운 프로그램을 개발하는 것이다.

이러한 프로그램이 확대되고 있다는 사실은 박사 학위를 가진 교수개발자의 수요를 인정하는 것이며 교육개발 분야가 성숙하였음을 검증하는 것이다. 다시 말해 그것은 교육개발과 관련된 연구의 기회가 풍부하다는 것을 미리 확인하여 주는 것이다. 예를 들어, 대학원에서 누가 이러한 직업을 준비하고자 선택하였는가? 경험이 있는 교수진을 대학의 전체 전공 중에서 교육개발에 역점을 두도록 유도한 경로는 무엇인가? 교수개발자들을 위한 효과적인 지원은 무엇이며 최선의 제공 방법은 무엇인가? 미래의 박사과정 학생들은 이러한 질문에 대한 답을 찾기 위해 연구할 것이며, 교수개발 분야의 다른 사람들도 이러한 질문에 대한 연구에 관심을 가질 것이다. 현재 다양한 경로로부터 교육개발로 이동하는 개인의 비율이 얼마인가를 정확히 보여주는 보고서는 없다. 따라서 어떻게 개인들이 그들의 전문성을 획득하고 어떤 경로와 경험이 이러한 직업을 선택하도록 영향을 미쳤는지를 설명해 줄 수 있는 정보가 필요하다. 이러한 필요성에 따라 호주, 캐나다, 영국, 스코틀랜드, 미국의 연구자들이 협력하였으며, 이 국제적 그룹은 2008년 교육개발국제협력단(International Consortium for Educational

Development)의 모임에서 '교육개발 경로(Pathways into Educational Development)'라는 프로젝트에 대하여 보고하였다(Stockley et al., 2008; McDonald & Stockley, 2008). 그들은 교육개발 분야에서 일하고 있는 사람들이 무엇에 관심이 있고 무엇을 지원하며 무엇을 유지하는가를 알아볼 목적으로 온라인 데이터베이스를 만들었다.

우리는 개발자가 그 직업에 새로 입문하여 초기 몇 년 안에 해야 하는 개발업무가 무엇인지 알아가기 시작하였다. 2003년 이후 POD 네트워크의 연례 콘퍼런스의 사전콘퍼런스 워크숍 '요즘 어떠세요? 우리 업무에 대한 성찰(Reflecting on Our Work)'에서 교수개발 업무 4년 차에 있는 개발자 56명에게서 그들이 자문받고자 하는 '논란이 많은 쟁점'을 확인하였다(Cohen, 2003). 이 워크숍의 참가자들에게는 미리 자문받을 수 있도록 교육개발의 업무 포트폴리오를 작성하고, 그들이 유능한 개발자들의 지도를 원하는 질문을 따로 준비하도록 요구하였다. 수년간에 걸쳐서 워크숍 전에 미리 제출된 이러한 질문들은 실제적인 것부터 이상적인 관심에 이르기까지 다양하였다. 실제적 측면의 질문들을 보면 새로운 교수개발자가 어떻게 시간 강사들에게 다가설지, 어떻게 하면 프로그램과 워크숍의 참가율을 높일 수 있을지, 어디서 더 많은 자료들을 확보할 것인지 알기를 원하였다. 그들은 다양한 교수 그룹을 위한 멘토링 프로그램을 어떻게 구성할지에 대하여 질문한다. 그들은 고객과 교육기관에 그들의 업무가 미치는 영향에 대한 평가방법을 알기를 원한다. 그들은 교수동료들이 교육 업무에 교수학습의 학문성을 적용하도록 안내하기를 원하고, 소속 학과 이외의 동료들과 커뮤니케이션할 수 있는 최상의 방법이 무엇인지 알기를 원한다. 이러한 관심은 Jensen(2002)이 교수 컨설턴트로서 일을 시작했을 때 기술했던 준비 경험과 Sorcinelli(2002)가 그 분야의 신참을 위한 일련의 좋은 실천 원칙을 위한 토대로서 사용했던 질문들이 반영된 것이다.

이상적인 측면의 질문을 보면 새로운 교수개발자는 소속 교육기관의 문화에 따라 교수학습의 효과성에 대한 가치를 변화시킬 수 있는 전략이 무엇인지 알기를 원한다. 그들은 어떻게 하면 소속 교육기관이 그들의 전략적 목표를 우선적으로 처리할 수 있도록 영향을 미칠 수 있는지 알기를 원한다. 이러한 이슈들은 Sorcinelli, Austin, Eddy, Beach(2006)가 교수개발자의 업무에 영향을 미칠 것이라고 예상하였던 고등교육에서의 변화, 즉 교수의 변화, 학생의 변화, 그리고 교육, 학습, 학문에 대하여 우리가 알고 있는 것에서의 변화를 반영하는 것이다.

이러한 질문에 대한 확실한 대답을 위해서는 교수개발자 스스로 연구 질문과 가설을 만들어 봐야 한다. 이러한 과제는 고등교육에서의 변화에 주의를 기울여 대응해야 하며 가장 두드러지는 현실들을 체계적으로 조사할 수 있도록 준비해야 한다. 이는 교수개발자의 미래 업무가 될 것이다. 2010년대 교수개발자들에게 있어 긴급한 이슈는 자금이 점점 줄어들고 새로운 테크놀로지가 교육을 전달하는 대안적인 방법이 될 수 있으며, 학제적 업무가 새로운 학문현상으로 통용되어가고 있으며 점점 다양해지고 소비자 지향적으로 변화하고 있는 학생들로 인해 동료 교수들의 열의가 낮아지고 있는 환경에서 교수개발자들이 일해야 한다는 것이다. 또 납세자들, 입법자들, 이사회, 인증단체들은 책무성, 학습성과, 성공적인 참여에 대한 증거를 요구한다. 이들은 각 교육기관이 현실적이고 전략적으로 미래를 계획하고 지속적으로 향상되고 있다는 것을 서류를 통해 그들의 노력을 입증하고 평가하기를 요구한다. 이에 교육기관의 지도자들은 교수개발자가 이러한 의제에 대응하는 방법을 알고 있기를 기대한다.

연구와 조사 기술의 적용

교수개발자 각자의 전공 분야에서 획득한 연구 및 조사 기술은 교수개발에서의 새로운 업무의 토대가 된다. 교수학습센터로 이직하여 적응하는 기간은 교수개발 분야와 소속 교육기관을 조사하면서 활용할 수 있다. 일반적으로 실천가들에게 교수개발 분야는 새로운 반면 교육기관은 익숙할 것이다. 하지만 수년 동안 같은 교육기관에 있었다 할지라도 새로운 역할에 따라 그 관점은 변하기 마련이다. 교육개발 분야에서의 새로운 역할로 인하여 동료 교수와 교수로서의 역할에 거리를 두게 될 수 있지만, 그러한 역할은 교육기관을 보다 유리한 관점에서 새롭게 바라볼 수 있도록 해주며 전체 교육기관의 차원에서 바라보고 의사결정할 수 있는 통찰력을 제공한다. 한편 Bridges(2003)은 새롭게 교수학습센터로 임명된 사람 혼자서는 그러한 변화를 만들지 못한다고 강조하였다. 책임과 기대가 변할 때 조직은 변화한다. 새로운 임무에 따른 관점에서 교육기관을 연구하게 되면 업무량이나 정년보장 정책이 교육기관의 전체 학과를 통틀어 어떻게 운영되는지와 같은 다양한 문제들에 대하여 확장적이면서도 색다른 관점을 갖게 된다. 때때로 새로운 관점은 교육기관에 대한 특권적 정보나 비밀정보에 접근할 수 있도록 해준다. 예를 들어, 새로운 교수개발자는 대학의 오피니언 리더들 중 누가 학교 지도자들의 의사결정에 영향을 미치고 또는 미치지 않는지를 알 수 있다. 정책 실수나 위반에 대한 비밀을 교환한다는 것은 그러한 내용이 향후 오리엔테이션과 프로그램에서 다룰 수 있는 항목임을 암시하는 것이다.

교수개발자가 이러한 정보를 빼낼 때는 교육개발 부문에서 일하고 있는 다른 사람과 의논해야 한다. 조언해 주고 지지해 줄 수 있는 확장된 동료 네트워크는 이용 가능한 자원 중 하나이다. 교수개발 분야에 새롭게 임명된 초기에 이러한 탐색을 할 수 있는 시간을 가져야 한다. 초기 탐색의 시기에 정보를 획득하고 신뢰를 쌓기 위하여 시간을 할애하는 것이 중요하다.

교수개발에 대한 연구

새로운 교육자는 교수개발 분야의 연구를 통해 자신에게 유용한 자원을 발전시킬 수 있다. 교수개발에 대한 연구를 위해서는 유용한 수많은 자원을 확보할 수 있도록 먼저 관련 업무를 하는 사람들과 만나고 그들이 신뢰하는 조직을 파악해야 한다. 그런 다음 그 분야를 알리는 책과 저널을 조사하고 조직과 교육기관이 연결되어 있는 다양한 온라인 자원에 익숙해져야 한다. 이러한 사원을 통해 지식은 금방 증가할 수 있다.

교수개발 분야 연구를 위한 훌륭한 시작점은 교수개발과 관련되어 있는 조직을 아는 것이다. 그러한 연계 조직은 교수개발자를 위한 중앙창고, 저장소, 정보 통로로서의 역할을 한다. 세계적으로 여러 조직이 있지만 POD 네트워크는 그러한 조직 중 매우 좋은 예시 중 하나이다. POD 네트워크 웹 사이트에는 교수, 수업, 조직개발과 관련된 콘퍼런스, 간행물, 연구비 지원, 기타 여러 가지 자원 등 풍부한 정보가 연결되어 있다. 교육개발 활동, 요구의 명확성, 역할 수행에 있어서의 갈등에 대해 참고하고 검토할 수 있는 자료인 '교육개발자를 위한 윤리 가이드라인(*Ethical Guidelines for Educational Developers*)'을 웹 사이트에서 찾을 수 있다. POD 네트워크 콘퍼런스에서는 반나절이나 종일 진행하는 사전 콘퍼런스 워크숍을 개최한다. 이러한 워크숍을 통해 참가자들은 동료들과 함께 업무에 대해 깊이 있게 고민하고 그들의 활동과정을 검토하며 정보 전달을 위한 새로운 전략이나 방안에 대해 배우고 전문 교수개발자와 상담할 수 있는 시간을 가질 수 있다. 이 연례 워크숍 중 두 워크숍은 교수개발 분야의 업무를 새롭게 시작한 사람들을 위하여 고안되었다. '신입교수개발자를 위한 워크숍'은 그 분야에 새로 온 사람들을 위하여 설계된 종일 이벤트이며, 다른 하나인 '요즘 어떠세요? 우리 업무에 대한 성찰'은 전문 교수개발자들과 '논란이 많은 특정 쟁점'에 대해 상담할 수 있는 기회를 제공하는 워크숍이다. 매 홀수 해에 POD는 새로운 교육개발자에게 핵심주제와 전략을 소개하는 5일간의 프로그램인 신입교수개발자 연수교육(INFD)을 후원한다. 이 연수회는 일반적으로 교수 상담, 교수들의 학습공동체의 창출, 교과목과 교육과정의 설계와 평가, 교수와 학습자 학습과 동기의 이해와 같은 주제로 이루어져 있다. 연수회에 대한 정보는 구성원들이 서로에게서 정보를 찾고자 활용하는 POD 네트워크 웹 사이트에 링크되어 있다. 이 웹 사이트에는 POD 리스트서브[1], 아이디어 교류를 위한 포럼, 모임, 뉴스, 채용공고에 관한 공지사항도 연결되어 있다.

POD 네트워크가 교수개발자들에게 필수적인 조직이라는 사실은 리스트서브 보관소와 웹 사이트를 검토해 보거나 연례 콘퍼런스에 참석해 보면 금방 알 수 있다. POD 네트워크는 참가자들이 아이디어와 제품을 제공하고 공유하는 조직이다.

보다 소규모의 지역 네트워크나 관심공유 네트워크를 통해서도 교육개발 동료들과 접촉할 수 있는 가치 있는 기회를 가질 수 있다. 예를 들어, 흑인대학 교수개발 네트워크는 가을에 소집한다. 남부지역 교수와 수업개발 컨소시엄은 가을과 봄에 콘퍼런스를 개최한다. 소규모의 비공식 그룹인 그레이트 플레인스 교수개발 컨소시엄(Great Plains Faculty Development Consortium)은 일반적으로 매년 늦은 봄에 만나며, 미주리 일리노이 교수개발자들 모임(MIFD)은 서로의 대학에서 일 년에 두 번 만난다. MIFD는 세인트루이스에 인접한 교육기관의 교수개발자들과도 이메일을 통해 정기적으로 정보를 공유한다. 그들은 이벤트를 같이 공동 개최하거나 공동 프로모션을 통해 서로의 프로그래밍 활동을 지원한다. 그들은 동료 교수의 유익한 강연이 소속 대학보다는 타 대학에서 진행될 때 청중의 열정적인 반응을 더 많이 이끌어 낼 수 있다고 간주하는 '50마일 규칙(fifty-mile rule)'을 이용한다. MIFD그룹은 협력정신에 입각하여 별도의 비용 지불 없이 구성원들의 근접성을 활용하여 자원을 교환한다. 서로 강연을 교환하

---

1 [역자주] listserve는 특정 그룹 전원에게 메시지를 전자 우편으로 자동 전송하는 시스템이다.

며, 구성원들은 업데이트, 정보, 또는 어떠한 문제에 대해 공감하기 위하여 대화한다. 많은 교수학습센터가 혼자 또는 소수의 직원에 의해 운영되고 있기 때문에 교수개발자들에게 이런 종류의 관계형성은 중요하다. 따라서 가까운 교육기관과 조직에서 일하는 동료들을 만나는 것은 전문적인 지원을 받을 수 있는 동료 네트워크 구축을 위한 첫 번째 단계이다.

동료들 간에 교육개발 관련 자원과 아이디어를 정중히 그리고 아낌없이 서로 교환하고 있다는 것은 교육개발 분야에서 일하는 동료 관계의 특징이라고 할 수 있다. 또 이는 교수개발에 대한 연구를 지속할 때 조사하는 웹 사이트에 공유되는 자료가 매우 풍성하다는 것을 설명하는 것이기도 하다. 예를 들어, TeachingCoach.Org는 새로운 교수개발자를 위한 조언, 도서, 블로그, 온라인코칭을 통해 잘 조직된 일련의 자원을 제공한다. 캔자스대학교의 수업수월성센터는 거의 모든 대륙의 대학 교수개발센터에 접속할 수 있는 링크 목록을 제공하고 있다.[2] 본질적으로 다른 센터들이 웹 페이지를 어떻게 구성하고 있는지, 서비스와 프로그램을 어떻게 제시하고 있는지를 탐구하는 것은 어떤 유형의 페이지와 조직이 교수들의 마음을 사로잡을 수 있는지를 고민해 보는 기회를 제공한다. 소속 대학과 유사한 미국 내 교육기관이 제공하는 서비스와 프로그램을 살펴봄으로써 실제적인 아이디어와 방법을 고민할 수 있다. 소속 대학과 유사한 대학이 어디인지 조사하기 위해 카네기 분류체계에 있는 대학 페이지를 참고할 수 있다(McCormick & Zhao, 2005). 카네기 분류체계는 온라인[3]에서 이용가능하며, POD 웹 사이트에서도 그러한 정보를 검색할 수 있다.

많은 간행물 자원과 연결되어 있는 또 다른 기관은 캐나다의 대학교수학습학회(Society for Teaching and Learning in Higher Education, STLHE)로 영어와 프랑스어로 제공되는 웹 페이지가 있다. 이 기관의 웹 사이트에는 이벤트와 시상식에 대한 공지, 구성원들을 대상으로 하는 출판사들의 도서 할인, 대학교육 교수자들이 관심을 가질 만한 주제를 다룬 에세이, *Green Guides*와 뉴스레터를 비롯한 유익한 간행물이 링크되어 있다. *Positive Pedagogy*와 *Canadian Journal for the Scholarship of Teaching and Learning* 등 두 저널은 STLHE 웹 페이지를 통해 접근이 가능하다. 이러한 웹 사이트에 있는 다

---

2   http://www.cte.ku.edu/cteInfo/resources/websites.shtm
3   http://www.carnegiefoundation.org

양한 자원들은 신입개발자와 경력개발자 모두의 관심을 끌 수 있다. 교육개발 전문가로의 경로(Pathways to the Profession of Educational Development)[4] 또한 두 가지 언어를 제공하는 웹 페이지를 제공한다.

많은 온라인 자원은 교육개발 공동체에 영향을 미치는 책, 저널, 뉴스레터를 추천한다. 인쇄 문헌을 탐구하는 것 또한 중요하다. 도서관을 통해 자료들을 구매할 수 있을 것이며 이를 통해 해당 자료를 폭넓게 공유할 수 있다. 사무실이나 센터 내 도서관에 비치하여 교육개발자의 업무를 지원하고 센터를 방문하거나 상담하려는 사람들이 흥미를 가질 수 있는 도서나 구독물이 무엇인지 고려해야 한다. *Teaching Professor, Department Chair, Academic Leader*와 같은 뉴스레터는 인쇄본과 온라인판으로 출간되며, 교수와 행정관리자들에게 복사본을 배포할 수 있도록 다양한 옵션을 제공하고 있다. *Chronicle of Higher Education*과 *Change* 매거진은 대부분 교수개발센터에서 이용 가능한 간행물로, 두 간행물 모두 교수, 직원, 행정관리자, 학생 등 폭넓은 독자들에게 뉴스, 혁신, 트렌드, 우수실천사례 등을 알리기 위해 발행된다.

*College Teaching*과 *National Teaching and Learning Forum*과 같은 정기간행물은 교실 수업 방법과 혁신을 추구하는 모든 전공의 동료 교수들의 흥미를 끌 수 있어 전문성 개발 관련 도서관을 발전시키기 위해 고려할 만하다. 연구에 기반을 둔 효과적인 실천사례들을 제시하는 동료평가 논문과 모노그래프는 *Innovative Higher Education, New Directions for Teaching and Learning, Journal on Excellence in College Teaching*에서 출간된다. 이러한 자료들은 대학에서의 교수학습에 대한 연구를 실제 수업에서 어떻게 적용하고 실천할 수 있는지를 동료 교수들에게 시범적으로 보여줄 수 있다. POD 웹 사이트 또한 중요한 정기간행물 목록을 제공한다.

소속 교육기관에 대한 조사

교육개발에서 수행되는 수업개발 업무와 조직개발 업무의 목적에 매력적인 학습 환경의 창출이 포함된 이후, 이러한 목적 달성을 위해 이미 마련되어 있는 것은 무엇이며, 목표 달성을 위하여 흥미롭게 학습할 수 있도록 하는 것이 무엇인지를 아는 것은 중요

---

4 http://www.edpathways.com

하다. 교육기관을 조사할 때도 교수개발을 탐구할 때 활용했던 동일한 기술이 필요하다. 만약 여러분이 신임 교수개발자이면서 동일한 교육기관에서 대부분의 학문적인 경험을 하였다면 새로운 관점으로 교육기관을 조사하는 데 시간을 할애하는 것은 매우 중요하다(제7장 '교수개발 프로그램의 프로모션' 참조). 교수개발자의 이러한 탐구는 인류학자의 탐구와 비교될 수 있다. 이것은 다른 전문 분야 사람들과의 만남을 통해 그들이 교육기관을 어떻게 여기는지에 대하여 이해하고, 다른 사람들과 그들의 업무, 그들이 업무에 종사하는 곳에 관심을 가지고 있는 신뢰할 만한 동료로서 자신을 구축할 수 있기 때문에 매우 중요하다. 이러한 연구를 통해 배운 것은 자신의 업무에 반영할 수 있다. 그뿐만 아니라 이는 센터나 사무실에서 드러날 것이고 역할과 업무의 명성에서도 분명히 드러날 것이다. 새로운 교수개발자가 어떻게 교육기관의 가치를 전달하는지, 조직이 기대하는 구성원으로서 어떻게 행동하고 있는지를 보게 되면, 신임 교수개발자가 이러한 탐색과 연구를 통해 무엇을 배웠는지 분명히 알 수 있다. 이 장의 다음 섹션에서는 교육기관의 문화, 상황, 하부구조를 조사하기 위한 전략과 업무의 방향 설정을 시작하기 위해 필요한 탐구 전략을 어떻게 개발할지에 대하여 제안한다.

교육기관 조사 모든 교육기관에서 검토할 수 있는 공식문서를 제공하고 있지만 대부분의 조사는 교수와 직원 동료들과의 면대면 모임 안에서 이루어질 것이다. 핵심문서를 통해 인터뷰할 정보제공자를 규명한 후 먼저 연구조사를 완벽히 읽어 봐야 하며 교육기관의 미션과 비전, 전략 계획을 검토해야 한다. 인증단체들은 이러한 공식적인 문서를 대중에게 공개하도록 요구하고 있다. 그러나 만약 온라인을 통해 이용 가능하지 않다면, 문서들을 요청하고 보안장치가 있는 소프트웨어인 경우에는 접근권한을 요청해야 한다. 그곳에 인증이나 재인증을 위하여 교육기관이 가장 최근에 진행한 자체 연구가 보관되어 있을 가능성이 높기 때문이다. 또 프로그램과 센터의 주기적 평가를 위한 적절한 절차와 가이드라인이 있는지 검토해야 한다. 이러한 검토를 위해 준비된 문서를 프로그램의 목표와 결과가 어떻게 연결되어 있고, 학과나 단과대학에서 교육개발을 어떻게 여기는지에 대한 통찰력을 제공할 것이다. 또 이러한 문서들을 통해 부서에 필요한 것이 무엇이며 부서의 구성원들이 필요하다고 생각하는 것이 무엇인지에 대한 단서를 얻을 수 있고, 지속적인 조사를 위하여 개별적으로 만나야 하는 사람들의 명단을 확보할 수도 있다.

만약 교수개발자가 새로운 교수학습센터 사무실을 구축하고 있다면 각각의 부서, 교원, 비교원 중 폭넓은 샘플을 선택하여 인터뷰하는 것이 바람직하다. 만약 이미 운영되고 있는 교수학습센터에서 일하게 된다면 정보를 제공할 수 있는 유리한 위치에 있는 핵심 지지자들과 비판자들의 의견을 찾아봐야 한다. 우리가 할 수 있는 또 다른 업무는 다음과 같다.

1. 고위 행정관리자, 학장, 학과장, 전체 학과의 모든 교수진(정년트랙, 비정년트랙, 시간강사, 신임교수, 정교수), 대학교수가 되고자 하는 조교, 대학원생 등 인터뷰할 수 있는 사람들의 명단을 만들어라.

2. 교수진이 일하는 연구실에서 만남을 가져라. 여러분이 신참이라면 이를 통해 대학의 물리적 환경에 대하여 보다 많이 배울 수 있다. 이때 교육기관에 대한 다른 사람의 인식, 교수개발자에 대한 요구사항, 그들 부서(단과대학, 학과, 교육과정, 센터)의 요구, 그들의 기대가 무엇인지 파악할 수 있는 질문 목록을 작성하는 등의 인터뷰 준비를 해야 한다.

3. 피드백을 제공하고 '쟁점이 되는 문제'에 대해 대답할 수 있도록 경청하라. 이러한 기대에 대한 물음을 통해 다양한 개인과 집단의 요구와 관심에 대해 알 수 있다. 교육기관의 미션, 전략계획과 목표에 대한 그들의 입장과 인증에 대한 태도를 청취하게 되면, 각각의 구성원들이 그들의 일터를 어떻게 이해하고 인식하고 있는지를 알 수 있다. 각자가 교수행정구조에 대해 어떻게 이해하고 참여하는지를 물어보고 업무에 도움이 될 수 있는 대답을 들어야 한다. 예를 들어, 학위요건을 개정하는 프로그램의 경우 대학 목표와 새로운 교육과정을 연결시키거나 결과에 대한 평가계획을 개발할 때 교수개발자의 도움이 필요할 수 있다. 교수테크놀로지위원회는 교실 공간 쇄신을 위한 설계를 제안하는 책임을 가지고 있다. 전략계획위원회는 그들의 계획을 대학 공동체에 알릴 수 있는 메커니즘이 아직 개발되지 않았다는 것을 인정할 것이다.

4. 청취했던 답변을 분석하라. 인터뷰 수행은 즉각적인 문제해결을 위해서가 아니다. 그보다는 인터뷰를 통해 교육기관을 더 잘 이해하려는 것이며 경청하고 공감

하려는 것이다. 교수개발자의 업무를 위하여 인터뷰를 진행해야 하기 때문에 말을 능숙하게 잘하는 것이 중요하며, 더 나은 인터뷰 수행을 위해 청취기술도 필요하다.

개인과 집단의 인식과 요구 그리고 기대에 대해 듣는 것 이외에도, 현재 고려 중이거나 이미 채택된 계획에 대해서도 이해해야 한다. 인터뷰를 진행하는 동안 학생들의 학습에 대해 얼마나 집중하고 있는지 나타나는가? 인터뷰 동안 새로운 계획에 대해 논의할 때, 그들은 그 계획을 학습자 학습과 성공을 위한 지원으로 이해하는가? 아니면 불신하는가? 그 계획의 성공을 평가하기 위한 적절한 과정은 있는가? 신입생 경험, 학습공동체, 학제 간 연구, 교수학습의 학문성과 같은 계획을 선택하기 위하여 어떤 과정을 이용하는가? 서비스러닝, 학부생 연구, 해외 연구와 같은 학술적 경험을 풍부하게 하고 협력적 학습과 활동을 촉진하는 대학생학습참여조사(NSSE)(Kuh, 2003)의 응답자를 모집하고 유지하는 계획은 누가 이끄는가? 교육기관은 어떻게 그러한 계획의 영향성을 평가하려 하는가?

교수학습센터로 이직하여 적응하는 기간은 교육기관에 대해 알고 구성원들로부터 배울 수 있는 기간이다. 교육기관 고유의 특성을 탐색하고 어떤 서비스와 자원이 공동체로부터 환영받을 수 있는지를 알 수 있는 호사로운 시간이다. 여러분이 수집하는 정보는 여러분의 업무 방향성을 타당하게 해줄 것이다.

정보의 분석과 업무의 우선순위 설정 인터뷰를 통해 수집한 정보의 패턴들은 미래 업무를 위한 방향성과 우선순위를 결정할 수 있게 해준다. 여러분이 정보에서 주제를 찾을 때는 대학의 상황을 반영하고 센터를 보완하고 센터의 명성을 만들기 위하여 무엇을 해야 할 것인지를 고려해야 한다. 여러분이 계획을 수립하고 의사결정을 할 때 전체 부서를 통틀어 이를 상의할 수 있는 협력자와 동반자에게 관심을 가져야 한다. 여러분과의 제휴에 흥미를 가지고 이에 대해 우선시하는 협력자가 누구인지 확인해야 한다. 이 사람들에게 자문을 요청하거나 세미나시리즈의 공동후원이나 강연을 부탁할 수 있다. 교수개발 업무를 도와주고 활용할 수 있는 인적 자원, 재정적 자원, 물질적 자원을 제공해 줄 수 있는 잠재적인 동반자에게 관심을 가져야 한다. 이러한 교수개발 업무를 지원하는 사람들은 여러분이 교수자문그룹이나 개발위원회에 기여하도록 요청할 수 있는 영향력 있는 교수들과 오피니언 리더들이기도 하다.

문서 검토와 인터뷰를 통한 정보 수집을 통해 여러분은 소속 교육기관이 어떤 특징을 가지고자 하는지 알게 될 것이다. 대학을 특징짓는 요인이 무엇인지를 파악함으로써(예 : 교육 프로그램의 순위, 학생들, 지역적 미션, 연구와 교육에서의 수상경력이 있는 교수들) 교육기관의 문화와 그 요인들이 조화를 이룰 수 있도록 우선순위를 조정할 수 있다. 여러분이 만났던 사람들이 속한 각 집단들이 밝힌 긴급한 요구를 고려해야 한다. 신임교수의 경우에 효과적인 학자가 될 수 있는 지원을 필요로 한다. 신임교수에게는 대학 공동체의 동료들과 부서들에 대해 정확하게 소개해 주는 오리엔테이션이나 멘토링 프로그램이 절실히 필요할 것이다. 그들은 새로운 교수 테크놀로지를 배우고 싶어 하거나 그들의 교육효과성을 조사하는 방법에 대해 알기를 원할 것이다. 또 고위 행정관리 지도자들에게 긴급한 요구는 무엇인가? 그들의 관심은 동료 교수들의 관심과 일치하는가? 만약 고위 행정관리자들의 요구에 대응하려 계획한다면 학장과 디렉터에게 프로그램 파트너나 공동후원자가 되어 달라고 요청해야 한다. 다른 부서들과 함께 프로그램 개발을 고려하면 행정부서의 사람들을 만나고 또 다른 부서에 있는 이용 가능한 자원이 무엇이 있는지 알 수 있다. 학생처와 정보 테크놀로지 부서의 사람들은 파트너가 될 가능성이 있는 사람들이다. 그들은 학과 등 학문부서의 지원 없이는 그들의 계획에 교수들을 참여시키는 것이 쉽지 않기 때문에, 교수개발자가 새로운 대화를 시작하게 하는 촉매제가 될 수 있다. 왜 대학이 대학원생과 교수들의 모든 경력 단계에 따라 투자를 해야 하는지 설명하기 위하여 여러분이 수집해 온 데이터를 활용해야 한다(Morrison-Shetlar & Hohenleitner, 2008). 교수개발자의 업무가 효과가 있다는 것을 보여주고 그에 대한 근거를 확보하고 있다는 것을 명확히 하기 위하여 여러분의 활동을 평가하고 문서화해야 한다(제9장 '교수개발 프로그램 평가' 참조).

마지막으로 수집한 정보를 활용하여 여러분이 대학에서 가치 있고 훌륭한 구성원이 될 것이라는 것을 분명히 하여야 한다. 여러분이 하고 있는 업무에 대학의 가치를 통합함으로써 여러분이 대학의 가치를 존중하고 있다는 것을 보여주어야 한다. 만약 학습에 집중하는 대학이 되는 것이 어렵다면 세미나를 설계하고 강사를 초청할 때 학생참여라는 단어를 활용해야 한다. 만약 조직이 개인 학습자들의 요구를 충족시키는 것에 관심을 가지고 있다면 다양한 전체 교수들을 대상으로 자문을 제공하고 자원을 공유해야 한다. 만약 대학이 학습의욕을 고취시키는 환경의 적임자로서 알려지기를 선택한다면, 교수와 직원들은 국제적인 인식과 시민 의식을 향상시키는 프로그래밍을 통해 교육에서 그리고 연구와 봉사를 통해 어떻게 이러한 책임을 충족시킬 수 있는지에 대한 방법을 이해할 수 있다. 간단히 말해 여러분의 연구와 탐구가 바탕이 된 산출물을 통해 소속 교육기관의 가장 긴급한 요구와 가장 중요한 계획에 부합하도록 목표와 우선순위를 설정할 수 있다.

교육개발에서 성공 유지하기

새로운 역할에 성공하고 이를 유지하기 위해서는 여러분이 교수학습센터로 새롭게 임명되어 정착하려 노력할 때, 지속적으로 배우며 성장할 때, 교육개발자로서의 역할이 편안해질 때, 여러분이 가지고 있는 내적인 강점과 대인 간의 강점을 신뢰해야 한다. 새로운 역할을 아는 것 이외에도 여러분은 새로운 동료와 직원들이 있는 새로운 교육기관으로 옮길 수도 있다. 그것은 새로운 지역으로 이사하고 새로운 집을 찾고 여러분의 가족들이 자연스럽게 정착할 수 있어야 한다. 이러한 변화에 수반되는 감정을 인식하는 것은 자기성찰을 위한 단서를 제공한다. Robertson(1988)은 교수학습센터로의 이직이 동반하는 세 가지 변화 패턴을 언급하였다. 그것은 첫째, 이전의 역할과 환경을 떠나는 것에 대한 저항, 둘째, 손실에 따른 불만에 대한 저항, 그리고 셋째, 새로운 역할과 환경에 익숙해지기 위하여 과감해져야 한다는 것에 대한 저항이다. 새로운 역할을 조사하고 전략의 우선순위를 정하기 위하여 보유하고 있는 탐구기술과 교육기술을 적용하기 위해서는 새로운 방법으로 여러분의 대인관계 기술을 활용해야 한다. 또 개인의 강점과 약점이 새로운 역할을 수행해야 하는 여러분을 어떻게 성장시킬 수 있는지를 분석하고 이를 성찰할 수 있는 용기를 내야 한다. Robertson은 이것은 여러분이 추구했던 변화이기 때문에, 성공을 달성하기 위해서는 이 새로운 환경에서 여러분이 개발하고자 하는 개인적인 목표가 있다는 것과 그것을 개발할 수 있는 계획이 필요하다는 것을 인식하여 한다고 주장하였다. 체계적으로 계획하고 요구를 평가하기 위해 사용하는 전략들을 자기 자신에게 적용할 때 이점을 생각해야 한다. 이것은 제6장 '교수개발자에게 중요한 기술과 지식'에서 다룬다.

여러분의 내적인 강점과 대인 간 강점을 구축하라

교수개발 분야라는 새로운 업무의 근본적인 경쟁력은 교육과 연구를 위한 여러분의 열정이라는 제안으로 이 장을 시작하였다. 이러한 열정은 여러분의 강점과 약점 모두를 깊이 있게 생각하도록 만드는 발판이다. 비록 교수로서의 주요한 역할을 잃었다는 것에 슬퍼할 수도 있지만 이러한 열정을 유지해야 교수로서의 신뢰를 지탱해 줄 수 있다. 가르치는 일을 계속하면(이전에 가르치지 않았다면 새로운 교실수업 경험을 획득함으로써) 여러분은 동료 교수들과 동일한 맥락에서 가르침에 대한 실제적인 사례를 얻을 수 있으며, 컨설팅과 세미나를 진행할 때 이러한 경험을 이용할 수 있다. 만약 여러분이 학과에 소속되어 있지 않다면, 여러분의 부서에 강의를 맡을 수 있도록 요청하는 것을 고려해야 한다. 이를 통해 학문적 터전을 마련할 수 있으며, 또 해당 학과는 여러분에게 비정규 교과목에 대한 수업을 요청할 가능성도 있다. 또 연구 기회를 지속적으로 모색하게 되면 관련 조직이 데이터를 수집하고 분석하고 저술하고 출간하고자 할 때 여러분의 경험을 제공할 수 있다. 변하는 것은 단지 이러한 강점을 새로운 대학의 협력자들과 새로운 방법으로 유지시켜 나가는 것이다. 교육 측면에서 보면 여러분 스스로의 교수학습과정에 대한 성찰을 시작으로 다른 사람을 도울 수 있는 방법이 무엇인지 파악할 수 있다. 연구 관점에서 보면 여러분의 연구는 현재 자신의 전문 업무에 대한 측면뿐만 아니라 동료들의 혁신, 성공, 의문으로부터 제기되는 질문들에 대하여 다시 초점을 맞출 수 있다. 여러분의 강점을 새로운 방법으로 구축하기 위해서는 여러분이 획득해야 하는 행동과 기술이 무엇인지 밝혀낼 수 있는 계획과 자기성찰이 필요하다.

새로운 경쟁력이나 강점을 개발하기 위한 계획 수립은 쉽지 않다. 특히 동료가 없는 새로운 환경에서 취약한 기술 영역이 있다는 것은 위험하다. 물론 훌륭한 사례에 대한 세심한 관찰을 통해 새로운 행동과 경쟁력을 개발할 수 있다. 하지만 학습은 다른 사람의 피드백으로 강화된다. 이러한 상황이 바로 다른 교육기관의 교수개발자에게 여러분에 대한 의견을 요청해야 할 순간이다. 그들은 여러분이 해결하려는 퍼즐에 공감할 것이다. 또 여러분은 네트워킹과 리더십개발 기회로 이용할 수 있는 POD와 신임교수개발자연수교육(INFD)과 같은 전문 모임의 상담이나 세미나를 찾아갈 수 있다.

대인관계 기술과 경쟁력 역시 여러분의 업무 집중과 성공 유지에 도움을 준다. 여러분이 교육기관을 연구할 때 만났던 사람들과 지속적으로 접촉해야 한다. 이는 어떤 이벤트의 효과성을 평가하고자 할 때 어떻게 피드백을 받을지 그들에게 자문을 구하고 그들의 피드백을 기꺼이 받아들이는 것으로 가능하다. 다양한 동료 그룹의 조언을 수집하는 것은 그들의 관심과 요구가 여러분의 업무 방향에 영향을 줄 수 있다는 메시지를 전달한다. 이러한 소규모 그룹은 여러분의 프로그램에 참여시킬 수 있는 재능 있는 동료가 누구인지를 알 수 있도록 도울 수 있다. 이렇게 접촉하는 사람 중 일부는 여러분이 피드백을 받아 명쾌하게 결론을 내릴 때 도움을 받을 수 있는 동지가 될 수 있다. 여러분의 계획을 보완할 수 있는 재능과 기술이 있는 동료들을 만나고 확인할 수 있는 또다른 방법 중 하나는 대학 관계자들의 집회, 모임, 또는 학과 콜로키움과 같은 대학 이벤트를 관찰하거나 참석하는 것이다. 이러한 이벤트를 통해 교육기관의 여러 부서에서 고려 중인 새로운 계획에 대해 들을 수 있다. 여러분의 업무가 그러한 계획을 어떻게 지원할 수 있는지를 알려야 하며, 전문적인 문헌과 다른 사람들과의 접촉을 통해 배워 왔던 혁신과 개념을 다른 사람들에게 알리는 방안을 개발해야 한다. 적어도 일 년에 한 번은 부서에 할당된 자원을 어떻게 활용했는지를 보여줄 수 있도록 회계와 활동 사항을 보고해야 할 것이다. 제9장 '교수개발 프로그램 평가'는 여러분의 프로그램을 어떻게 평가하고 사정할 것인지에 대한 가치 있는 사고와 아이디어를 줄 것이다.

결론

교수개발자의 역할 수행을 위한 여러분의 강점과 경쟁력은 기술을 새롭게 개발함으로써 더욱 강화될 것이다. 교육자로서 여러분은 다른 사람들의 강점을 개발하도록 안내하고 교육할 수 있는 열정을 가지고 있다. 연구자로서 여러분은 예리한 관찰력과 세심한 경청의 기술을 보유하고 있다. 소속교육기관에 대하여 연구할 때, 각각의 노력을 기록하고 평가할 때, 얻고자 하는 피드백을 들을 때, 소속 대학과 전문 네트워크에 있는 사람들에게 여러분이 배운 것을 체계적으로 전달하고자 할 때 여러분이 하려는 모든 것에 이러한 기술을 적용하여야 한다. 이를 통해 나온 결과물은 여러분과 여러분의 동료들 그리고 소속 교육기관을 강하게 할 것이다.

참고문헌

Bridges, W. (2003). *Managing transitions: Making the most of change* (2nd ed.). Cambridge, MA: Da Capo Press.

Cohen, M. W. (2003, November). *How's it going? Reflecting on our work as new faculty developers.* Preconference workshop at the annual meeting of the Professional and Organizational Development Network in Higher Education, Denver, CO.

Colbeck, C. L., O'Meara, K. A., & Austin, A. E. (Eds.). (2008). *New directions for teaching and learning, no. 113. Educating integrated professionals: Theory and practice on preparation for the professoriate.* San Francisco: Jossey-Bass.

Jensen, J. D. (2002). If I knew then what I know now: A first-year faculty consultant's top ten list. In K.H. Gillespie (Ed.), *A guide to faculty development: Practical advice, examples, and resources* (pp. 92–100). Bolton, MA: Anker.

Kuh, G. D. (2003). What we're learning about engagement from NSSE: Bookmarks for effective educational practices. *Change, 35*(2), 24–32.

Massy, W. F. (2003). *Honoring the trust: Quality and cost containment in higher education.* Bolton, MA: Anker.

McCormick, A., & Zhao, C. (2005). Rethinking and reframing the Carnegie classification. *Change, 37*(5), 52–57.

McDonald, J., & Stockley, D. (2008). Pathways to the profession of educational development: An international perspective. *International Journal for Academic Development, 13*(3), 213–218.

Morrison-Shetlar, A. I., & Hohenleitner, K. (2008). Investing in faculty at every career stage. *Project Kaleidoscope Volume I: What works, what matters, what lasts* (pp. 1–6). Retrieved December 22, 2008, from http://www.pkal.org/documents/Vol4InvestingInFacultyAtEveryCareerStage.cfm

Pathways to the Profession of Educational Development. (n.d.). Retrieved December 30, 2008, from http://www.iathe.org/pathways/

Pathways to the Profession of Educational Development. (n.d.). *New developers' resources.* Retrieved December 22, 2008, at http://www.edpathways.com

Professional and Organizational Development Network in Higher Education. (n.d.). Retrieved December 30, 2008, from http://www.podnetwork.org/

Robertson, D. L. (1988). *Self-directed growth.* Muncie, IN: Accelerated Development.

Senge, P. M. (2006). *The fifth discipline: The art and practice of the learning organization*. New York: Doubleday.

Shulman, L. S. (2004). *Teaching as community property: Essays on higher education*. San Francisco: Jossey-Bass.

Sorcinelli, M. D. (2002). Ten principles of good practice in creating and sustaining teaching and learning centers. In K. H. Gillespie (Ed.), *A guide to faculty development: Practical advice, examples, and resources* (pp. 9–23). Bolton, MA: Anker.

Sorcinelli, M. D., Austin, A. E., Eddy, P. L., & Beach, A. L. (2006). *Creating the future of faculty development: Learning from the past, understanding the present*. Bolton, MA: Anker.

Stockley, D., Mighty, J., McDonald, J., Taylor, L., Sorcinelli, M. D., Ouellett, M. L., et al. (2008, June). *Mapping our pathway into the field of educational development*. Presentation at the biennial meeting of the International Consortium for Educational Development, Salt Lake City, UT.

TeachingCoach.Org (n.d.). *Support for new faculty developers in higher education*. Retrieved December 22, 2008, from http://www.teachingcoach.org

University of Kansas, Center for Teaching Excellence. (n.d.). *CTE information: Other teaching centers*. Retrieved December 22, 2008, from http://www.cte.ku.edu/cteInfo/resources/web sites.shtml

6

교수개발자에게 중요한 기술과 지식

Todd D. Zakrajsek

전 문 분야로서 교육개발은 상대적으로 새로운 현상이다. 대부분의 대학 전공과는 달리 교육개발 분야에 있는 사람들은 해당 분야의 전문가가 되기 위한 목적으로 특정 영역에 대한 체계적인 연구를 하기보다는, 다른 사람들을 돕고자 하는 열망과 학습자들의 학습을 위한 열정의 결과로서 이러한 업무를 하고 있다. 그 결과 많은 교육개발자들은 업무를 위한 특정한 배경이나 교육훈련이 많지 않은 영역에서 일을 하고 있다. 이는 대부분의 교육개발자들이 일련의 강력한 기본 기술과 암묵적 지식을 가지고 있다는 것을 말해 주는 것이다.

교육개발 업무가 어떻게 행해지는가는 업무 수행과 관련된 환경이 중요한 고려사항이다. 업무 환경은 교육기관의 규모, 교육개발센터나 활동의 역사, 프로그램을 위한 지원, 노력에 할당되는 자원, 교육개발자들의 현재 능력 수준과 같은 많은 요인과 연관되어 있다. Lee가 제2장 '교수개발 프로그램 유형과 프로토타입'에서 지적한 바와 같이 교육개발 활동은 현재 교수법 이슈를 비롯한 교육개발의 전통적인 지원을 넘어 확장 중에 있으며 리더십 영역, 연구 영역에서의 개발을 포함하고 있다. 교육개발은 상대적으로 새로운 분야이기 때문에 교수개발 분야에서 일하는 개인들은 다양한 배경을 가지고 있고 직무기술 또한 때로는 제대로 정의되어 있지 않다. 이에 따라 보편적으로 적용되는 어떠한 가이드라인도 교수개발자들이 획득해야만 하는 지식이나 성공적인 교수개발자나 센터의 디렉터가 되기 위해 개발되어야 하는 기술을 설명하지 못하고 있다. 그러나 교수개발 업무를 위하여 필요하며 효과적이라고 폭넓게 허용되는 일련의 기술과 몇 가지 기본적인 지식 분야는 존재한다.

일반적인 기술과 지식

오늘날 교수개발에 대하여 우리가 아는 대부분은 교육학 문헌을 통해 공부하고 교수학습에 대한 연구를 수행하고 관련 학문에서의 정보를 종합하고, 실제로 실천해 보고 다른 사람들과의 정보를 공유하였던 헌신적인 그룹에 의해 축적되었다. 이렇게 공유된 정보를 통해 교수개발자들은 다양하고 폭넓은 학문적 의무와 책임을 가진 교수진을 지원하는 동시에, 기본적인 기술과 지식을 창출해 오고 있다.

교수개발 분야에 대한 이해

고등교육에서의 효과적인 교수학습 강화에 관심을 갖는 문헌들이 증가하고 있으며 리더십 개발, 연구보조금 제안서의 제출처럼 교수진의 역할을 지원하는 새로운 영역을 탐구하고 있다. 교육개발자가 보유할 수 있는 가장 중요한 지식은 아마도 다양한 학문 전공과 관련된 최신 정보가 존재하는 장소, 폭넓고 다양한 최신의 교수법적 접근에 대한 기본적인 이해, 교육개발 분야가 기하급수적으로 증가하다고 있다는 것에 대한 인식이다.

출간 문헌 문헌을 통해 교수, 학습, 리더십에 대하여 많은 것을 배울 수 있다. 예를 들어, Boyer(1990), Hatch(2005), Naylor(2006)를 비롯한 교수학습의 학문성에 특별히 적용되는 많은 문헌들이 있다. 게다가 Jossey-Bass, Stylus, New Forums와 같은 출판사들은 교육개발과 학습자학습과 관련된 많은 영역에서 폭넓은 인쇄 자료를 제공한다. Bransford 등(1999)의 *How People Learn*과 *Jossey-Bass Reader on the Brain and Learning*(2007)과 같은 책은 신입 개발자에게 특히 가치가 있는 입문 자료이다. 이 두 자료는 교육개발을 지원하기 위해 최근에 존재하는 엄청난 수의 저작들의 일부에 지나지 않으며, 어디부터 확인해야 하는지 알 수 없을 정도로 많은 인쇄 문헌이 존재한다.

이 책에서 강조한 것처럼 교육개발의 출발을 위한 가장 좋은 장소는 POD 네트워크 웹 사이트이다.[1] 웹 사이트 자원들 중 POD-IDEA(센터)는 테크놀로지 통합하기, 에세이 시험 향상시키기, 학생들의 독서 동기 부여하기와 같은 특정 교수학습 주제에 대하여 언급하고 있다.

콘퍼런스 전문가들과의 관계 구축과 네트워크 형성의 중요성은 아무리 강조해도 지나치지 않다. 콘퍼런스를 통해 교수개발자들이 고립되는 것을 방지하고 전략을 유지할 수 있도록 동료들과 네트워크를 구축할 수 있고 모든 대학에서 적용할 수 있는 새로운 개발 프로그램과 더 나은 미래의 방향을 알 수 있다. 또한 최첨단의 실천 사례, 정보와 개념적 프레임워크를 경험할 수 있을 뿐만 아니라 경험 많은 개발자들을 관찰하는 것만으로도 프레젠테이션 능력을 향상시킬 수 있다. 예를 들어, 교수진에게 피드백 제공하기와 관련 있는 세션은 피드백을 제공하는 적절한 방법에 대한 시범을 포함할 것이며, 세션에서 배운 기술을 연습할 수 있는 기회를 제공하기 때문에 이러한 세션을 통해 참가자들은 그 분야의 지식을 확실히 쌓을 수 있다.

교수 동료 교육개발자에게 소속 대학의 개인들은 매우 가치 있으며, 이러한 개인들과의 관계는 특정한 학과에서 필요한 기술을 개발할 때 유용하다. 예를 들면, 위기에 봉착한 교실수업에서 학생들에게 어떻게 대응해야 하는지에 대한 자료를 교수진에게 보낼 때 도움을 받을 수 있다. 동시에 위기관리 분야의 학문 지식을 가진 교수는 매우 유용할 수 있다. 보다 구체적으로 설명하면, 특정한 전공 분야의 숙련된 교수자는 일반적 지식을 가지고 있는 교육개발자보다 더 높은 신뢰를 얻을 수 있는 경우가 많다. 다른 사람을 도울 목적으로 교수진의 명단을 축적하는 것은 조직과 대인관계 기술이 필요하지만, 교육개발 활동을 강화할 수 있기 때문에 매우 가치 있는 노력이다.

전자 자료 블로그, 위키, 트위터 계정, 리스트서브, 페이스북 등 온라인 자원을 관리하는 호스트는 빠르게 생겨나고 있고, 그 중요성과 활용이 계속해서 증가할 것이다. 전

---

1 http://podnetwork.org

자 자원은 쉽게 업데이트하고 확장할 수 있는 폭넓은 자료이며 누구나 접속할 수 있다. 또 전자 자원은 교수들을 위한 훌륭한 교육 도구이므로, 교육개발자들이 가장 대중적인 새로운 교수 학습 전달 메커니즘으로 인식하는 것은 매우 중요하다. 매우 유용한 전자 자원은 '미래의 교수(Tomorrow's Professor)' 리스트서브이다. 이 리스트서브는 매주 두 가지 자원을 등록하고 확장형 아카이브를 가지고 있다. 3만 명의 구독자를 보유하고 있으며, 교수개발 및 교육개발자들이 자원을 활용하고 있다.

프로그램의 시작

콘퍼런스, 워크숍, 도서, 저널 기사, 뉴스레터, 전자 명부, 블로그, 온라인 자원, 교수 동료 등 교수개발 업무를 위하여 활용할 수 있는 자원이 많기 때문에 어디서부터 시작할 것인지, 무엇을 선택할 것인지에 대해 고민할 수 있다. 교육개발자는 그들이 가지고 있는 기본 지식을 통해 훌륭하게 업무를 시작하고 구축해 나갈 수 있다. 작게 시작하여 성공사례를 구축하라는 것은 훌륭한 조언이다. 예를 들어, 교육개발자가 과학 분야에서 수년 동안 대형 강의를 해왔다면, 대형 강의에서의 수업에 대한 워크숍이나 웹 자원으로 시작하는 것이 상대적으로 쉽고 교수들에게 유익하다. 그 시점 이후로 자기 자신의 전문성을 활용하고, 다른 교육개발자들과 친목관계를 쌓고 대학과 주변 커뮤니티의 교수진들과의 협력적인 관계를 구축함으로써 정보와 추가적인 자원을 더해 갈 수 있다.

교육기관의 이슈 이해하기

제5장에서 말한 것처럼 소속 교육기관에 대한 견고한 이해는 지속적인 교육개발 활동의 발전을 위해 매우 중요하다. 교육기관의 맥락과 상관없는 지식과 기술은 그 가치가 제한적이다. 예를 들어, 교수학습중심대학은 연구중심대학과 비교하여 정년보장과 승진에 있어 강조하는 부분이 다를 것이다. 소속 교육기관의 분위기, 정치, 정책에 따라 교육개발자가 할 수 있는 것과 할 수 없는 것은 큰 폭에서 달라질 수 있다. 효과적인 교육개발자가 되기 위한 지식과 기술을 쌓을 때, 공식 · 비공식적으로 어떻게 교육기관이 작동하는지를 아는 것은 도움이 될 수 있다. 이미 설정되어 있는 시스템, 정책, 절차

의 특정 부분에 특별히 주목하게 되면 교육개발자로서 강력한 기초 지식과 기술을 구축하는 데 도움이 될 수 있다.

대학 노동조합, 대학평의원회, 그리고 거버넌스

많은 대학기관에 교수 노동조합과 대학 평의원회 조직이 존재한다. 만약 소속 교육기관에 이러한 조직이 있다면 이 집단에 대해 조사하는 것에 시간을 할애하는 것도 가치가 있다. 노동조합 규정은 교육개발 활동에 자주 영향을 미칠 수 있기 때문이다. 예를 들어, 내가 일했던 교육기관의 노동조합은 명확한 승인 없이는 교육개발부서가 교수 고용 조건에 대한 설문을 진행하는 것을 허용하지 않았다. 반면 교수 노동조합과 함께 일하게 되면 우리는 긍정적인 성과를 많이 성취할 수 있었다. 대학교수평의회 조직 또한 강력한 협력자가 될 수 있다. 대학 위원회를 형성하는 대학평의회와 노동조합과 같은 행정 조직은 행정부서에 지원 서신을 보내고, 여러분이 제공하는 서비스가 무엇인지 대학의 대표자들에게 설명할 수 있는 수단을 제공한다. 그러나 이러한 조직은 그들의 절차나 프로토콜을 지키지 않으면 문제가 될 소지가 있다.

교육기관의 위원회 의장은 보통 교수개발을 위한 자원임에도 간과되곤 한다. 그들은 캠퍼스에서 영향력 있는 인사들이며, 어떤 경우에는 위원회의 담당 임무와 교육개발 활동의 담당 업무가 중복되기도 한다. 위원회나 의장의 명단을 구할 수 있는 곳이 명확하지 않다면, 일반적으로 교무를 담당하는 부총장실이나 교무처장 사무실을 점검해 보는 것이 최선이다. 명단을 확보하기만 하면 교수학습과 관련되어 있는 이슈와 연계되어 있는 핵심 위원회가 어디인지 간단히 확인할 수 있다. 그 후 이러한 위원회 의장과의 약속을 정할 수 있다. 이러한 몇몇 단계를 통하면 매우 짧은 기간에 상당한 성과를 얻을 수도 있다. 이를 통해 교육기관 내에서 무슨 일이 일어나고 있는지 신속히 알 수 있으며, 그러한 이슈들을 도와줄 수 있는 사람들이 교육개발부서에 있다는 것을 핵심 이해관계자들에게 인지시켜 줄 수 있다. 위원회는 도움을 거의 거절하지 않으며, 이러한 지원활동은 중요한 신규 정책을 개발하거나 자원을 할당하는 자리에 교수개발자들이 참석하게 하는 결과를 만들어낼 수 있다.

교육기관 행정 서류

교육개발자는 교수학습과 관련된 대학의 절차와 정책을 이해해야 한다. 부가적으로 조직의 구조에 대해 이해하는 것도 승진과 정년보장 가이드라인이 어떻게 기능하는지 알아내는 데 유용하다. 최고 수준의 연구와 연구비 수주 활동을 가진 교육기관이라 하더라도 교육은 중요하며, 많은 교수진들이 교수학습 이슈와 관련하여 도움받기를 원한다. 즉 교수와 학습에 대한 지원은 모든 교육기관이 가치 있게 받아들인다. 교수와 학습지원에 대한 가치를 파악함으로써 이러한 이슈들에 접근할 수 있는 방법을 알 수 있고, 교수진들의 참여율에 영향을 미치는 개인들의 관심과 그 관심을 끌 수 있는 방법을 알 수 있다. 전체 대학의 교수학습과 관련된 모든 정책과 절차를 이해하기 위한 시간은 상대적으로 짧을 것이다. 많은 사람(이슈들에 대해 큰소리를 내는 사람들조차도)이 관련 문서를 읽지 않는다는 사실에 대해서는 그동안 논의가 많지 않았다. 아마도 교실수업과 교수 행정에 관계된 모든 문서는 며칠이면 확인할 수 있다. 그렇게 되면 교육개발자들은 이러한 문제에 대한 학내 전문가가 곧 될 수 있으며, 이는 신뢰를 형성하는 데 유용하다. 나는 대학평의회 모임에 나간 교수가 대학 정책에 대하여 논쟁하기 시작했었을 때 이것을 경험했다. 고위 행정가들이 그 정책을 확신하지 않았을 때, 나는 최근에 확인했던 정책을 설명했고 그 순간 그 주제에 대한 전문가가 되었다. 그 이후 나는 대학 내 다른 정책들에 대한 문의 전화를 여러 차례 받았다.

계획과 평가

교수법적 접근, 승진과 정년심사, 교수 행정에 대한 지식 이외에도 교육개발자는 반드시 계획과 평가에 대한 기본적인 이해가 있어야 한다. 계획을 통해 개발자는 자원을 폭넓게 활용할 수 있으며 센터에 대한 교육기관의 투자 대비 최대 수익을 보여줄 수 있다. 센터의 영향력을 보여주고자 할 때 평가와 사정에 대한 기본적인 이해가 중요하다는 것이 드러나게 될 것이다(예 : Banta, 2002).

요구/관심 설문조사, 포커스 그룹, 그리고 개별적인 대화

계획은 효과적인 센터가 되기 위해 또는 살아남기 위해 필요한 기술이다. 장단기 목표를 설정하기 위해서는 교육개발 분야에 대한 지식이 필요할 뿐만 아니라 교육기관의 분위기, 이용 가능한 자원, 교육개발자의 시간관리 기술을 토대로 주어진 기간 내에 얼마나 달성해 낼 수 있는지를 파악할 수 있는 기술 또한 필요하다.

계획을 수립하는 방법 중 한 가지는 철저한 요구/관심 설문조사를 수행하는 것이다. 교육개발자는 이런 종류의 설문조사에 대한 기본적인 이해가 필요하다. 교육기관 전체의 개인들로부터 수집한 정보는 워크숍 개발과 자원 확보에 유용하다. 향후 센터가 나가야 할 최선의 방향이나 초점을 맞추어야 하는 활동과 관련된 추가적 정보는 포커스 그룹을 통해 얻을 수 있다. 포커스 그룹을 진행하기 위해서는 개발자들이 소그룹 회의를 의미 있게 이끌어 가는 방법을 알아야 하며, 포커스 그룹을 진행하면서 교육경험이 어떻게 활용될 수 있는지를 실제적으로 보여줄 수 있다. 소규모 세미나 강좌에서 논의를 이끌어 낼 때 활용되는 노련함은 교육개발자들이 포커스 그룹 회의를 잘 이끌 수 있도록 도울 것이다(Stewart, Shamdasani, & Rook, 2007).

이러한 중요한 정보를 수집함에 있어 다른 사람으로부터 정보를 모을 때 유용한 몇 가지 기본적인 사항이 있다. 첫째, 교육기관에 대한 정보를 가장 잘 제공해 줄 수 있는 사람이 누구인지 확인해야 한다. 이때 존경받는 교수, 영향력이 있는 행정관리자, 학생들이 포함되어야 한다. 둘째, 교육개발자는 그들의 제안을 일방적으로 판단하지 않고 받아들여야 하며, 그들이 제안한 것을 실행하기 위하여 개발 중이거나 이미 그러한 활동들이 얼마나 이루어지고 있는지를 설명함으로써 소극적이지 않도록 해야 한다. 정보가 축적됨에 따라 실행 가능한 사항이 무엇인지 알 수 있고 실천 계획을 개발할 수 있게 된다. 마지막으로 교수개발자는 성취에는 한계가 있음을 인식하여야 한다. 따라서 다음 단계는 가장 적은 자원으로 가장 많은 효과를 낼 수 있는 영역이 어디인지 파악하는 것이다.

수집된 정보의 양과 상관없이 학생들의 긍정적인 학습 환경을 창출하는 것에 대한 관심, 교육에 대한 흥미와 관심사, 최근의 이슈에 대하여 교수진과 비공식적인 대화를 지속적으로 나누는 것이 중요하다. 강력한 대인관계 기술을 통해 다양한 전공 분야의 개별 교수진이 교수학습에 관한 대화에 참여할 수 있도록 촉진할 수 있다. 대인관계 기술은 교육에 대한 교수진의 관점과 관심사를 이해할 수 있는 능력과 문헌을 통한 지원 방법이 무엇인지 찾아낼 수 있는 능력을 포함한다. 이러한 비공식적 관계를 쌓기 위해 할애한 시간은 교육기관에서의 지원과 자원 네트워크를 개발함에 있어 대단히 가치 있는 것이다.

전략적 계획과 실천 계획

전략적 계획은 교육개발 활동을 위해 유용하다. 이러한 노력은 요구/관심 조사에서 언급된 바와 같이 교육기관에서 수집한 정보의 활용으로 이루어진다. 수집한 정보의 우선순위를 결정하고, 여기에 교육개발 분야의 지식을 추가하고, 그다음 이용 가능한 자원을 고려한 현실적인 실천 계획을 개발한다. 만약 이러한 계획을 이미 수립하였다면 개발자는 센터의 방향이나 중심 활동에 대한 계획을 세운다. 계획을 실천하기 위해서는 프로젝트 관리와 예산 수립 기술 모두가 필요하다. 센터의 디렉터가 센터를 운영하거나 교육기관의 교육개발 활동을 감독할 때 반드시 보유해야만 하는 수많은 지식과 다수의 기술을 전략 계획의 개발과 결과 전달을 위해 여러 가지 방법으로 활용할 수 있다.

커뮤니케이션 기술

조직 내 다양한 수준의 개인들과 이야기할 때 요구되는 커뮤니케이션 기술은 교육개발 업무의 효과성에 많은 영향을 미친다. 비록 대부분의 대화가 교수들과 이루어질 가능성이 많지만, 학생, 조교, 학장, 학과장, 교무처장, 부총장, 총장과의 대화일 수도 있다. 개인이나 그룹과 편안하면서도 존중의 자세로 커뮤니케이션할 수 있는 능력을 갖추는 것은 매우 중요하다. 교육개발자는 조교에게 필요이상으로 겸손하게 말할 필요는 없으며 대학 총장을 두려워해서도 안 된다. 사람들은 교육개발자를 교수학습의 리더로서 그리고 소속 교육기관에 많은 영향을 미치는 역할을 하는 유능한 사람으로 바라볼 것이다.

개인과의 커뮤니케이션

효과적인 커뮤니케이터는 그들이 대화하는 사람에게 집중한다. 교수진은 교수학습과 관련된 문제점이 있을 것이며, 이에 대해 매우 많은 관심을 가지고 있다. 대부분의 경우 교육개발자의 도움을 받으려는 사람들은 자신들을 존중해 주면서 지원해 주고 안내해 주기를 기대한다. 개발자의 문제점이 아니라 '교수의' 문제점이므로, 조심스럽게 제안해야 한다. 만약 교육개발자가 직접 또는 간접적으로 해결책은 '간단'하다는 것을 내비친다면, 도움을 요청하였던 사람은 무안해질 것이다. 또한 도움을 요청한 개인은 교수학습 영역에서의 전문가는 아니지만 다른 학문 영역에서는 상당한 전문성을 보유하고 있다는 것에 주의해야 한다. 다시 말해 도움을 요청한 교수진이 협력 학습 기술에 대하여 아무것도 모르지만 물리학의 특정 영역에서는 전국적인 대가일 수 있다. 교수들도 다른 사람처럼 자신들이 존경을 받는 영역에서 마치 초보자들처럼 언급되기를 원치 않는다.

교수를 돕고 존중하는 것은 특히 교실 관찰 이후 이루어지는 디브리핑 세션과 관련이 있다. 이러한 논의는 대인관계 기술에 대한 강력한 검증이 될 것이다. 직무 성과는 스스로를 반영하는 것이기 때문에 대부분 사람들은 관찰되고 평가될 때 긴장하게 된다. 교실 관찰을 마친 후에 일반적으로 관찰된 수업시간에 관한 피드백을 제공한다. 이러한 상호작용을 할 때는 잘했던 일에 대한 인정과 함께 개선을 위한 제안의 균형을 잘맞추는 것이 중요하다. 교수들이 수업에서 다룰 수 있는 '제안'을 얼마나 많이 하고, 어떠한 유형의 '제안'을 할 것인지를 결정하는 것은 가치 있는 기술이다. 단일 수업시간에 교수 개선을 위해 해야 했던 제안이 열 가지가 되더라도, 첫 미팅에서는 개인을 압박하지 않도록 단지 몇 마디의 말만 하는 것이 최선일 것이다. 수업에 대한 피드백은 시간에 걸쳐 개발되어야 하는 기술이며 대부분 알고 있는 것 이상의 더 많은 노력과 전문성을 요구한다(예 : Svinicki & Lewis, 2008).

수업 관찰 다음의 대화를 비롯하여 교수진들과 교수학습에 대하여 이야기할 때 교수진이 활용한 교수법적 접근을 바탕으로 교수방법의 품질에 대한 섣부른 판단은 반드시 삼가야 한다. 만약 교수가 강의식 방법이 학생들을 가르치기 위한 최상의 방법이라고 말한다면 강사가 구시대적이고 효과적이지 못한 방법을 활용했다는 결론으로 즉각 건너뛰는 것은 도움이 되지 않는다. 또 새로운 테크놀로지의 이용이 자동적으로 고품질의 수업을 의미하는 것이 아니다. 여기에서 중요한 점은 교수진과 장시간에 걸쳐 대화할 수 있는 기회를 얻을 때까지 해당 교수의 교수법적 접근이나 교과목의 품질에 대한 판단을 유보하는 것이다. 이를 통해 교수개발자는 교수자의 관점을 더 잘 이해할 수 있다. 이러한 대화를 통해 수업이 진행되는 상황에 대한 감각을 익힐 수 있으며 개인의 강점과 단점을 확인할 수 있다.

　　교수진과의 대인관계 업무를 위한 또 다른 중요한 고려사항은 비밀보장이다. 무엇을 누구와 언제 공유하는 것이 적절한지를 아는 것은 중요한 기술이다. 이 책 다른 곳에서 언급했던 것처럼 교수 상담 비밀보장을 위한 권고는 POD 네트워크가 수립한 윤리 가이드라인[2]에서 찾을 수 있다. 교육개발자의 부정확한 발언으로 인해 신뢰받는 교수들의 정년보장이나 승진에 해를 끼칠 수 있다. 그리고 컨설팅 정보를 다른 사람하고 공유하고 있다는 모든 암시는 거의 즉각적으로 교수진의 신뢰를 상실하는 결과를 초래할 것이다. 예를 들어, 어떤 교수는 캡스톤 과목에서 상급 프로젝트를 어떻게 효과적으로 평가하는지에 대해 잘 모를 수 있다. 그 교수는 학과장이나 동료들이 그 과목의 수업에 대한 해당 교수의 능력에 의문을 제기할 수 있으며, 그 우려를 해명해야 한다는 두려움에서 벗어나기 위해 도움을 요청할 수 있다. 하지만 유감스럽게도 승진과 정년보장을 고려할 때 교수 스스로가 가진 이러한 종류의 불확실성을 부정적으로 해석하는 사람들도 있을 수 있다.

행정관리자와의 커뮤니케이션

행정관리자와 커뮤니케이션할 때 요구되는 기술은 교수진과의 좋은 관계를 수립하기 위해 필요한 기술과 유사하지만 약간의 조정이 필요하다. 유사한 것은 대화를 할 때 그 사람이 처한 상황을 인정하며, 상대방이 고유의 문제를 가진 사람이라는 것을 인식하고 긍정적인 메시지를 지속적으로 제공하는 것이다. 가장 큰 차이점이라면 교수들은 개인 차원에서 교수개발자가 교수진을 돕기 위해서 무엇을 제공해 줄 수 있는지 알기를 주로 원하는 반면, 행정관리자는 주로 전체 교육기관을 위하여 무엇을 제공해 줄 수 있는지 알기를 원한다는 점이다. 행정관리자는 그 지위의 특성에 따라 대학 내 전체 영역이나 시스템에 대한 책임이 있다. 그러한 상황에서 교육개발자는 언제, 어느 수준까지 관여할 수 있는지를 반드시 알아야 한다. 큰 규모의 프로젝트는 교육기관에 중요한 영향을 미칠 수 있는 만큼 종종 엄청난 시간 자원과 비용을 들여야 한다. 언제 개입하고 어느 수준까지 전념해야 하는지를 파악하는 기술은 시간과 경험을 통해 개

2　http://www.podnetwork.org/faculty_development/ethicalguidelines.htm

발할 수 있다.

개인 대 집단 커뮤니케이션

여러분은 대부분 개별 교수진과 업무를 수행할 가능성이 높고 교육기관 내에 있는 다양한 부서의 집단들과 협력할 것이다. 개인이나 그룹과 함께 업무를 수행하는 능력은 중요하다. 협력은 개인과 업무를 수행할 때 사용하는 기술과는 전혀 다른 특별한 기술을 요구한다. 특히 커뮤니케이션은 협력 활동에 필수적이다. 종종 협력 활동의 시작을 위한 좋은 장소는 개인들과 어떻게 커뮤니케이션할 것인지에 대한 논의가 있는 곳이다. 일반적으로 잘못된 의사전달과 그것이 발생했을 때 어떻게 대처해야 하는지에 대한 논의도 포함한다. 즉 만약 커뮤니케이션에서 실수가 발생한다거나 커뮤니케이션이 잘 진행되지 않는다면 그 상황에 대해 솔직하게 논의하라. 화나거나 상처받은 감정을 어떻게 다룰 것이며, 이를 어떻게 정상으로 돌려놓을 것인가? 이러한 이슈에 대한 대화의 도입은 협력 활동에 앞서서 거의 수행되지 않지만, 효과적으로 수행된다면 협력 과정에서 매우 유용할 수 있다. 또 프로젝트 개발 초기에 프로젝트에 참여한 사람들의 이름을 어떻게 언급하고 인정할 것인가에 대하여 반드시 논의하는 것이 중요하다. 이는 프로젝트의 완성 후에 뒤따르는 의견 충돌을 감소시킬 수 있을 뿐만 아니라, 프로젝트에서의 업무 양을 적절하게 할당할 수 있도록 도와준다. 예를 들어, 만약 어떤 개인 부서가 협력해야 하는 부서 명단의 맨 위에 올라 있다면 일반적으로 그 부서는 업무의 대부분을 수행하고(하거나) 프로젝트를 이끄는 책임을 질 것이다.

글쓰기 기술

교육개발자는 교수들을 위한 교수법 자료를 요약하고 워크숍과 기관을 홍보하기 위한 프로모션 자료를 작성하고 교육기관의 정책 초안을 작성하고 추천서를 만들고 행정 보고서를 작성해야 한다. 따라서 강력한 구두 커뮤니케이션 기술에 더하여 교육개발자들에게 효과적인 글쓰기 커뮤니케이션 기술은 중요하다. 조직 안의 다양한 학과와 다양한 수준의 사람들에게 보내는 서신을 작성하는 능력은 교육개발자의 표준 직무의 일부이다. 대체로 작문은 명확하고 간결해야 하며 근거에 의해 뒷받침되어야 한다. 장문의 문서와 특수용어의 사용은 대개 환영받지 못한다. 반면 다른 교육기관이 했던 것을 인용하고, 고등교육연혁(*Chronicle of Higher Education*)의 관련 기사, 조사 연구의 요약, 관련 보고서 내용을 포함하면 교수진과 행정 관리자들 모두가 환영할 것이다. 다른 영역과 마찬가지로, 뒷받침이 되는 근거 자료를 어디서 찾을 수 있는지, 필요한 정보를 찾을 때 누가 도움을 줄 수 있는지를 알아볼 수 있는 기술은 시간이 흐르면서 향상될 것이다. 교육개발자가 생산한 결과물은 다른 사람들이 참고할 수 있는 우수한 모델이 될 것이며, 프로그램의 우수성을 보여주는 것이기도 하다. 아울러 최고의 이미지와 전문성을 보여주기 위해서는 이메일이나 웹 페이지처럼 덜 공식적인 문서 커뮤니케이션도 잘 작성하여야 하며 문법이나 철자 오류가 없어야 한다.

조직, 다중업무, 그리고 시간관리

교육개발 분야가 가지고 있는 어려움 중의 하나는 지금도 여전히 교육개발의 정체성을 확립하고 규명 중에 있다는 것이며, 다른 사람들이 잘 이해하지 못하는 경우가 많다는 것이다. 이러한 어려움은 수백 개 대학에 다양한 종류의 센터들과 중앙집권화된 활동이 생겨나고, 그에 따른 기대와 요구가 복잡하다는 결과로 나타나고 있다. 이것이 교육개발센터의 성공과 생존을 위하여 전략적 계획이 필수적인 이유 중 하나이며, 교육개발활동을 긍정적인 방향으로 나아가도록 유지하기 위해서는 다양한 기술이 필요하다는 것을 의미한다.

조직능력(organizational skill)은 일상적으로 검증될 수 있다. 교육개발자들의 하루 일상은 교수진의 교실을 방문하고, 관찰 결과를 요약하여 작성하고, 위원회 미팅에 참석하고, 외부 연구지원금 신청서의 초안을 작성하고, 향후 위원회 모임에서의 정책들을 검토하고, 워크숍을 위한 자료(음식을 주문, 명찰을 인쇄하는 것을 기억해야 하고)를 수집하는 것일 수 있다. 그러한 다양한 활동들을 조직적으로 유지하기는 어렵다고 할 수 있다. 교육개발자의 조직능력을 향상시킬 수 있는 시스템과 기술들은 이미 기업과 학계에 존재하고 있으며, 잘 작동할 수 있는 시스템을 만들어내거나 찾아내기 위하여 시간과 에너지를 투자하려는 노력은 충분한 가치가 있다.

교육개발자에게 요구되는 또 다른 기술은 '아니요'라고 적절하게 말할 수 있는 능력이다. 대부분 모든 교육개발자는 여러 가지 활동으로 매우 바쁘다. 교육개발 활동을 이끌어가는 사람들이 수행하는 주요 역할을 고려해 볼 때, 많은 요구들이 관련 위원회와 태스크 포스 활동에 대한 도움을 요청하면서 발생한다. 일부 개인들은 필요한 전문지식을 추구하고 다른 일부는 정치적인 이유로 그러한 요구를 할 것이며, 반면 다른 사람들은 마땅히 고려해야 될 사항이 실제로 그렇게 되고 있는지 확인하기를 원할 것이다. 대학의 센터나 교육개발 활동을 수립할 때 교육기관 전체가 참여할 수 있도록 하는 것이 중요하다. 그러나 매우 짧은 기간 내에 모든 곳에 참여해야 한다는 의무는 압박이 될 수 있다. 따라서 영향력을 미칠 수 있는 시간과 장소를 파악할 수 있는 지식은 교육개발자가 개발해야 할 필수적인 기술이며 달성해야 할 가장 중요한 것이 무엇인지를 매우 신속하게 결정한 후 그다음 우선순위를 수립해야 한다.

어떠한 책임을 받아들이고 거절할 것인지를 결정할 때, 최선의 균형이 필요하다는 것을 교육개발자는 염두에 두어야 한다. 교육개발자는 반드시 개별 교실을 방문하는 등 개별 교수진을 돕는 역할뿐만 아니라 교육기관 전체를 아우르는 계획과 대학 계획을 지원해야 하는 책임도 있다. 만약 교육개발자의 주요 시간을 개별 컨설팅이나 교실 수업 관찰에 할애한다면, 교수들은 매우 직접적 지원을 받게 되는 것이지만 교육개발자의 전체적인 업무 영향력은 제한적이게 된다. 반면에 만약 교수개발자가 위원회나 계획을 수립하는 그룹들과 함께 일하는 것에 많은 시간을 할애한다면, 개별 교수진과 함께 업무를 하는 시간은 감소하겠지만 교육기관 차원에는 더 많은 영향을 미칠 것이다. 만약 교육개발자가 사무실에서 교수학습 자료를 개발하는 것에 많은 시간을 할애한다면 교육기관과의 실제적인 연관성을 구축할 수 있는 시간은 감소한다. 업무에 대한 시간관리가 능숙해지면 균형 잡힌 몰입을 통해 교육기관 전체에 상당한 이익을 제공할 수 있다.

인적 자원 및 재정 자원 관리

교육개발자에게 관리와 리더십 기술은 필수적이다. 이러한 기술은 모임과 전략적 계획을 운영하는 기술을 의미하는 것일 뿐만 아니라, 팀을 관리하고 인사고과를 작성하고 예산을 균형 있게 편성하고 센터 내부의 협력 시스템을 설계하고 구성원들의 휴가

기간을 조정하는 기술을 의미한다. 또 대형센터는 많은 예산을 보유한다. 대규모 예산을 보유하는 것에 대한 교육개발자들의 즉각적인 반응은 마침내 중요하고도 좋은 일을 많이 할 수 있는 충분한 돈이 있다는 느낌일 것이다. 그러나 그 흥분은 급여가 예산의 90%를 차지하고 지원과 프로그래밍을 위해 쓰이는 돈이 매우 적다라는 것을 알게 되면 금세 사라지게 될 것이다. 많은 직원이 있는 센터에서는 직원들이 최상의 자원이기 때문에 대학 내에 있는 인적 자원 전문가를 알아가는 것이 바람직하다. 또한 관리, 리더십, 예산 기술의 개발을 위한 많은 자원은 기업 영역에서도 찾을 수 있다.

워크숍

대부분의 교육개발 활동들 중에 공통적으로 존재하는 요소가 있다면 그것은 워크숍 진행이다. 프레젠테이션 능력의 개발은 교수그룹, 때로는 센터의 디렉터, 학생들의 학습에 대한 책임이 있는 행정 관리자들에게 워크숍 주제와 관련된 이슈를 전달할 때 유용하다. 워크숍을 진행할 때의 중요한 측면은 제시되는 자료들에 대한 견고한 지식, 호감을 줄 수 있는 프레젠테이션 능력, 참가자들 간의 협력학습이나 능동적 학습형식을 부분적으로 포함하는 것이다. 많은 경우에 있어 워크숍을 수행할 수 있는 적절한 사람을 찾는 것은 워크숍의 주제만큼이나 중요하다.

교육개발자는 종종 발표자가 되는 경우가 많다. 발표자로서의 기술을 강화하기 위해 교육개발과 교수학습을 전문 주제로 하는 콘퍼런스에 참여하는 것은 가치 있는 일이다. 개발자가 흥미 있는 콘퍼런스 세션에 참여하여 세션 내용에 대해 배우는 것 이외에도 내용을 어떻게 발표하는지(청중 바라보기, 전달하는 내용에 대한 반응에 주목하기, 전달 유형)를 특히 주의 깊게 봄으로써 많은 것을 배울 수 있다. 비효과적인 프레젠테이션은 다른 사람이 더 잘 파악할 수 있다. 그러한 현상을 알아차리는 것은 다양한 청중들과 일하는 데 보다 능숙한 기술을 갖춘 발표자가 될 수 있도록 하는 메타인지 능력 개발에 도움을 준다. 콘퍼런스에 참가하여 발표 기술을 향상시키는 것 이외에도, 스피치 커뮤니케이션 분야의 교수진과 이야기하는 것 또한 유익하다. 개발자는 워크숍에 스피치 커뮤니케이션학과의 강사를 초청하여 피드백을 요청할 수도 있다. 커뮤니케이션 교수진은 교육개발자의 프레젠테이션 기술에 대한 가치 있는 피드백을 제공할 수 있을 뿐만 아니라, 이러한 경험은 교수들의 교실수업을 관찰할 때 교육개발자가 함께 공감할 수 있는 능력을 강화시켜 줄 수 있다.

교육개발자들이 발표자가 되는 것 이외에 다른 옵션이 있다. 대학 내 교수진의 전문성을 활용하여 전체 교수들을 위한 워크숍과 자원을 개발하고 제공하는 것이다. 때로는 교육개발자보다는 교수진에 의하여 워크숍이 더 많이 활성화되기도 한다. 예를 들어, 글쓰기 평가를 위한 성적 채점표에 대한 워크숍은 영어나 교육에 대한 전공지식을 가지고 있는 사람이 발표할 때 최상이 될 수 있다. 워크숍에서의 발표를 위해 다른 사람을 활용하는 것 또한 협력 모형을 만들어 보여주는 것이며, 교수진은 다른 사람을 자원으로 활용할 수 있다는 것을 배우게 된다.

이벤트를 위한 최상의 그리고 가장 적절한 발표자를 선택하는 것 이외에도 워크숍을 계획하고 실천하기 위해서는 마케팅, 음식과 다과 주문하기, 공간 찾기, 다른 많은 부분에서의 기술이 필요하다. 이처럼 워크숍은 많은 노력을 요구하기 때문에, 일반적으로 새로운 개발자라면 처음에는 워크숍을 하나나 두 가지씩 따로따로 개최하는 것이 최선이다.

결론

교육개발활동은 교육기관의 규모, 교수학습에 대한 가치 부여 수준, 센터나 중앙집권화된 활동의 규모와 범위, 개발자의 특성과 기술에 따라 대단히 다양하다. 그 결과 성공적인 교육개발자의 기술과 지식 또한 매우 다양하다. 개발자가 어디에 에너지를 쏟을 것인가는 소속 교육기관에서 필요한 것과 이용 가능한 자원에 따라 달라진다. 교육개발 기술과 지식개발을 위한 저작 활동이 탄탄해지고 있으며 온라인 자원 수집이 지속적으로 증가하고 있다. 조직 내에 있는 개인들의 재능과 지식은 자주 간과되는 교육기관의 자원이다. 교육기관의 정책과 대학에 있는 조직 독립체들을 알아가게 되면 향후 교육개발 활동을 위한 최상의 방법이 무엇인지 결정하는 데 유용하다. 시간 자원과 자금이 제한적이라는 것을 알기 때문에 개발자에게 계획과 평가는 중요하다. 협력을 통해 성취를 증가시킬 수 있으며, 효과적인 커뮤니케이션은 모든 협력활동에서 중요하다. 훌륭한 커뮤니케이션 체계는 사람들에게 교육개발 프로그램에 대해 알리고 이러한 활동을 통하여 얻을 수 있는 이익이 무엇인지 더 잘 이해할 수 있도록 도와준다. 마지막으로 교육개발자는 처음에는 사소해 보일 수 있는 절차와 프로토콜 수립의 중요성, 예산과 관련 절차에 대한 이해의 중요성을 염두에 두어야 한다. 이것은 많은 신입 교육개발자가 행정관리의 세계로 들어가는 첫 번째 모험이다.

교육개발 분야는 정밀과학이 아니며 여러분의 성공을 보장하기 위하여 적용될 수 있는 단 하나의 공식은 없다. 개발자의 효과성은 적절한 전문지식이 개발되는 만큼 일련의 기술이 증가하면서 성장할 것이다. 개발자의 기술과 지식은 시간이 흐름에 따라 성장하고 증가할 것이며, 당연히 약한 분야도 있을 것이고 강한 분야도 있을 것이다. 성공적인 개발자도 모두 초보자에서 시작한다. 그리고 교육개발 분야에서 새롭게 시작하는 사람도 성공적인 개발자처럼 소속 교육기관에 있는 교수와 다른 사람들의 삶에 긍정적인 영향을 주기 위해 이 분야에 발을 들여 놓았을 것이다.

참고문헌

Banta, T. W., & Associates. (2002). *Building a scholarship of assessment.* San Francisco: Jossey-Bass.

Boyer, E. L. (1990). *Scholarship reconsidered: Priorities of the professoriate.* Princeton, NJ: Carnegie Foundation for the Advancement of Teaching.

Bransford, J. D., Brown, A. L., & Cocking, R. R. (1999). *How people learn: Brain, mind, experience, and school.* Washington, DC: National Academy Press.

Hatch, T. (2005). *Into the classroom: Developing the scholarship of teaching and learning.* San Francisco: Jossey-Bass.

IDEA Center. (2008). Retrieved December 1, 2008, from http://www .theideacenter.org/

Jossey-Bass Publishers. (2007). *Jossey-Bass reader on the brain and learning.* San Francisco: Jossey-Bass.

Jossey-Bass Publishers. (2008). Retrieved December 1, 2008, from http://www .josseybass.com/WileyCDA/

Naylor, S. (2006, March 14). *Scholarship of teaching and learning (SoTL) potential publishing outlets.* Retrieved December 1, 2008, from http:// www.ilstu.edu/~sknaylor/sotl.htm

Stewart, D. W., Shamdasani, P. N., & Rook, D. W. (2007). *Focus groups: Theory and practice* (2nd ed.). Thousand Oaks, CA: Sage.

Stylus Publishing. (2008). Retrieved December 1, 2008, from http://www
.styluspub.com/Books/Features.aspx

Svinicki, M., & Lewis, K. (2008). *Preparing for peer observation: A guidebook.*
Retrieved December 1, 2008, from http://www.utexas.edu/academic/cte/
PeerObserve.html

7

교수개발 프로그램의 프로모션

Ed Neal & Iola Peed-Neal

프 로그램 프로모션은 복잡한 과정이며 신중한 계획과 능숙한 실천을 요구한다. 이 장에서는 대학의 투자를 확보하여 유지하고, 효과적인 프로모션 전략을 만들어내기 위해 요구되는 중요한 고려사항을 개략적으로 기술한다.

성공적인 교수개발 프로그램은 경쟁력 있는 실천가, 충분한 자원 그리고 무엇보다도 대학의 지원이 필요하다. 그러나 '지원'은 행정관리의 지지를 훨씬 넘어서는 품질로서 이해되어야만 한다. 그것은 프로그램이 대학의 문화 구조에 통합된다는 것을 의미한다. 행정관리자들은 이동하지만 대학문화는 항상 그곳에 머물러 있기 때문이다.

사람들은 일반적으로 그들이 일하는 대학의 문화를 의식하지 않고 요소 자체에만 집중한다. 교수개발 프로그램을 새롭게 시작하거나 기존 프로그램을 계속하기 위해서는 대학의 환경과 권력구조를 형성하는 가치, 가정, 신념, 사상에 대한 단서를 찾기 위하여 문화에 대한 연구가 필요하다.

대학의 문화 이해하기

만약 다른 곳에서 교수개발부서로 새로이 옮겨 왔다면, 새로운 조직문화가 여러분의 이전 기관과는 다르다는 것을 금방 알 수 있을 것이다. 규칙이나 규정이 다를 뿐만 아니라 사회 구조와 '분위기'도 다르다는 것을 느낄 것이다. 대학의 문화는 미션, 관리방식, 리더십, 교육과정, 대학의 역사, 외부와의 제휴, 지역적 위치, 동문의 영향력, 학생과 교수와의 관계 등 많은 요인들에 의해 형성된다(Austin, 1990). 그리고 문화적 차이는 이러한 대학의 다양한 특징에서 나타난다.

고등교육 문화에 대한 고전적 논문에서 Tierney(1988)는 대학의 문화를 연구하는 것은 씨족이나 마을을 연구하는 인류학자의 과제(민족지학적 활동)와 유사하다고 하였다. 비록 몇몇 교수개발자들이 민족지학자로서 훈련을 받고 있지만, 누구든지 대학의 환경에 대하여 체계적으로 관찰할 수 있고 프로그램을 프로모션하기 위해 그것을 어떻게 활용해야 하는지를 배울 수 있다.

설문조사와 요구사정 조사도구는 교수들과 그들의 선호에 대한 유용한 데이터를 제공할 수 있지만, 주변 문화에 대한 정보를 풍부하게 제공하지는 못한다. 따라서 대학의 모든 수준에 있는 개인이나 집단 내의 사람들과 대화를 해야 한다. 공적 또는 사적인 모임에서의 사람들의 반응을 관찰해야 한다. 문화에 대한 심층적인 그림을 그려내기 위해서는 메모, 정책 진술, 뉴스 기사를 읽어야 한다. 대학을 기억하게 하고, 대학의 가치와 신념을 형성하는 이야기와 사건도 알아야 한다. 이러한 목적은 대학의 규칙과 관습과 조화를 이루는 프로그램 설계를 위하여 대학이 **사회적 유기체로서** 어떻게 운영되는지에 대해 배우는 것이다. 여러분이 문화를 완벽하게 조사할 때까지 프로그램을 연기할 수는 없다. 그러나 대학에 대해 알아가는 동안 프로그램 수립을 시작할 수 있을 만큼의 일반적인 대학문화에 대하여 이미 많은 것을 알고 있다. 아래에 설명하는 논의는 소속 대학의 문화를 이해하는 데 유용한 연구문헌에서 그 개념을 선택하였다. 이러한 종류의 정보를 체계적으로 수집하는 것에 대한 제안은 108쪽의 '시장조사'에서 다루어진다.

여러분은 일반적인 대학이 갖는 환경적 특징이 무엇이라고 생각하는가? 그것은 개방적이고 지원적인가? 비공식적인가? 비인간적인가? 고도로 경쟁적이고 기업적인가? 학교의 규모와 유형을 바탕으로 환경을 추정할 수는 없다.

경쟁적이고 기업적인 환경(예 : 몇몇 대형, 사립 연구중심대학)에서 교수개발자는 제품과 서비스 '교환'을 위해 단과대학이나 학과와 협상하고 자원을 수집함에 있어 독립적인 계약자로서 일해야 한다. 동일한 행위가 다른 환경에서는 부적절하거나 매우 공격적인 것으로 인식될 수 있다.

　대학의 미션은 교육과정, 행정, 교수와 직원 그리고 의사결정자의 일상 업무에 얼마나 많은 영향을 미칠까? 사람들은 얼마나 자주 미션이나 미션과 관련된 것을 참고할까? 만약 미션이 대학의 업무에 중요한 역할을 하는 경우, 교육개발 프로그램을 미션과 연결시킨다면 프로그램의 가치와 신뢰를 쌓는 데 도움이 될 것이다. 따라서 프로모션 자료에 수록된 개별 프로그램들과 서비스들을 미션과 명확하게 결부시켜야 한다.

　대학에 정보가 어떻게 유포되는가? 중요한 정보는 누가 어떻게 퍼뜨리는가? 대형 대학은 고도로 분화되어 있고, 다른 부서 간에 효과적인 커뮤니케이션 체계를 거의 갖추지 못하고 있기 때문에 프로그램을 프로모션하는 데 막대한 어려움이 있다. 더욱이 대형 대학에 유통되는 많은 정보는 교수진들의 심각한 '정보의 과부하' 문제를 양산한다. 소규모 대학에는 일반적으로 이러한 문제는 없지만, 새로 들어온 사람은 잘 모르는 비공식적인 커뮤니케이션 채널이 있기 때문에 이를 파악하고 활용하기가 어렵다.

　리더는 누구인가? 리더십은 지위와 관련되기도 하고 지위와 관련이 없기도 하다. 공식적으로 리더십 역할을 맡지 않더라도 매우 영향력이 있는 사람이 있으며, 리더십 위치에 있는 사람들 중에도 실제 영향력이 적은 사람이 있다. 오피니언 리더는 조직 내에서 명목상의 지위를 넘어서는 권력을 행사하기도 하며, 그들의 지원 여부에 따라 새로운 교수개발 프로그램이 만들어지거나 중단될 수 있다. 따라서 중요한 행정관리자들의 지원을 확보하는 것이 교수개발 프로그램을 위해서는 필수적이지만, 오피니언 리더의 지원을 얻는 것도 중요하며 때로는 더 중요하기도 하다.

　대학 내부의 하위문화는 대학의 구조(단과대학과 학과), 소속 전공(예 : 인문학, 사회과학), 조직의 역할(예 : 학생처, 도서관, 행정)을 바탕으로 존재한다. 특정한 학문 부서의 문화는 대학의 대체적인 문화와는 극적으로 다르다. 이러한 하위부서는 교육과정, 교육 실천, 심지어(또는 특히) 물리적 공간을 '자신들만의 영역'으로 만들곤 한다(Kashner, 1990). 소규모 대학에서는 하위문화를 금방 파악할 수 있고 특이한 점을 배울 수 있지만, 수많은 단과대학, 학과, 교육과정, 대학, 센터들이 있는 대학에서는 몇 년이 소요될 수 있다. 만약 여러분이 대학 내의 특정한 지지층을 목표로 할 수 있다면 프로모션 활동이 보다 효과적일 것이다. 여러분이 수립하고자 하는 대부분의 전략은 그들이 속한 하위문화의 특징을 가능한 고려해야 한다.

마케팅 : 관계를 구축하고 유지하기

학계에서 마케팅과 홍보라는 단어는 달갑지 않은 의미를 가지곤 한다. 이는 마케팅과 홍보를 흔히 대중 매체의 제품 광고에서 볼 수 있는 과장된 주장과 결부시키기 때문이다. 그러나 많은 비영리기관의 사례를 통해 배워 왔던 것처럼, 교수개발에 마케팅 원리를 적용하는 것은 매우 성공적인 결과를 양산할 수 있다. 대부분의 교수개발자들이 정식 마케팅 학문과는 익숙하지 않기 때문에, 프로그램을 프로모션하는 데 있어 시행착오적 접근에 의존하곤 한다. 비록 마케팅 개념들이 프로모션 전략을 설계하는 데 중요하긴 하지만, 교수들은 고객이 아니라는 것을 기억해야 한다. 교수진은 동반자, 지지자, 친구이며, 궁극적으로 교수개발자의 마케팅 전략은 교수진과의 협력관계 개발에 도움을 줄 수 있어야 한다.

마케팅이라는 용어는 비즈니스문헌상에 표준 정의가 없다. 그러나 다음 정의는 핵심 개념을 정확히 담아내고 있으며, 특히 교수개발 프로그램 마케팅과 관련되어 있다. "마케팅은 개인과 조직 대상이 만족스러운 관계를 창출하고 유지하기 위한 아이디어, 상품, 서비스, 조직, 이벤트의 개념, 가격, 프로모션, 유통을 계획하고 실천하는 과정이다(Boone & Kurtz, 2005)." 다시 말해 단지 뉴스레터, 브로슈어, 웹 페이지뿐만 아니라 센터의 모든 활동과 서비스가 마케팅 전략의 일부이다.

직원과 교수진 사이의 모든 상호작용은 고객에게 좋거나 나쁜 인상을 만들 수 있는 기회이다. 만약 전화 응대하는 사람이 프로그램의 미션, 가치, 목적을 잘 모르고 직무에 신경 쓰지 않는 학생조교라면, 그는 상대방에게 매우 나쁜 인상을 남길 수 있다. 여러분의 서비스가 제품이라면, 모든 직원 구성원이 판매원이다.

분명히 교수개발자는 교수가 요구하는 것뿐만 아니라 교수가 원하는 것이 무엇인지 알아야 한다. 따라서 첫 번째 단계는 시장 분석을 수행하는 것이다. Thoreau는 "내가 받은 최상의 찬사는 누군가 내가 생각했던 것이 무엇인지 물었을 때이며, 내 대답에 주의를 기울일 때이다."라고 하였다.

시장조사

교수개발자는 대학 공동체의 요구와 관심에 대한 정확한 그림을 개발할 수 있도록 가능하면 많은 정보를 활용해야 하며, 그러한 정보를 수집하는 방법은 많이 있다. 프로그램의 결정은 신뢰할 수 있는 데이터에 기초해야 하며, 프로그램이 성공하기 위해서는 많은 정보원으로부터 정보를 확보해야 한다.

설문조사 교수개발에서 가장 널리 활용되는 시장조사 방법은 '요구사정(need as-sessment)' 또는 '관심사정(interest assessment)' 설문조사이다. 그러나 이러한 설문조사는 보통 설문 구성이 좋지 않으며, 일반적으로 너무 길다. 교수들은 너무 많은 설문에 응하고 항상 바쁘기 때문에, 회수율이 매우 낮아 신뢰할 수가 없다. 따라서 온라인이나 메일을 통해 보내는 짧은 설문도구(2~5개 질문)는 긴 설문보다 더 나은 응답률을 가질 가능성이 높다. 아래는 설문문항 구성을 위한 네 가지 간단한 규칙이다.

- 목표 설정과 프로그램 계획을 위한 필수적인 정보만을 질문하라.
- 간결하고 명확한 언어를 사용하라.
- 극단적인 어법을 피하라.
- 항상 개방형 응답을 할 수 있는 기회를 제공하라.

이벤트 평가 워크숍 평가는 교수 선호도에 대한 데이터를 수집하는 매우 대중적인 수단이다. 그러나 참가자들은 일반적으로 이벤트가 끝난 후에 서둘러 떠나기 때문에 평가지 양식을 채우는 데 많은 시간을 할애하지 못한다. 또 평가지 양식이 길면 길수록 이용 가능한 정보를 산출할 가능성이 더 낮아진다. 이벤트를 **시작할 때** 평가 양식을 배포하고 발표가 진행되는 동안 참가자들이 작성할 수 있도록 독려하면 보다 상세하고 정성스런 설문응답을 받을 수 있다.

포커스 그룹 포커스 그룹을 수행하는 것은 설문문항을 관리하는 것보다 노동집약적이고 시간 소모적이지만, 이를 통해 교수진의 요구, 욕구, 관점에 대한 심층적인 정보를 얻을 수 있다. 따라서 타깃 교수그룹과의 (한 시간 이하의) 짧고도, 잘 설계된 그룹 모임을 갖는 것은 매우 가치 있는 활동이다. 또 짧은 포커스 그룹은 교수들이 이미 모여 있는 다른 이벤트의 일부로서 수행될 수 있다. 예를 들어, 워크숍 참가자들에게 이벤트 후에 남아 몇 가지 질문에 대한 대답을 요청할 수 있다. 단과대학이나 학과 미팅은 간단한 포커스 그룹 활동 장소로 활용할 수 있다. 그러나 포커스 그룹을 진행하는 것은 보기만큼 간단하지 않다. 이 활동을 위한 좋은 핸드북은 *Focus Groups: A Practical Guide for Applied Research*이다(Krueger & Casey, 2009).

자문위원회 대부분 교수개발 프로그램은 교수자문단을 가지며, 개발자는 마케팅 정보를 위한 중요한 정보원으로 이 집단을 활용해야 한다. 어떤 의미에서는 자문위원회도 장기적인 포커스 그룹이다. 그리고 자문위원회 모임은 개발자가 다른 상황에서 조직하는 포커스 그룹과 같은 방법으로 활성화될 수 있다.

개별 인터뷰 풍부한 종류의 마케팅 정보를 수집하는 것은 오직 일대일 인터뷰를 통해 가능하다. 물론, 더 큰 공동체의 아이디어와 의견을 반영하기 위해서는 많은 인터뷰를 수행하여야 한다. 교수진과의 개인 컨설팅은 중요한 이슈에 관한 심층적인 정보를 수집할 수 있는 기회를 제공한다.

관찰 여러분이 워크숍을 수행하거나 교수 미팅에 참가하는 각각의 시간은 마케팅 이슈에 대한 정보를 수집할 수 있는 기회이다. 모임이나 다른 행사에서 교수들과 행정관리자들이 말하는 것에 대한 관찰을 기록하는 것은 주관적이 의견이 될 가능성이 높기 때문에 '영향력이 적은' 시장조사 방법이다. 따라서 동일한 환경을 같이 관찰할 수 있도록 다른 직원들을 훈련시켜야 한다.

4Ps

전통적으로 마케팅은 네 가지 기본 요소인 제품(product), 가격(price), 유통(place), 프로모션(promotion)으로 구성되어 있다. 이러한 요소는 교수학습센터의 마케팅에 매우 중요하지만, 고등교육의 맥락에서와 기업과 산업에서 의미하는 것은 차이가 있다.

제품 도서관, 병원, 대학, 교수학습센터는 물리적 **제품**보다는 서비스를 훨씬 더 많이 제공한다. 하지만 마케팅 목적에 있어서 실제적 차이는 없다. 여러분이 제공하는 서비스로부터 고객들이 원하는 것이 무엇인지, 고객 부담 비용을 고려해 볼 때 서비스를 어떻게 활용할 것인지를 알아야 한다. 물론 가끔은 적어도 그들이 가치를 이해할 때까지는 구매를 원하지 않는 서비스를 그들에게 '판매'해야 하기도 한다.

가격 컴퓨터나 감자와 같은 제품을 판매함에 있어 가격은 마케팅 전략에서 매우 중요한 요소이다. 그러나 일반적으로 우리는 서비스를 무료로 제공하기 때문에 가격과 교수개발 마케팅은 무관한 것으로 보일 수 있다. 그러나 고등교육에서의 일반적인 원칙은 시간이 교수들에게 가장 가치 있는 상품이라는 것이다. 따라서 교수들이 우리의 서비스를 이용하는 데 할애하는 시간은 우리의 고객들에게는 매우 실제적 비용이다. 워크숍에 참석하거나 뉴스레터를 읽는 것은 다른 일을 할 수 있는 시간을 할애하는 것이다. 연구중심대학에서의 보상시스템은 교육보다 연구나 연구 수주에 기울어져 있기 때문에 거의 모든 교수개발 활동에 할애되는 '시간 비용'은 높다. 교육에 중점을 둔 대학에서는 고객 부담 비용은 더 낮고 심지어 교수들에게 좋은 투자로서 인식된다. 하지만 여기에서도 교수개발은 여전히 '무료'가 아니다. 수업계획, 과목개발 또는 학생들에 대한 조언을 위해 사용할 수 있는 시간을 할애하는 것이다. 교수들은 지불하는 가격만큼의 가치를 기대할 수 있는 권리가 있으며, 교수개발자는 '가격표'에 민감해야 한다. 빈도는 낮지만 균일한 고품질의 워크숍과 프로그램을 제공하는 것이 품질이 고르지 못한 서비스를 과잉 공급하는 것보다 낫다.

가격표에 대한 민감성의 좋은 예는 센트럴미시간대학교의 Todd Zakrajsek이 고안한 '5분 워크숍'이다. 이 워크숍은 단지 5분 동안 몇 가지 기본적인 개념을 매우 빠르게 가르치도록 설계된 워크숍으로, 학과 미팅이나 다른 교수들이 모여 있는 곳에서 최소한의 비용으로 진행될 수 있다. 그 후에 그들의 관심을 자극하여 그 주제를 구매하는 것에 더 많은 '비용'을 지불할 준비를 하게 되며, 더 많은 정보를 더 자주 찾게 된다(Zakrajsek, 2003, sec.10).

유통 제품이 판매되거나 서비스가 제공되는 물리적 공간은 마케팅 '믹스'에서 중요한 고려사항이다. 프로그램의 위치, 배치, 심지어 인테리어 장식은 그것에 대한 교수들의 느낌과 서비스에 대한 편의감에 영향을 미친다. 물리적 외향은 중요한 학술 활동이 일어나고 있다는 인상을 전달해야 하고, 따뜻하고 환영적인 분위기여야 한다. 교수들은 그런 곳에서 시간을 보내기를 원할 것이며, 빨리 접근할 수 있기를 원할 것이다. 대학의 중앙에 위치한 교수학습센터 사무실은 대학의 행정이 교수개발에 대한 투자를 가치 있게 여긴다는 것을 천명하는 것이다. 이는 일반적으로 대학공동체 구성원들이 센터를 중요하게 인식하는 데 영향을 주며, 이러한 인식은 프로그램 마케팅을 위해서도 중요하다.

프로모션　이 용어는 여러분이 타깃 청중에 도달하기 위해 사용하는 수단을 나타낸다. 여러분이 프로그램개발을 위한 전략적 계획을 가지고 있어야 하는 것처럼, 여러분은 대학문화를 고려한 프로그램 프로모션 계획을 창출해야 한다. 다음 질문은 그러한 계획 수립을 위하여 유용하다.

누가 타깃청중인가?　만약 여러분이 새로운 프로그램을 수립하고 있다면 여러분은 이용 가능한 가장 빠른 수단을 활용하여 가능한 많은 교수들에게 제공하려는 충동에 빠질 것이다. 그러나 이러한 무차별적 접근은 자원투자 대비 많은 수익을 제공하지 않으며 메시지를 받는 사람에게는 과부하가(짜증나게 하고) 될 수도 있다. 처음에는 프로그램의 목적에 호의적인 경향을 가진 타깃 그룹에게 집중하기를 원할 것이다. 예를 들어, 신임교수와 대학원생은 효과적으로 가르치는 방법에 대해 배우는 것에 열정적이다. 그러나 특정한 타깃 그룹에만 집중하는 경우 교수학습센터는 조교들을 위한 프로그램만 제공한다는 고정관념이 형성될 위험성이 있다. 따라서 하나 또는 2개의 타깃 모집단에 집중하는 프로그램은 단기적인 전략이 되어야 한다. 정교화된 마케팅 계획을 통해 여러 상이한 타깃 집단을 밝혀내고 그들 각각을 위한 여러 다른 종류의 커뮤니케이션 전략을 개발해야 한다.

청중들에게 프로그램의 어떤 특징과 혜택을 전달하기를 원하는가?　예를 들어, 만약 티칭서클 프로그램의 대상으로 신임교수를 목표로 한다면, 프로모션 메시지는 프로그램에 대해 기술하는 것뿐만 아니라, "이 프로그램의 참가자는 학생학습 그룹을 어떻게 효과적으로 조직하고 운영하는지를 배울 것이다."와 같이 참가자들이 얻을 수 있는 이익을 열거해야 한다. 교수개발 프로그램이 제공하는 이익은 모든 자료를 통해 대대적으로 명확히 전달되어야 하며, 특히 교수개발 프로그램의 미션에 포함하여야 한다. 마케터들은 조직의 '가치 제안'의 중요성을 강조한다. 조직의 가치제안은 프로그램이 어떤 역할을 하고, 해당 프로그램이 고객에게 왜 중요한지를 나타내는 것이다. 가치 제안은 여러분의 미션에 명확하게 제시되어야 한다. 만약 미션이 너무 요란스럽고 모호하다면 프로모션 도구로서는 쓸모가 없다.

개인이 가장 잘 반응하는 커뮤니케이션 매체 또는 방법은 무엇인가? 이러한 질문에 대답하기 위해서는 타깃 그룹의 특징을 조사하고 소속 대학에서 커뮤니케이션을 좌우하는 문화적 요인들을 이해해야 한다. 몇몇 대학은 가장 중요한 정보를 전달하기 위하여 편지, 메모, 공지와 같은 '인쇄'문화를 여전히 활용하고 있다. 다른 대학들이 대부분 인터넷 커뮤니케이션으로 거의 완전하게 옮겨 간 것에 반해 특정 학과는 여전히 인쇄물을 주로 활용한다.

상이한 전략은 언제 적용할 수 있을까? 자료 배포, 온라인 자원과 공지사항의 등록은 학기나 학사일정의 흐름에 맞추어 시기를 조절해야 한다. 워크숍과 이벤트는 가장 많이 참석할 수 있는 시간으로 일정을 정해야 한다. 이러한 사항은 상식적이면서도 간단한 고려사항이지만 장기적인 계획이 필요하다.

프로모션 프로그램을 누가 관리할 것인가? 누군가는 반드시 프로모션 자료와 프로모션 활동들이 전체적인 계획과 연계되어 설계되고 전달되는지를 감독해야 한다. 소규모의 교수개발 프로그램은 일반적으로 디렉터가 이러한 책임을 갖는다. 반면 대규모 센터에서는 디렉터가 설계, 분위기, 전달 방법의 표준을 설정하고, 센터의 직원들이 보통 프로모션을 관리할 수 있다.

전략의 효과성을 어떻게 평가할 것인가? 대형 대학의 교수개발자가 전체 교수들에게 곧 진행될 이벤트에 대하여 공지한 후 19개 학과의 문서 수발실을 한번 순회하였다. 놀랍게도 그는 문서 수발실 휴지통에 버려진 다수의 공지문을 발견하였다. 모든 프로모션 계획에는 각각의 요소를 어떻게 평가할지에 대한 규정이 반드시 포함되어야 한다. 그렇지 않으면 별로 효과가 없는 전략들에 자원을 낭비할 위험이 있다. 전략의 효과성을 평가하기 위해서는 각각의 전략에 대하여 프로모션을 위한 타깃 청중, 제공되는 프로그램의 품질, 투자 대비 이익에 비례한 비용 등 세 가지 측면을 조사해야 한다.

얼마나 많은 타깃 청중이 실제 참여할 것인가? 응답률이 낮다고 하여 반드시 타깃 청중이 초청장을 받는 것에 실패했다는 것을 의미하는 것은 물론 아니다. 활동이 그들과 관련이 없거나 일정이 겹칠 수도 있고, 이전에 센터와의 상호작용에 실망했을 수도 있다. 그 원인(들)을 파악하는 것은 프로모션 전략을 재규정하고 전체적인 프로그램의 성공을 위해 중요하다. 따라서 활동에 대한 평가 양식에 품질이나 유용성에 대한 질문 이외에 참가자들이 그것에 대해 어떻게 알았는지에 대한 질문을 포함해야 한다.

저비용 전략을 활용하여 동일한 효과를 얻을 수 있는가? 만약 모든 교수에게 이벤트나 활동에 대한 개별적인 초청장을 보낸다고 한다면 비용은 중요하다. 따라서 이러한 전략은 만약 성공했을 경우 참가자가 얼마나 증가할 것인가에 대한 측면에서 신중하게 조사하여야 한다.

설득의 원리

Cialdini는 설득의 심리학(*Influence: the Psychology of Persuasion*, 1993)에서 광고회사나 마케터들이 고객 행동에 영향을 주기 위해 활용하는 규범적 행동사례를 제시하였다. 이러한 원리는 어느 정도 밀접한 연관성을 갖고 있기 때문에 교수개발 프로그램의 프로모션에 효과가 있다.

보답 인간은 호의를 갚도록 '프로그램되어' 있다. 자선단체들이 자선을 호소하는 편지 안에 무료 어드레스 스티커와 인사장을 보내는 이유는 보답(reciprocation)의 특성 때문이다. 그들은 사람들이 무료로 제공하는 선물을 받으면 선물의 크기와 상관없이 기부금을 보내는 가능성이 높아진다는 것을 확인했다. 교수개발에서도 우리는 종종 이벤트에서 음식을 제공하며, 참가자들이 이러한 '선물'에 감사해하고 보통 평가에 음식의 품질에 대하여 언급하기도 한다는 것을 알고 있다. 로고가 적혀 있는 무료 플래시 드라이버나 캔버스 토트백을 워크숍 참가자들에게 제공하는 것은 참가자들이 이러한 호의에 보답하고 프로그램을 지원하도록 책임의식을 촉진할 수 있다. 부가적으로 로고가 적혀있는 선물은 다른 교수들에게 프로그램 명칭을 광고할 수도 있다.

약속과 일관성 서면약속이나 구두약속은 행동에 대한 강력한 영향력을 행사한다. 사람들은 그들의 약속(commitment)을 이행하려는 경향이 있기 때문이다. 더욱이 약속을 하면 그것을 '올바른 행위'로 간주하고 그 약속을 지키려고 한다. 교수개발에서 이 원칙에 따라 몇 가지 기법을 활용할 수 있다. 워크숍과 다른 교수개발 이벤트의 사전 등록은 일반적으로 등록자들을 반드시 나타나게 해주며, 특히 참석하기로 '약속'했다는 것을 일깨워 주는 이메일과 같은 후속조치가 있다면 더 효과가 있을 것이다. 사람들이 센터의 서비스를 한 번 이용하기 시작하면 그들이 계속 이용하게 만들 수 있는 기회를 잡을 수 있다.

사회적 증거 사람들은 다른 사람이 어떤 행동을 하는 것을 보면 주어진 행동을 '옳은' 것이라고 간주하는 경향이 있다. 만약 여러분이 보도에 서서 위쪽을 뚫어져라 바라보고 있으면 곧 지나가는 모든 사람이 똑같이 행동할 것이다. 같은 방법으로 교수들도 만약 동료가 이벤트에 참여하거나 과거에 참여했다는 것을 안다면 이벤트에 참석할 가능성이 더 많아질 것이다. 이 원칙을 이용한 두 가지 전략은 웹 사이트에 프로그램 참가자의 후기를 게재하거나 짧은 비디오 인터뷰를 등록하는 것이다.

호감 만약 우리가 좋아하는 누군가가 우리에게 어떤 것을 하라고 하면 그렇게 할 가능성이 많다. 우리는 자신과 비슷한 사람을 좋아하는 경향이 있다. 이러한 경향은 교수개발자가 교수들과 같은 일상적 요소를 함께 공유하고 있다는 것을 말해 줌으로써 교수들과 비슷하다는 것을 강조해야 하는 좋은 이유이다. 이러한 기법은 만약 교수개발자가 교과목을 가르치거나 연구나 논문을 수행하고 있다면 훨씬 더 쉽다. 만약 이러한 경우가 아니라 하더라도 이전 수업이나 연구 경험을 이야기할 수 있다.

권위 이 원리의 극단적인 예는 'Milgram Study'(Milgram, 1974)이다. 몇 년 전, 주요 연구중심대학의 예술과학 대학 학장이 승진과 정년보장 결정에 있어 "교수 효과성을 고려해야 한다."고 단순히 제안하였다. 하지만 그러한 언급은 즉각적으로 모든 학과의 정년 심사위원회에 영향을 미쳤다. 만약 그러한 위상을 가진 권위자가 여러분의 프로그램을 공개적으로 지지하고 참여를 권장한다면 여러분은 곧 유익한 효과를 보게 될 것이다.

희소성 "기회는 이용 가능성이 제한적일 때 더욱 가치 있는 것으로 보인다(Cialdini,

1993)." 이 원리는 만약 우리가 기회를 잃는다면, '손해를 본다'는 잠재적인 손실에 대한 인간의 두려움과 관련되어 있다. 우리는 다양한 방법으로 교수개발에서 이 원리를 활용할 수 있다. 예를 들어, 사전등록 설정 인원이 거의 마감될 무렵에 이벤트 등록을 마감하고 "이 워크숍 등록은 마감되었습니다. 대기자 명단에 등록하고자 한다면 연락하세요."라는 공지를 하거나, 모든 행사의 광고에 "행사 공간이 제한되어 있으니 사전 예약을 하세요."라는 경고를 포함하는 것은 좋은 아이디어이다. 교수개발 활동을 위한 소규모의 연구보조금 지급을 공지할 때는 오직 몇 건의 연구보조금만이 이용 가능함을 강조하여야 한다. 이러한 전략을 통해 많은 신청서를 받을 수 있으며, 그중에서 가장 튼실한 제안서를 선택할 수 있다.

프로모션 방법

일반적 원리들 '현대 광고의 아버지' 데이비드 오길비는 "만약 사람들이 무언가를 하도록 또는 무언가를 사도록 설득하고자 한다면 당신은 그들이 생각하는 언어, 그들의 언어를 사용해야 한다(Higgins, 1990)."고 하였다. 항상 '학문적' 커뮤니케이션으로서 교수가 이해하고 알아볼 수 있는 언어를 사용해야 하며, 전문용어나 신조어는 반드시 피해야 한다. 예를 들어, '가상 학습 공간', '콘텐츠 공급자', '학습 객체'와 같은 용어들은 대학 교수들에게 아직까지는 널리 확산이 되지 않은 단어이다. 만약 특별한 용어를 반드시 써야 한다면, 그것이 무엇을 의미하는지 교수들이 알 수 있도록 단어의 뜻을 분명하게 정의해 주어야 한다.

프로그램이나 센터에서 발표하는 모든 커뮤니케이션의 품질을 면밀히 추적 관찰해야 한다. 교수들은 형편없는 글쓰기에 대해서는 매우 비판적이다. 세련되지 못한 서투른 어법, 철자 오기, 오타는 프로그램 신뢰도에 손상을 줄 것이다. 또 인쇄 자료의 양식, 명료성, 다른 유형의 오류를 두 번, 세 번 확인해야 한다.

프로그램의 특별한 로고를 개발하는 데 시간과 비용을 쓰는 것은 아마도 필요하지 않을 수 있다. 하지만 반드시 자료의 외양이나 양식을 독특하면서도 조직적이고, 일관성 있게 만들어야 한다. 청중들이 가치 있는 자료와 정크 메일을 쉽게 구분할 수 있도록 모든 전자 커뮤니케이션과 인쇄 커뮤니케이션에 일관성 있는 색상 팔레트를 사용하여야 한다. 많은 대학에 디자인학과가 있으므로 낮은 비용으로 이러한 서비스를 수행할 수 있을 것이다.

여러분이 지원하는 모든 협력 사업의 프로모션 자료, 광고물, 유인물에 교수학습센터가 기여하고 있다는 것을 언급되도록 해야 한다. 해당 웹 사이트에 교수학습센터나 프로그램의 웹 사이트에 연결되는 링크를 포함할 수도 있다. 최대한 여러분이 인식될 수 있는 행동을 하지 않으면, 그저 익명으로 남아 있을 수밖에 없다.

온라인 도구 오늘날 웹 사이트, 이메일, 전자메일 목록은 프로모션을 위한 중요한 도구들이다. 따라서 프로모션 프로그램에 온라인 도구들을 어떻게 전략적으로, 전술적으로 활용할 것인지를 고려해야 한다. 대부분의 대형 대학은 웹 디자인 서비스를 제공하는 테크니컬 사무실이 있으므로, 가장 효과적으로 이러한 서비스를 활용하기 위해서는 여러분이 무엇을 원하는지를 그들에게 알려 주어야 한다.

프로그램 웹 사이트 첫째, 가능하면 사이트를 단순하면서 어지럽지 않고 기능적으로 만들어야 한다. 교수들이 정보를 빨리 찾을 수 있도록 쉽게 만들어야 한다. 내비게이션 바와 버튼을 통해 홈페이지나 메인 메뉴에 쉽게 돌아올 수 있도록 만들어야 한다. 이렇게 하면 브라우징을 활성화할 수 있다. 복잡한 드롭다운 메뉴를 피해야 한다. 대신 해당 페이지에 목록 메뉴를 제공하는 것이 좋다. 웹 사이트 이용자가 사이트를 이용할 때 그들이 어디에 있으며 사이트 어디까지 깊이 들어갔는지 정확하고 명확하게 알 수 있도록 해야 한다. 페이지마다 명확하게 이름을 붙이고, 웹 사이트 상단에 정보를 추적할 수 있는 것을 제공해야 한다. 예를 들면 아래와 같다.

홈 → 워크숍 → 가을 일정

웹 페이지에서 빠른 속도로 다운로드받을 수 있도록 해야 한다. PDF는 이용자들이 온라인상에서 읽는 콘텐츠가 아니라 다운로드하거나 인쇄하기를 기대하는 콘텐츠인 경우에만 활용해야 한다. 독자들이 이용하는 운영시스템과 브라우저상에서 웹 사이트의 접속성과 가독성을 점검해야 한다. 또 사이트는 미국 장애인보호법(ADA)을 준수해야 한다. 예를 들어, 시각적 손상을 대비하여 그래픽 요소의 대안으로 텍스트를 제공하고, 색맹인 독자들이 밝은 배경에서 읽을 수 있도록 텍스트는 어두운 색을 선택해야 한다.

문단 띄어쓰기, 소제목 등이 없는 긴 텍스트 섹션은 피해야 한다. 그리고 텍스트의 블록은 넓게 하지 말고 좁게 해야 한다. 여러분이 소리치는 것처럼 보이게 만드는 큰 폰트, 브라우저 설정을 조정하지 않으면 읽을 수 없는 작은 폰트는 피해야 한다.

아마도 디자인은 소속 대학의 웹 디자인 특징과 일치해야 할 것이다. 하지만 이러한 제약 안에서도 따뜻하고 환영적인 분위기의 사이트를 만들도록 해야 한다. 만약 색상을 선택할 수 있다면 강렬한 색상보다는 파스텔 색상이 보기 좋으며 더 친근하다. 화려한 그래픽, 애니메이션, 움직이는 이미지는 집중을 방해하며 일반적으로 사이트 로딩을 느리게 만든다. 또 팝업과 오디오 루프는 사람들을 짜증 나게 하고 독자들을 산만하게 하므로 피해야 한다. 이용자들이 비디오 후기를 등록할 수 있도록 해야 하며, 이용자들이 메시지를 삭제하거나 비디오를 조정할 수 있는 기능을 제공해 주어야 한다.

홈페이지 템플릿을 만든 후에 그것을 컬러인쇄하여 벽에 거꾸로 고정시키고 잠시 동안 눈을 감았다가 인쇄된 템플릿을 보아라. 당신이 처음 보는 이미지는 이용자들이 처음 보는 동일한 이미지이다. 만약 이용자들을 집중하게 하고자 했던 의도대로 되지 않았다면 디자인을 변경해야 한다. 만약 두드러지는 페이지가 없다면 사이트의 구성이나 내비게이션이 실패했다는 것을 의미한다. 이때는 사이트를 재설계하고 결과에 만족할 때까지 실험을 반복해야 한다.

웹 사이트에서 교수들이 가치 있게 여기는 가장 중요한 요인은 콘텐츠이다. 따라서 웹 사이트에는 교수가 실제적으로 사용할 수 있는 자원과 도구들이 반드시 포함되어 있어야 한다. 자체적인 자원을 개발하기 전까지는 유사한 대학의 다른 교수개발 프로그램이 온라인으로 등록해 놓은 자료들의 링크를 제공해야 한다. 워크숍과 컨설팅에서 교수들이 요구하는 정보가 무엇인지 계속해서 파악하고 가장 언급이 많은 요구사항에 대한 목록을 만들어야 한다. 이후 이러한 요구를 충족하는 자료를 만들고 웹 사이트에 등록하여야 한다. 웹 사이트에 수업계획서와 교육활동(예 : 그룹 활동, 성적등급 정책, 페이퍼 과제, 성적채점표)에 대한 기록을 등록할 수 있도록 교수에게 허락을 구하여야 한다. 만약 인쇄비용을 절감하기 위하여 자료를 등록하고자 한다면 해당 인쇄 자료(모노그래프, 뉴스레터, 워크숍 유인물)가 웹 사이트에 포스팅 하기에 적절한지 검토해야 한다.

가능한 한 자주 사이트를 업데이트하고 각 페이지에 최근 업네이트한 일자를 등록

해야 한다. 만약 사이트가 다른 사이트와 링크되어 있다면 여전히 기능하고 있는지 매주 점검해야 한다. 이러한 업무를 자동으로 수행할 수 있는 소프트웨어도 있다.

이메일 주소 등 이용자들이 사이트에 대한 피드백을 줄 수 있는 방법을 제공해야 한다. 기술적 문제를 보고할 수 있도록 웹마스터에게 연락할 수 있는 링크와 프로그램과 서비스를 요구하기 위해 연락할 수 있는 링크 등 두 가지의 링크를 제공해야 한다.

소속 대학의 홈페이지에 센터의 프로그램을 링크시킬 수 있는 최상의 장소를 확보해야 한다. 만약 새로운 교수자가 프로그램 웹 사이트를 찾기를 원한다면, 그들은 아마도 대학 홈페이지에서 검색을 시작할 것이다. 따라서 교수개발 프로그램은 교수자들이 주로 방문하는 각각의 메뉴에 노출되어야 한다.

관련 동종 부서(예 : 글쓰기 센터, 리더십 프로그램, 대학원생 센터, 박사 후 과정 사무실)로 연결되는 웹 사이트 링크는 교수들에게 유용하다. 넓은 의미에서 교수개발로 가는 관문으로 교수학습센터의 명성을 구축해 줄 수 있다.

이용자의 정보 추적은 사이트 효과성을 평가하기 위하여 매우 중요하다. 방문 수와 이용자들이 로그인한 후 머무는 시간은 교수들의 사이트 이용성을 가늠하는 대략적인 척도를 제공한다. 대학 내부 이용자뿐만 아니라 외부 이용자의 방문은 소속 대학을 넘어 프로그램의 외부 영향력을 가늠할 수 있는 중요한 척도이다.

전자메일 목록 소속 대학의 이메일 발송 도구의 기능과 익숙해지고, 프로모션에 따른 커뮤니케이션 종류에 맞추어 메일 목록을 설정하여야 한다. 먼저 프로그램에 흥미를 가진 교수자들의 전자메일 명단을 만드는 것으로 시작하는 것이 좋다. 하지만 허락 없이 워크숍 참가자 명단을 만들어서는 안 되며, 수신자가 원한다면 쉽게 탈퇴할 수 있도록 만들어야 한다. 대부분의 전자메일 목록 소프트웨어는 메시지 템플릿 아래에 수신자를 알리는 라인과 구독을 하지 않을 수 있는 링크를 포함한다. 본래의 의도를 넘어 다른 목적으로 명단을 오용해서는 안 된다. 그렇지 않으면 구독자들은 짜증 날 것이다.

타깃 이메일 일부의 청중을 목표로 작성된 메시지가 있는 이메일을 대량으로 보내서는 안 된다. 만약 대학원생 강사 대상의 프로그램을 프로모션하고자 한다면 대학원생 강사들, 대학원 학과 디렉터, 대학원생 학생회에게 직접 보내야 한다.

인쇄 자료 브로슈어, 리플릿, 뉴스레터와 모노그래프는 대부분 교수개발 프로그램에서 주된 홍보 도구이다. 그러나 인쇄는 비용이 많이 들어가므로 비용에 따른 인쇄자료의 영향력을 확인해야 한다.

브로슈어 센터, 미션, 연락정보, 정책, 기본적인 교수개발 기회를 단순하고 명확한 방법으로 브로슈어에 기술해야 한다. 교수들이 흥미 있는 프로그램을 찾고자 브로슈어를 오랜 시간 동안 가지고 있을 것이라는 가정하에 브로슈어를 만들어야 한다. 무거운 종이 원단을 사용하고 웹 사이트나 다른 홍보 자료들과 연계된 색상을 사용하는 것은 브로슈어 안의 정보가 지속적인 가치를 가지고 있다는 메시지를 강화할 수 있다. 브로슈어 발행 몇 년 후 해당 서비스에 대한 요구를 받지 않기 위해서는 특정한 시간이 정해져 있거나 시간 제한이 있는 프로그램이나 서비스는 생략해야 한다.

뉴스레터 뉴스레터의 호소력이나 이용 가능성은 전체 대학에 따라 매우 다양하다. 프로그램이 단지 교수개발을 위한 기회로 제공되는 소규모 대학에서의 뉴스레터는 여러분이 단독으로 또는 제휴 기관(교수회, 학생회, 학생지원 서비스 등)과 협력으로 제공하는 새로운 프로그램, 서비스, 워크숍을 공지할 수 있는 효과적인 도구가 될 수 있다. 여러분의 프로그램이 다수의 교수개발 계획 중의 하나가 될 수 있는 대형 대학에서의 뉴스레터는 교수들이 이용할 수 있는 다양한 지원에 대한 지식과 대학의 결속력을 홍보할 수 있는 도구로서 보다 효과적일 수 있다. 대학의 규모와 상관없이 만약 교수들에게 교통비나 등록비를 보조할 수 있는 재원을 가지고 있다면, 뉴스레터는 지방, 지역, 전국 콘퍼런스의 교수들에게 알릴 수 있는 좋은 방법이다.

모노그래프 효과적인 교수 기법에 관한 짧은 모노그래프는 교수개발 이벤트에 참석하려는 의향이나 시간이 없는 교수들에게 아이디어를 소개할 수 있는 이상적인 방법이다. 연구에 바탕을 둔 모노그래프는 결과를 신중하게 받아들여야 하는 교수들을 설득할 때 특히 효과적이다. 실천에 바탕을 둔 모노그래프는 명성이 있고 존경받는 교수가 공동으로 집필했을 때 가장 가치가 있다.

개인 접촉(구전) 사회적 관계는 조직을 결합시키는 접합제이고, 개인적인 접촉은 교수개발 프로그램을 홍보할 수 있는 최상의 방법이다. 교수들과 행정관리자들과의 사회적 관계 구축을 통해 무엇이 그들에게 매력적이고 그렇지 않은지 알 수 있다. 처음 만났을 때 그 사람을 기억할 수 있는 것이 무엇인지 파악해야 한다. 이상적이지만 그들의 전문적인 활동, 관심사, 흥미나 서비스 과제에 있어서 독특한 특성이 무엇인지 알아야 한다. 자신과의 유사한 점을 공유하면서도 대화에서의 일정한 거리를 유지해야 한다. 사람들과 이야기할 때 대학과 하부집단의 문화에 대해 여러분이 알고 있는 것과 그들의 정보가 얼마나 일치하고 대조되는지를 항상 마음속에 간직해야 한다.

교수들(특히 새롭게 고용된)을 위한 상견례 리셉션을 개최하는 것은 센터의 직원들과 교수들이 서로 친숙해지는 데 유용하다. 직원들은 교수들과 관계를 구축하고, 개인적 요구에 대해 더 잘 알고, 센터가 그들을 어떻게 도울지를 보여줄 수 있다. 그러한 행사는 동료를 만나고 잠재적으로 장기적인 가치가 있는 사회적 관계를 구축해 나가야 하는 새로운 교수들에게도 유용하다.

구전 홍보는 아마도 가장 최상의 전략일 수 있지만 통제가 쉬운 도구는 아니다. 매우 높은 품질의 프로그램과 서비스를 제공하면 틀림없이 대학에 긍정적인 '소문(buzz)'이 나겠지만, 좋은 뉴스보다 나쁜 뉴스가 더 빨리 돌기 때문에 품질 관리에 만전을 기해야 한다.

결론

교수개발 프로그램을 프로모션하는 것은 많은 실천자들이 인식하는 것보다도 대단히 복잡하고 어려운 활동이다. 만약 프로모션 활동이 문화와 조화되지 않는다면 가장 왕성한 프로모션 활동일지라도 실패할 수 있다. 프로모션 활동을 위해 이러한 문화(그리고 하위문화)를 이해하고 연구하기 위해서는 많은 시간과 에너지가 필요하다. 하지만 이렇게 획득된 지식은 프로그램의 성공을 위하여 없어서는 안 될 필수적인 것이다. 교수진과 행정관리자들이 이해하고 허용할 수 있도록 교수개발 프로그램을 보여주고, 구축된 채널을 통해 적절한 언어로 그들과 커뮤니케이션하고, 여러분의 프로그램이 대학의 목적과 가치, 기대와 조화를 이루고 있다는 것을 보여줄 수 있어야 한다. 여러분의 프로그램을 성공적으로 프로모션하고 그것을 대학에 안착시키는 것은 본질적으로 동일한 과정이다.

참고문헌

Austin, A. E. (1990). Faculty cultures, faculty values. In W. G. Tierney (Ed.), *New directions for institutional research, no 68. Assessing academic climates and cultures* (pp. 61–86). San Francisco: Jossey-Bass.

Boone, L. E., & Kurtz, D. L. (2005). *Contemporary marketing.* Mason, OH: Thompson South-Western.

Cialdini, R. (1993). *Influence: The psychology of persuasion.* New York: William Morrow.

Higgins, D. (1990). *The art of writing advertising: Conversations with masters of the craft.* Lincolnwood, IL: NTC Business Books.

Kashner, J. B. (1990). Changing the corporate culture. In D. W. Steeples (Ed.), *New directions for higher education, no. 71. Managing change in higher education* (pp. 19–28). San Francisco: Jossey-Bass.

Krueger, R. A., & Casey, M. A. (2009). *Focus groups: A practical guide for applied research.* (4th ed.). Thousand Oaks, CA: Sage.

Milgram, S. (1974). *Obedience to authority: An experimental view.* New York: Harper & Row.

Tierney, W. (1988). Organizational culture in higher education. *Journal of Higher Education, 59*(1), 2–21.

Zakrajsek, T. (2003). The five-minute workshop. *Innovation ideas from POD participants.* Retrieved October 20, 2008, from http://www.wku.edu/teaching/db/podbi/main.php

8

교수개발 프로그램과
활동을 위한 실제적인 제언

Donna E. Ellis & Leslie Ortquist-Ahrens

여 러분의 소속 대학이 교수개발지원을 위하여 교수학습센터를 설치하거나, 또는 단일 교수를 하나의 소관 분야로서 담당하도록 배치하든, 여러분은 교수진, 시간강사들, 대학원조교들을 위한 효과적인 프로그래밍을 취사선택하여 수행할 수 있다. 처음에는 그 가능성들에 대응하기 힘들다고 느껴질 수 있다. 그러나 여러분의 권한과 이용 가능한 자원을 고려하여 우선순위를 정할 수 있다. 환경이 어떻든지 간에 여러분 자신, 위원회, 센터의 직원들은 그 이상의 더 많은 잠재적인 인적 자원을 가지고 있다는 것을 고려해야 한다. 사실, 교수개발에 대한 최근의 연구는 현시대를 '네트워크의 시대'라고 불러 왔다. 이는 교수개발이 오직 협력과 동반관계를 통하여 요구와 기대를 충족시킬 가능성이 있다는 것이다(Sorcinelli, Austin, Eddy, & Beach, 2006). 여러분이 제공하기 위해 선택한 프로그램과 활동이 무엇이든 간에 여러분의 잠재적인 고객은 프로그램의 설계와 실천에 있어 도움을 줄 수 있다(Wilhite, Lunde, & Latta, 2000). 이 외에도 교육 테크놀로지, 도서관, 학생서비스센터, 서비스러닝, 장애학생지원과 같은 다른 부서도 여러분을 도울 수 있다. 이러한 가치 있는 자원은 부가적인 전문성을 제공할 수 있으며 프로그래밍이 미치는 범위와 실제적 참가자를 증가시킬 수 있다.

이 장에서는 저자의 소속대학인 워털루대학교와 오터바인대학에서 유용한 것이라고 확인된 아이디어를 제안한다. 워털루대학교는 연구중심의 대형 종합대학으로 21명의 직원이 있는 센터, 부총장과 교수들로 구성된 자문위원회가 있다. 오터바인대학은 소형 사립 종합, 학부중심대학으로 교과목을 담당하는 한 사람의 교수진과 적극적인 교수개발위원회를 통해 장기간 잘 운영되었다. 지금은 전임디렉터가 있는 신생 교육센터이다. 워털루대학교와 같이 오터바인대학의 센터 또한 자문위원회를 가지고 있으며 교무처를 관장하는 부총장에게 보고한다. 우리의 제안은 이미 북미의 수많은 대학에서 실천하고 있다.

교수개발 프로그램과 교수개발 활동을 위한 옵션

모든 가능한 프로그래밍을 언급하기보다는, 여기서는 일회성 이벤트 또는 지속형 프로그래밍으로 교수개발 프로그램과 활동을 구분하여 선정하였다. 어떤 옵션은 두 가지 모두에 속하기 때문에 범주가 완벽하게 분리되는 것은 아니다. 여러분이 작성한 프로그램들을 검토할 때 무엇이 소속 대학의 요구와 문화에 가장 도움이 되고 센터나 프로그램이 가지고 있는 권한 내에서 수행할 수 있는지 고려해야 한다. 다양한 프로그래밍의 제공을 통해 고객들의 상이한 요구를 존중해 줄 수 있다. 그러나 여러분은 너무 많은 것을 너무 빠르게 시도해서는 안 된다. 대신 목적의식이 풍부한 프로그래밍이 되도록 만들어 가는 것을 목표로 삼아야 한다.

일회성 이벤트

비록 개별 부서나 부서와 관련되어 있는 소규모 집단에 따라 프로그램들이 축소될 수 있긴 하지만 여기에 서술되는 옵션은 전체 대학공동체에서 활용할 수 있다. 많은 프로그램은 대규모의 지속형 프로그래밍의 일부라기보다는 독자적 행사이다. 그러나 연례 콘퍼런스나 교육 학술대회와 같이 몇몇 일회성 행사는 주기적으로 제공되기도 한다.

워크숍 이러한 이벤트는 교수개발을 위하여 주력으로 제공되는 것이다. 워크숍은 30분 정도부터 하루 종일, 때로는 그 이상 장기간 운영되기도 하며, 온라인으로 제공되기도 한다. 대학에서의 가장 일반적인 형태는 60~90분 정도의 면대면 워크숍이다. 워크숍은 점심시간이나 오후 늦은 시간에 개최하기도 한다. 또 다른 대학에서는 학기 시작 전에 워크숍을 열기도 하며 교수개발에 특별히 전념할 수 있도록 별도의 일정을 정하여 개최하기도 한다. 학습평가 설계하기, 대형 강의실에서 수업하기, 학생들에게 건설적인 피드백 제공하기, 과목 설계하기, 학습 유형 이해하기 또는 토론 촉진하기와 같은 포괄적인 주제는 일반적으로 폭넓은 관심을 끌어 왔으며 대학의 모든 교수들에게 유용하다. 서로 같이 배우도록 다른 학과로부터 강연자를 데려오는 것도 매우 효과적일 수 있다. 센터 직원이나 주제영역에서 전문성을 가진 교수들은 퍼실리테이터로서 기여할 수 있다. 효과적인 워크숍은 일반적으로 상호작용적이다(Chambers, 2002; Fleming, 1997). 운영되고 있는 이벤트에 대한 자세한 사항은 131쪽의 '이벤트 운영의 메커니즘'에 제시되어 있다.

연수회와 학술대회 때때로 하나의 주제는 일일 워크숍 이상의 시간이 적당하다. 이러한 경우에 며칠간의 행사를 통해 과목설계나 교육과정 설계와 같은 복잡한 주제를 보다 깊이 있게 참여할 수 있는 많은 시간을 제공할 수 있다. 워털루대학교에서는 과목을 다시 설계해야 하는 시간이라고 할 수 있는 중간경력의 교수진들을 대상으로 교육 수월성 아카데미를 4일간 매년 개최한다. 참가자들은 소규모 그룹으로 과목설계과정에 참여하며 다른 참가자들이나 학과장, 학장에게 보여주거나 제시할 수 있도록 수정된 교과목 개요를 완성한다.

심포지엄과 콘퍼런스 또 다른 대규모 프로그램 옵션은 교육 심포지엄이나 콘퍼런스이다. 이러한 이벤트는 예를 들면 교수와 학습 이슈에 집중한다. 또는 교수와 학습의 학문성을 중심으로 하기도 한다. 타깃 청중과 강연자는 보통 소속 대학의 전문지식을 소개하고 알릴 수 있는 대학 내부의 교수자이다. 그러나 이러한 이벤트 또한 참가자와 강연자들을 비롯한 모든 것이 여러분의 환경에 달려있다. 오터바인대학이 교수학습의 학문성이라는 주제로 미국의 전체 주를 대상으로 콘퍼런스를 개최한 경우처럼 이러한 폭넓은 지원활동은 대학의 규모가 작은 경우 특히 중요하다. 외부 기조 강연자를 이러한 행사에 초청할 수 있지만 비용이 상승할 것이다. 한 가지 주의사항은 심포지엄이나 콘퍼런스를 준비하는 것은 많은 시간과 자원이 소모된다는 것이다. 따라서 이것을 계획하고 개최하기로 합의하기 전에 반드시 충분한 지원을 확보해야 한다.

공개 강의 행사 워털루대학교에서는 우수강의상을 받은 교수진들에게 그들의 교실수업을 동료에게 '공개'할 것을 요청한다. 관찰자들은 미리 그들이 관찰할 수업에 대한 상황, 주제, 교수방법, 수업목표 등 자세한 사항을 전달받는다. 그 후 그들은 공개 수업에 참여하며(관찰자의 수는 이용 가능한 좌석에 달려있다.), 교수자에게 던질 질문과 그들의 과목에 활용할 수 있는 아이디어들을 적도록 권장된다. 그 후에 바로 디브리핑 토론이 진행되며 심화 토론이 뒤따른다. 이러한 유형의 행사는 사례를 제공하는 것뿐만 아니라 뛰어난 교수진들이 그들의 커뮤니티에 보답할 수 있는 훌륭한 방법이다. 신임교수와 노련한 교수 모두 이러한 이벤트에 참여함으로써 혜택을 얻을 수 있다.

지속형 프로그램

여러분은 때때로 보다 장기간에 걸쳐 이어지는 프로그램을 설계하거나 지원하기로 결정할 수 있다. 여러분이 대화를 확대하거나 심층적인 전문성 개발의 기회를 제공하기를 원할 때 일회성 행사는 충분하지 않을 수 있다(Easton, 2005; Gaudelli, 2001). 더욱이 북클럽이나 교수학습공동체와 같은 몇몇 전문성 개발 그룹들은 상대적으로 자립적이고 독자적으로 운영할 수 있어 교수개발센터의 자원이 제한적일지라도 지원할 수 있다. 여러분은 공통 관심사, 경력 단계 또는 성별에 기초하여 여러 학문 분야를 섞어 그룹 구조를 설계할 수 있으며 공통적인 흥미나 관심을 다루는 특정 학과에 국한된 프로그램을 보유할 수도 있다.

도서모임(북클럽) 또는 토론 그룹 많은 대학이 독서토론 그룹을 지원한다. 그러한 기회는 참가자들이 중요한 주제를 약간은 깊이 있게 탐구할 수 있는 방법일 뿐만 아니라 상대적으로 간단하면서도 비용이 많이 들지 않는 프로그램 옵션에 해당한다. 만약 소속 대학이 교수학습센터를 보유하고 있지 않거나 여러분이 새로운 센터를 시작하려 한다면, 이러한 프로그램이 좋은 출발점이라는 것을 알게 될 것이다. 교수들은 주제를 추천하거나 특정 도서를 제안할 수 있다. 또 교수개발자는 짧막한 설명과 함께 일련의 제목을 광고하고 참가자를 모집할 수 있다. 재원이 허락한다면 모임의 참가자들이 책을 읽고, 정기적으로 만나 그룹 내에서 적극적으로 논의하는 것에 대하여 인센티브로 책을 개별 참가자들에게 제공할 수 있다. 보통 그러한 그룹들은 한 학기 동안 여러 번 만나며(아마도 4주에 걸쳐 일주일에 한 시간씩 1회), 참가자들은 각각의 모임마다 일정한 양을 읽어 오는 것에 동의한다.

티칭서클, 실천공동체, 교수학습공동체 이러한 용어는 심층적인 개발을 지원하는 그룹 구조를 표현하기 위하여 약간은 상호교환적으로 사용된다. 성공을 거둘 경우, 그러한 그룹은 교수들이 교육 '공유 자산'을 형성하고(Huber & Hutchings, 2005; Hutchings, 1996), '교육에서의 외로움'을 극복하고(Shulman, 1993), '속 빈 동료의식'과 같이 많은 교수들이 경험하는 것을 바로잡을 수 있도록(Massy, Wilger, & Colbeck, 1994) 해준다. 그러한 그룹의 공통적인 특징은 일반적으로 5~10명의 고정멤버들이 공유된 관심과 주제를 가지고 한 학기 또는 일 년 이상의 기간 동안 정기적으로 모인다는 것이다. 이러한 그룹은 한 사람의 전문가에 의해 주도되는 것이 아니라 탐구에 기반을 두고 협력적으로 조직되고 활성화된다. 동료의식과 공동체는 중요한 가치이자 결과물이다. 그러한 그룹은 교수들이 지역적 맥락에서 서로 함께 배워야 할 것이 많다는 신념에 기초하고 있다.

미국고등교육협의회(AAHE)의 협력과 동료평가(Hutchings, 1996)에 관한 책을 통해 유명해진 티칭서클은 세 가지 유형의 그룹 중 가장 비공식적인 그룹이다. 몇몇 대학에서 티칭서클은 일련의 독서에 대한 동료 간의 논의를 포함하고 있어 확장된 북클럽의 한 종류로 여겨진다. 실천공동체는 보다 복잡하며 워크숍, 마이크로티칭, 교실수업 방문, 정기 모임과 같은 다양한 구성요소를 수반한다(Holmgren, 2005). 미네소타주립대학교 만카토캠퍼스, 노던에식스커뮤니티칼리지, 오하이오주립대학교, 브리티시컬럼비아대학교를 비롯한 몇몇 대학은 교수학습의 학문성에 맞춘 실천공동체를 제공한다. 몇몇 실천공동체 모델에서 회원자격은 유동적이다. 그룹의 수명은 명확히 규정되어 있지 않고 관심이 있는 한 연장될 수 있으며 때로는 수년 동안 이어진다. Cox와 Richlin(2004)이 개발하고 개선하여 과거 30년 동안 폭넓게 전파된 교수학습공동체의 회원자격은 자신들의 교육에 대한 연구뿐만 아니라 신뢰와 공동체의 성장을 목표로 삼기 위하여 학년도(academic year)로 정해져 있다.

한 가지 중요한 점을 덧붙이자면 그러한 그룹은 위원회나 자문위원회로서 기능하는 것을 목표로 하면 안 된다. 그들은 대학의 정책 입안이나 의사결정보다는 학습에 집중해야 한다.

신임교수를 위한 프로그램 많은 교수개발 프로그램은 신임교수의 개발과 오리엔테이션을 지원하기 위하여 상당한 시간과 자원을 할애한다. Boice(1991)는 '빠른 실행자'들이 가지는 태도와 행동을 신임교원이 보여주었을 때 직업에서의 성공 가능성이 더 높다는 것을 보여주었다. 그러한 행동과 태도는 신임교수를 대상으로 하는 장기 프로그램을 통해 개발될 수 있다. 대학에서는 인적 자원과 교수학습 이슈를 다루는 일회성 오리엔테이션 프로그램을 더 많이 제공하고 있다. 오리엔테이션 당일에 교육중심의 두 가지 워크숍을 진행하고 이어서 대학에서 어떻게 성공할 수 있는지에 대한 교수 패널과 자원박람회가 뒤따른다. 오리엔테이션 활동은 워크숍, 사교 모임, 온라인 핸드북과 자원, 학습공동체, 신임교수를 위하여 특별히 개발된 멘토링 그룹을 포함하여 학기 초까지 연장된다. 이렇게 확대된 프로그램은 신임교수가 새로운 대학의 맥락에서 더 순조롭게 적응할 수 있도록 도울 수 있다. 오터바인대학에서는 뉴멕시코주립대학교 프로그램(Gray & Birch, 2008)을 채택하여 신임교수를 위한 그룹 멘토링 프로그램을 시험하고 있다. 뉴멕시코주립대학교 프로그램은 대학의 미션, 교수 효과성, 연구와 창의적 업무, 봉사를 다루는 가을과 겨울의 시사 모임과 봄에 진행되는 개별 또는 소그룹 멘토링이 결합되어 있다. 신임교수 참가자들은 가을과 겨울에 패널로서 발표하였던 교수들 중에서 잠재적인 멘토를 지명한다. 2명이나 3명씩 짝지어 프로그램을 운영하는 목적은 각각의 신임교수가 초기 5년간의 자신만의 경력 궤적을 그려 볼 수 있도록 하기 위한 것이다.

자격증을 교부하는 프로그램 서로 다른 유형의 지속형 프로그램은 자격증을 취득하고자 하는 학습자 집단을 한데 모은다. 예를 들어, 대학원 수업 조교를 위한 자격증의 경우 대형대학의 센터에서 제공하는 또 다른 공통적인 프로그램 유형에 해당한다. 이러한 학습자는 보통 건고한 수업 기법을 개발하고자 하는 열망이 매우 높은 동기부여가 된 참가자들이다. 워털루대학교의 통합자격연수 프로그램(comprehensive certificate program)은 대학원생들이 이용 가능하다. 그 프로그램에는 워크숍, 성찰적이고 적용 지향적인 응답 보고서, 수업에 대한 자료 일체, 연구기반 프로젝트, 수업 관찰이 포함되어 있다. 교수들을 위한 자격증 또한 가치가 있다. 예를 들어, 브리티시컬럼비아공과 대학에서 시작했던 수업역량워크숍(Instructional Skills Workshop, ISW)이나 교수자격 연수 프로그램(Faculty Certificate Program)을 확인해 보라.

학과수준에서의 교육과정 (재)설계 교육과정 설계 이슈에 대한 학과지원은 몇몇 센터에서 증가하고 있는 활동영역이다. 만약 여러분이 자원을 가지고 있다면 교육과정 개발 프로젝트를 지원함으로써 전체 학과에 강력한 영향력을 미칠 수 있다. 가능한 지원 활동은 이해관계자 데이터 수집과 분석, 교육과정 매핑 연습, 이상적인 졸업생의 속성을 규명하는 활동이다(Evers & Wolstenholme, 2007; Wolf, 2007). 이러한 활동은 새로운 교육과정을 설계하고 기존 교육과정을 수정할 때 활용할 수 있다. 그러나 그러한 활동은 보통 시간 집중적이고 일반적으로 자주 모여야 한다. 교육과정과 관련된 지속형 프로그램을 통해 글쓰기 학습성과, 문제중심학습이나 사례방법 적용 수업과 같은 주제에 대한 후속 워크숍을 개최할 수 있다. 그러한 워크숍은 학과 대표와 협력하면 가장 잘 전달할 수 있고 설계할 수 있다.

멘토링과 컨설팅 몇몇 활동은 개인에게 초점을 최대한 맞추고 있다. 이러한 활동은 흔히 시간 집중적일 뿐만 아니라 교수개발자의 가장 변화무쌍한 업무 중 하나에 해당한다. 이러한 활동은 지속적이며, 일반적으로 여러 번의 모임을 수반한다. 보편적인 멘토링 모델 가운데 하나는 경력 개발의 요구가 있거나 새로 부임한 신임교수를 돕기 위한 목적을 가진 일대일의 관계이다. 여러분은 경륜 있는 교수와 신임교수가 적절한 관계를 구축하도록 도울 수 있다. 몇몇 대학은 경험 있는 교수들이 수업개발을 위해 노력하거나 힘겨워할 때 동료멘토링 접근 방법을 활용하기도 한다. 때로는 멘토링 활동이 학과와의 협력하에 진행되기도 한다.

개별 컨설팅은 수업 개선에 관심을 갖는 교수들에게 제공되는 가장 보편적인 교수개발 프로그램 중 하나이다. 일련의 개별 컨설팅은 교수들이 그들의 수업이나 수업

계획서처럼 교과목 관련 자료들을 수정하고 성찰할 수 있도록 돕는 강력한 수단이다 (Piccinin, 1999). 효과적인 컨설팅 실천에 대한 자세한 사항은 제10장 '형성적 목적의 수업평가'를 참고하라.

웹 사이트 프로그램으로 여겨지지 않을 수 있지만 교수개발 프로그램 웹 사이트의 중요성은 계속 높아지고 있다. 대부분 교수학습센터에서는 이용 가능한 최소한의 서비스와 자료의 윤곽을 보여주는 웹 사이트를 운영하고 있다. 그러나 웹 사이트의 관련성과 이용성을 최대화하기 위해서는 웹 사이트를 주기적이고 지속적인 관심이 필요한 가상 프로그램으로서 생각해 볼 필요가 있다. 예를 들어, 웹 사이트에서 동시적 또는 비동시적 온라인 워크숍을 제공하거나 강연 팟캐스트를 운영할 수 있으며 교수학습에 관한 논의가 가능한 블로그나 위키를 포함할 수 있다. 이러한 유형의 자원은 '적시에' 교수개발을 제공할 수 있으며 테크놀로지와 관련된 주제(예 : 개인응답시스템이나 클리커)뿐만 아니라 모든 주제를 다룰 수 있다. 온라인 등록과 같이 보다 표준적인 웹 사이트 기능을 고려해 보는 것도 가치가 있다. 온라인 등록은 'Tommorrow's Professor' 리스트서브와 같은 외부 자원이나 티칭 핸드북과 같은 자체 소유 자원, 잠재적인 참가자 데이터베이스와 연결될 수 있다. 워털루대학교에서는 전 세계의 동료들이 접속할 수 있는 모음집인 'Teaching Tip Sheets'을 운영하고 있다. 오터바인대학의 사이트는 학습공동체에서 생겨나는 일련의 교수 교과목 포트폴리오를 공개하고 있다. 우리는 이용자들이 계속 이용할 수 있도록 자료들을 새롭게 유지해야 한다. 교수개발을 위한 테크놀로지 측면을 이용하는 것에 대한 자세한 사항은 제16장 '테크놀로지와 교수개발'과 제7장 '교수개발 프로그램의 프로모션'에서 찾을 수 있다.

연구비 지원 많은 교수학습센터가 교수와 수업개발을 지원하기 위한 다양한 규모의 연구비를 제공한다. 예컨대 수백 달러에서 수천 달러 정도의 소규모 연구비는 기술적 혁신을 하려는 교수들을 돕거나, 프로젝트를 돕는 대학원생들을 지원하거나, 교과목 자료를 개발하거나, 수업 관련 콘퍼런스에 참가하거나, 학과나 대학 내의 수업 기반 콘퍼런스나 심포지엄을 계획하기 위해 사용된다. 몇몇 센터는 교수와 학습의 학문성을 지원하기 위하여 대규모 연구비(예 : 1만~2만 달러까지)를 제공할 수도 있다. 만약 센터가 그러한 재원을 가지고 있다면 표준화된 신청서 양식과 심사 절차를 갖추는 것이 적절하다. 연구비 지급 결과로 일반적으로 요약 보고서, 연구비 수혜자가 제공하는 세미나 또는 기술적 결과물과 같은 의무적인 결과물을 기대할 수 있다. 교수학습공동체와 같은 프로그램들 또한 교수학습센터 연구비 지원 기금을 통해 지원할 수 있다.

이벤트 운영의 메커니즘

현재 여러분이 다양한 프로그램 옵션을 선택할 수 있다면 아마도 실행을 위한 안내를 원할 것이다. 이번 절에서는 일회성 이벤트를 계획하고 운영하는 단계를 다루며 다음 절에서는 지속형 프로그램을 조정하는 것에 중점을 둔다. 순차적으로 단계들을 설명하려 하지만 모든 과정이 그런 것처럼 설명하려는 단계 절차는 유동적이며 반복적이다.

사전 작업

이벤트는 특정한 청중을 목표로 하여 계획하였을 때 가장 효과가 있다. 어떠한 사람들이 이벤트에 참가할지 알 수 있다면 여러분은 이러한 참가자를 염두에 두고 브레인스토밍하고, 대상 집단에게 무엇이 가장 적절한 것인지에 대해 질문도 할 수 있다. 교수들이 무엇을 필요로 하는지 알고 있다고 느낄 수도 있지만 보통은 그저 물어보는 것이 최선이다. 만약 자문위원회가 있다면 자문위원들은 훌륭한 정보원이 될 수 있다. 대안으로 이벤트 운영을 돕는 실무 위원들이나 과거 워크숍, 아카데미, 연수회 참가자들에게 협력을 요청할 수도 있다. 워털루대학교에서는 향후 제공될 서비스와 프로그램의 계획자와 공동 퍼실리테이터의 역할을 수행할 수 있도록 이전에 진행된 수업 수월성 아카데미(Teaching Excellence Academy) 참가자들에게 도움을 요청한다. 잠재적인 참가자가 누구인지를 조사하는 설문조사를 통해 가장 두드러진 요구사항을 확인할 수 있다. 이러한 요구사정은 독립적으로 수행할 수도 있고 또는 이벤트에서 활용하는 평가 양식에 고정적인 질문을 포함할 수도 있다.

이벤트 계획하기

일단 여러분이 청중을 알고 있다면 의도하는 학습성과가 무엇인지 알아야 한다. 참가자들이 무엇을 할 수 있고 무엇을 알고 무엇을 소중하게 생각할 수 있도록 해주어야 하는가? 우리가 교수자들에게 학습목표나 성과를 작성할 때 학습목표 분류를 고려하라고 권장하는 것처럼(Anderson & krathwohl, 2001; Fink, 2003), 이벤트를 계획할 때도 마찬가지다. 이벤트의 성과를 규정할 때에는 참가자들의 학습목표 도달 여부를 평가하는 방법도 고려해야 한다. 이벤트 중이나 이벤트 후에 참가자들이 학습을 통해 변화되었다는 것을 보여주는 활동들은 무엇인가? 만약 여러분이 이벤트 촉진을 위해 누군가와 함께 한다면 그 사람이나 교수학습센터의 직원들과 공동으로 이러한 성과와 활동을 개발할 수 있다. 만약 여러분이 이벤트에서 패널 토의를 활용하고자 한다면 이벤트 전에 그들의 관심 영역을 명확히 하여 아이디어와 접근법을 논의할 수 있도록 토론자들과 접촉하는 것이 바람직하다. 합리적인 성과를 설정하기 위해서는 적절한 이벤트 기간을 알아야 한다. 그 후 적절한 활동들을 계획하고 이를 전달할 수 있는 소기의 개념을 선택할 수 있다. 능동적인 학습 방법들에 대한 모델을 만들기 위한 이벤트에서는 다양한 교수법적 접근 방법의 활용을 고려해야 한다. 워털루대학교에서 가장 효과적인 워크숍 중 하나는 대형 강의에서 능동적 학습 워크숍이다. 이 워크숍에서는 100명 이상의 참가자들과 함께 능동적 학습 유형을 어떻게 촉진할 수 있는지를 보여주기 위한 다양한 활동을 활용한다.

여러분은 반드시 장소 예약과 다과 마련과 같은 관리적인 업무도 살펴야 한다. 모든 이벤트에 다과가 필요한 것은 아니지만 만약 점심이나 늦은 오후에 또는 2시간 이상 이벤트가 개최된다면, 참가자들을 위해 필요하다. 마지막으로 퍼실리테이터나 강연자, 장소 예약(검토가 가능하다면), 다과, 자료 준비 및 복사 비용을 지불할 수 있는 예산을 파악해야 한다.

계획 실천하기 이제 여러분은 이벤트를 어떻게 실행에 옮길지 고민해야 한다. 첫 번째 고려 요소는 타깃 참가자들에게 가용한 예산에 맞추어 어떻게 광고할 것인가이다. 보통은 다양한 방법을 통해 반복적으로 광고해야 한다. 다양한 광고를 활용할 때는 광고 시기를 고려해야 한다. 몇 주간에 걸쳐 광고를 널리 퍼트리면 오랫동안 노출시킬 수 있고 관심을 갖게 할 수 있다. '동료들을 데려 오라'고 참가자들을 초대하는 것은 구전광고를 확산시키고 노출을 향상시킬 수 있는 또 다른 좋은 방법이다. 워털루대학교에서는 '학술 토론회(Learning About Reaching Symposia)'를 계획할 때, 참가자 수를 증가시키고 대학 전체에 관심을 확산시킬 수 있도록 자문위원들에게 3~4명의 동료들을 데려오도록 요청했다.

동료 데려오기 방법을 활용할 때에는 이벤트가 모두에게 개방적인 것인지 아니면 정해진 사람만 참석해야 하는 것인지에 대한 결정을 해야 한다. 워털루대학교의 수업 수월성 아카데미는 이벤트의 위상을 강화하기 위하여 지명 방법을 활용한다. 참가자의 수를 제한하면 단지 몇 사람에게만 이벤트에 참석할 수 있는 기회가 있기 때문에 참석하고자 하는 열의를 향상시킨다. 물론 참가자의 수는 이벤트의 특징에 따라 제한되어야 한다. 예를 들어, 워크숍 형태에서 개인들이 미니강의를 발표하고 깊이 있는 피드백을 받기 위해서는 일정 시간이 소요되므로 참가자 수를 제한할 수 있다. 이러한 참가자 수의 제한은 등록 시 참가자들에게 경쟁 본능을 불러일으킨다.

여러분은 또 어떻게 이벤트에 등록하게 할 것인지도 고려해야 한다. 많은 이벤트는 적절한 규모의 공간, 충분한 자료와 음식을 확보하기 위하여 일정한 형태의 사전등록을 요구한다. 온라인 등록은 이 과정을 매끄럽게 만들어 주고 등록자에게 자동으로 이벤트를 상기시켜 줄 수 있다. 등록시스템에 있는 데이터베이스 프로그램을 통해 참가자들 스스로 등록을 취소할 수 있으며, 연간 보고서 작성을 위한 보다 정확한 참가자 데이터를 유지할 수 있다. 사전 등록을 요구하지 않는 다른 이벤트에서도 모든 이벤트에 대한 데이터를 확보할 수 있도록 참가자 명단을 수집하여야 한다. 이러한 노력에도 불구하고 대부분의 이벤트는 '등록하고 실제로는 참석하지 않는 사람들'이 있다. 일부 프로그램은 등록하고도 오지 않는 사람들을 보충하기 위하여 명시 인원보다 10~15% 가량 등록을 더 받기도 하고, 몇몇 프로그램은 이러한 상황에 대비하여 가입비를 부과한다. 등록과 시간에 따른 참가 패턴을 추적하여 이러한 상황을 잘 처리할 수 있는 최선의 방법을 결정할 수 있다.

신경 써야 할 행정적인 단계와 더불어 이벤트 자체에도 관심을 가져야 한다. 만약 참가자들이 이벤트 전에 어떤 일을 완료해야 한다면(예 : 읽기 또는 워크시트) 일주일 전 또는 사전에 이것을 배포해야 한다. 참가자들은 퍼실리테이터가 완성된 서류를 검토하고, 만약 가능하다면 이벤트 계획을 변경하기 위해 활용할 수 있도록 온라인을 통해 제출할 수 있다. 이러한 사전 세션 작업을 통해 참가자들은 세션에서의 좌석을 확보할 수 있으며 그룹을 구성할 수 있고, 퍼실리테이터가 이벤트 중 한 가지 사례로 활용할 수 있다.

수집하고 검토하는 모든 사전작업을 통해 이제 이벤트를 개최할 준비가 되었다. 필요한 모든 자료(예 : 시청각 설비, 유인물, 필기구, 이름표 등등), 참가자 명단, 평가양식을 챙기는 것을 기억해야 한다. 선택한 테크놀로지가 작동하지 않을 경우를 대비한 대처방안을 고려해야 하며 이 경우 보통 유인물을 활용한다. 또 참가자들은 교수학습이론에 대해서는 익숙하지 않지만 이러한 이벤트에 대한 많은 경험과 전문성을 가지고 있는 성인들이라는 것을 기억해야 한다. 향후에 학과별 후속 워크숍이나 개인 컨설팅으로 이어질 수 있도록 참가자들의 강점을 도출해 내고, 그들의 아이디어에 귀 기울이고, 그들과 관계를 맺기 위해 노력해야 한다.

이벤트 평가하기

많은 교수개발 프로그램은 참가자들에게 만족도 기반의 설문조사를 작성하도록 요구한다. 보통 질문은 세션 자료의 유용성과 관련성에 초점을 맞추며 일반적으로 양적이고 질적인 반응을 요청한다. 예를 들어, 참가자들에게 세션이 얼마나 유용했는지 등급을 매기라고 요청한 후 그 세션의 어떤 부분이 유용했으며 어떻게 변해야 하며 참가자들이 원하는 다른 세션의 주제가 무엇인지를 기술하도록 요청한다. 한 가지 변화는 참가자의 학습에 대하여 보다 초점을 맞추는 것이다. 세션에 참석한 동기는 무엇이며 그들이 무엇을 배웠으며 수업에 적용할 것인지를 묻는 질문은 워크숍의 촉진 대신에 참가자의 학습에 더욱 초점을 두는 것이다. 만약 참가자들에게 이러한 동일한 형태의 후속 이벤트에 대한 질문을 작성하게 한다면, 여러분은 이벤트를 넘어 보다 확장된 대화를 시작할 수 있다.

지속형 프로그램을 조정하고 감독하기

교수학습공동체와 같은 지속형 프로그램을 잘 이행하기 위해서는 특별한 단계가 필요하다. 그러한 프로그램이 전체적으로 효과적이기 위해서는 개발자의 역할이 다를 수는 있겠지만 반드시 필요하다.

사전 작업

일회성 이벤트를 위한 많은 가이드라인(예 : 청중, 설계, 홍보, 평가에 대한 고려사항) 은 지속형 프로그램의 계획, 지원과 관련이 있다. 일회성 행사의 준비처럼, 사전 작업 은 첫 번째 필수적 단계이다. 이러한 준비는 최소 세 가지 요소로 구성되어 있다. 첫째, 이해관계자와 참가자들이 흥미로워하는 주제 파악하기, 둘째, (얼마나 복잡하고, 어느 정도의 기간으로 하고, 학과 차원 또는 학제 간을 넘어서 할지) 제공하고 지원하려는 프로그램에 대하여 의사결정하기, 셋째, 퍼실리테이터를 어떻게 교육훈련시킬지, 시 간의 흐름에 따라 프로그램을 어떻게 구조화하고 유지할지를 결정하기이다. 예를 들 어, 만약 교수학습공동체가 최선이라고 결정한다면 여러분은 이러한 접근방법에서의 근본적 원리와 핵심요소들에 대해 보다 많이 알아야 한다. 이를 위해 아마도 그러한 프 로그램을 경험해 본 동료들에게 자문을 구하거나, 교수학습공동체를 진행하고자 하는 참가자들을 위한 POD 네트워크 콘퍼런스 세션에 참석할 수도 있다. 장기 프로그램은 풍부한 보상이 따른다. 대체로 프로그램이 한번 자리를 잡으면 능숙한 참가자 퍼실리 테이터를 통해 잘 유지될 수 있다. 하지만 이는 상당한 시간과 노력이 필요하다는 것을 인식해야 한다.

프로그램 개요 개발하기

일회성 행사를 계획하는 경우처럼 실행방법이나 평가 형식보다 성과를 먼저 설정하는 백워드 디자인을 활용하는 것은 좋은 실천방법이다. 북클럽이나 토론 그룹에 기대하 는 성과와 구성 원칙이 그리 대단하지 않은 반면, 실천공동체나 교수학습공동체에게 바라는 성과는 보다 많고 복잡한 경향이 있다. 이전에 언급한 것처럼 동료의식, 협력, 그리고 공동체는 당면 주제에 대한 학습과 성공적인 프로젝트 개발만큼이나 중요하 다. 다양한 목표를 인식하고 시작하게 되면 참가자들의 관심을 끄는 활동이 무엇이며, 프로그램의 중요시점이나 프로젝트 종료일, 형성적, 총괄적 평가 활동 시기를 언제로 설정할지 결정할 수 있다. 예를 들어, 학기 중간에 익명의 설문조사를 진행하여 교수개 발자와 참가자들은 그룹들이 목표를 향해 가고 있는지를 측정할 수 있다. 좋은 실천은 마무리 단계에서 프로그램을 평가하고 이를 통해 향후에 반복되는 것을 조정하는 것이 기도 하다.

시간에 따른 프로그램의 시작과 지원

잠재적인 참가자들의 관심을 끌 수 있는 아이디어로 시작할 수도 있고, 또는 교수들이 동료들과 함께 탐구하고자 하는 주제를 제안서에 제출하도록 요청할 수도 있다. 그룹의 관심이 무엇인지 파악하기만 하면 그때부터 광고를 시작할 수 있다. 북클럽과 같은 비공식 그룹은 보통 선착순으로 운영되지만, 보다 복잡하고 장기적인 조직은 일반적으로 회원자격을 위한 지원서를 요구하고 이를 신중히 검토함으로써 더 나은 결과를 얻을 수 있다. 참가자의 충분한 노력이 없으면 교수학습공동체와 같은 그룹들은 쉽게 혼란에 빠진다.

프로그램 디렉터로서의 다음 업무는 그룹이 해야 할 일에 대한 일련의 정책, 가이드라인, 요구사항을 개발하고 고찰하는 것이다. 예를 들어, 오터바인대학에서는 북클럽 구성원들에게 한 페이지로 된 일련의 일반적인 가이드라인(퍼실리테이션, 토론 리더십, 노트 테이킹, 구성원들이 돌아가면서 수행해야 하는 책임)을 제공한다. 모든 참가자는 최소 3~4회의 세션에 참석하고, 적극적으로 참여하여야 한다. 한편 일반적으로 교수학습공동체의 퍼실리테이터는 원하는 성과를 가장 잘 촉진할 수 있는 역할을 수행할 수 있도록 폭넓은 교육훈련, 자원, 지속적인 지원을 받는다(Ortquist-Ahrens & Torosyan, in press). 여러분이나 다른 교수학습센터의 직원이 시범 티칭서클, 실천공동체, 교수학습공동체를 활성화하기로 결정한다고 해서 모든 프로그램을 활성화할 수는 없을 것이다. 따라서 활성화를 위하여 다른 사람들을 참여시키는 것이 가치 있다는 것을 기억해야 한다. 협력적 접근방식을 통해 영향력의 범위를 확대하고 다양한 효과성을 증가시킬 수 있다. 퍼실리테이터들과 함께 문제해결을 위해 준비하고, 어떻게 진행이 되고 있는지 정기적으로 만나 사전대책을 강구하여야 한다.

읽을거리의 조달, 다과 주문, 공간 예약, 다른 실행계획에 대한 책임은 그룹 구성원들이나 그룹의 퍼실리테이터에게 있다. 만약 도움을 줄 수 있는 직원이 있다면 참가자들이 그들의 시간과 에너지를 과제에 집중할 수 있도록 행정적 지원을 제공할 수 있다.

마지막으로 시간이 흐름에 따라 함께 진행하였던 그룹의 마무리를 진행해야 한다. 그룹 구성원들의 성과를 인정해 주는 연말 기념행사는 여러 가지 목적으로 활용할 수 있다. 프로그램 참가자들뿐만 아니라 그들의 학과장과 대학의 다른 지노자들이 참여히는 기념 오찬과 같은 이벤트는 성과를 축하하고, 교수와 학습 활동을 상세히 홍보하고, 지도층으로부터 인정을 받을 수 있다. 실천공동체에서 배양된 좋은 아이디어는 대학 계획에 기여할 수도 있다. 오터바인대학의 경우 새로운 전략적 계획의 핵심 요소 중 다수는 1세대 대학생들을 위한 효과적인 프로그램 옵션, 국제적인 학습성과를 지원하기 위한 교육, 그리고 학부생 연구를 조사하였던 교수학습공동체에서 배양되었다. 그룹의 참가자들을 위한 의미 있는 마무리는 사실 그들의 학습이 개인뿐만 아니라 대학의 실천에 어떻게 구현될 수 있는가를 그들에게 상상해 보도록 청하는 것이다.

결론

교수개발 프로그램을 활발하게 운영할 수 있도록 이러한 업무를 위해 많은 옵션이 존재한다. 여러분은 논문, 웹 사이트, 콘퍼런스, 동료들과의 논의를 통해 이러한 아이디어를 변화시킬 수 있다. 프로그램과 활동들을 어떻게 배합할 것인지에 대한 하나의 정답은 존재하지 않으며, 이는 교수자들의 요구, 대학의 문화, 프로그램의 권한을 바탕으로 결정할 수 있다. 그러나 우리가 배운 한 가지는 어떤 대학기관에서는 효과가 있었던 것이 다른 대학에서는 그렇지 않다는 것이며, 어떤 해에는 효과가 있었던 것이 다른 해에는 효과가 없다는 것이다. 고등교육기관의 맥락은 계속해서 진화 중이다. 이는 우리 고객의 요구 또한 변화하고 있다는 것을 의미한다. 가장 성공적인 교수개발 프로그램은 유동적이고 즉각적으로 반응한다는 것을 인식하고 그러한 변화를 예상해야 한다. 따라서 여러분이 소속된 환경에서 이미 알려진 실천들을 적용하는 방법을 찾아보고 적절한 시기가 왔을 때 새로운 활동을 시작할 수 있는 준비가 되어 있어야 한다.

참고문헌

Anderson, L. W., & Krathwohl, D. R. (Eds.). (2001). *A taxonomy for learning, teaching, and assessing.* New York: Longman.

Boice, R. (1991). Quick starters: New faculty who succeed. In M. Theall & J. Franklin (Eds.), *New directions for teaching and learning, no. 48. Effective practices for improving teaching* (pp. 111–121). San Francisco: Jossey-Bass.

Chambers, R. (2002). *Participatory workshops: A sourcebook of twenty-one sets of ideas and activities.* London, UK: Earthscan.

Cox, M. D., & Richlin, L. (Eds.). (2004). *New directions for teaching and learning, no. 97. Building faculty learning communities.* San Francisco: Jossey-Bass.

Easton, L. B. (2005). Power plays: Proven methods of professional learning pack a force. *Journal of Staff Development, 26*(2), 54–57.

Evers, F., & Wolstenholme, J. (2007). Integrating knowledge, skills, and values into the curriculum development process at the University of Guelph-Humber. In J. Christensen Hughes & P. Wolf (Eds.), *New directions for teaching and learning, no. 112. Curriculum development in higher education* (pp. 83–91). San Francisco: Jossey-Bass.

Fink, L. D. (2003). *Creating significant learning experiences.* San Francisco: Jossey-Bass.

Fleming, J. A. (Ed.). (1997). *New directions for adult and continuing education, no. 76. New perspectives on designing and implementing effective workshops.* San Francisco: Jossey-Bass.

Gaudelli, W. (2001, November). *Professional development, global pedagogy, and potential: Examining an alternative approach to the episodic workshop.* Paper presented at the Annual Meeting of the National Council for the Social Studies, Washington, DC.

Gray, T., & Birch, J. (2008). Team mentoring: A participatory way to mentor new faculty. In D. R. Robertson & L. Nilson (Eds.), *To improve the academy: Vol. 26. Resources for faculty, instructional, and organizational development* (pp. 230–241). San Francisco: Jossey-Bass.

Holmgren, R. A. (2005). Teaching partners: Improving teaching and learning by cultivating a community of practice. In S. Chadwick-Blossey & D. R. Robertson (Eds.), *To improve the academy: Vol. 23. Resources for faculty, instructional, and organizational development* (pp. 211–219). Bolton, MA: Anker.

Huber, M. T., & Hutchings, P. (2005). *The advancement of learning: Building the teaching commons.* San Francisco: Jossey-Bass.

Hutchings, P. (1996). *Making teaching community property: A menu for peer collaboration and peer review.* Washington, DC: American Association for Higher Education.

Massy, W. F., Wilger, A. K., & Colbeck, C. (1994). Overcoming hollowed collegiality. *Change 26*(4), 10–20.

Ortquist-Ahrens, L., & Torosyan, R. (in press). The role of the facilitator in faculty learning communities: Paving the way for growth, productivity, and collegiality. *Learning Communities Journal, 1*(1), 29–62.

Piccinin, S. (1999). How individual consultation affects teaching. In C. Knapper & S. Piccinin (Eds.), *New directions for teaching and learning, no. 79. Using consultants to improve teaching* (pp. 71–83). San Francisco: Jossey-Bass.

Shulman, L. S. (1993). Teaching as community property: Putting an end to pedagogical solitude. *Change, 25*(6), 6–7.

Sorcinelli, M. D., Austin, A. E., Eddy, P. L., & Beach, A. L. (2006). *Creating the future of faculty development: Learning from the past, understanding the present.* Bolton, MA: Anker.

Wilhite, M. S., Lunde, J. P., & Latta, G. F. (2000). Faculty teaching partners: Engaging faculty as leaders in instructional development. In M. Kaplan & D. Lieberman (Eds.), *To improve the academy: Vol. 18. Resources for faculty, instructional, and organizational development* (pp. 181–192). Bolton, MA: Anker.

Wolf, P. (2007). A model for facilitating curriculum development in higher education: A faculty-driven, data-informed, and educational developer-supported approach. In J. Christensen Hughes & P. Wolf (Eds.), *New directions for teaching and learning, no. 112. Curriculum development in higher education* (pp. 15–20). San Francisco: Jossey-Bass.

제2부

교수개발의 핵심요소

평가, 다양성, 테크놀로지

제2부는 다음과 같은 세 가지 주제를 다룬다. 먼저 프로그램, 수업, 학습과 관련된 평가를 주로 살펴본다. 다음으로 교수개발자가 어떻게 다문화적인 요소를 관리하여 교수, 학생, 동료들을 지원하는지 검토한다. 마지막으로 교수개발자의 업무 효율성을 높이고 교수의 수업효과를 높이기 위해 테크놀로지를 활용하는 방법에 대해 논의한다.

9

교수개발 프로그램 평가

Kathryn M. Plank & Alan Kalish

표 로그램 평가는 교수개발의 핵심 분야이다. 대학의 교육적 책무성과 국가재정지 원에 대한 성과를 확인해야 한다는 사회적 요구가 증대함에 따라 교수개발자들 은 그 어느 때보다 업무 결과를 문서화할 필요가 있음을 느끼고 있다. 교수개발 프로그램의 지속 여부는 평가 결과로 증명된 교육적 효과에 달려있기 때문에 프로그램을 평가한다는 것은 다른 사람에게 결과를 보고하는 것 이상의 의미를 갖는다. 평가는 좋은 수업의 핵심요소일 뿐만 아니라 효과적인 교수개발에서도 매우 중요하다. 이것을 통해 의사결정을 위한 정보를 얻을 뿐만 아니라 수업에서의 행동을 개선할 수 있다.

대부분의 교수개발자는 평가가 필요하다는 것은 인식하고 있으나 자료를 모으고 조직하고 이해하는 데 드는 노력에 압도되어 미리 포기하는 경우가 많다. 이 장은 프로그램 평가에서 고려해야 하는 기본 요소와 구조들을 살펴본다. 또한 교수개발 업무가 미치는 영향을 정확하게 측정하고 다른 사람에게 해당 업무의 의미와 가치를 이해시키는데 도움이 되는 유용한 자료를 수집할 수 있도록 평가 설계의 실제적 전략을 탐색한다. 덧붙여 자료를 측정하고 수집하고 기록하는 효과적인 방법을 논의하고 교수학습센터의 업무를 쉽고 효과적으로 수행하기 위한 총괄평가와 형성평가 방법에 대한 아이디어를 공유한다.

상황 정의하기

교수개발을 위한 프로그램 평가를 논의할 때 가장 먼저 교수개발의 맥락에서 **프로그램** (program)과 **평가**(assessment)라는 용어가 의미하는 바가 무엇인지 검토할 필요가 있다. 교수개발은 내용이 정해진 학문영역이 아니다. 이것은 서로 다른 대학에서 서로 다른 요구와 목표에 도달하기 위해 반복적으로 이루어지는 어떤 것이다. 어떤 평가든 교수 개발의 다양성을 고려하여 프로그램 평가에 영향을 미칠 수 있는 개별적, 구조적 특성들(예 : 크기, 직원채용, 대학유형, 예산, 프로그램의 기간, 명성 등)을 살펴보아야 한다. 또한 우리가 목표했던 학습효과가 충분히 나타나지 않을 때도 평가를 수행할 필요가 있다. 평가 결과를 토대로 교수개발자가 수업전략 개발을 돕는다면 교수자는 관련된 전략을 연마하여 수업의 질을 높이고 평가 결과에 의거하여 바람직한 교육 결과를 달성할 수 있을 것이다. 그 외 평가의 간접적인 효과에 대해서는 기록하기가 쉽지 않다.

Sorcinelli, Austin, Eddy, Beach(2006)는 *Creating the Future of Faculty Development : Learning from the Past, Understanding the Present*라는 책에서 교수개발 분야를 역사적으로 고찰하고 교수학습센터의 운영에 어떤 요소가 가장 중요하게 인식되는지 알아보기 위해 북미에 있는 여러 유형의 교수학습센터를 대상으로 설문조사를 진행하였다. 주로 연구중심대학과 박사과정을 운영하는 대학이 많이 참여하였으며 예술대학, 단과대학, 캐나다 대학들은 참여가 저조하였다. 이 설문의 응답자 중 70%는 두 가지 이상의 직책을 맡고 있었고 절반 이상은 5년 미만의 경력을 가지고 있었다.

조사 결과, 약 절반의 대학(54%)에서 '헌신적인 직원'을 핵심 요소로 지적하였다. 19%는 교수개발이 개별 교수나 행정 직원의 책임이라고 생각하였으며, 12%는 위원회의 책임이라고 보았다. 그밖에도 4%는 다양한 프로그램과 제안을 조정하는 정보센터를 설치하고 있었으며, 11%는 대학의 구조가 설문에서 제시한 것과 다르다고 답변하였다. 큰 대학일수록 교수학습센터가 설치되어 있을 가능성이 높았다. 교수학습센터의 규모는 전담교수인 디렉터와 26명의 전업직원으로 구성된 46년 역사의 미시간대학교 교수학습센터만큼 클 수도 있지만, 교과목 하나를 담당하는 교수 한 사람과 서류장 중 가장 밑 서랍 하나를 차지할 정도로 작을 수도 있다.

프로그램은 미션과 서비스 범위에 따라 각기 다르다. 어떤 것은 교수만을 위한 것일 수도 있고 어떤 것은 대학원생, 시간강사, 직원 모두를 위한 것일 수도 있다. 게다가 교수개발이라는 동일한 이름으로 제공되는 서비스의 형태도 대학마다 각기 다를 수 있다. 어떤 대학에서는 교육공학, 외국 출신 조교를 위한 언어 시험, 평가 서비스 등을 포괄하고 있을 수도 있지만, 어떤 대학에서는 다른 유관 기관에서 이런 서비스들이 운영될 수도 있다.

분명한 것은 특정 자료가 수집되고 있지만 수집되고 기록되는 방법은 대학의 특성에 따라 다양하다. 이 장에서는 대학의 환경이나 크기에 구애받지 않고 보편적으로 적용될 수 있는 교수개발 평가프로그램을 제안하고자 한다. 저자들의 경험은 연구중심대학의 교수학습센터에 편중되어 있지만 다른 유형의 대학에서 근무한 사람들의 경험도 종합하였다.

통합으로서의 평가

교수개발자는 종종 프로그램 평가에 대한 정식 훈련을 받은 적 없이 다양한 학문적 배경을 가지고 우리 분야에 입문한다. 다행스럽게도 이 분야는 교수학습에 대한 평가 자료를 풍부하게 축적하고 있으며, 이것들 중 상당수가 교수개발 평가에 활용될 수 있다. 예를 들어, 미국고등교육협의회(American Association for Higher Education, AAHE)는 '학생의 학습을 평가하기 위한 좋은 행동 원칙'을 안내하고 있다(AAHE Assessment Forum, 1997). Walvoord(2004)는 그의 책에서 이 원칙에 대해 다음과 같이 기술하였다.

1. 학생의 학습평가는 교육적 가치의 시작이다.
2. 평가는 학생들이 여러 차례 수행으로 보여준 다면적이고 통합적인 학습 이해를 측정했을 때 가장 효과적이다.
3. 평가는 프로그램의 목표가 명확하고 분명할 때 개선점을 가장 잘 찾을 수 있다.
4. 평가는 성과와 그것을 이끌어 내는 경험에 주목해야 한다.
5. 평가는 일회성이 아니라 꾸준히 이루어질 때 가장 효과적으로 운영된다.
6. 평가는 관련된 교육공동체의 대표자들이 관여했을 때 개선의 여지가 크다.
7. 평가는 사람들이 정말로 관심이 있는 질문과 이슈로 시작해야 실제적인 영향을

발휘할 수 있다.

8. 평가는 이것이 변화를 이끄는 다양한 조건들 중 일부일 때 개선을 이끌어 낼 여지가 크다.

9. 평가를 통해 교육학자는 학생과 대중에 대한 책임을 다할 수 있다(AAHE Assessment Forum, 1997).

이런 자료를 바탕으로 프로그램의 크기, 대학기관의 유형, 서비스의 범위와 상관없이 교수개발 업무를 평가하는 데 활용할 수 있는 몇 가지 핵심 원칙을 추출할 수 있다. 교수개발에서 특히 중요한 것은 통합(integration)의 원칙이다. 평가의 결과가 일관된 이야기로 보이도록 하기 위해서는 다면적이고 통합적인 평가가 이루어져야 하며 다른 영역으로 보이는 교육 서비스들이 서로 연관되어 있음을 증명해 보여야 한다.

대학의 목표와 프로그램 목표의 통합

어떤 평가든 핵심은 무엇을 평가할 것인가이다. Walvoord(2004)는 "사람들은 '평가받길' 원하지 않는다. 꿈을 실현하고 현재 하고 있는 것을 개선하며 새로운 도전을 준비하길 원한다. 그래서 당신이 '평가받도록' 요구하려면 이를 대학에서 중요하게 여기는 꿈, 목표, 과정 등과 연계할 필요가 있다."고 지적하였다.

Chism과 Szabo는 1997년 교수학습센터 평가에 관한 설문을 통해 "프로그램에 대한 상당한 평가가 이루어지고 있다."고 결론을 내렸다. 그러나 평가활동이 서비스마다 같은 방식으로 이루어지지는 않으며, 주로 만족도 조사에 초점이 맞춰져 있다고 지적하였다. 평가의 목표는 가장 쉬운 방법으로 자료를 수집하는 것이 아니라 가장 중요한 자료를 수집하는 것이어야 한다. 미국고등교육협의회가 제시한 첫 번째 원칙에 근거하여 Banta, Lunde, Black, Oblander(1996)는 "대학평가 결과는 무엇을 측정할 수 있는가에 의미를 둘 것이 아니라 오히려 가치 있는 것을 측정하고 있는가에 의미를 두어야 한다."고 지적하였다. 예컨대, 만약 대학이 학제 간 협력에 높은 가치를 부여한다면 교수개발 프로그램은 이러한 협력을 평가할 필요가 있다.

단일한 자료보관 시스템을 활용한 통합

교수개발자는 이미 많은 평가자료를 수집해 왔지만 그 방법과 형태가 다른 경우가 많았다. 예컨대, 이 장의 저자들도 하나의 기관에서 여러 행사를 진행하고 다른 형태의 평가들을 수행해 왔다. 컨설턴트는 컨설팅 자료는 각자 보관하지만 참가자 명부는 센터에서 함께 관리한다. 다른 프로그램과 마찬가지로 다양한 자료를 확보하고 있으나 관리와 보관의 주체가 다르기 때문에 이것을 보거나 사용하는 것이 쉽지 않다. 미국 고등교육협의회의 두 번째와 다섯 번째 원칙처럼 자료를 통합하기 위하여 기록물 보관 기능과 행정적 과제들을 축적할 단일 시스템을 구축할 필요가 있다(Plank, Kalish, Rohdieck, & Harper, 2005).

일상 업무로의 통합

아마도 프로그램 평가를 수행하는 데 가장 큰 장애는 시간일 것이다. 몇몇 교수들은 수업 평가로 인해 가르칠 시간이 줄어든다는 두려움을 가지고 있다. 이와 마찬가지로 교수개발자들도 "효과적인 평가를 위해 투여되는 시간은 교수나 학생 등 클라이언트에게 충분히 봉사할 수 있는 시간을 빼앗을 것"이라고 우려한다(Chism & Szabo, 1997). 이러한 경우 교수개발자는 그들이 교수자에게 하는 다음과 같은 조언에 귀 기울일 필요가 있다. 교수개발자는 Walvoord와 Anderson(1998)의 주장을 인용하며 교수에게 '학습평가를 주변부로 밀어내지' 말고 수업과정에 포함해야 한다고 설득한다. 만약 바쁘고 힘든 교수에게 평가가 추가적인 업무로 느껴진다면 이것은 이들의 주목을 받지 못할 것이다. 마찬가지로 교수개발자의 업무에서 평가가 실행 가능하고 유용하게 받아들여지기 위해서는 일상적인 업무 중 하나로 통합되어야 한다.

전략적 계획과의 통합

평가과정에서 가장 중요한 것은 협력적 노력이 필요하다는 것이다(Banta et al., 1996). 만약 프로그램의 운영자가 한 사람 이상이라면 이들은 모두 프로그램 평가체제를 구축하고 실행하는 데 참여해야 한다. 만약 한 사람의 운영자가 교수나 다른 센터의 직원과 공동 작업을 하였다면 평가과정에 그들을 참여시켜 일관성을 강화해야 한다. 동료, 교수, 행정가 모두를 평가과정에 참여시킬 필요가 있다. 이들은 프로그램 평가에 대한 다양한 정보를 제공해 줌으로써 평가과정이 용이하게 마무리될 수 있도록 도울 것이다.

교수개발자는 자료의 구조나 요소 등을 개발하거나 평가내용과 방법을 합의하거나 자료 활용방법을 토론하는 데 협력하도록 하는 전략적 계획을 세워야 한다. 적극적인 협력을 통해 센터의 목적을 대학의 목적에 부합하도록 조정함으로써 유용하면서도 직관적인 최종 결과물을 산출하는 것이 중요하다.

프로그램 평가 주기

평가와 관련된 대다수 문헌에서 제시하는 기본 원칙 중 하나는 좋은 평가란 순환적이어야 한다는 것이다. 즉 질문하고 자료를 수집하고 변화를 모색하고 다시 질문하는 과정이 반복적으로 이루어져야 한다.

목표 설정하기

프로그램 평가의 첫 번째 단계는 목표를 설정하는 것이다. 무엇을 왜 알아야 하는지 계획을 세우기도 전에 성급하게 자료를 수집하는 사람도 있다. 그러나 교수개발은 세심한 평가가 요구되기 때문에 학술적 근거에 기반하여 목표 설정이 이루어져야 한다. 절차상으로 평가 전 계획 수립은 자료수집 이전에 이루어져야 중요하고 생산적일 수 있다.

참가자 분석　누구도 혼자 일할 수 없다. 교수개발자는 다양한 이해관계자들을 고려해야 한다. 필요할 경우 전체를 대상으로 하는 설문조사나 일부를 대상으로 하는 인터뷰와 같이 일종의 요구분석을 하는 것이 유용할지도 모른다(Milloy & Brooke, 2003). 어떤 서비스를 가장 효과적으로 인식하는지 참가자들의 기대와 인식을 파악하는 것은 중요하다. 이러한 과정을 통해 설정한 목표에 대해 책임감을 가지게 된다. 또한 어떤 참가자들이 어떤 프로그램을 요구하는지 확인할 수 있다.

대학 목표와의 부합　교수개발자는 프로그램의 목표를 대학의 전략적 발전계획과 연계하여 구성함으로써 각 단위의 프로그램이 어떤 기여를 하는지 증명할 필요가 있다. 이러한 과정을 통해 고위 행정가들이 프로그램의 가치에 대해 이해하도록 도울 수 있으며, 교수개발 프로그램의 활동과 다양한 목표 간의 일관성을 점검할 수 있다.

대부분 대학에서 가장 중요한 목표는 학생의 교육을 개선하는 것이다. 교수개발 프로그램에 따른 학습성과를 교실에서 직접 측정할 수는 없지만, 이를 염두에 두고 프로그램을 운영하여야 한다. 프로그램의 효과를 간접적으로 증명하는 방법은 과정을 체계적으로 배치하고 각 단계별로 자료를 수집하는 것이다. 이 경우 프로그램 운영자는 소그룹수업진단(SGID)을 통해 학생들의 수업 중간 피드백이나 이 프로그램에 참여한 교수의 수 등을 수집할 수 있다. 또한 학생들의 피드백을 반영하여 어떻게 수업이 바뀌었는지, 그 결과에 학생들이 어떻게 반응했는지 등을 참여 교수들을 통해 질적 방법으로 수집할 수도 있다. 또한 평가의 과정을 대학의 목표에 부합하게 조정함으로써 교수개발 업무의 종사자들이 일하는 시간 이상으로 그 가치를 인정받도록 할 수 있다.

특수한 요구 파악 교수개발자는 평가를 추가적인 업무로 생각한다. 하지만 평가를 이들을 도울 수 있는 어떤 것으로 인식해야 한다. 프로그램의 가장 큰 도전은 무엇인가? 통합된 프로그램 평가체제가 어떠한 도움을 줄 수 있는가? 만약 신규 프로그램 운영을 계획한다면 평가는 프로그램의 확대 여부와 프로그램 간의 우선순위를 결정하는 데 도움이 될 것이다. 반대로 프로그램의 규모가 크고 이미 자리를 잡은 것이라면 평가 결과를 통해 어떤 측면이 가장 효과적이고 어떤 측면에서 개선이 요구되는지 확인할 수 있다. 교수개발자가 교수들에게 수업을 개선할 때 피드백을 활용하도록 권고하는 것처럼 이들도 자신의 활동을 점검하고 개선하는 데 자료에 기반하여야 한다.

평가 결과의 활용 계획 자료를 수집하기 전에 검토하여야 하는 또 하나는 어떻게 평가 결과를 사용할 것인가, 누구와 공유할 것인가, 어떠한 평가 절차가 적절한가에 대해 계획하는 것이다. 예를 들어, 개별 직원들의 수행평가 결과는 특정한 프로그램이나 서비스를 지속하거나 확대하는 것을 결정하는 것과는 전혀 상관이 없다. 행정감독을 위해서도 웹 사이트의 정보공개나 마케팅의 목적과 다른 자료가 필요하다.

성과와 측정방법 결정

목표를 결정한 다음에 목표의 성취, 즉 성과를 무엇으로 보고 어떻게 측정할 것인가를 결정할 수 있다. 이것은 자료의 어떤 부분을 사용할 것인지, 어떤 종류의 증거가 업무를 정확하게 반영하는지 결정하는 것과 연관이 있다.

프로그램의 목표와 내용에 차이가 있을지라도 Sorcinelli 등(2006)은 대학의 유형에 상관없이 센터에서 다음과 같은 유사한 서비스를 제공한다고 지적하였다.

- 개별 교수자를 위한 컨설팅
- 전체 기관 대상의 오리엔테이션과 워크숍
- 집중 프로그램
- 개인이나 학과를 대상으로 한 지원금과 포상
- 자료와 출판물

이러한 서비스는 자료를 수집하는 핵심 통로이다. 좋은 평가는 각 서비스의 영향과 서비스들 간의 관계를 기록한다. '통계에 의존하는 숫자 세기'도 충분치는 않지만 평가계획에 포함해야 한다. 단위별 프로그램의 운영자 수, 대학의 참가자 범위, 일회적인 참가자와 반복 참가자의 수, 프로그램의 경비와 시간 등을 반복적으로 측정하는 것이 중요하다. 이러한 자료를 수집하고 기록하는 것은 어렵지 않다.

대부분의 프로그램은 이미 이와 같은 자료를 수집하고 있다. 예컨대, 대부분 프로그램의 말미에 이루어지는 참가자 만족도 조사가 그 사례이다. 그러나 필자들의 경험이나 Chism과 Szabo(1997)의 조사에서도 확인되었듯이 대다수 교수개발자는 프로그램에 참여한 결과로 교수자가 수업에서 어떤 것을 새롭게 시도하였고 그 결과가 성공적이었는지 확인하는 데 체계적이지 못한 편이다. 교수개발 업무의 성과에 대한 정보를 수집하기 위해서는 서비스 참가자에 대한 조사를 종단적으로 실시할 필요가 있다.

교수개발 업무 중 일부는 워크숍이나 컨설팅보다 수치화하기 어려우며 결과가 드러나지도 않는다. 예컨대, 교수개발자는 빈번하게 대학 위원회의 전문가로 위촉된다. 이것은 대학을 위한 중요한 기여지만 거의 평가되지 않는다.

대부분의 경우 교수개발에서 가장 큰 비용은 바로 시간이다. 시간을 비용으로 산정하는 것이 학문적 풍토에서는 익숙하지 않지만, 이 역시 유용한 자료로 고려되어야 한다. 비용-효과를 결정하기 위해서는 어떤 특정한 서비스나 행사를 진행하는 데 그 효과와 함께 어느 정도의 업무시간과 비용이 소요되는지를 분석했을 때 더 유용하게 활용될 수 있다. 만약 특정 워크숍 준비에 많은 시간이 소요되었지만 참가자 수가 적거나 평가 결과가 좋지 않았다면 이를 변경하거나 중단할 수 있다. 만약 대학에서 중요하게 여기는 목적과 연계된 서비스에 많은 시간이 소요된다면 이것은 더 많은 직원의 채용을 요구하는 자료로 활용될 수 있다. 투자 대비 산출을 분석하는 방법은 Bothell와 Henderson(2003)의 책을 참고할 것을 권한다.

교수개발자는 참가자들의 피드백 외에도 분석해야 할 중요한 자료가 많다. 자기평가도 필수적이다. 만약 교수개발자가 스스로 무엇을 목적으로 했었는지 성찰하지 않는다면 프로그램이 성공했는지 실패했는지 모를 수도 있다. 센터에 있는 동료나 유사한 프로그램을 운영하는 다른 대학 혹은 행정가들의 평가를 참고하는 것도 유용하다.

자료수집

어떤 종류의 자료를 수집할 것인지 결정했다면 다음은 이러한 자료수집을 규칙적으로 일정하고 정확하며 실행 가능하게 하는 절차를 만들어야 한다. 좋은 평가시스템이 있어도 실행하기가 어려워서 아무도 사용하지 않는다면 좋다고 할 수 없다. 교수개발자는 모든 수업을 책임지며 혼자 일하든, 큰 대학에서 다른 동료들과 함께 수천 명의 교수자에게 프로그램을 제공하든 간에 이미 자신의 한계에 도달해 있으며, 그 누구도 추가적 업무를 위해 시간을 내기 어렵다.

기존에 있는 자료 활용하기　프로그램이 이미 일정한 절차에 따라서 시행되고 있다면 거기에서 출발하는 것이 좋다. 이미 수집된 것, 서류철, 표, 전자 데이터베이스에 보관된 것 등을 면밀히 검토하고 무엇이 실제 평가를 위해 사용될 수 있는 것인지, 무엇이 수집되었으나 사용되기 어려운 것이며 무엇이 차이를 보완할 수 있는 것인지 살펴보아야 한다.

만약 프로그램이 여러 직원에 의해서 운영되었다면 모두가 자료를 입력한 후 누가 어떤 부분을 정리할 것인지 결정한다. 필자들은 서로 다른 센터에서 일하면서 각기 다른 위치에 있는 직원들이 이 과정에서 상호보완적으로 기여할 수 있다는 것을 알게 되었다. 센터장은 어떤 자료가 연간보고서의 주요 항목을 기술하는 데 유용한지 통찰력을 발휘할 수 있고 수업컨설턴트는 어떤 정보가 향후 행사를 기획하는 데 유용하게 활용되는지 결정할 수 있다. 행정직원은 행사의 기록과정을 시스템으로 통합하는 최선의 방법에 대해 좋은 아이디어를 내놓을 수 있다. 독립적으로 활동하는 전문가들은 단일한 공유시스템을 만들기 위해 다른 센터와 협력하는 것을 지원할 수 있다. 또한 이들은 센터의 기록을 위해 후임자와 협력할 수도 있다.

통합 시스템을 기반으로 하기   이러한 통합이 성공하기 위해서는 기록저장기능과 다른 행정업무를 동시에 수행할 수 있는 단일한 자료시스템을 개발하는 것이 필요하다. 이 시스템을 통해 업무시간과 약속스케줄을 관리하고 행사기록을 추적하고 평가피드백을 수집하고 연락처를 공유하고 메일링을 생성하고 월간 및 연간 기록을 산출할 수 있다. 목표는 각각의 자료를 한 번 입력하고도 수많은 다른 형태의 결과를 출력하고, 목표에 맞추어 유용하게 변형할 수 있도록 만드는 것이다.

데이터베이스 시스템을 만드는 것은 시간이 투자되지만 결과적으로 자료수집과 기록을 관리할 수 있다는 점에서 유용하다. 몇몇 센터는 데이터베이스 프로그램을 독자적으로 개발할 수 있는 직원을 보유하고 있다. 그러나 파일메이커(Filemaker)나 액세스(Access) 등과 같이 기존의 상용화된 소프트웨어를 활용할 수도 있다. 무엇을 사용하든지 파일로 각각의 자료를 저장하고 공유할 수 있는 유연성이 높은 관련된 시스템을 만드는 것이 중요하다.

시스템은 각각의 클라이언트, 컨설팅, 행사별로 표를 만들어 구분하고 필요한 것을 연계할 수 있도록 구성되어야 한다. 그래서 특정 클라이언트의 기록을 열면 그의 행사 및 컨설팅 기록이 함께 제시되고 행사기록을 열면 행사의 참가자뿐만 아니라 평가, 자료, 계획시간 등 유용한 관련 자료를 동시에 확인할 수 있어야 한다. 이 시스템은 언제 무엇이 열렸는지, 어떤 서비스가 가장 유용하다고 평가되었는지, 신임교수가 어느 정도 컨설팅에 참여했는지, 오전 워크숍과 오후 워크숍 중 참여 비율이 높은 때는 언제였는지 등의 질문에 답할 수 있다. 일상의 업무와 시스템을 통합하면 자료를 입력하는 것도 컨설팅을 운영하거나 워크숍의 참가자를 기록하는 것과 같이 일반 업무의 하나로 통합된다. (이러한 데이터베이스 시스템을 개발하기 위한 전자 튜토리얼은 이 장의 필자들에게 요청하면 받을 수 있다.)

추가 자료 구하기 앞서 논의한 것처럼 교수개발 업무의 결과에 대한 종단적 자료를 수집하기 위해서는 참가자 특성과 만족도 설문을 수집하는 것 이상의 노력이 필요하다. 예를 들어, 오하이오주립대학교의 교수학습센터(UCAT)는 행사, 컨설팅, 대학의 서비스(위원회 자격, 지원금 지원, 전문기관 개발위원회 등) 등을 포함하는 설문을 실시해 왔다. 설문에서 응답자들은 작년 한 해 동안 교수학습센터의 어떤 프로그램에 참여했는지 답했다. 데이터베이스 시스템에는 워크숍, 개별 컨설팅, 지원금 제공 프로젝트 참여 등과 같은 주제의 목록이 포함되어 있어 참가자가 시스템에 저장된 목록 중 참여했던 주제를 선택하고 그 결과로 수업이 어떻게 변화되었는지 기록하도록 했다. 설문에서는 제공한 목록을 활용할 수도 있지만 다른 내용도 충분히 기술할 수 있도록 구성되었다.

이 설문은 매해 교수학습센터 참가자 중 4분의 1에게 배포된다. 데이터베이스 시스템을 통해 무작위로 참가자 표본을 선정하며, 같은 사람이 매년 설문에 참여하는 것을 막기 위해 특정 해에 설문에 참여한 사람을 기록해 둔다. 2회 정도 설문을 진행한 후 교수학습센터는 수업컨설팅 서비스에 대한 집중적인 의견수렴이 필요하다고 결정하고 참가자들을 대상으로 추가적인 설문을 진행하였다. 일반적 설문과 특정서비스에 특화된 설문을 통합하여 분석하는 것은 유용하다. 또한 센터는 초점집단을 구성해 보다 깊이 있는 자료를 얻기 위해 노력할 필요도 있다.

자료의 해석과 보고

얼마나 많은 자료를 수집하느냐와 관계없이 이를 유용하게 사용하기 위해서는 자료를 적절하게 해석하고 보고할 수 있어야 한다. 자료를 해석할 때는 누가 읽을 것인가를 중요하게 고려해야 한다. 교수개발자의 평가 결과는 대내외적으로 사용될 가능성이 높다.

평가는 일반적 목적과 전략적 목적으로 센터 내부에서 활용될 수 있다. 참가자에 대한 기록은 그가 상당한 기간이 지난 후 다시 프로그램에 참여했을 때 유용하게 활용될 수 있다. 또한 참가자 명단, 행사장에서 쓸 이름표, 메일링 주소 등을 만들 때도 활용될 수 있다. 장기적으로 보았을 때 이러한 자료는 한정된 자원과 시간을 어디에 더 많이 투자해야 하는지 결정하는 데 도움이 된다.

참가자의 만족도나 빈도와 같은 자료는 기술통계만으로 분석할 수 있다. 통계에 대한 전문지식이 있다면 다변량분석 등을 활용할 수도 있다. 또한 직원의 업무시간과 인건비 등 투자에 대한 비용효과분석을 할 수도 있다. 대학의 고유한 풍토와 상황에 맞게 이러한 수치가 의미하는 바를 분석하는 것은 중요하다. 예를 들어, 대학 전체를 대상으로 하는 행사에서 참가자의 숫자는 그것 자체로 의미가 없을 수 있다. 만약 교수의 참여율이 높은 소규모 대학에서 교수개발자가 행사에 많은 시간을 투자하여 여러 교수를 발표자로 초청하였으나 참석한 교수가 20명 내외일 경우에는 매우 실망스러울 것이다. 그러나 만약 학과 외부의 행사에 교수가 참여하는 것이 문화적으로 용인되지 않는 대규모 대학에서 준비가 어렵지 않은 브라운백 미팅으로 점심을 제공하고 20여 명 정도의 교수가 참여했을 경우 큰 성공으로 받아들여질 수 있다.

서면 기록을 분석함으로써 질적인 평가를 하는 것도 의미가 있다. 대부분의 평가는 개방형 질문을 포함한다. 초점집단으로부터 피드백을 받는 것은 상대적으로 양적 설문 결과보다 대표성이 떨어질 수는 있지만, 활동이 어떻게 이루어졌는가에 대한 풍부한 이미지를 제공해 줌으로써 한 사람의 활동에 대해 깊이 있게 이해하는 것을 돕는다. 질적 분석 자료를 인용하여 연간보고서에 프로그램의 영향을 기술할 수 있다. 평가에서 서면 기록을 포함하는 것은 교수자의 자기 성찰과 개선을 위해서도 유용하다. 컨설팅 과정에서 얻은 경험과 효과를 참가자가 직접 기술하도록 함으로써 프로그램에 대한 통찰력을 얻을 수 있다. 교수개발 서비스를 활용하지 않은 교수들에게 자료를 수집하는 것도 도움이 된다.

때때로 자신의 활동을 동료들과 비교해 보는 것도 유용하다. 이러한 종류의 벤치마킹은 다른 프로그램에 대한 직접 설문이나 문헌조사를 통해 할 수 있다(Chism & Szabo, 1997; Sorcinelli et al., 2006). 벤치마킹은 프로그램의 실질적 목표를 설정하거나 대학의 의사결정권자들을 설득하는 데 도움이 된다.

평가자료는 외부 사람들에게 교수개발 프로그램이 대학의 요구와 기준에 일치한다는 것을 증명할 때 중요하게 활용될 수 있다. 먼저 이러한 외부의 압력은 평가를 시작하는 이유가 된다. 따라서 대학의 전략적 목표들과 일관성을 유지하도록 프로그램을 조정하고 관련 자료를 수집하는 데 주의를 기울여야 한다. 이러한 과정은 업무 성과와 프로그램의 목표를 연계하는 것을 가능하게 한다.

그러나 동일한 자료를 모든 구성원에게 공유할 필요는 없다. 교수자문위원회의 구성원과 학장은 서로 다른 정보에 관심이 있을 수 있다. 어떤 자료는 마케팅으로 활용되기에 적합할 수도 있다. 다양한 지지층이 요구하는 정보를 파악하고 방대한 자료를 수집하여 가장 유용한 보고서를 작성해야 한다.

활동과 피드백에 대한 요약보고서는 교수 개인의 수행을 검토하기 위한 자기평가에 유용하게 활용될 수 있다. 수집된 자료는 업무에 대한 자세한 그림을 그리거나, 직원의 연간 수행업무를 정확하고 효율적으로 정확하게 검토하는 데 사용될 수 있다. 또한 기존 직원의 승진이나 이직을 위한 인사자료로도 활용될 수 있다.

통합된 자료시스템은 학과장, 자문위원회, 본부행정관 등 여러 의사결정권자들에게 업무를 보고하기 위한 다양한 보고서를 개발하는 데 활용된다. 또한 실제 요구에 부합하는 투자가 이루어졌는지 대학 목표에 따라 운영되었는지 보여주기 때문에 예산 요청의 근거자료가 될 수도 있다. 적어도 해당 서비스가 교수개발 결과로 기술했던 목표에 적절하게 도달했는지 효과성을 검토할 수 있으며, 이를 확인하는 유일한 방법은 자료를 수집·분석하는 것이다.

마지막으로 프로그램 평가를 교수개발이라는 학문적 영역으로 확장함으로써 이 분야에 종사하는 사람들이 대학 내부의 정보를 활용하는 것을 허용할 수 있다. 이러한 자료를 수집하는 것이 가능하다면, 전문적 실행과 관련된 연구문제에 대한 답을 찾고 이를 교수개발자 공동체와 공유하는 것도 유용하고 재미있는 일이 될 것이다.

환류체제 만들기

최종평가시스템을 활용하여 교수개발 프로그램의 활동을 정확하게 기록하고 평가 결과를 필요한 형태로 출력할 수 있어야 한다. 직원들은 업무에 대한 교강사의 피드백을 규칙적으로 검토하여서 이를 프로그램 개발과 개선의 자료로 활용해야 한다.

평가와 관련된 노력은 계획과정에 집중될 수 있다. 어떤 행사를 매 분기 제공할지, 어떤 책을 구입할지, 어떤 주제에 대한 요청이 많은지 어떤 주제와 관련된 컨설팅이 필요한지 등을 논의해야 한다. 또한 새롭게 시작하는 핵심 프로젝트에 투자할 시간과 비용을 측정하는 데 선행자료로서 활용될 수 있다.

의도하지 않았지만 평가를 통해서 모든 과정에 대해 다시 생각해 볼 시간을 갖는 것도 흥미로운 성과라 할 수 있다. 교수나 직원은 서로의 프로젝트에 대해 이해하게 되고 업무의 특성에 대해서 토론하게 될 것이다. 특정 활동들을 범주화하는 방법, 팀 구성원들이 하는 일을 더 잘 이해하기 위한 새로운 범주의 개발, 이것을 대학 구조로 편입시키는 방법, 참가자에게 프로그램의 가치를 소개하는 방법 등에 대한 토론이 이루어질 것이다. 협력적이고 통합적인 프로그램 평가는 직원, 자문그룹, 그 외 다른 사람들과 꾸준히 상호작용하도록 유도함으로써 공동체 형성에 기여할 것이다.

결론

교수개발 프로그램의 내용이 무엇이든 어떤 서비스를 제공하든 얼마만큼의 교수자가 참여하든 얼마나 많은 대학에서 제공하든 간에 업무에 대한 책임과 투자의 결과를 증명할 수 있는 평가기록이 필요하다. 교수개발자는 그들의 프로그램이 특별한 활동이라고 자신할지 모르지만, 그것을 외부에 증명할 수 있는 구조를 만들어 나갈 필요가 있다. 그러나 만약 자료의 수집, 분석, 활용의 과정이 일상 업무로 통합되지 않는다면 추가적 부담이 너무 클 수 있다. 이 장에서는 각각의 요구에 부합되는 시스템을 고안하는 방법을 포함하였다. 팀구성원은 물론 의사결정권자들은 시스템의 설계과정에서 전문적 개발과 전략적 기획이 이루어지도록 도울 수 있다. 또한 이것은 개인의 수행을 증진시킬 뿐만 아니라 각각의 서비스가 참가자나 의사결정권자의 요구에 부합하도록 형성적 목적으로 평가하는 것을 용이하게 만들 수 있다.

센터의 활동과 효과성에 관해 수집된 자료들이 단지 총괄적 목적으로만 사용되어서는 안 된다. 이것은 '환류체제'로 만들어져야 한다. 프로그램 평가는 프로그램 자체를 다른 사람에게 보고하고 정당화하는 것 이상의 의미를 가지고 있다. 좋은 프로그램 평가시스템은 업무를 안내하고 개선하며 의사결정에 활용하고 다른 사람들에게 프로그램의 효과를 증명하는 데 도움이 되어야 한다.

참고문헌

AAHE Assessment Forum. (1997). *Learning through assessment: A resource guide for higher education.* L. F. Gardiner, C. Anderson, & B. L. Cambridge (Eds.). Washington, DC: American Association of Higher Education.

Banta, T. W., Lund, J. P., Black, K. E., & Oblander, F. W. (1996). *Assessment in practice: Putting principles to work on college campuses.* San Francisco: Jossey-Bass.

Bothell, T. W., & Henderson, T. (2003). Evaluating the return on investment of faculty development. In C. M. Wehlburg & S. Chadwick-Blossey (Eds.), *To improve the academy: Vol. 22. Resources for faculty, instructional, and organizational development* (pp. 52–70). Bolton, MA: Anker.

Chism, N.V.N., & Szabo, B. (1997). How faculty development programs evaluate their services. *Journal of Staff, Program, and Organizational Development, (15)*2, 55–62.

Milloy, P. M., & Brooke, C. (2003). Beyond bean counting: Making faculty development needs assessment more meaningful. In C. M. Wehlburg & S. Chadwick-Blossey (Eds.), *To improve the academy: Vol. 22. Resources for faculty, instructional, and organizational development* (pp. 71–92). Bolton, MA: Anker.

Plank, K. M., Kalish, A., Rohdieck, S. V., & Harper, K. A. (2005). A vision beyond measurement: Creating an integrated data system for teaching centers. In S. Chadwick-Blossey & D. R. Robertson (Eds.), *To improve the academy: Vol. 23. Resources for faculty, instructional, and organizational development* (pp. 173–190). Bolton, MA: Anker.

Sorcinelli, M. D., Austin, A. E., Eddy, P. L., & Beach, A. L. (2006). *Creating the future of faculty development: Learning from the past, understanding the present.* Bolton, MA: Anker.

Walvoord, B. E. (2004). *Assessment clear and simple: A practical guide for institutions, departments, and general education.* San Francisco: Jossey-Bass.

Walvoord, B. E., & Anderson, V. J. (1998). *Effective grading: A tool for learning and assessment.* San Francisco: Jossey-Bass.

10

형성적 목적의 수업평가

Michael Theall & Jennifer L. Franklin

이 장은 교수학습을 향상시키기 위한 대학의 교육과정과 성과에 대해서 검토하였다. 수업효과성(teaching effectiveness)에 대한 논의들을 정리하고, 이를 개선하기 위한 방법을 다루었다. 이 장은 적용이 쉬우며 신뢰성이 높은 형성적 과정에 주목하였으며, 교과목이나 교육과정의 지속 여부를 공식적으로 결정하는 총괄적 평가에 대해서는 고려하지 않았다. 우리는 교수의 인사에 영향을 미치는 수업평가나 다양한 수행평가에 대해서는 논하지 않는다. 우리 논의의 핵심은 교수의 전문성 개발과 학생들의 성취도 증진에 영향을 주는 프로그램의 하나로 지속적 교수학습 개선에 필요한 유용한 자료들을 규명하는 것에 있다.

수업효과성을 평가하는 것은 교실 안팎에서 이루어지는 교사와 학생들의 경험과 학습 결과를 검토하는 것과 밀접한 관련이 있다. 이것은 수업방법이나 교실활동의 과정에서 산출되는 도구적 자료나 학생의 학습성과와 같은 결과자료를 모으는 것을 의미한다. 본래 형성평가는 교수자의 기술과 능력, 학습자의 목표 달성 등과 같이 수업의 결과를 제고하기 위한 교수전략, 수업기술, 학습측정 등 수업의 과정과 행위를 개선하는 것을 목적으로 한다. 먼저 수업의 어떤 과정과 어떤 결과를 평가할지 결정해야만 어떤 종류의 자료가 필요한지 알 수 있다.

교수행위가 얼마나 적절한가를 평가하기 위해서는 교수자가 무엇을 하고 학생들이 교수자의 활동에 대해서 어떻게 생각하며 그것이 학생의 학습에 어떤 영향을 주는가를 살펴볼 필요가 있다. 기본적으로 교수개발자가 명심해야 하는 것은 형성적 목적을 위해서 도구적 자료와 결과적 자료를 모두 사용해야 하며, 이러한 정보는 총괄적 목적으로도 사용될 수 있다는 것이다. 대부분의 개발자는 총괄평가 결과에 따른 어떤 결정과 직접적인 관련이 없지만, 그들이 하고 있는 업무는 이러한 결정에 영향을 미칠 수 있다. 교수개발자는 어떤 자료가 형성적 혹은 총괄적 목적으로 사용될 수 있는지 추천하고 형성적 목적으로 수집하는 자료를 비공개로 유지하는 등 교수자의 권리를 보장하기 위해서 측정과 평가 분야의 충분한 지식을 보유하고 있어야 한다.

차이를 명확하게 구분하기 위해 〈표 10.1〉에서 형성적 목적과 총괄적 목적으로 사용될 수 있는 도구적 자료와 결과적 자료의 사례를 제시하였다.

표 10.1 형성적 목적과 총괄적 목적으로 사용되는 자료

목적 \ 초점	수업방법	교실활동	교과목 성과	학생의 학습과정	학생의 학습
형성적	초점집단	동료 및 다른 관찰	계속적, 비공식적 평가	지식 습득 조사	학년과 관련 없는 퀴즈
총괄적	다양한 자료 유형과 자원	미디어 기록, 설문, 학생 평가	비용과 수혜, 학습, 내용, 주제, 커리큘럼의 일치	학년 또는 이후 교과목에서의 수행	모든 종류의 평가, 종단적 자료
자료 유형	도구적 자료		결과적 자료		

이 장에서 우리는 교수개발자가 수업효과성을 평가할 때 중요하게 고려해야 하는 주제에 대하여 주목하였다. 다음의 주제는 이 장에서 핵심적으로 논의하고자 하는 내용이다.

- 대학교육에 대해서 알고 있는 것과 모르고 있는 것은 무엇인가?
- 가르치는 것과 배우는 것은 어떻게 연관되는가?
- 어떤 종류의 도구와 전략이 수업평가에 활용될 수 있는가?
- 형성적 목적으로 사용되는 평가는 무엇인가?

아직 모르고 있는 것

70년이 넘게 축적된 연구로부터 분명히 알게 된 것은 교수와 학습이 복잡하고 다면적이며 상호의존적 활동이라는 것이다. 그리고 이러한 활동은 인간의 상호작용과 의사소통에 기초하기 때문에 더욱 복잡해진다. 인류가 인간 행동을 관찰하고 추론하며 학습과 관련된 지식을 축적하기 시작한 것은 그리 얼마 되지 않았다. 그전까지 우리가 알고 있던 것은 그리 대단하지 않다. 최근 인지과학의 발전은 인간의 인지에 대한 생물학적인 메커니즘에 대해 연구하는 데까지 나아가고 있다. 결과적으로 다른 신념들이 타당화되고 명료화되는 동안 효과적인 수업에 대한 많은 신념이 여러 번의 심각한 수정을 겪었으며, 이를 통해 교수 행위에 대해서 더 새롭고 깊이 있게 이해할 수 있게 되었다. 우리는 현존하는 지식과 새로운 지식을 비교·대조하며 교육에 대한 이해의 범위와 깊이를 확대해 나갈 것이다. 교수개발자는 새로운 교육적 활동이 왜 필요하며 어떻게 해야 하는지 이해하기 위해서 뇌와 학습에 대한 새로운 연구도 알아야 한다. 예를 들어, Zull(2002)은 학습에 대한 뇌 활동의 주기를 David Kolb(1984)의 '경험학습' 모델과 비교함으로써 그 유사성을 밝혀내기도 하였다.

우리가 알고 있는 교수학습에 대한 연구는 대부분 주로 전통적 환경에서 전통적 학습자를 대상으로 이루어진 것이다. 이러한 연구 결과는 현재 유사한 교육환경에서 이루어지는 수업에 이론적 기반을 제공한다. 그러나 1960년대 이래로 수업은 느리지만 꾸준히 변화해 왔다. 우리가 아직 모르고 있는 것은 이러한 변화가 교수학습에 어떤 영향을 미쳤는지, 다시 말하자면 어떤 교수행위가 언제 어디서 가장 많이 활용되었으며 이것이 얼마나 효과적인지이다. 다행스럽게도 알지 못하는 것을 알고자 하는 것은 교수개발자들이 가치를 두고 목표로 삼는 탐구와 성찰의 정신과 일치한다. 수업환경을 변화시키면서 수업효과성을 평가해 보는 것만이 수업효과성을 개선하고 증진하는 방법이 될 것이다.

현재 많이 읽히는 문헌들을 읽기 쉽게 요약해 보는 것도 다양한 관점에서 연구 결과들을 조망할 수 있는 시각을 얻는 데 중요하다. 교수개발자는 어떤 목적에서 어떤 작업이 언제 제안되었는지, 어떤 저항과 부족한 결과가 나타났는지, 새로운 아이디어의 시행을 막는 요소는 무엇인지 등과 관련된 충분한 연구들을 알고 있어야 한다. 많은 자원이 신입 교수개발자들을 도와줄 수 있는데, 아마도 전문성 및 조직개발 네트워크(POD)의 웹 사이트와 리스트서브 등에 자주 접속하는 것도 유용하다. 이곳에서는 대학 교수학습에 대한 방대한 문헌자료를 저장하고 있다. 충분한 문헌조사를 할 수 있는 시간적 여유가 없다면 POD의 리스트서브를 통해 경험이 많은 여러 전문가들과 연락을 취할 수 있다. 또한 POD의 웹 사이트를 통해 수많은 교수학습센터의 자료에 접속할 수도 있다. 가르치는교수(The Teaching Professor)[1]나 전국교수학습포럼(The National Teaching & Learning Forum)[2] 등에서 출판하는 출간물을 통해 중요한 성과에 대한 정보를 알 수 있다. 개별화교육 및 평가센터(IDEA)[3]는 POD와 협력하여 많은 자료와 자원들을 개발해 왔다. 이러한 자원들 중에는 형성적 또는 총괄적 목적에서 사용되는 IDEA의 학생평가도구들도 있다. 물론, 교육이나 다른 특정 분야의 저널, 그리고 매해 출판되는 여러 책들을 활용해 더 전문적인 자료를 얻을 수도 있다.

그래서 우리는 무엇을 알고 있는가

'전통적' 교육환경에서 교사와 학생의 기술, 행동, 동기, 개인양식 등에 대한 심도 깊은 연구들이 이루어져 왔다. 교사의 지식(Shulman, 1986), 대학 수업의 영역(Feldman, 1997), 효과적 교수행위(McKeachie & Svinicki, 2006), 대학이 학생에게 미치는 효과(Pascarella & Terenzini, 1991, 2005), 학생의 성공촉진(Kuh et al., 2005), 교사와 학생의 개인차(Grasha, 1996), 동기 요인들(Theall, 1999a; Wlodkowski, 1998, 1999), 그리고 뇌 기능 및 학습과 연관된 최신 지식들(Zull, 2002) 등의 연구가 이루어져 왔다. 기초연구와 이론에 대한 지식들은 교수개발자나 수업컨설턴트가 의사결정을 하는 데 기초자료가 될 뿐만 아니라 이러한 내용에 익숙하지 않은 교수들을 위한 자료로도 활용될 수 있기 때문에 매우 중요하다.

---

1 http://www.teachingprofessor.com
2 http://www.ntlf.com
3 [역자주] Individual Development and Educational Assessment Center, 즉 IDEA는 1975년 설립된 비영리단체로 고등교육기관의 교수, 학습, 리더십의 향상을 위해 프로그램과 사람을 대상으로 하는 다양한 평가와 개발 업무를 수행해 왔다. 대표적으로 수업에 대한 학생평가, 서비스 증진을 위한 행정가를 위한 피드백 등을 수행하였다(http://ideaedu.org).

교사의 지식과 교수개발자

Shulman(1986)은 교육에서 다음과 같은 세 가지 지식이 중요하다고 지적하였다. '내용지식(content knowledge)'은 교과 내용에 대해 깊이 있게 이해하는 것을 의미한다. '교수내용지식(pedagogical content knowledge)'은 교과를 가르치는 데 적용할 수 있는 기본적인 교수학습 전략에 대한 이해를 의미한다. '교육과정지식(curricular knowledge)'은 교수자가 다양한 학생들에게 효과적으로 교과 내용을 가르치기 위해 필요한 특수한 지식, 기술, 전략들을 개발함으로써 얻어지는 것으로, 처음 두 지식을 적절하게 조합하는 것을 의미한다. 또한 교육과정지식은 중요한 원리를 정의하고 복잡한 개념과 생각을 이해 가능한 유용한 형태로 변환하는 능력과 관련이 있다. 교육과정지식을 가진 교사는 교수전략을 활용하여 학생의 학습 정도를 평가할 수 있고 이를 방해하는 문제를 해결할 수 있다. 교육에서 평가의 의미는 교사가 이러한 세 종류의 지식을 가지고 있는지, 교사가 내용 전문가에서 내용과 효과적인 교수법을 조합하는 교사로서 발전해 나가는지를 검토하는 것과 관련이 있다.

유사한 개념이 교수개발자에게도 적용된다. 교수가 요구하는 내용지식과 교수내용지식을 제공하기 위해서 교수개발과 관련된 서비스 제공자는 다음과 같은 지식을 보유해야 한다.

- 교수개발자 고유의 내용지식(범교과에 활용될 수 있는 효과적인 교수학습에 관한 이론과 실제)
- 교수개발자 고유의 교수내용지식(다양한 교육적, 학문적 배경을 가진 교수가 교수설계 관련 지식과 기술을 획득하도록 돕는 컨설팅과 교수방법)
- 교수개발자 고유의 교육과정지식(깊이 있는 지식과 상호작용적인 컨설팅 기술을 특정 상황에 맞게 적용하는 능력)

이러한 지식에는 평가기술, 교육공학적 지식, 개인차에 대한 이해, 교수학습 관련 지식 등 광범위한 지식을 포함한다.

숙련된 교수개발자는 교수학습 상황을 평가하여 효과적인 전략을 제안하고 교수가 이를 수업에 맞게 적용하도록 돕는다. 그들은 연구와 이론을 통합하고 다양한 클라이언트와 협업하기 위한 다양한 전략을 알고 있다(Brinko & Menges, 1997; Lewis & Lunde, 2001; Theall & Franklin, 1991a). 신입 교수개발자는 시간이 지나면서 초보자에서 전문가로 성장한다. 경험있는 실천가는 Shulman(1986)이 지적한 '교육과정지식'과 유사한 지식과 기술을 보유한다. 그러나 초보자는 이러한 기술을 아직 가지고 있지 않다. 그러나 신입 교수개발자는 클라이언트, 특히 경험이 많은 연륜 있는 교수들과 함께 작업함으로써 많은 것을 배울 수 있다. 신입 교수개발자가 교원의 신분으로 임용이 되었다면, 그들은 대학원 교육을 통해 교수 지식이나 자신의 학문 분야의 교수내용지식도 가지고 있을 것이다. 경험 있는 교수와 함께 일하는 것은 그들을 지원해 줄 수 있는 중요한 교수집단을 확보하는 일인 동시에 교수내용지식과 교육과정지식을 넓히는 하나의 방법이다.

대학 수업의 영역

대학 수업을 검토하는 방식은 중 하나는 이것이 구분될 수 있는 영역으로 구성되었는지 확인하는 것이다. 이 분야의 연구는 Feldman(1997, 2007)에 의해 진행되었는데, 그는 대학의 교수와 학습의 관계에 대한 견고한 이론적 구조를 밝혀내었다. 그는 수업의 주요 영역을 17개로 구분하고 학생의 학업성취도 및 수업평가와 상관관계가 높은 것부터 순위를 매겼다. 학생의 성취도에 영향을 미치는 가장 중요한 영역은 다음과 같다.

- 교사의 조직화와 준비
- 교사의 명료성과 이해 가능함
- 학습을 증진시키는 교사의 능력
- 교과에 대한 학생의 관심을 자극하는 교사의 능력

다음의 네 영역은 학생의 수업평가와 강한 상관이 있는 것들이다.

- 교과에 대한 학생의 관심을 자극하는 교사의 능력
- 교사의 명료성과 이해 가능함
- 학습을 증진시키는 교사의 능력

- 지적 도전에 대한 교사의 준비

    수업효과성 측면에서 학생의 수업평가와 학업성취도와의 상관(Cohen, 1981)과 학생의 수업평가와 수업컨설팅 사이의 연관성(Cohen, 1980)은 여러 논문을 통해 증명되어 왔다.

    교수개발자는 학생의 수업평가를 해석할 때 위의 관계들을 고려해야 하며, 동시에 학생의 수업평가가 가진 한계를 인식하고 있어야 한다. 수업평가 결과를 모든 수업에 적용할 수 없으며, 수월성은 여러가지 다양한 방식으로 획득될 수 있다. 학생들에 의한 수업평가의 타당성을 교수들이 이해하도록 돕는 것은 어려운 도전으로, 교수개발자는 그 기저에 있는 사실을 조심스럽게 읽어 낼 수 있어야 하며, 그에 근거하여 교수들을 안내할 수 있어야 한다(Marsh, 2007; Murray, 2007; Perry & Smart, 2007; Theall & Feldman, 2007).

대학의 효과와 학생참여의 중요성

아마도 대학교육의 효과를 포괄적으로 일반화하는 방법은 학생들의 전체 경험을 수치화하는 것일 것이다. Pascarella와 Terenzini(1991, 2005)는 수업과 교과학습도 중요하지만 새로운 학습의 적용, 사회화, 성숙, 실험과 경험, 생활기술의 개발, 새로운 아이디어나 사람에 대한 노출 등이 변화를 불러일으키는 주요 요소라고 지적하였다. Kuh 등(2005)은 학생들이 학습에 적극적으로 참여하는 것이 중요하다고 지적하였다. 교수는 학생들이 수업에 적극적으로 참여하도록 유도하는 학습전략을 개발할 필요가 있다. 교수개발자는 그들이 알고 있는 것을 교수자가 활용하도록 도와줌으로써 대학교육의 효과가 제고되도록 유도해야 한다.

동기 및 그와 관련된 요소

학생들의 동기는 참여를 촉진하는 핵심 메커니즘으로 동기와 감정은 학습의 주요 요소이다(Zull, 2002). Theall(1999b)은 14개의 동기 모형을 검토하여 (1) 포용, (2) 태도, (3) 관련성, (4) 역량, (5) 리더십, (6) 만족 등 6개의 공통 요소를 추출하였다. 이러한 요소들은 행동, 참여, 협동, 발견 등을 기본으로 하는 현대의 교수방법과 논리적으로 연결되며, 위에 언급한 수업 영역과도 관련이 있다.

　또한 동기가 주는 성과는 학생들이 효능감에 대해서 지각하고 자기 수행의 원인을 스스로 인식하는 것과도 관련이 있다(Bandura, 1977). 성공한 사람들은 성공의 원인을 자기 내적인 것(나의 능력이나 노력 등)에서 찾고 이를 근거로 미래의 성공을 예측하는 경향이 있다. Perry(1991)와 다른 연구자들은 학습에 어려움을 가진 학생이 더 적극적이고 긍정적으로 학습에 접근하도록 돕는 것이 가능하다는 점을 증명하였다. 이러한 학생들은 학습에 강한 책임감을 갖게 되면서 노력을 통해 성공할 수 있다는 점을 이해하게 되었다. 학습성과가 높아지면서 수행을 유도하는 만족감도 높아졌다. 더 주목할 점은 이러한 성과가 내적인 동기에 영향을 미친다는 것이다. 학생들은 "나는 노력에 따라 가치 있는 어떤 것을 할 수 있다는 사실을 배웠으며, 다시 그것을 할 수 있을 것이다."라고 말했다.

　동기와 컨설팅 효과 또한 눈여겨볼 만한 가치가 있다. 학생들에게 사용했던 원리와 전략은 교수들과 협업할 때도 동일하게 적용된다(Theall, 2001). 교수개발자는 교수들이 효과적으로 가르치도록 컨설팅하기 위해 내적 동기 및 그와 관련된 원리와 기술에 능통하여야 한다. 학생의 성공으로부터 내적 동기를 얻는 교수들처럼, 교수개발자도 그들의 클라이언트인 교수들의 성공에 동기화될 수 있다. 학생들과 마찬가지로 교수와 교수개발자들도 "나는 그것을 혼자 해냈고, 앞으로 다시 할 수 있을 것 같아요."라고 말할 수 있어야만 한다.

평가 : 학습과의 연결

우리는 다음과 같은 질문을 종종 듣는다. "만약 배우는 것이 없다면 가르치는 것이 있을 수 있을까?" 다른 말로 하자면 이 질문은 수업의 본질이 (1) 교수설계, (2) 정보전달과 필수활동, (3) 전달의 결과(학습) 중 과연 무엇이냐는 질문이다. 이 질문은 사소하지 않다. 왜냐하면 세 요소 모두가 다른 두 요소를 부정하고 하나를 선택할 정도로 강력한 신념을 바탕으로 하고 있기 때문이다. 수업이나 학습의 효과성을 평가하기 위한 최선의 전략은 서로 다른 종류의 증거자료를 모으는 것이다. 가장 위험한 셋이 하나의 단일한 자료에 의존하는 것이다. 교수개발자는 교수들에게 양적 · 질적 방법의 지식, 문제개발, 설문방법 등을 통해 다양한 자료를 모으는 것을 도와 달라고 요청할 수 있다. 중요한 것은 교수개발자가 그 자료를 해석하고 사용하고 전달할 때 필요한 기술을 가지고 있는가이다(Franklin & Theall, 1990; Menges & Brinko, 1986; Theall & Franklin, 1991b). 수업컨설턴트와 교수개발자는 그들의 역할과 노력의 성과가 교수학습뿐 아니라 교수의 커리어와 학생의 미래의 성공에 영향을 미친다는 사실을 명심해야 한다.

체계적인 교수개발과 평가는 다양한 목적을 위한 수단이 될 수 있다. 어떤 행위나 혁신에 미치는 영향을 측정하는 방법은 체계적으로 관련 자료를 모아서 평가하는 것이다. 교수개발자들이 교수들로 하여금 반성적 행위에 기여하도록 유도하는 가장 강력한 방법 중 하나는 '교수학습의 학문성' 전략을 사용하여 그들이 체계적으로 교수설계의 효과성을 평가하도록 돕는 것이다. 체계적인 평가는 체계적인 설계로부터 나오며, 이것은 다시 행동을 개선하도록 유도하는 데 기여한다.

교수개발자는 교수의 목적과 목표, 교과목 내용의 주제와 필수요소, 학생의 선수지식과 기술, 학습을 평가하는 방법, 그리고 교수학습이 이루어지는 전체 환경 등을 관찰할 필요가 있다. 교수개발자는 자신이 선호하는 한두 가지 교수방법에 매몰되지 말아야 한다. 그들은 교수들이 특정 상황에서 어떤 문제에 대해 고민하는지 체계적인 절차를 사용하여 분석하고 수업에서 나타나는 문제를 해결할 수 있도록 도와야 하며 다른 상황에도 적용할 수 있는 수업계획과 개발절차를 모형화하도록 지원해야 한다. 이러한 과정을 통해 교수는 교수학습에 대해 이해하고 학생에게 더 많은 학습 기회를 제공할 수 있다.

교수개발자는 교육적 문제와 관련하여 분명한 개인적 가치관과 신념을 가지고 있어야 한다. 또한 이들은 서로 다른 관점으로 문제를 분석하고 균형적으로 교수학습이 발전하도록 토론을 주도하며 교수들이 타당하고 신뢰할 수 있는 자료를 활용하여 의사결정을 하도록 도와야 한다. 더불어 교수들이 검사나 평가자료를 활용할 수 있도록 심리측정이나 검사도구를 개발하고 타당화하는 기술에 관한 전문성을 갖추어야 한다. 마지막으로 교수개발자는 학과의 정치적 역학관계에 민감해야 하며 현 상황에서 전략을 가장 효과적으로 적용하는 방법을 찾을 수 있어야 한다. 신입 교수개발자는 이러한 분야에 대한 지식을 갖추도록 다양한 자원을 사용할 수 있다.

평가도구와 전략

수업과 학습을 평가하는 데 활용할 수 있는 유용한 자료들이 있다(예 : Angelo & Cross, 1993; Arreola, 2007; Brinko & Menges, 1997; Chism, 2007; Lewis & Lunde, 2001). 특히, Berk(2006)은 교수개발자와 컨설턴트가 교수와 행정가를 위해서 평가자료를 해석할 때 활용할 수 있는 열세 가지 전략을 제시하였다.

우리는 형성평가와 총괄평가의 과정은 완전히 분리되어야 한다고 배웠지만 두 평가의 목적과 자료가 상호보완적이기 때문에 그렇게 하는 것은 적절하지 않다. 그러나 이 장은 교수의 수업을 증진시키도록 돕는 것을 목적으로 한다. 교수개발자는 총괄평가에 의한 의사결정에 결부되지 말아야 하며 형성평가에서 필수적으로 요구되는 신뢰성을 위협할 수 있는 여러 외부의 압력으로부터 자유로워야만 한다('POD의 윤리 가이드라인'을 참조하라).[4]

수업평가의 도구

학생들은 수업에 대한 중요한 정보를 제공할 수 있다. 학생의 수업평가는 전국적으로 광범위하게 사용되는 검증된 평가도구를 통해 얻을 수 있다. 어떤 사람은 이 평가도구가 대규모의 타당성 검증을 거친 도구라는 점에서 만족스러워할 수 있다. 그러나 많은 기관은 자체적으로 평가도구를 개발하여 분석에 사용하는 것을 선호한다. 이러한 도구들은 오랫동안 해당 기관에서 사용되면서 타당성이 검증된 것이 대부분이지만, 일부는 충분한 검증과정을 거치지 못하였다. 검증되지 않은 도구는 양질의 자료를 통한 바람직한 결과의 획득과 평가과정을 통한 유익한 피드백 수렴이라는 기대를 위협한다. 검증되지 않은 도구를 사용한 평가가 적절하게 분석되지 못하고 보고되었을 경우 교수의 경력개발에 위협이 될 수도 있다. 학생의 수업평가에 대해서 들리는 많은 불만은 잘못된 도구를 사용하거나 제공한 정보를 잘못 해석하거나 잘못 사용해서 발생하는 것이 대부분이다.

대부분의 수업평가도구는 학생이 교과목이나 교수자에 대해 코멘트를 하도록 만들어졌다. 이러한 코멘트는 형성적 목적에서 특히 가치가 있다. 이것은 설문을 통한 양적

---

4 http://podnetwork.org/faculty_development/ethicalguidelines.htm

자료분석에서 얻기 어려운 통찰력, 추론, 정서적 특징 등을 알려 준다. 그러나 학생 코멘트를 사용할 때 강한 어조로 쓰여진 부정적 코멘트는 예측할 수 없는 강력한 결과를 가져올 수 있어서 문제가 된다. 학생이 기록한 거칠고 편향되며 불명확한 코멘트로 인해서 긍정적인 중요한 기록들까지 가치 있게 인식되지 못하는 것이다. 컨설턴트는 교수자가 이러한 정보들을 효과적으로 사용할 수 있도록 균형잡힌 시각을 제공할 필요가 있다.

수업에 대한 정보를 얻는 또 다른 방법은 학생들로부터 추가적인 정보를 수집하는 것이다. 소그룹수업진단(Clark & Bekey, 1979)은 교수에 관한 분명한 코멘트를 얻는 간단하고 유용한 방법이다. 퀵코스진단[5](Millis, 2004)이라 불리는 새로운 방법도 자료를 생산하는 데 유용하다. 이런 진단자료를 활용하여 특정 사례를 포함한 보고서를 작성할 수도 있다. 학생의 평가 결과를 상호 검증하는 또 다른 유용한 전략은 수업을 비디오로 촬영하고 교수와 함께 검토하는 것이다. 비디오 기록은 명확하며 이해하기 쉽지만, 몇 가지 주의할 점이 있다. 첫째, 카메라의 존재가 교수 및 학생에게 영향을 준다. 테이프를 통해 보이는 것과 들리는 것은 평상시에 일어나는 것을 재현하지 못할 수도 있다. 게다가 많은 교사가 테이프를 성찰적으로 보지 않거나 너무 자기비판적으로 본다. 비디오 촬영 경험이 한 번도 없다면, 교실의 활동과 역동성이 미치는 영향을 고려하여 충분히 여러 번 촬영함으로써 카메라 자체의 영향을 없애거나 줄여야 한다. 비디오 자료를 여러 번 보는 것은 교사가 언어습관이나 행동과 관련된 사소한 문제들을 과장해서 생각하지 않도록 도와준다. 교내에 있는 교수자, 동료, 교과내용 및 교육학 전문가, 컨설턴트, 교수개발자, 행정가 등을 통해서도 추가적 정보를 얻을 수 있다. 개인이 제출한 포트폴리오도 믿을 수 있는 정보원이다(Seldin, 1991). 교수철학, 수업 이외의 교육적 경험에 대한 기록, 학생활동과 수업평가에 대한 반응, 다른 종류의 자료 등이 포함될 수 있다. 포트폴리오 자료를 판단하고 평가하는 데 필요한 지식과 기준은 학과장 및 다른 행정가의 의견을 구하거나 선배 교수들과 함께 일하면서 얻을 수 있다. 포트폴리오의 기술적 이슈와 평가 절차에 대한 조언은 신임교수와 함께 일하면서 보완

5　[역자주] Quick Course Diagnosis는 Barbara Millis이 만든 평가 기법으로 참가자가 수업에서 하는 반응을 규명하고, 학습자의 관점에서 수업의 장단점을 평가하는 방법이다. 소집단이 기록된 카드의 활동을 비교하고 수업의 장단점에 순위를 매긴다(http://www.personal.psu.edu/wea3/QCD).

할 수 있다.

행정가가 교실에 들어오거나 다른 수업 관찰에 참여할 때 명심해야 하는 두 가지는 다음과 같다. 첫째, 관찰자는 교수자가 믿을 수 있고 신뢰하며 수용할 수 있는 사람이어야 한다. 둘째, 관찰과정은 신중하고 필요 시 비밀보장이 이루어져야 한다. 학과장이 수업을 관찰하고자 할 때도 해당 관찰자료를 총괄평가의 증거로 사용하지 말아야 한다. 때로 대학이나 학과가 정책적으로 수업 관찰을 일종의 총괄평가의 과정으로 요구하는 경우도 있는데, 이것은 매우 민감한 상황이다. 만약 그러한 경우라면 행정가가 총괄평가의 목적으로 관찰하는 것이 최선이다. 동료평가에서는 형성평가와 총괄평가의 갈등이 크지 않다. 교수자와 관찰자가 형성평가 과정에서 서로 편안하게 주어진 절차에 따름으로써 효과적이고 유용한 정보를 얻도록 돕는 것이 중요하다(Chism, 2007). 관찰자로서 외부 전문가는 교과내용, 교수설계, 수업계획서, 교육과정의 내용과 활동, 평가전략 등에 대해 코멘트를 할 수 있다. 외부 전문가에 의한 검토는 교과내용이나 가르치는 영역에 대해 충분한 지식을 가지고 있는 동료가 해당 학교에 없을 때 적절하다.

교수개발자와 컨설턴트가 교수와 교실을 관찰하지 않고 교수학습을 평가하거나 증진시키는 것은 매우 어렵다. 무엇보다 여러 수업에 대한 관찰과 비디오자료를 통한 리뷰 등은 학생의 수업평가, 타인에 의한 관찰, 포트폴리오 자료, 다른 자료원을 통한 데이터 등으로부터 얻은 정보를 확인하거나 확증하는 데 사용될 수 있다. 수업컨설턴트와 교수개발자는 학생의 수업평가, 관찰과 평가기술, 수집된 자료의 조직과 관리에 정통해야만 한다. 또한 그들은 교수자에게 유용한 피드백을 제공하기 위해 자료를 해석하는 기술을 가지고 있어야 한다. 질적이고 양적인 자료 중 하나만을 선호하는 것은 클라이언트에게 정확한 정보를 제공하지 못할 수 있기 때문에 다양한 자료원으로부터 정보를 수집해야 한다.

학습평가의 도구

학생의 학습을 평가하는 가장 일반적인 도구는 교실에서 보는 시험이다. 그러나 교실시험은 대부분 타당성 검증이 어려우며, 표준화된 측정(예 : 많은 분야의 전문화된 인증평가)이나 검증된 도구보다 신뢰성이 떨어진다. 평가는 수업목적, 교수목표, 수업방법 사이의 연관성을 검토하기 위해 사용한다. 교수개발자는 교수가 수업에서 사용할 시험문제를 개발하면 문항분석과 같은 기본적인 타당화 활동을 수행하도록 도와줄 수 있다. 전문적 면허나 인증과 같이 표준화된 검사는 개인이나 집단의 수행을 비교하는 데 유용하게 사용될 수 있다. 이러한 시험은 일반적으로 그 분야에서 중요하다고 인정되는 내용에 초점이 맞춰져 있다. 그러므로 그것은 교육과정이나 프로그램의 타당성을 검토하는 데도 활용될 수 있다.

학습성과 측정이 부각되는 것은 최근에 효과적이고 효율적이며 편리한 도구들이 개발되었기 때문이다. Angelo와 Cross(1993)는 수많은 수업평가기법(CATs)[6]을 수집하여 정리하였고, Walvoord(2004)는 학과나 프로그램 수준에서 학습성과를 평가하는 간단한 방법을 제시하였다. 이러한 도구는 교수가 종종 평가 자료를 프로그램 평가팀이나 학과 및 다른 인증기관에 제공할 때 중요하다. Nuhfer와 Kipp(2003)은 '지식설문(knowledge surveys)'이 학생들의 전공지식에 대한 자신감을 자기보고(self-reports)한 자료라고 설명하였다. 이 정보는 교수가 교과목의 교육내용을 조정하고 학생이 어려움을 느끼는 내용에 대해 더욱 강조하도록 유도하며 학생이 얼마나 성공적으로 교수목표에 도달했는지 평가하도록 도와줄 수 있다.

교실연구와 교수학습의 학문성

교수학습의 학문성에서 Boyer(1990)는 수업을 일종의 학문적 성격(scholarship)을 가진 어떤 것으로 재조명하면서 평가, 문제, 이슈, 그리고 과정 등을 수업의 일부로 포함하였다. Cross와 Steadman(1996)은 수업에서 학문성을 증진시키는 방법으로 교실수업의 과정과 성과를 연구하기 위한 가이드라인을 제시하였다. 그들은 교실연구가 전통적인 경험연구에서와 같이 항상 많은 표본과 통계절차를 필요로 하지는 않는다고 지적하였다. 교실연구를 통해 통계적으로 유의미한 차이를 수집하기는 어렵지만 핵심적이고 성찰적이며 유용한 결과를 얻을 수 있다. 이러한 관점은 교수개발자가 단지 교수의 수업문제에 대응하도록 돕는 것을 넘어서 학과나 기관의 문제를 해결하는 데 기여할 수 있도록 그 역할을 확대하였다. *The Scholarship of Teaching and Learning*(Shulman &

---

6 [역자주] Classroom Assessment Techniques, 즉 CATs는 학생들이 교과목의 내용을 이해하고 있는지 평가하고 수업방법의 효과에 대한 정보를 제공받기 위한 목적에서 이루어지는 형성적 평가를 일컫는다(http://pedagogy.merlot.org/Classroom_AssessmentTechniques.html).

Hutchings, 1999)의 출간과 함께 교수학습의 학문성에 대한 연구가 강조되면서 학문 분야별로 공통된 학문성 연구와 중요한 성과 등을 밝히는 연구들이 나타나고 있다. 교수개발자는 교수와 함께 교수학습의 학문적 성과를 밝히는 프로젝트에 참여하고, 이를 학계에 발표하고 출판하면서 주요 커리어 개발을 위한 성과 중 하나로 활용할 수 있다. 다른 말로, 학문성을 개발한다는 의미는 교수학습을 증진시키는 것을 넘어서 교수의 전문성 개발이라는 주제로까지 발전하고 있다.

교수학습을 증진시키기 위한 자료의 활용

평가의 유형은 교수와 단순한 대화에서부터 교수학습 관련 주제에 대한 정식 연구에 이르기까지 다양하다. 이러한 평가는 과정과 성과를 이해하는 데 중요하다. 또한 개인의 성장과 전문성 개발을 위한 풍부한 정보를 제공해 준다. 교수개발자는 교수와 학과가 교수학습의 학문성에 근거하여 사정 및 평가 결과를 활용하도록 도움으로써 맡은 소임을 다할 수 있다. 이것은 일종의 상호보완적인 활동으로 적절한 자료가 없다면 성공적으로 이루어지기 어렵다. 교수개발자는 효과적 컨설팅을 위한 기본 가이드라인을 명심하고 교수와의 협업에서 독자적 위치를 확보함으로써 성공적으로 일을 수행할 수 있다. 다음은 도움이 되는 가이드라인이다.

[교수학습을 증진시키는 데 도움을 되는 일반 가이드라인]
- 지식과 기술이 뛰어난 동료 및 학계의 전문가와 수업, 학문연구, 서비스에 가능한 한 함께 참여함으로써 신뢰감을 형성하라.
- 당신의 업무가 대학의 목표나 교수의 핵심요구에 부합하도록 노력하라.
- 고객으로서 교수를 위한 긍정적인 환경을 만들어라(교수의 잘못을 바로잡는 것이 아니라 전문성을 신장하고 수행을 증진시키도록 돕는 것이다). 가능한 한 규칙적으로 여러가지 방법(면대면 및 전자적 방법 등)을 통해 상호작용하라.
- 듣고 듣고 또 들어라.
- 따라가서 마음을 움직여라.
- 당신의 고객이 유용한 자료를 수집하도록 도와라.

- 과정과 그 속에서 산출된 정보에 대한 비밀을 보장하라.
- 지나치게 과장하거나 지나치게 헌신하거나 지킬 수 없는 약속을 하지 마라.
- 가능하다면 (특히, 신임 교수를 위해서) 동료 네트워크를 만들거나 고립을 피할 수 있는 방법을 지원하라.
- (특히, 학과장과 같은) 행정가와 함께 일함으로써 당신 자신과 당신의 업무를 공고히 하라. 또한 그들의 관점과 요구를 잘 이해하도록 노력하라.
- 좋은 사례와 뛰어난 수행에 대해서 강력하게 홍보하라.
- 교수와 학생의 성공에 초점을 맞춰라.

[교수학습을 증진시키는 데 도움을 되는 특별한 가이드라인]
- 다양한 자원으로부터 유용한 자료를 수집하는 것이 필요하다는 것을 강조하고 가능할 때마다 더 많은 자료를 수집하라.
- 교수가 수업목표(교수가 하고자 하는 것)와 학습성과(학생이 획득한 것)를 구분하고 이 모두를 성취할 수 있도록 체계적인 절차에 따라 교수설계를 하도록 도와라.
- 장점을 우선시하고 강화하라. 하지만 문제가 되는 이슈를 피하지는 마라.
- 학생으로부터 얻는 자료와 다른 방법으로 얻는 자료의 균형을 맞춰라.
- 학생의 수업평가에서 코멘트와 양적 답변자료를 모두 보관하고, 양쪽 모두에 대표성이 있음을 명심하라.
- 교수가 특정 목적으로 자료를 해석하고 통합할 수 있도록 도와라(즉 과정에서 특정한 목표를 수립하게 하라).
- 장·단기간에 개선을 도모할 수 있는 실제적이고 가능한 개입과 변화 방법을 제안하라.
- 가능할 때마다 교수학습의 학문성과 결과, 다른 기록, 직접적 관찰과 사정, 평가자료를 통합하라.
- 교수학습을 증진시키는 것뿐만 아니라 전문성 신장과 발전을 위한 기회라는 생각을 가지고 다양한 목적에서 수업을 평가하라.

결론

궁극적으로 교수개발과 수업개발은 효과적인 파트너십이 필요한 활동이다. 컨설턴트와 교수자 사이에 다른 사람들이 추가적으로 관여할 수 있지만, 컨설팅이 효과적이기 위해서는 모든 이해관계자가 지속적이고 적극적으로 교수학습을 증진하도록 노력하는 지원적 환경을 조성하는 데 참여해야 한다. 여러 종류의 평가 자료들을 활용하고 상황과 이슈를 검토하는 것은 시험점수나 학생이 제공하는 자료를 검토하는 것만큼 중요한 과정이다. 단순하고 즉각적인 평가과정을 제공하는 것이 아니라 수업의 가치에 대한 신뢰할 만한 명확한 근거를 토대로 적절한 자료를 대학에 제공할 수 있어야 한다. 교수개발은 개인적 발전과 전문성 신장을 위한 강력하고 지속적인 방법임을 고객인 교수와 대학에 홍보하여야 한다.

참고문헌

Angelo, T. A., & Cross, K. P. (1993). *Classroom assessment techniques: A handbook for college teachers* (2nd ed.). San Francisco: Jossey Bass.

Arreola, R. A. (2007). *Developing a comprehensive faculty evaluation system* (3rd ed.). Bolton, MA: Anker.

Bandura, A. (1977). Self efficacy: Toward a unifying theory of behavioral change. *Psychological Review, 84*(2), 191–215.

Berk, R. A. (2006). *Thirteen strategies to measure college teaching.* Sterling, VA: Stylus.

Boyer, E. L. (1990). *Scholarship reconsidered.* Princeton, NJ: Carnegie Foundation for the Advancement of Teaching.

Brinko, K. T., & Menges, R. J. (1997). *Practically speaking: A sourcebook for instructional consultants in higher education.* Stillwater, OK: New Forums.

Chism, N.V.N. (2007). *Peer review of teaching* (2nd ed.). Bolton, MA: Anker.

Clark, D. J., & Bekey, J. (1979). Use of small groups in instructional evaluation. *Insight into teaching excellence, 7*(1), 2–5. Arlington: University of Texas at Arlington.

Cohen, P. A. (1980). Effectiveness of student-rating feedback for improving college instruction: A meta-analysis. *Research in Higher Education, 13*(4), 321–341.

Cohen, P. A. (1981). Student ratings of instruction and student achievement: A meta-analysis of multisection validity studies. *Review of Educational Research, 51*(3), 281–309.

Cross, K. P., & Steadman, M. H. (1996). *Classroom research: Implementing the scholarship of teaching.* San Francisco: Jossey Bass.

Feldman, K. A. (1997). Identifying exemplary teachers and teaching: Evidence from student ratings. In R. P. Perry & J. C. Smart (Eds.), *Effective teaching in higher education research and practice.* New York: Agathon Press.

Feldman, K. A. (2007). Identifying exemplary teachers and teaching: Evidence from student ratings. In R. P. Perry & J. C. Smart (Eds.), *The scholarship of teaching and learning in higher education: An evidence-based perspective* (pp. 93–129). Dordrecht, The Netherlands: Springer.

Franklin, J. L., & Theall, M. (1990). Communicating ratings results to decision makers: Design for good practice. In M. Theall & J. L. Franklin (Eds.), *New directions for teaching and learning, no. 43. Student ratings of instruction: Issues for improving practice* (pp. 75–96). San Francisco: Jossey-Bass.

Grasha, A. F. (1996). *Teaching with style.* Pittsburgh, PA: Alliance.

Kolb, D. A. (1984). *Experiential learning: Experience as the source of learning and development.* Englewood Cliffs, NJ: Prentice-Hall.

Kuh, G., Kinzie, J., Schuh, J. H., Whitt, E. J., & Associates (2005). *Student success in college.* San Francisco: Jossey-Bass.

Lewis, K. G., & Lunde, J. P. (Eds.). (2001). *Face to face: A sourcebook of individual consultation techniques for faculty/instructional developers.* Stillwater, OK: New Forums.

Marsh, H. W. (2007). Student evaluations of university teaching: Dimensionality, reliability, validity, potential biases, and usefulness. In R. P. Perry & J. C. Smart (Eds.), *The scholarship of teaching and learning in higher education: An evidence-based perspective* (pp. 319–384). Dordrecht, The Netherlands: Springer.

McKeachie, W. J., & Svnicki, M. (Eds.). (2006). *Teaching tips. Strategies, research, and theory for college and university teachers* (12th ed.). Boston: Houghton Mifflin.

Menges, R. J., & Brinko, K. T. (1986, April). *Effects of student evaluation feedback: A meta-analysis of higher education research.* Paper presented at the meeting of the American Educational Research Association. San Fracisco. (ERIC Document Reproduction Service No. ED 270 408)

Millis, B. J. (2004). A versatile interactive focus group protocol for qualitative assessments. In C. M. Wehlburg & S. Chadwick-Blossey (Eds.), *To improve the academy, Vol. 22. Resources for faculty, instructional, and organizational development* (pp. 125–141). Bolton, MA: Anker.

Murray, H. G. (2007). Research on low-inference behaviors: An update. In R. P. Perry & J. C. Smart (Eds.), *The scholarship of teaching and learning in higher education: An evidence-based perspective* (pp. 184–200). Dordrecht, The Netherlands: Springer.

Nuhfer, E., & Kipp, D. (2003). The knowledge survey: A tool for all reasons. In C. Wehlburg & S. Chadwick-Blossey (Eds.), *To improve the academy: Vol. 21. Resources for faculty, instructional, and organizational development* (pp. 59–74). Bolton, MA: Anker.

Pascarella, E. T., & Terenzini, P. T. (1991). *How college affects students.* San Francisco: Jossey-Bass.

Pascarella, E. T., & Terenzini, P. T. (2005). *How college affects students. Vol. 2: A third decade of research.* San Francisco: Jossey Bass.

Perry, R. P. (1991). Perceived control in the college classroom. In J. C. Smart (Ed.), *Higher education: Handbook of theory and research* (Vol. 7, pp. 1–56). New York: Agathon.

Perry, R. P., & Smart, J. C. (Eds.). (2007). *The scholarship of teaching and learning in higher education: An evidence-based perspective.* Dordrecht, The Netherlands: Springer.

Seldin, P. (1991). *The teaching portfolio: A practical guide to improved performance and promotion/tenure decisions.* Bolton, MA: Anker.

Shulman, L. S. (1986). Those who understand: Knowledge growth in teaching. *Educational Researcher, 15*(2), 4–14.

Shulman, L. S., & Hutchings, P. (1999). The scholarship of teaching: New elaborations, new developments. *Change, 31*(5), 11–15.

Theall, M. (Ed.). (1999a). *New directions for teaching and learning, no. 78. Motivation from within: Encouraging faculty and students to excel.* San Francisco: Jossey-Bass.

Theall, M. (1999b). What have we learned? A synthesis and some guidelines for effective motivation in higher education. In M. Theall (Ed.), *New directions for teaching and learning, no. 78. Motivation from within: Encouraging faculty and students to excel* (pp. 99–109). San Francisco: Jossey-Bass.

Theall, M. (2001). Thinking about motivation: Some issues for instructional consultants. In K. G. Lewis & J. P. Lunde (Eds.), *Face to face: A source-*

book of individual consultation techniques for faculty/instructional developers (pp. 77–91). Stillwater, OK: New Forums.

Theall, M., & Feldman, K. A. (2007). Commentary and update on Feldman's (1997) "Identifying exemplary teachers and teaching: Evidence from student ratings." In R. P. Perry & J. C. Smart (Eds.), *The scholarship of teaching and learning in higher education: An evidence-based perspective* (pp. 130–143). Dordrecht, The Netherlands: Springer.

Theall, M., & Franklin, J. L. (Eds.). (1991a). *New directions for teaching and learning, no. 48. Effective practices for improving teaching.* San Francisco: Jossey-Bass.

Theall, M., & Franklin, J. L. (1991b). Using student ratings for teaching improvement. In M. Theall & J. L. Franklin (Eds.), *New directions for teaching and learning, no. 48. Effective practices for improving teaching* (pp. 83–96). San Francisco: Jossey-Bass.

Walvoord, B. E. (2004). *Assessment clear and simple: A practical guide for institutions, departments, and general education.* San Francisco: Jossey-Bass.

Wlodkowski, R. J. (1998). *Enhancing adult motivation to learn: A comprehensive guide for teaching all adults.* San Francisco: Jossey-Bass.

Wlodkowski, R. J. (1999). Motivation and diversity: A framework for teaching. In M. Theall (Ed.), *New directions for teaching and learning, no. 78. Motivation from within: Encouraging faculty and students to excel* (pp. 7–16). San Francisco: Jossey-Bass.

Zull, J. E. (2002). *The art of changing the brain.* Sterling, VA: Stylus.

11

학습 관련 평가
전환평가

Catherine M. Wehlburg

고 등교육에서 평가는 오랫동안 중요한 역할을 차지해 왔다. 혹자는 학습자의 학습을 평가하는 것은 가르치는 것과 뒤엉켜 있기 때문에 평가와 수업이 같은 동전의 양면이라고 말하기도 한다. 그러나 고등교육에서 평가(assessment)는 전형적으로 학습자의 학습목표와 성과를 확인하고 학습을 증명하는 자료들을 수집하며 그 결과를 바탕으로 학생들의 학습을 제고하는 방법의 하나로 이해되어 왔다. 추가적으로 평가는 의사결정권자들, 특히 지역이나 특정 인증기관의 의사결정권자들에게 수행을 증명하는 책무성(accountability)의 문제와도 깊은 관련이 있다. 그러므로 평가는 종종 '상명하달식' 요구조건이 정확하게 이행되고 있음을 보여주는 수단이 되기도 하였다. 그러나 학습자에 대한 평가는 모든 교수가 가르치는 과정의 일부로 수행해 왔다. 개별 학생들은 교수에 의해 규칙적으로 평가를 받으며, 이는 나중에 교과의 학점을 부여하는 데 활용된다. 이 장에서는 평가과정에서 교수개발자의 역할을 설명하기에 앞서, 수업방식을 변경하고 학생의 학습과정을 촉진하기 위한 증거 수집의 도구로서 평가에 대해 개괄하고자 한다. 평가는 책임이 있는 도구로 인식되어 왔다. 하지만 불행하게도 학생의 학습을 증진시키는 과정이라기보다, 오히려 다른 사람에게 수행을 증명하는 도구로 사용되어 왔던 측면이 크다. 인증은 '왜' 평가가 이루어지는가를 보여주는 이유이기도 하다. 대학은 이사회, 졸업생, 재학생의 학부모, 심지어 정부 등에 대학의 목표와 성과가 서로 일치했는지 증명할 수 있는 자료를 필요로 한다. 평가의 초점이 외부인에게 교육의 성공을 증명하는 데 맞춰져 있기 때문에 평가과정은 종종 시간소모적이고 행정적 측면에서 달갑지 않다. 그러나 평가를 이렇게 인식하는 것은 학생의 학습이나 교수의 교수법 증진을 위해 적절하지 않다. 학생에 대한 평가는 고등교육에서 빈번하게 논의되어 왔던 주제이며, 교수는 종종 평가업무를 대학과 학과에 대한 그들의 '서비스'로 인식해 왔다. 그러므로 교수개발자는 평가과정이 잘 이루어짐으로써 궁극적으로 학생의 학습을 개선하고 증진시키는 일에 활용되도록 하는 데 중요한 역할을 담당해야 한다.

Walvoord(2004)는 학생의 학습평가를 '학습을 개선하는 방법을 결정하기 위한 정보 수집의 목적에서 시간, 지식, 전문가, 자원 등을 활용하여 학생들의 학습에 대한 정보를 체계적으로 수집하는 것'이라고 정의하였다. 교수는 학생이 무엇을 학습했는지 알기 위해 학생을 평가한다. 이들은 때론 교내에서 가장 창의적이며 진실된 평가자가 될 수 있다. 교수개발자는 학습개선을 위해 교수가 평가 결과를 효과적으로 사용하도록 협력할 수 있다.

평가행위의 중요성

해마다 고등교육에서 평가과정은 더욱 광범위해지고 복잡해지는 경향이 있다. 지역이나 특정 인증협회는 대학에 꾸준히 평가를 요구할 것이고 아마도 대학의 모든 측면에 대해서 평가해야 한다는 요구가 높아질 것이다. 고등교육의 질과 비용에 대한 국회의 계속된 관심과 논쟁 끝에 결국 정부위원회가 설립되었으며, 이 위원회는 학생의 학습성과에 대한 평가가 양적·질적으로 강화될 것을 강력하게 요구하고 있다. 외부의 동기가 아니더라도 교수가 (그러므로 교수개발자도) 평가에 전폭적으로 참여해야 하는 이유는 수없이 많다. 평가는 학생들이 교수, 학과, 대학이 바라는 만큼 학습을 하였는가를 증명하는 과정이다. 평가과정의 각 요소는 교수들이 수업에서 책임을 다하였는지를 분명하게 판단하는 근거가 된다.

Shulman(2007)은 자료를 사용한 평가가 학과와 관련된 이야기를 전해 준다고 보았다. 메타포로서 평가는 다른 사람과 공유할 수 있는 내러티브를 만들기 위한 일종의 정보수집과정이라고 표현될 수 있다. "평가가 전달해 주는 이야기는 내러티브가 나아가고자 하는 방향을 결정하는 판단의 준거로서 측정의 기능을 한다. 책무성은 우리가 말하고자 하는 이야기에 책임감을 갖는 것이다. 우리는 다른 대안적 내러티브와 반대되는 이 이야기를 선택하는 합리적 이유를 대중에게 설득해야 한다. … 그러기 위해서는 우리가 제공하는 내러티브를 보증하기 위해 선택한 측정방법과 자료가 충분함을 증명할 수 있어야 한다(Shulman, 2007). 정보를 공유하는 수단으로 평가를 보는 관점은 중요하다. 하지만 이 과정이 외부 기관을 위한 용도로만 개발되어서는 안 된다. 평가는 교수, 학과, 대학이 개별 기관의 맥락에서 학생의 학습에 대한 유의미한 정보를 수집하는 방법으로 사용되어야 한다. 교수는 학생의 학습을 평가하는 과정에 참여한 유일한 사람이다. 따라서 교수와 교수개발자는 고등교육에서 학습에 대한 '이야기'를 부각시키는 데 적극적으로 관여해야 한다.

평가행위의 수준

평가는 기관의 모든 수준에서 이루어진다. 학습을 평가하는 데 사용되는 절차는 대학에 따라 유사하지만, 평가행위를 기술하는 용어나 실행방법은 교수와 행정가들에 따라 종종 매우 다르게 해석되기도 한다. "모든 좋은 교사는 성적을 매기기 위해서가 아니라 수업을 개선하기 위하여 꾸준히 학생의 활동을 검토한다. … 이것이 평가이다. 이것은 개별 교실에 한정되어 수행되어져 왔다(Walvoord, 2004)." 교실에서 일어난 평가는 프로그램 및 전체 대학기관별로 배열된다. 교수는 종종 교과목 수준에서 수집된 학생의 학습자료를 학과나 프로그램, 대학의 평가에 활용될 수 있는 정보로 제공할 필요는 없다고 생각한다. 교수개발자는 학생의 학습에 대한 정보가 여러 평가에서 어떻게 활용될 수 있는지에 대한 교수의 이해를 높이는 데 기여할 수 있다.

수업평가기법

학생의 학습에 대한 평가는 각 교과목 수준에서 교수학습과정 중에 이루어진다. 교수는 종종 수업 중 학생의 질문이나 수업의 반응을 고려하여 교과목의 특정 부분이나 수업 범위를 조절하기도 한다. 이러한 유형의 평가는 일반적으로 수업과정의 일부로 간주되기 때문에 공식적인 '학생의 학습평가'로 인식되지 않는다.

교과목 기반 평가는 다양한 방식으로 이루어진다. 예를 들어, 교수는 수업에서 학생들에게 질문을 한 후 그들의 답변에 따라서 차후 수업 진행의 방향을 결정할 수도 있다. 예컨대 학생이 배운 내용에 대해 혼란스러워한다면 특정 개념을 다시 설명할 수도 있다. 다른 방식은 교수가 학생의 글이나 시험을 평가하는 것이다. 만약 학생의 성취도가 낮다면 교수는 이해를 높이기 위해 다음 수업시간의 일부를 활용해 추가적인 설명을 할 수도 있다. 교수개발자는 교수의 교수방법을 개선하고 교과목의 성취도를 향상하기 위해 이러한 평가 결과를 사용하곤 한다.

교과목에서 평가는 학생이 알고 있는 것과 할 수 있는 것을 확인하는 데 활용되곤 한다. 이러한 목적으로 모든 교과에서 이미 시험, 보고서, 프로젝트, 프레젠테이션 등이 이루어지고 있다. 교수는 평가를 위해 추가적인 도구를 활용하거나 이를 특정한 교과에 맞게 변형하여 사용할 수도 있다. '학생이 교실에서 무엇을 배우는지, 배운 것을 얼마나 잘 활용하는지'를 평가하는 방법인 수업평가기법(CATs)을 활용할 수도 있다 (Angelo & Cross, 1993).

수업평가기법의 사례는 수백 개가 넘는다.[1] 어떤 수업평가기법은 다른 것에 비해서 더 많은 시간이 소요되고 어떤 것은 온라인 환경에 더 적절하며 어떤 것은 거의 준비 없이도 사용이 가능하다. 그러므로 교수개발자는 교수들이 수업평가기법을 교과에서 통합하여 사용하도록 권장해야 한다(Wehlburg, 2006).

Walvoord(2004)는 교수가 학과와 교과목 단위의 평가계획을 개발할 때 학점을 부여하는 기준도 함께 수립하도록 유도해야 한다고 지적했다. 대다수의 평가위원회와 인증기관은 학점을 평가를 위해 사용할 수 없다고 명시하고 있지만, 학점에 포함된 정보는 직간접적으로 학생들의 학습을 측정하는 데 사용될 수 있고 사용되어야 한다. 그러나 학점은 그 자체로 검사방법이나 활용기준 등 학습에 대한 충분한 정보를 제공하지는 않는다(Walvoord, 2004).

학과 또는 프로그램 평가

학과나 프로그램 차원의 평가는 학생의 학습목표와 그 성과에 초점이 맞춰져 있다. 같

---

[1] 이러한 사례는 http://pedagogy.merlot.org/Classroom_AssessmentTechniques.html 등의 웹 사이트에서 참조할 수 있다.

은 학과의 교수는 같은 팀의 일원이기 때문에 학생이 교육과정에서 설정한 목표나 성과에 도달하지 못한 것을 발견하지 못하는 경우도 있다. 때때로 이들은 모든 학생이 도달하여야 하는 일정한 학습성과가 있다는 사실조차 동의하지 못할 수도 있다. 문제는 학생들이 모든 학위과정을 마친 이후에야 이들이 수강한 교과목이나 학습 경험이 너무 과도하다거나 너무 좌절스러웠다는 것을 교수가 인식하게 된다는 것이다. 이러한 과정에서 교수개발자의 역할은 중요하다. 그들은 학과 교수진과 협력하여 학위 프로그램이나 학과에서 학생이 학습해야 하는 것이 무엇인지 토론하도록 유도할 수 있다. 학과 외부의 조력자로서 교수개발자는 해당 학과의 학문적 문제와 결부되어 있지 않기 때문에 논의를 진행하는 데 도움이 될 수 있다. 학과 회의에 직접 참석하는 것은 어려울 수 있지만 대부분의 학과장은 여러분과 같은 조력자를 환영할 것이다. 교수개발자는 사전에 학과장과 협의를 통해 학습성과와 교육에 대한 학과의 회의에 참여할 수 있도록 초대를 받는 형식을 취할 수도 있다.

학과나 프로그램의 평가에 대한 논의를 시작하기 위해서 교수들이 해야 하는 첫 번째 일은 '이상적인' 졸업생에게 요구되는 요소에 대해 합의하는 것이다. 먼저 학과의 전체 교수가 (글로든 다른 방법으로든) '이상적인' 졸업생에 대해서 간단하게 묘사하도록 하는 것에서 시작한다. 학생들은 어떤 능력을 가져야 하는가? 어떤 기술을 보유해야 하는가? 어떤 윤리적 신념을 가져야 하는가? 학과에서 어느 프로그램의 어떤 요소가 학생들에게 영향을 주는가? 이런 유형의 질문은 교수들에게 학습성과에 대해서보다 의미있고 측정 가능하며 철학적으로 생각해 볼 수 있도록 도움을 줄 것이다.

다음으로 교수들은 그들이 적은 목록을 공유해야 한다. 모든 사람이 목록에 동의하지는 않겠지만 학습성과에 대한 목록은 교수개발자로 하여금 교수들이 받아들일 수 있는 작은 어떤 것에서부터 대화를 시작하도록 유도하는 데 도움을 줄 수 있다. 예를 들어, 심리학과라면 교수들은 '적절한 양식에 맞춰 글을 쓰고 참고자료를 붙인다.'는 능력이 필요하다는 데 대체로 동의할 것이다. 교수개발자는 여러 번의 토의를 거쳐 결과적으로 모든 교수가 받아들이고 합의하는 유의미한 목록을 개발하도록 이끌 수 있다.

만약 학과장이 일련의 학습성과를 일방적으로 제시한다면 교수들은 이에 동의하지 않을 것이며, 이러한 정보는 교수학습을 증진시키기도 어렵다. 이러한 협의과정은 한 번의 회의나 심지어 한 학기의 회의를 통해 이루어지기 어려울 수도 있다. 학생의 학습성과와 측정방법을 논의하는 데는 많은 시간이 소요된다. 이러한 논의를 통해서 교수들은 종종 학생의 학습과 관련하여 얼마나 많은 것이 '충분한' 것인가를 알고 싶어 한다. 다른 말로 학생의 학습성과를 측정할 때 기준을 얼마나 높게 설정하여야 하는가를 알고 싶어 한다. 일반적으로 기준이 너무 낮으면 모든 학생이 성과에 도달할 수 있으나, 이것이 학과의 유의미한 변화를 만드는 데 충분할까? 아마도 아닐 것이다. 너무 낮은 기준은 학과의 거의 모든 학생이 잘하는 것처럼 보일지 모르지만, 실상 이러한 측정 활동은 학생들이 학습해야 하는 것을 찾는 기회가 되기보다 행정적 낭비가 될 가능성이 높다. 학생들이 배우지 못하고 있는 것을 알게 되는 것이 학과를 변화시키는 계기로 작용할 수 있다.

교수개발자는 개별 학과의 문화에 민감해야 하고, 이러한 과정이 한두 교과를 가르치는 교수들의 불만에 의해 이루어지지 않으며 자주 일어나지도 않는다는 사실을 알아야 한다. 교수와 교수개발자 사이에 적절한 관계를 형성하는 것은 매우 중요하다 (Wehlburg, 2008).

기관 수준의 평가

(지역인증을 받은 모든 기관을 포함한) 거의 모든 대학기관은 미션을 정의하고 있다. 대학기관이 미션을 수행하는 방법은 다양하다. 대학의 미션은 멋지게 들리는 매우 포괄적인 진술문이다. 그러나 많은 대학이 실제 학생의 학습목표가 미션에 부합하는지를 확인하는 측정 가능하고 유의미한 방법을 가지고 있지 않다.

기관 수준에서 학생의 학습에 대한 평가는 일반적으로 기관인증이나 정부의 요구조건을 만족하는 책무성을 확인하기 위한 과제로 인식된다. 이를 준수하기 위한 방법의 핵심은 다양하고 복잡하고 전이될 수 있는 어떤 것을 측정하기 위해 꾸준히 노력하는 것이라기보다 오히려 평가를 체계적인 과정으로 보이도록 하는 것이다. 외부의 특정 요구에 부합하기 위해 대학기관은 외부의 요청에 맞게 평가계획과 보고서를 작성하는 과정에서 전체 평가절차를 과도하게 단순화하는 경우도 있다. 불행하게도 이러한 지나친 단순화는 교수와 행정가로 하여금 평가에 혐오감을 느끼게 할 수도 있다. Fendrich(2007)는 "실제 수행되는 성과평가는 학생이 어느 정도 '요구'나 '기준'에 부합했는가가 아니라, '학습목표 맵핑'이나 '환류체제'와 같은 용어에 매몰되어 대학교육의 전체적인 성격에 대해서 이해하지 않고 냉철한 행정가의 입장에서 대강을 훑어보는 식이다."라고 비판했다. 실제 일부 교수들이 평가를 수업과 학습에 대한 정보획득과정으로 보기보다 행정적 절차의 하나로 간주하고 있다는 사실은 슬픈 일이다.

교수개발자는 대학에서 평가가 부정적인 방법으로 구성원들에게 인식되지 않도록 확신을 주어야 한다. 평가자료가 처음에 인증을 위한 목적으로 수집되기 시작했다고 하더라도, 그 과정을 통해 교수, 학습, 교육에 대해서 충분히 논의할 수 있는 기회가 있다. 교수개발자는 프로그램 수준의 자료가 학과의 교육과정에 맞게 배열되어 바람직한 교육성과를 산출하도록 유도하고 평가가 점차적으로 기관에 긍정적인 영향을 주도록 활용할 수 있다.

교과목 기반과 프로그램 기반 평가의 배치

교과목에는 목적이 있다. 교과목은 특정한 주제와 관련된 내용을 배우고 활용할 수 있도록 설계되었으며, 교수들은 이를 지식의 분야로 간주하기도 한다. 또한 새로운 교과목을 개발하고 이러한 교과목들을 합하여 전공이나 학위과정을 만들 수도 있다. 교과목을 통해서 학생이 학습하는 내용 중 일부는 다른 것보다 쉽게 측정이 가능하다. 행동이나 기술, 지식에 기초한 시험 등은 상대적으로 측정 가능한 성과로 변형하기가 쉽다. 그러나 교과목의 다른 요소는 측정하기가 쉽지 않다. 만약 교수들이 "보면 바로 알 수 있어요."라고 진술한다면 그것을 측정하기가 어렵다.

지속적인 교수개발 프로그램 중 하나로서 많은 대학기관은 교수에게 교과목 편람에 학습성과를 목록화하도록 한다. 교수개발자는 특정교과목이 전체 학과나 프로그램의 학습에 적절한지를 결정하기 위해(Kallick & Colosimo, 2009) 교육과정을 맵핑하는 것을 도울 수 있다. 학생의 학습성과는 교과목 수준에서 분명하게 측정된다. "우리 교수들은 학생의 학습성과를 교실수업에서 측정해 왔다. 그러나 이것을 외부에서 보기에 더욱 가치 있고 확인 가능하도록 만들 필요는 없었다. 이것은 수업 안에서 '조용히 이루어지는(stealth)' 평가이다(Walvoord & Anderson, 1998)."

교과목 수준의 학습성과는 의도적으로 전체 프로그램 수준의 평가와 함께 배열될 필요가 있다. 이렇게 하는 것은 다양한 이점이 있다. 교수는 학생이 선수교과에서 배우는 것이 무엇인지 알 수 있고, 학생은 배워야 하는 것이 무엇이며 이것이 다른 교과와 어떻게 통합되는지를 알 수 있다.

그러나 이렇게 배열하는 것은 쉬운 일이 아니다. 학과나 프로그램에서 배열에 대한 논의는 학문적 자유를 침해한다는 우려를 불러일으킬 수 있으며 학습을 평가하는 것만큼 복잡하여 '불가능'해 보이기도 한다. 그러나 프로그램 내에서 일어나는 학습을 평가하기 위해 학생이 프로그램을 이수한 후 얻게 되는 전체 학습성과와 기대에 대해서 논의하는 것은 중요하다. 이러한 논의는 학습자가 특정 학위에서 요구되는 교과목들을 이수했을 때 무엇을 배울 수 있는가에 초점이 맞춰져야 한다. 우리가 명심해야 하는 중요한 사실은 수업과 학습이 교수의 책임이라는 것이다. 그리고 그들은 학문적 기준과 대학기관의 문화에 적합한 방식으로 교육과정을 구성할 권리를 가지고 있다는 것이다. 그럼으로써 대학기관은 학과의 교수들에게 학생을 평가하도록 해야 하지만, 또한 학생이 배워야 하는 것이 학습에 대한 평가로 인해서 변질되지 않도록 해야 한다.

학생의 학습, 평가, 인증

교수는 학생이 무엇을 학습해 왔는지 알고 이러한 정보를 활용하여 교과목을 수정하거나 교육프로그램 안에서 교과목을 계열화한다. 수집된 정보를 지속적으로 유의미하고 적합한 방식으로 활용하여 교수학습을 증진하는 것을 '전환평가'[2] 라고 부른다 (Wehlburg, 2008). 유감스럽게도 인증에 대한 논의는 종종 학습의 개념에서 출발하지 않고 외부의 기준에 부합하도록 떠밀리는 경향이 있다. 그래서 학생의 학습을 증진시키기보다 다른 이의 책무성에 초점을 맞추는 과정으로 변질되기도 한다.

Banta(2007)은 "책무성에 대한 평가와 개선을 위한 평가가 공존할 수 있는가? 현재의 책무성은 실제로 개선을 위한 평가로 확대될 수 있는가? 책무성은 분야를 넘나드는 파도와 같아서 개선을 위한 평가의 싹이 자라나는 것을 깨부수는가?"라고 물었다. 이러한 질문은 평가를 진행하는 노력의 결과로서 책무성과 전환 사이에 존재하는 긴장을

---

2 [역자주] transformative assessment는 기관의 목표에 기초하여 교수와 학습을 체계적으로 전환하기 위해 사용되는 기관 차원의 평가전략으로 평가도구의 질과 목표한 바를 얼마나 제대로 평가했는가에 주목한다 (https://en.wikipedia.org/w/index.php?title=Transformative_assessment&oldid=671916429).

보여준다. 종종 교수는 이러한 논의의 중간 입장을 취한다. 대학기관은 교수들이 기관, 위원회, 부모, 다른 사람에게 평가를 통해 책무성을 입증하길 바라지만, 교수들은 일반적으로 평가가 교과목의 교수학습에 초점이 맞춰지길 원한다. 평가는 종종 책무성이란 목표에만 연관되기 때문에 이러한 긴장이 유지되는 것은 놀라운 일이 아니며 많은 교수가 평가의 전환적 성격에 대해서 대체로 인식하지 못하고 있다.

그럼에도 불구하고 책무성에 관한 접근이 주는 효과도 있다. 평가에 부응하라는 인증기관의 요구가 없었더라면 과거 30년 동안 이룩한 대학기관의 성장은 없었을 것이고, 자원을 사용하는 데 영향력을 발휘하지 못했을 것이다. 지역 또는 특정 인증기관의 결정은 대학기관이 성과를 규명하고 적절하게 측정함으로써 개선된 결과를 가지고 올 수 있도록 하는 계기가 되었다. 불행하게도 상명하복식의 접근은 때때로 기관의 관점에서 평가가 "소속된 기관에 대해서 학습하는 것이 아니라 단지 인증을 유도하는" 방식으로 이루어지기도 했다(Schilling, 2006).

어떤 수준에서든 평가계획의 주요한 목적은 학생의 학습에 초점을 맞춰야 한다. Palomba와 Banta(1999)는 평가를 "학생의 학습과 개발을 증진시킬 목적으로 교육 프로그램에 관한 정보를 체계적으로 수집, 검토, 사용하는 것"이라고 정의하였다. 또 다른 평가의 정의는 "평가는 학생의 교육경험의 결과로 알게 된 것, 이해한 것, 지식을 사용해 할 수 있는 것을 깊이 있게 이해하기 위하여 다양한 자료로부터 정보를 수집하고 논의하는 과정이다. 이 과정은 평가 결과가 다음에 일어나는 학습을 증진시키도록 사용될 때 끝난다(Huba & Freed, 2000)."이다. Allen(2004)은 "평가는 학생들의 학습에서 교수자가 주목하는 것과 관련되며 프로그램의 목적, 교육과정의 조직, 교육, 학생개발 등에 대한 유의미한 토론을 이끄는 전반적인 과정"이라고 진술하였다.

이와 같이 평가에 대해 보편적으로 통용되는 정의를 살펴보면 그중 어떤 것도 책무성의 목적에서 정보를 수집하는 것과 관련된 것은 없다. 평가의 주된 목적은 학생의 학습을 개선하고 증진시키는 것이며, 인증은 두 번째 목적이다. "배가 지나간 흔적을 보며 노를 저을 수는 없다."는 속담이 이러한 상황에 적절하다. 교수개발자는 외부 인증기관에서 요구하는 것 이상으로 학생의 학습평가의 목적을 확대할 필요가 있다. 외부 인증기관에 보고하는 것으로 평가의 기능을 축소한다면 대학기관은 빛과 그림자 중에서 빛만을 측정하는 오류를 범하게 될 것이다. 진정한 전환평가는 개선이 필요한 영역을 면밀하게 살펴보았을 때 이루어질 수 있다. 대학기관의 미션이 전체 평가과정을 뒷받침하는 동력이 된다면 평가가 교실에서의 교수학습을 증진시키는 데 실제로 기여할 수 있을 것이다.

학습을 개선하기 위해 외부 기준 사용하기 : 전환

인증에 대한 요구는 일종의 일시적 유행이 아니다. 그것은 현존하고 있으며, 앞으로도 대학기관을 평가하고 대학 간 평가 결과를 비교하는 데 더욱 더 초점을 맞출 것이다. 지역인증기관[예 : 남부고등교육협의회(Southern Association of Higher Education), 북부대학협의회(North Central Association of Colleges and Schools)의 고등학습위원회(Higher Learning Commission), 그리고 중부고등교육협의회(Middle States Association of Colleges and Schools) 등]은 특정한 기준에 부합했는가를 확인하기 위해 동료평가과정을 포함하고 있다. 지역인증기관은 특정한 지리적 위치에 따라 구별되며 기준에서도 약간씩 차이가 있다. 그러나 공통적으로 개별 학과나 프로그램보다 전체 대학기관을 인증하는 데 초점을 맞춘다. 이러한 기대에 부응해서 거의 모든 미국의 고등교육기관은 평가를 당연하게 인식하고 있다. 인증기관은 고등교육기관이 반성적 성찰을 통해 교육을 개선하도록 독려하여 왔다.

또한 지역인증기관은 미국정부와 협력하여 고등교육기관이 자신의 책무를 다하고 있는지 대중에게 확신을 주고 정치적으로 압박을 가하는 데 중요한 역할을 했다. 이러한 역할은 부정적으로 인식되지 말아야 한다. 지역인증기관은 개별 대학기관과 주정부 사이에 완충작용을 함으로써 모든 유형의 대학기관이 동일한 관행적인 조건에 종속되지 않고 개별 대학기관으로서 정체성을 유지하는 것을 가능하게 하였다. 지역인증기관에 의해 설정된 이러한 기준, 준거, 원칙들은 대학의 질을 보장하도록 설계되었고, 꾸준하게 그 효과성을 검증하도록 유도하며, 대학기관별 차이를 인정해 준다.

지역인증기관과 더불어 수많은 특수한 인증 단체들이 대학기관의 특정한 학위 프로그램이나 분야를 검증하기 위해 존재한다. 예를 들어, 국제경영대학발전협의회(Association to Advance Collegiate Schools of Business)는 단지 경영대학만을 인증하며, 국가 수준의 간호인증위원회(National League for Nursing Accrediting Commission)는 간호 프로그램만을 인증한다. 대부분의 이러한 인증기관은 학생의 학습성과를 평가할 것을 요구한다. 그러므로 요구조건의 충족 여부와 상관없이 인증은 대학기관이 평가에 주목하도록 유도해 왔다. 교수개발자는 인증기관의 필수 요구조건을 이해하고 교수가 이를 전환평가로 활용하도록 유도하고 해석해 주는 위치에 있다. 교수개발자는 교수학습에 초점을 맞추고 있기 때문에 교수로 하여금 전환적 평가계획을 수립하고 이러한 계획에 따라 학생의 학습을 증진시키도록 유도하여야 한다. 대학기관은 계속된 인증을 중요한 과업으로 보기 때문에 평가 결과를 개선하는 것을 중요하게 생각한다. 교수개발자는 대학기관 수준의 평가부서와 함께 일을 하면서 학생의 학습성과가 중요하고 유용한 자료로 주목받도록 할 수 있다. 또한 교과목 수준에서 교수학습을 증진시키는 데 사용할 수 있으며, 학과 수준에서 더욱 확대된 맥락으로 학생의 학습을 증명하도록 할 수 있다. 이러한 평가의 연결은 매우 중요하다.

지역인증기관은 학생의 학습을 측정하고 개선하며 이러한 변화가 교수개발에 유의미한 영향을 미치도록 명시적인 필수요건으로 추가하는 등 십 년 이상 그들의 기준을 수정해 왔다. 남부대학협의회(SACS)의 대학위원회가 제시한 일반 기준 중 하나인 "대학기관은 (교육 프로그램에 대한 학생의 학습성과를 포함하여) 교육 프로그램이 기대하는 성과와 행정적·교육적 지원 서비스를 규명하고 이러한 성과에 도달했는가에 대해 평가하며 그 결과에 기초한 개선 증거들을 제공해야 한다(Southern Association of Colleges and Schools, 2008)."는 최근의 변화를 보여준다. 이러한 기준은 SACS에 의해 인증된 11개 주의 모든 대학기관이 모든 교육 프로그램, 행정 프로그램, 지원 영역에서 학생의 학습성과를 평가하는 것을 필수사항으로 인식하도록 요구한다. 대학기관은 학생의 학습성과를 측정하고 결과자료를 전체 대학기관의 개선을 위해 사용해야 한다. 북부대학협의회(North Central Association of Colleges and Schools)의 고등학습위원회(Higher Learning Commission, HLC)는 핵심요소 중 하나로 "대학기관은 지속적인 평가와 사정과정을 통해 대학교육의 효과에 대한 꾸준한 개선전략을 명확히 명시한 믿을 만한 근거자료를 제공해야 한다(Higher Learning Commission of the North Central Association of Colleges and Schools, 2003)."고 명시하고 있다. 덧붙여 HLC는 '효과적 수업에 대한 조직의 가치와 지원'과 '학생의 학습과 효과적인 수업을 위한 기관의 학습자료지원'을 대학기관에 증명하도록 요구한다. 중부고등교육협의회(Middle States

Commission on Higher Education, 2006)는 대학기관이 "전체 프로그램과 서비스를 평가하고 개선하기 위해 명문화되고 조직화된 지속 가능한 사정과정과 대학기관의 미션, 목적, 계획의 성취, 그리고 인증기준의 준수" 등을 규범 제7조의 일부로 포함하고 있다. 교수개발자는 미국의 지역인증단체가 대학기관 내에서 수업의 질을 증진함으로써 결과적으로 학생의 학습성과를 높이는 노력을 지속하도록 필수요건이 개정되도록 유도할 책임이 있다. 교수개발자는 대학 수준, 국가 수준, 국제 수준에서 이루어지는 이러한 논의에 적극적으로 참여해야 한다.

인증기준 외에도 대학기관에 영향력을 행사하는 외부기관이 있다. 예를 들어, *US News and World Report*는 매년 통합고등교육데이터시스템(Integrated Postsecondary Education Data System, IPEDS)에 의해 수집되는 자료에 기반하여 대학의 순위를 공표한다. 기관이 요청하는 요인이 무엇인가에 따라서 대학이 수집하는 자료도 달라진다. IPEDS에서 요청하는 필수사항들이 변화하면 즉각적으로 각 대학의 연구기관이 측정하는 내용과 보고하는 방식도 달라진다. 정보와 책무성에 대한 대중의 요구에 부합하기 위해 이 외에도 다른 외부 기관들이 운영된다. 예를 들어, 자발적책무성시스템(Voluntary System of Accountability, VSA)은 4년제 공립대학교에서 수집한 특수한 정보를 웹 포털을 통해 대중에게 공개한다. 그러나 VSA에 대한 모든 반응이 긍정적인 것은 아니다. Hawthorne(2008)은 "우리는 (의미가 없을 수도 있지만) 비교할 수 있는 믿을 만한 점수를 계속 산출할 것이다. 그러나 그런다고 과연 교육이 나아질까?"라고 의견을 제시하기도 하였다.[3]

전국적으로 고등교육은 수년 동안 평가와 결부되어 왔다. 평가자료가 책무성만을 위해서가 아니라 전환적으로 사용되는 것이 중요하다. 대부분의 학생은 교과목을 수강하면서 학습을 하기 때문에 교수는 그들이 필요한 자료를 얻을 수 있도록 평가과정을 구성할 필요가 있다. 이러한 자료를 활용하여 교수는 학습을 증진하도록 교수방법을 수정해 나가야 한다. 결과적으로 교수개발자는 대학기관의 문화에서 변화의 에이전트가 되어야 한다. 그러나 교수개발자가 평가활동을 지원하기 위해 직접적으로 무엇을 해야 하는 것은 아니다. 교수개발자는 학생의 학습에 대해 수집한 자료를 교수가

3　VSA에 대한 더 많은 정보는 http://www.voluntarysystem.org를 참고할 수 있다.

수업을 개선하는 용도로 사용할 수 있도록 조력하는 역할을 할 수 있어야 한다. 교육에 관한 토론은 궁극적인 의사결정을 위한 정보를 제공해 주는 교과목이나 프로그램 수준의 평가자료를 기초로 이루어져야 한다. 학생의 학습성과로부터 얻은 평가자료를 가장 간단하고 적절하며 유의미하게 사용하는 방법은 교수가 이를 바탕으로 그들의 수업을 개선하도록 돕는 것이다.

교수개발자의 책임

교수개발자는 수업행위, 테크놀로지, 평가에 관해 교수들과 함께 작업해 왔기 때문에 이들과 이들의 교육관에 익숙한 편이다. 이러한 파트너십은 대학기관의 관심을 확장시킬 수 있는 중요한 기회가 될 수 있다. 만약 교수학습센터의 직원이 교수의 수업을 개선하고 대학기관의 미션에 부합하도록 함께 일한다면 전체 대학기관의 교육의 질이 개선될 것이다. 이러한 기회는 책임을 수반한다. 교수개발자는 대학기관과 일반적인 고등교육의 요구에 부합하도록 노력하여야 한다.

　이러한 책임과 함께 교수개발자는 변화를 주도해야 한다. 할 수 있는 가장 최선은 대학의 평가 담당자와 협력하는 것이다. 교수개발과 대학평가의 목표는 종종 겹치는 부분이 있으며, 이것의 시너지 효과는 명백하다. 교수학습센터는 학생의 학습에 도움이 되도록 수업을 개선하길 원한다. 평가담당자는 전형적으로 학생의 학습을 측정하고 이를 증진시킬 수 있는 실행계획을 수립하길 원한다. 전체 대학기관의 파트너십과 팀워크를 증진시킨다면 분명 양자의 목적을 모두 달성할 수 있을 것이다. 교수개발자는 교수들이 교과목 수준에서 학생의 학습성과를 학과의 교육성과와 일치시키도록 유도해야 한다. 교수개발자는 개별 교과목 수준에서 하는 평가활동이 어떻게 학과 수준에 영향을 미치는지 알고 있어야 한다. 동시에 평가담당자는 평가계획을 수립하기 위해 학과와 협력하면서 교과목 수준에서 학생의 학습을 측정한 자료를 활용할 수 있다. 학과의 교육과정 매트릭스를 각 교과목이 달성해야 하는 성과에 맞춰 기술하는 것도 이러한 파트너십의 사례 중 하나이다.

　또한 교수개발자는 인증기관의 기준과 정책에 대한 정보를 대학에 제공할 책임이 있다. 인증기관 보고서에서 무엇을 요구하는지 파악함으로써 교수개발자는 마지막 시간까지 보고서의 수준을 높이는 데 기여할 수 있다. 인증기관의 요구를 이해하는 가장 좋은 방법은 지역인증기관 콘퍼런스에 참석하는 것이다. 또한 교수개발자는 인증기관의 요건을 파악함으로써 교수개발자의 요구가 인증 논의에 포함되도록 할 수 있다. 교수개발자는 전체 인증기준에 포함될 필요가 있는 교육학, 수업전략, 학습평가방법에 대한 지식을 가지고 있다. 교수개발자는 교수학습과정의 복잡성을 이해하고 이것이 회계와 관련된 인증부분이 아니라면 인증의 핵심이 되어야 함을 명심해야 한다. 인증기준에 따라 학습의 질을 다루는 방법도 획기적으로 개선되었다. 이러한 개선이 꾸준히 이루어지도록 하기 위해서는 새롭고 타당하며 신뢰할 수 있는 유의미한 측정방법이 개발될 필요가 있다.

교수개발자는 교수들에게 꾸준히 교과목 수준의 평가를 개선하도록 요구해야 한다. 교수개발자는 교과목이 특정한 학습성과에 부합하도록 영역을 정의하고 교과목 수준에서 효과적으로 개선되도록 유도해야 한다. 학생의 학습평가에 대한 교수들의 생각을 변화시키는 것이 하나의 방법이 될 수 있다. 교수들이 교과목 개선에 대해서 말할 때 교수개발자는 학습자가 무엇을 학습하고 있으며 더 중요하게 무엇을 학습하지 못하고 있는가에 대해서 말해 줄 수 있다. 잘 되고 있는 것을 유지하고 잘 되지 않는 것을 변화시키고 수정하여 교과목을 개선하는 것이 핵심이다.

결론

이제 기관인증이 필요하고 학생의 학습평가가 중요하다는 사실이 분명해졌다. 학습을 측정하는 방법은 꾸준히 개선하고 변화할 것이다. "사실상 졸업률과 같이 간접적으로 대학의 학습을 측정하는 거의 모든 것이 보고되고 있다. 이제 대학은 학습을 직접 평가하도록 요구받고 있다(Shavelson, 2007)." 지역의 대학문화와 국가의 교육체제를 통해 작동하는 인증평가는 대학기관과 학습을 수행하는 학생들, 그리고 궁극적으로 모든 사회에 이익이 되어야 한다.

교수개발자는 개선을 위해 필요한 정보를 제공하는 전환의 과정으로 평가가 인식되도록 하는 데 매우 중요한 핵심 역할을 담당한다. 평가는 상명하달식이 되어서는 안 된다. 이것은 수업과 학습의 과정을 포함해야 한다. 교수는 나른 사람을 위한 평가에 초점을 맞추기보다 교수와 학습을 개선하기 위한 평가과정을 만드는 데 힘을 보태야 한다. 교수학습센터의 워크숍, 컨설팅 등 모든 작업은 교수가 교과목에 책임감을 가지고 개선하도록 유도하는 데 절차와 방법상의 도움을 주어야 한다.

참고문헌

Allen, M. J. (2004). *Assessing academic programs in higher education.* Bolton, MA: Anker.

Angelo, T. A., & Cross, K. P. (1993). *Classroom assessment techniques: A handbook for college teachers.* San Francisco: Jossey-Bass.

Banta, T. W. (2007). Can assessment for accountability complement assessment for improvement? *Peer Review, 9*(2), 9–12.

Fendrich, L. (2007, June 8). A pedagogical straitjacket. *The Chronicle of Higher Education,* p. B6.

Hawthorne, J. (2008). Accountability and comparability: What's wrong with the VSA approach? *Liberal Education, 94*(2), 24–29.

Higher Learning Commission of the North Central Association of Colleges and Schools. (2003). *Handbook of accreditation* (3rd ed.). Chicago: Higher Learning Commission of the North Central Association of Colleges and Schools.

Huba, M., & Freed, J. E. (2000). *Learner-centered assessment on college campuses: Shifting the focus from teaching to learning.* Needham Heights, MA: Allyn & Bacon.

Kallick, B., & Colosimo, J. (2009). *Using curriculum mapping and assessment data to improve student learning.* Thousand Oaks, CA: Corwin.

Middlestates Commission on Higher Education. (2006). *Characteristics of excellence in higher education: Eligibility requirements and standards for accreditation.* Philadelphia: Middlestates Commission on Higher Education.

Palomba, C. A., & Banta, T. W. (1999). *Assessment essentials.* San Francisco: Jossey-Bass.

Schilling, K. (2006). Assessment methods should match institutional goals. *Academic Leader, 22*(6), 2–6.

Shavelson, R. (2007). Assessing student learning responsibly: From history to an audacious proposal. *Change, 39*(1), 26–33.

Shulman, L. S. (2007). Counting and recounting: Assessment and the quest for accountability. *Change, 39*(1), 20–25.

Southern Association of Colleges and Schools. (2008). *Principles of accreditation: Foundations for quality enhancement*. Atlanta: Southern Association of Colleges and Schools.

Walvoord, B. E. (2004). *Assessment clear and simple: A practical guide for institutions, departments, and general education*. San Francisco: Jossey-Bass.

Walvoord, B. E., & Anderson, V. J. (1998). *Effective grading: A tool for learning and assessment*. San Francisco: Jossey-Bass.

Wehlburg, C. (2006). *Meaningful course revision: Enhancing academic engagement using student learning data*. Bolton, MA: Anker.

Wehlburg, C. M. (2008). *Promoting integrated and transformative assessment: A deeper focus on student learning*. San Francisco: Jossey-Bass.

12

교수개발 관련 다양성 이슈 개관

Mathew L. Ouellett

1960년대 이래로 고등교육기관이 다양한 학생들에게 점차 문호를 개방하기 시작했다는 것은 사회적으로도 정치적으로도 의미가 있다(Anderson, 2002; Karen, 1991; Musil, Garcia, Moses, & Smith, 1995). 이에 대응하여 학생 모두의 성공, 다양한 교수진의 확대와 지원 증가, 수월성 요구에 대한 대학의 부응, 더 복합해지는 사회에 적응할 학생을 위한 준비 등을 위해 대학의 교수학습 환경은 혁신적으로 개선되어 왔다(Gurin, Dey, Hurtado, & Gurin, 2002; Hurtado, Milem, Clayton-Pederson, & Allen, 1999).

1960년대 교육개발의 개념이 처음 등장한 이래로 이 분야의 종사자들은 개별 컨설팅이나 교수 · 대학기관 · 조직의 개발 활동을 비롯한 다방면의 접근을 높이 평가해 왔다(Diamond, 1988; Lewis, 1996). 관점에 따른 차이가 갈등을 조장하기도 했지만 그러한 경우에도 개인과 공동체의 성장과 발달에 대한 기대와 열망을 핵심에 담고 있었다(Gillespie, 2000; Graff, 1993).

Sorcinelli, Austin, Eddy와 Beach(2006)는 교육개발을 대학기관을 초월하여 협력해 온 경험의 축적이자 수업과 관련된 개인 차원의, 학과 차원의, 대학 차원의 복잡한 도전들에 대한 대응으로 설명하고 있다. 교수개발자는 이러한 요구에 부응하기 위해 다문화적인 조직개발 관점에서 분석의 렌즈나 활동의 모형을 제공하고 다양한 특성의 교수와 학생을 위해 기여하도록 노력해야 한다(Jackson, 2005). 이러한 최근의 요구는 고등교육기관이 향후 직면하게 될 복잡한 이슈에 더 완벽하게 대응할 수 있는 확장된 교육개발 실행 모델들을 필요로 한다(Chesler, Lewis, & Crowfoot, 2005 ; Ouellett, 2005).

앞으로 교육개발은 다양성이나 다문화주의와 관련한 대학 구성원들의 이해를 심화시킬 수 있는 다양한 전략을 제공해 주어야 한다. 나는 교수개발자들이 전문가로서 그리고 개인적 차원에서 이러한 준비를 할 수 있도록 이 장을 준비하였다.

다문화적 변화에 대한 체계적 접근

제1장에서 논의한 바처럼 분석의 방법이자 변화의 수단으로서 조직개발은 1960년대 이래로 교수개발 업무에 포함되어 왔다(Diamond, 1988). 오늘날 교수개발자는 조직의 확대를 이끄는 체계적 변화의 중요성을 인식하고 핵심 기관의 공적인 목적과 연계하기 위해서(Milem, Chang, & Antonio, 2005) 학생, 교수, 대학지도자, 공동체 등이 다문화 및 다양성과 관련된 목표에 도달할 수 있도록 전략적인 노력을 경주하기 시작하였다 (Hurtado et al., 1999 ; Marchesani & Jackson, 2005).

상대적으로 지배적인 백인 교수들에 의해 설계되었던 처방적이고 안락한 교수학습 환경은 시간이 지나면서 유색인종 학생들의 사회적 요구는 물론 그들의 학문적 요구를 수용하는 범위로까지 진화하고 발전하였다(Cones, Noonan, & Janha, 1983). 교수학습 과정에 관심을 갖는 교수들이 그 뒤에서 변화를 추진하는 힘으로 작용하였다(Banks, 1995 ; Robert et al., 1994).

대학에서는 다양한 학부생들과 교수들을 모집하고 유지하려는 노력이 진행되었다 (Bach, Barnett, Fuentes, & Fery, 2006 ; Chesler et al., 2005 ; Gainene & Boice, 1993). 이러한 노력의 일환으로 백인 위주였던 대학기관은 유색인 학생과 교수들의 경험과 관점에 맞게 시스템을 확대 · 개편하기 위해 노력해 왔다(Chesler, Lewis, & Crowfoot, 2005 ; Stanley, 2006). 어떻게 모든 학생이 다양한 학생 및 교수와 함께 협업하면서 직접적이고 중요하며 긍정적인 혜택을 받을 수 있는가에 대한 연구도 계속되어 왔다(Astin, 1993 ; Burgsthaler & Cory, 2008 ; Gurin et al., 2002). 이러한 노력은 기관에 유색인 교원과 학생들이 증가하는 데 기여하였으며, 구성원의 다양성과 관련된 복잡한 이슈에 대해 이해하는 데 기여하였다(Hendrix, 2007; Moody, 2004; Tusmith & Reddy, 2002; Wijeyesinghe & Jackson, 2001). 고등교육에서 평등에 대한 새로운 기준을 세운 또 다른 사례는 미국대학협의회에서 출판한 *Making Excellence Inclusive* 시리즈이다(Bauman, Bustillos, Bensimon, Brown, & Bartee, 2005; Milem et al., 2005; Williams, Berger, & McClendon, 2005). 최근에는 교수들의 다양한 경험에 근거한 연구에서 산출된 새로운 자료도 활용이 가능하다(Chesler et al., 2005; Chesler & Young, 2007; Moody, 2004; Stanley, 2006). 이 책의 제14장은 이러한 주제를 다루고 있다.

최근 연구에 따르면 미국 흑인들을 위한 고등교육기관인 흑인대학(HBCUs)과 히스패닉계 학생들을 위한 히스패닉대학(HSIs)은 모두 다문화 조직개발의 선두기관으로 성장해 온 경험을 보유하고 있다(Dawkins, Beach, & Rozman, 2006; Frederick & James, 2007). HBCUs는 다양한 학부생과 교수들을 유치하고 지속적으로 유지하기 위해서 무엇보다도 백인중심의 대학에서 나타나는 사회적 문화적 기득권에 도전하는 일을 해야 한다고 지적하였다. 이것은 대학기관의 지원을 충분하게 획득하고 변화하는 교수의 역할과 그에 따른 보상을 설명하며 다양한 교수들의 역할에 균형을 맞추는 것을 일컫는다. 또한 이러한 연구는 교수개발자가 학과 및 프로그램의 평가와 같이 기관의 우선적 요구에 대해 지원하는 것과 동일하게 혹은 그 이상으로 HBCUs에 지원하는 것이 매우 중요함을 의미한다(Dawkins et al., 2006).

최근에 나타나는 또 다른 혁신은 다양한 대학에서 유색인종이 학장에 오르기 시작했다는 것이다(Williams & Wade-Golden, 2008). 교무처장이나 학장과 같은 지위는 예산과 인력을 분배하고, 시니어 학문 집단의 리더로서 다양한 학과와 행정단위를 관리하는 책임과 행정적 힘을 갖는다. 이러한 위치에 오르는 것 자체가 기관의 다문화적인 발전에 체계적인 도움을 주지는 않는다고 하더라도, 이러한 혁신은 다양성과 관련된 이슈가 초기에 특정 개인이나 사무실에서 단독으로 처리되었던 것에 비해서 의도하든 그렇지 않든 간에 보다 조직적인 힘을 가지고 다루어질 수 있도록 한다는 점에서 의미가 있다.

교육개발에서 통합적 실례

교수개발자는 교수들과 꾸준히 다양한 상호작용을 함으로써 다양성 이슈에 대한 구성원의 대응을 변화시키는 기회를 얻을 수 있다(Adams & Love, 2005; Chism, Lees, & Evenbeck, 2002; Diamond, 2005; Lindsey, Robins, & Terrell, 2003; Lockhart & Borland, 2001). 명확히 규명되지 않은 이슈는 개별 대학기관에서 유의미할 수 있지만, 이를 최우선의 가치로 상정하는 것은 일종의 도전으로 받아들여질 수도 있다. 이 장은 다양성과 관련된 개념과 용어를 정의하고, 의사결정권자에게 대학기관에서 나타나는 이와 관련된 이슈에 대해서 확인하며, 우리가 염원하는 가치와 행동을 모형화하기 위한 계속적인 연구와 평가방법을 발굴할 필요가 있음을 제시하는 것만으로도 충분하다.

용어

다문화적인 주도권을 갖는 언어와 그것의 의미는 사회적, 정치적, 경제적 변화에 상응할 정도로 지속적인 변화를 겪어 왔으며 이를 이해하고 분석하려는 우리의 노력도 꾸준히 발전해 왔다. 교육에서 다문화(multicultural)나 다양성(diversity)이라는 용어는 종종 인종(race)이라는 용어로 대치되며, 인종이라는 용어는 흑백관계라는 의미로 축약될 수 있다(Anderson, 2002; Tusmith & Reddy, 2002). 인종의 의미를 둘러싸고 계속적인 갈등이 제기되어 왔지만, 이러한 논의의 중심 축에는 지역적, 국가적으로 다양한 개인적 갈등이 포함되어 있다. 예를 들어, 인종, 성, 경제 계급 등의 갈등이 필요 불가분하게 같이 연계되어 있다(Anderse & Collins, 2000; Hendrix, 2007; Kumashiro, 2001; Weber, 2004). 나는 이러한 갈등이 사회적 정체성에 대한 논란과 연계되어 있다고 생각한다. 즉 권력, 특권, 책임과 관련된 함축적 의미를 가지고 있는지, 그리고 그로 인해 이러한 다양성이 어떻게 사회구조 속에서 차별과 억압으로서 작동하는지에 대한 체계적 분석이 논의되어야 한다(Burgsthaler & Cory, 2008; Hardiman & Jackson, 1997; Johnson, 2001; Yeskel & Collins, 2005). Audre Lorde는 반어적으로 "억압의 위계는 없다."라고 지적하였다(1983).

의사결정권자

대체적으로 학교라는 사회는 집단 사이의 담론을 통해 유지된다(Graff, 1993; Schoem, Frankel, Zúñiga, & Lewis, 1993). 개인주의 풍토, 위기진단 관리전략, 전통적인 학습 중심의 지배 패러다임은 계속적으로 우리를 압박하고 있다(Hendrix, 2007; Hooks, 2003). 우리 학생들과 강사들, 교수들, 학과와 대학기관의 리더들은 너무 자주 '편향된 대화'를 나눈다. 유의미한 대화를 지속하는 대신 참가자들은 그들이 속한 공동체 속에 내재되었던 분노의 작용인지는 모르지만, 서로에게 인상적인 어구를 사용하면서 상처를 내곤 한다. 부정적인 감정을 지속적으로 갖게 되는 이유가 수년 전에 일어났던 경험, 독립된 사건, 또는 다른 사람의 경험에서 얻은 인식 때문이라 것을 알았을 때 그들은 매우 놀랄 것이다. 이러한 관리하기 어려운 부정적인 선행 경험이 참가자들로 하여금 어떤 경우에도 다시 만나는 것을 피하고 싶게 만들 수 있다.

스펙트럼의 또 다른 한편에서 나는 때때로 다문화적 교육개발 담론에 자발적으로 참여해서 얻는 혜택이나 고유한 역할이 없다고 느끼는 특정한 연령대의 학생들과 동료 교수들을 만나게 된다. 이들은 이미 사회적 다양성이라는 '것'이 '거기에 존재했었고, 존재해 왔던' 것이라고 믿는 사람들이다. 이러한 태도는 여러 가설을 만들어내는데, 그중 다음 두 가지는 의미 있게 살펴볼 만하다. 첫 번째는 사회적 정체성이 발전함에 따라 교육과 우리 지역사회의 사회 정의에 관한 이슈도 동등하게 발전해 왔다는 것이다. 두 번째는 새로운 연구나 더 나은 모델이 다양성과 교육적 이슈를 꾸준히 개선하고 확대해 왔다는 것이다. 그러므로 교수개발자는 집단과 개인 사이의 대화를 촉진하고, 그렇게 함으로써 우리 공동체에 교수학습에 대한 새로운 자원과 더 나은 실행들을 불러일으키도록 전문지식들을 제공할 필요가 있다. 우리는 (지위, 정체성, 학과에 상관없이) 우리의 학생과 동료들 그리고 리더들이 이러한 이슈에 대한 그들 자신의 입장을 이해하도록 도울 수 있다.

모델링

대학은 교수와 학생 모두의 학습에 대한 인지적 측면과 정서적 측면을 균형적으로 발전시키기 위한 적절한 전략을 찾기 위해 노력하고 있다. 만약 이들이 완전히 인지적인 측면에만 관여한다면 포함과 배제, 다양성, 차이 등이 말하려고 하는 이슈들에 대해 고심하기 어려우며, 계속적인 성장과 발전을 이루는 것을 상상하기 힘들 것이다. 좋은 의도일지는 모르겠지만 교수들은 대학기관에서 지위나 권력을 얻거나 책무성을 높이는 방법 등과 같이 한 사람의 사회적 정체성(예 : 인종, 성, 성적 지향성, 종교적 편향성, 경제적 지위, 물리적 능력 등)에 영향을 미칠 수 있는 이슈를 검토할 수 있는 가치를 여전히 얻기 어렵다(Adams, Bell, & Griffin, 2007).

교수개발자는 다양성과 관련된 교과목 기반의 체계적 혁신을 유도하기 위해서 교수 중심의 학습공동체와 논의하면서 긍정적인 결과를 유도해 냈던 경험이 풍부해야 한다 (Cox, 2003; Ouellett & Sorcinelli, 1995). 교수의 학습공동체는 여러 학문과 문화를 통합하여 교수들 간의 지속적인 상호작용을 촉진한다. Petrone(2004)은 이러한 공동체의 참가자는 개인과 집단의 필요에 따라서 점차적으로 다양성 이슈에 집중한다는 것을 밝혀내었다. 이를 통해 참가자는 다양성 이슈를 교육과정, 교수행위, 교실 환경 등에 통합함으로써 개인 간, 또는 개인 내적으로 지식을 성찰하는 기회를 갖게 된다. 개인, 학과, 대학기관에 큰 문제가 있지 않을 때 이러한 시도를 우선순위에 두고 지속적으로 추진력을 가지고 운영하는 것이 중요하다.

교수학습센터는 인종 간, 학문 간의 협력을 업무의 핵심 주제로 설정함으로써 이러한 대응의 본보기가 될 수 있다. 우리는 우리 분야에서 소수로 취급되었던 사람들이 참여할 수 있도록 구조를 변경할 수 있다(Cook & Sorcinelli, 2005; Stanley, 2001). 또한 우리는 교수와 교수개발자로서 전문적인 성장과 발전이라는 점에서 소수자와 일하는 본보기를 만들어 보여줄 수 있다. 과거 수십 년 동안 나는 다른 교수개발자인 동료와 지역 대학에서 어떤 교과를 함께 가르쳐 왔다. '미국의 인종주의 : 사회적 역할 행위에 대한 함의'라는 우리 강의는 사회복지 프로그램 석사과정의 이 년 차 필수 교과목이었다. 1993년 이래로 학교는 이 교과목을 매 여름마다 약 여섯 번 개설하였다. 강사들은 팀을 이루어 이 교과를 가르쳤으며, 구성원은 정년 트랙의 교수와 시간 강사들이 동등하게 포함되었다. 그러나 독특하게도 수업의 팀이 상당수 인종적 차이를 두도록 했으며 가능하다면 성, 성적 지향점, 종교 등을 다르게 구성하려고 노력했다. 나의 사회적 정체성을 설명하자면 백인, 남성, 게이이자 신체가 건장하며 활동하지 않는 가톨릭 신자이다. 나와 함께 가르친 교사는 흑인, 여성, 양성애자이며 신체가 건강한 활동적인 가톨릭 신자이다. 나는 대규모 공립대학교의 교수개발자이며, 그녀는 소규모 HBCU

에서 교수개발자로 일하였다. 우리는 프로그램에서 강사로서 활동하면서 연구를 통해 즉각적으로 이루어질 수 있는 상호작용을 다섯 가지 수준으로 규명하였다(Ouellett & Fraser, 2005). 이것은 다음과 같다.

- 자기 성찰과 의미 형성을 위한 개별 교수의 내적 과정
- 2명의 팀 구성원 간의 상호관계
- 팀과 학생들과의 상호관계
- 개별 교수자와 학생들 간의 상호관계
- 학생들 사이의 상호관계

덧붙여 우리는 우리의 수업에 대한 형성적, 총괄적 피드백을 초기부터 수집해 왔다. 수 년간 여러 학기의 수업을 통해서 우리는 꾸준하게 여러 주제가 논의되어 왔음을 알게 되었다. 학생들의 규칙적인 피드백을 통해 알게 된 예상치 못했던 결과는 이 교과목을 통해 학생들이 얻은 가장 중요한 성과가 인종이 다른 두 교수가 함께 일하는 것을 볼 기회를 가질 수 있었다는 것이다. 우리의 관계 자체가 가장 강력한 학습자료가 되었던 것이다. 성찰을 통해서 나는 수년 동안 얼마나 많은 것을 동료 강사와 학생들로부터 배우게 되었는지 깊이 있게 이해하게 되었다. 우리의 우정, 동료 간의 협력과 수업에서의 꾸준한 파트너십 등 여러 측면은 학생들에게 다양성, 다문화주의는 물론 미국에서의 인종에 대한 지속적인 대화를 유도하는 본보기가 되었다. 두 번째 기대하지 못했던 성과는 협력적 관계 속에서 우리가 서로 전문가로서의 생활과 개인적인 삶을 지원하게 되면서 상호 멘토가 되었다는 것이다(Beach, Henderson, & Famiano, 2008; de Janasz & Sullivan, 2004; Yun & Sorcinelli, 2008).

교과목 기반 다문화적 변화

성공적인 대학생의 대학생활 경험에 대한 연구를 통해 교수개발자는 대학 풍토와 학생의 경험 변화를 이해하는 데 도움을 얻을 수 있다(Astin, 1993). 경험에 기초한 이러한 연구와 자료를 사용하여 교수개발자는 여러 가지 다문화 교과목개발모델(Adams, Bell,

& Griffin, 2007; Morey & Kitano, 1997)과 이 부문의 능력 있는 교수가 되기 위한 지식, 가치, 기술 습득지원 프로그램(Bach et al., 2006; Chesler, 1998)을 제공해 왔다.

대학 수준에서 교수개발모델은 교수의 자기성찰 개발, 관련 요소를 활용한 학생의 지식획득지원, 다양한 관점에서의 자료 제시, 학생의 다양성에 대한 가치 인식, 서로 다른 학습양식과 학생들 간의 학습지원을 가치 있는 목표로 인식하도록 변해 왔다(Kitano, 1997; Miller & Garran, 2008). 이러한 모델은 교수에게 다문화 교과목개발과정을 시작할 수 있는 다양한 출발점을 제공한다는 점에서 효과적이다. 예를 들어, Marchesani와 Adams(1992)는 교수의 자기 인식, 교육적 결정, 교과목 내용, 학생 개인과 집단에 대한 이해 등으로 이러한 과정을 분석하였다. 교수개발자는 교과목을 혁신하는 과정에서 교수의 개발 준비도와 호기심, 그리고 그들의 학문적 우선순위를 고려하여 필요한 각각의 지점을 지원해 주어야 한다. 내 경험에 따르면 교수가 이러한 혁신을 고려할 때 좌절하도록 만드는 요인을 무시하도록 유도하는 유연성이 가장 중요하다. 예를 들어, 다문화적 교과목 설계가 정치적 측면에서 바른 것인지, 수업에서 다양성과 관련된 주제를 설명하기 위해서는 '다양성 전문가'가 되어야 하는지 등과 같은 교수의 오개념을 교정하는 데 주의를 기울여야 한다.

이 책의 제13장에서 Stanley는 다문화 교수개발 활동을 교과목, 프로그램, 대학기관의 수준에서 개념화하고 실행하고 평가하는 것을 다루었다. 나는 실제적 학습, 학습자의 동기, 평가 등에 대해서 학습함으로써 이론적이며 개념적인 프레임워크를 형성하는 것이 중요하다고 생각한다.

전환

다문화 교과목 계획과 개발이 중요하긴 하지만, 체계적 변화는 불가피하게 개인과 사회의 전환을 수반한다. 교수개발은 오랫동안 인종 정체성 개발 연구(Hardiman & Jackson, 1997; Wijeyesinghe & Jackson, 2001)나 학습자 동기 및 지적성장모델(Svinicki, 2004) 등과 같은 사회과학 연구의 도움을 받아 왔다. 특히 다문화 간의 상호작용에 대한 조사가 주목을 받았다(Hurtado et al, 1999). 대학기관에서 학생과 교원의 인종적 다양성에 대한 기록은 이 학생들이 학교에서 혹은 졸업 후에 형식적, 비형식적 학습이나 다른 다양성 관련 활동에 참여할 것인가를 예측하는 데 영향을 미친다(Gurin et al., 2002; Hurtado et al., 1999). 더 최근에 Denson과 Chang(2009)은 대학기관에서 긍정적인 인종적 관계를 수립하는 것에 높은 가치를 부여함으로써 다양한 인종과의 상호작용이나 지식획득 활동에 참여하는 개인이 지금 이상의 혜택을 얻도록 지원해야 한다고 주장하였다.

자연과학과 수학 등의 학문 분야를 중심으로 (인종)통합적인 교수학습을 통해 유의한 결과를 산출하려는 움직임이 나타나고 있다. 최근 사례 중 하나는 만화경 프로젝트[1]이다(Megginson, 2006). 이 프로젝트의 특징은 연구를 학습과 통합하고, 수업의 가장 좋은 사례를 여러 다른 과학자에게 보급하기 위하여 말이나 구조로 개발하는 것이다. 특히 학습양식이나 문화적 기반, 학습 준비도 등에서 학생의 다양성에 대한 학문적 담론을 형성하는 데 중요하게 기여하였다. 연구자와 실무자들은 다양한 국가에서 온 교수와 대학원생이 미국 교실에서 겪게 되는 수업경험에 관심을 기울이기 시작하였다. Fox(1994)는 말과 글을 사용하는 교수의 커뮤니케이션에서 동양인과 서양인 사이에 다음과 같은 세 가지 근본적인 차이가 있음을 이해해야 한다고 지적하였다. 첫째, 다른 사람의 공격을 피하기 위하여 직설적으로 말하거나 직접적으로 표현하는 것을 의도적으로 회피하는 행동, 둘째, 집단을 우선시하는지 개인을 우선시하는지의 차이, 셋째, 오래된 지혜를 선호하는지 새로운 지식을 선호하는지의 차이 등이 그것이다. 악센트를 가지고 말할 때 더 권위 있어 보인다거나(McLean, 2007), 학생의 기대에 대한 대응방법(Muhtaseb, 2007), 국제화된 교실이 늘어나는 것(McCalman, 2007) 등도 이슈가 되고 있다.

미국 대학에서 국제화로 인해 인종적·민족적 다양성이 심화됨에 따라서 교수개발을 세계화하기 위한 노력도 지속적으로 이루어져 왔다. Schneider(2008)는 미국의 교육학자들이 교수개발에서 국제화와 관련된 문헌과 실제를 면밀히 관찰하고 다문화와 관련된 해외 활동에 적극적으로 참여하면서 많은 자료를 수집해 왔다고 지적하였다. 제15장에서 Chism, Gosling과 Sorcinelli 등은 세계화 관점에서 교육개발을 기술하였다.

1　[역자주] Project Kaleidoscope, 즉 PKAL은 과학, 공학, 엔지니어링, 수학 등(STEM)의 분야에서 강력한 학부 프로그램을 만들기 위해 미국에서 시작한 프로젝트이다(http://www.pkal.org).

개인적 준비에 대한 성찰

나는 교사이자 교육개발자로 성장하는 데 영향을 받았다고 믿는 내 어린 시절의 특징들에 대해서 이야기하면서 이 장을 마무리하려고 한다(Bell, Love, Washington, & Weinstein, 2007). 나의 아버지는 공군으로 군인가정에서 성장하였고, 미국 전역은 물론 전 세계를 돌아다니며 생활하셨다. 나의 첫 번째 교실은 외국어로 수업을 하였다. 이 기간 나는 가족과 문화적 규범, 취향, 기준 그리고 기대가 다른 곳에서 생활하였다. 미국에서 살았을 때, 나는 2년에 한 번 꼴로 다른 곳으로 이주하였다. 이사를 할 때마다 부모님은 주변의 민간인 공동체에서 생활하셨다. 나와 형제들은 계속 '새로 온 전학생'이었고 '외국인'이었다. 오랜 후에 나는 내 경험이 정부 및 비정부 국제기관에서 근무하는 부모를 둔 아이들과 같이 '다문화적 아이들'의 경험과 동일했음을 알았다.

다른 환경도 마찬가지겠지만 이러한 생활 역시 긍정적인 측면과 부정적인 측면을 모두 가지고 있다. 다문화적 어린 시절이 주는 가장 큰 보상은 발견의 즐거움을 알게 되었다는 것이다. 새로운 환경, 새로운 경험, 새로운 사람들이 주는 즐거움과 어떤 환경에서도 최선의 것을 찾을 수 있다는 자기 확신이 그것이다. 이것이 내가 융통성이 있으며 충실성과 이상주의를 선호하는 이유가 되었다고 생각한다. 나는 변화를 즐기고 어떤 곳에서도 쉽게 적응하며 자유롭게 지낼 수 있다. 오늘 내가 지향하는 바로 그곳에 내 정체성이 있다.

회고하건데 다문화적인 교육은 고등교육에서 사회 정의에 대한 이슈와 다양성의 이슈를 준비하는 최선의 방법이다. 군대와 많은 것이 유사한 고등교육기관은 위계로 가득 차 있다. 공동체는 매우 안정되기도 하지만 매우 쉽게 변하기도 한다. 대학기관의 미션은 개인의 목표와 성취, 그리고 우리사회 전체의 바람직성 사이에서 긴장을 조성하기도 한다. 군대와 다르게 대학의 구성원들은 군인처럼 계급이 표시된 옷을 입지는 않는다. 일반적으로 고등교육에서 권력과 책임은 탈중심화되어 있다. 그러나 내 경험에 따르면 학문적 공동체의 구성원들은 계급에 민감하며 지위나 책무성을 고려하여 관계를 맺는 것에 예민하다. 대학에서 새로운 동료를 만날 때 우리의 대화나 사고과정은 '당신은 어떤 학과에 소속되어 있는가? 교원인가 직원인가? 만약 교수라면 정규직인가 아닌가? 정규직이라면 어떤 전공을 하는가? 수상 경력이 있는가? 만약 상을 받았다면 얼마나 대단한 것인가?' 등에 머물러 있기도 하다. 이 글을 읽는 독자들도 이러한 사례를 들어본 적이 있을 것이라고 확신한다.

나는 이 작은 이야기를 공유함으로써 우리 교수와 학생이 자신의 경험, 가치, 믿음을 발전적으로 규명하고 활용하는 데 도움이 되는 자기성찰의 본보기로 삼길 바란다. 수업컨설턴트가 자신의 성장과 발전을 위해 반성적으로 행동할 경우 수많은 중요한 혜택을 얻을 수 있다(Kardia, 1998; Smith, 1997; Bell et al., 1997). 또한 이것은 우리가 학생을 위해서 전환학습을 촉진하고자 노력하는 이유가 될 것이다(Fox, 2001). 머리는 물론 손과 마음을 통해서 더욱 솔직하게 우리의 이야기를 말하고 우리의 경험을 성찰하는 것은 우리가 교수학습에 대해서 가지고 있는 열정을 이해하는 핵심이 될 것이다.

결론

좋은 소식은 우리가 고등교육에서 다문화 이슈들을 개발하고 실행하며 유지하고 평가할 때 무엇이 문제이고 무엇을 해야 하는지 과거보다 더 많은 것을 알게 되었다는 점이다. 이후 이어지는 3개의 장은 다문화와 관련된 핵심 질문에 대해서 다룰 것이다. 다문화적으로 그리고 상호문화적으로 역량 있는 교수개발자가 되기 위해서 기본적으로 우리가 무엇을 알아야 하는가? 복잡하고 빠르게 변하는 환경에서 우리는 어떻게 교수, 학생, 직원의 요구에 부응할 것인가? 통합적인 고등교육 환경을 개발하고 유지하기 위해서 문제는 무엇이며, 어떻게 해야 하는가? 이러한 문제와 관련된 이슈에 대해서 깊이 있게 성찰하는 교수개발자는 복잡해진 고등교육 환경에서 나타나는 다양한 교육 요구들을 지원하는 데 기여할 수 있을 것이다.

참고문헌

Adams, M. A., Bell, L. A., & Griffin, P. (Eds.). (2007). *Teaching for diversity and social justice* (2nd ed.). New York: Routledge.

Adams, M. A., & Love, B. J. (2005). Teaching with a social justice perspective: A model for faculty seminars across academic disciplines. In M. L. Ouellett (Ed.), *Teaching inclusively: Resources for course, department & institutional change in higher education* (pp. 587–619). Stillwater, OK: New Forums.

Anderse, M., & Collins, P. H. (2000). Introduction. In M. Anderse & P. H. Collins (Eds.), *Race, class, and gender: An anthology* (4th ed., pp. 1–11). Belmont, CA: Wadsworth.

Anderson, J. A. (2002). Race in American higher education: Historical perspectives on current conditions. In W. Smith, P. Altback, & K. Lomotey (Eds.), *The racial crisis in American higher education* (rev. ed., pp. 3–22). Albany: State University of New York Press.

Astin, A. W. (1993). *What matters in college? Four critical years revisited.* San Francisco: Jossey-Bass.

Bach, D. J., Barnett, M. A., Fuentes, J. D., & Frey, S. C. (2006). Promoting intellectual community and professional growth for a diverse faculty. In S. Chadwick-Blossey & D. R. Robertson (Eds.), *To improve the academy: Vol. 24. Resources for faculty, instructional, and organizational development* (pp. 166–182). Bolton, MA: Anker.

Banks, J. A. (1995). Multicultural education: Historical development, dimensions, and practice. In J. A. Banks & C.A.M. Banks (Eds.), *Handbook of research on multicultural education* (pp. 3–24). New York: Macmillan.

Bauman, G. L., Bustillos, L. T., Bensimon, E. M., Brown III, M. C., & Bartee, R. D. (2005). *Achieving equitable educational outcomes with all students: The institution's roles and responsibilities.* Washington, DC: American Association of Colleges and Universities.

Beach, A. L., Henderson, C., & Famiano, M. (2008). Co-teaching as a faculty development model. In L. B. Nilson & J. E. Miller (Eds.), *To improve the academy: Vol. 27. Resources for faculty, instructional, and organizational development* (pp. 32–71). San Francisco, CA: Jossey-Bass.

Bell, L. A., Love, B. J., Washington, S., & Weinstein, G. (1997). Knowing ourselves as social justice educators. In M. Adams, L. A. Bell, & P. Griffin (Eds.), *Teaching for diversity and social justice* (2nd ed., pp. 381–394). New York: Routledge.

Burgsthaler, S. E., & Cory, R. C. (2008). *Universal design in higher education:*

From principles to practice. Cambridge, MA: Harvard Education Press.

Chesler, M. (1998). Planning multicultural organizational audits in higher education. In M. Kaplan & D. Lieberman (Eds.), *To improve the academy: Vol. 17. Resources for faculty, instructional, and organizational development* (pp. 171–202). Stillwater, OK: New Forums.

Chesler, M. A., Lewis, A., & Crowfoot, J. (2005). *Challenging racism in higher education: Promoting justice.* Lanham, MD: Rowman & Littlefield.

Chesler, M. A., & Young Jr., A. A. (2007, Fall). Faculty members' social identities and classroom authority. In M. Kaplan & T. T. Miller (Eds.), *New directions for teaching and learning, no. 111. Scholarship of multicultural teaching and learning* (pp. 11–19). San Francisco: Jossey-Bass.

Chism, N. V. N., Lees, N. D., & Evenbeck, S. (2002). Faculty development for teaching innovation. *Liberal Education, 88*(3), 34–41.

Cones III, H. H., Noonan, J. F., & Janha, D. (Eds.). (1983). *New directions for teaching and learning, no. 16. Teaching minority students.* San Francisco: Jossey-Bass.

Cook, C., & Sorcinelli, M. D. (2005). Building multiculturalism into teaching development programs. In M. L. Ouellett (Ed.), *Teaching inclusively: Resources for course, department and institutional change in higher education* (pp. 3–20). Stillwater, OK: New Forums.

Cox, M. D. (2003). Proven faculty development tools that foster the scholarship of teaching in faculty learning communities. In C. M. Wehlburg & S. Chadwick-Blossey (Eds.), *To improve the academy: Vol. 21. Resources for faculty, instructional, and organizational development* (pp. 109–142). Bolton, MA: Anker.

Dawkins, P. W., Beach, A. L., & Rozman, S. (2006). Perceptions of faculty developers about the present and future of faculty development at historically black colleges and universities. In S. Chadwick-Blossey & D. R. Robertson (Eds.), *To improve the academy: Vol. 24. Resources for faculty, instructional, and organizational development* (pp. 104–120). Bolton, MA: Anker.

de Janasz, S. C., & Sullivan, S. E. (2004). Multiple mentoring in academe: Developing the professional network. *Journal of Vocational Behavior, 64,* 263–283.

Diamond, R. M. (1988). Faculty development, instructional development, and organizational development: Options and choices. In E. C. Wadsworth (Ed.), *POD: A handbook for new practitioners* (pp. 9–11). Stillwater, OK: New Forums.

Diamond, R. M. (2005). The institutional change agency: The expanding role of academic support centers. In S. M. Chadwick-Blossey & D. Robertson (Eds.), *To improve the academy: Vol. 23. Resources for faculty, instructional, and organizational development* (pp. 24–37). Bolton, MA: Anker.

Denson, N., & Chang, M. J. (2009). Racial diversity matters: The impact of diversity-related student engagement and institutional context. *American Educational Research Journal, 46*(2), 322–353.

Fox, H. (1994). *Listening to the world: Cultural issues in academic writing.* Urbana, IL: National Council of Teachers of English.

Fox, H. (2001). *When race breaks out: Conversations about race and racism in college classrooms.* New York: Peter Lang.

Frederick, P., & James, M. (2007). "Heritage Rocks": Principles and best practices of effective intercultural teaching and learning. In D. R. Robertson & L. B. Nilson (Eds.), *To improve the academy: Vol. 25. Resources for faculty, instructional, and organizational development* (pp. 172–188). Bolton, MA: Anker.

Gainene, J., & Boice, R. (Eds.). (1993, Spring). *New directions for teaching and learning, no. 49. Building a diverse faculty.* San Francisco: Jossey-Bass.

Gillespie, K. H. (2000). The challenge and test of our values: An essay of collective experience. In M. Kaplan & D. Lieberman (Eds.), *To improve the academy: Vol 18. Resources for faculty, instructional, and organizational development* (pp. 27–37). Bolton, MA: Anker.

Graff, G. (1993). *Beyond the culture war: How teaching the conflicts can revitalize American education.* New York: Norton.

Gurin, P., Dey, E. L., Hurtado, S., & Gurin, G. (2002). Diversity in higher education: Theory and impact on educational outcomes. *Harvard Educational Review, 72*(3), 330–366.

Hardiman, R., & Jackson, B. W. (1997). Conceptual foundations for social justice courses. In M. Adams, L. Bell, & P. Griffin (Eds.), *Teaching for diversity and social justice* (pp. 16–29). New York: Routledge.

Hendrix, K. G. (Ed.). (2007). *New directions for teaching and learning, no. 110. Neither white nor male: Female faculty of color.* San Francisco: Jossey-Bass.

hooks, b. (2003). *Teaching community: A pedagogy of hope.* New York: Routledge.

Hurtado, S., Milem, J., Clayton-Pederson, A., & Allen, W. (1999). *Enacting diverse learning environments: Improving the climate for racial/ ethnic diversity in higher education.* ASHE-ERIC Higher Education Report, vol. 26, no. 8. Washington, DC: George Washington University,

Graduate School of Education and Human Development.

Jackson, B. (2005). The theory and practice of multicultural organization development in education. In M. L. Ouellett (Ed.), *Teaching inclusively: Resources for course, department & institutional change in higher education* (pp. 3–20). Stillwater, OK: New Forums.

Johnson, A. G. (2001). *Privilege, power, and difference.* New York: McGraw-Hill.

Kardia, D. (1998). Becoming a multicultural faculty developer: Reflections from the field. In M. Kaplan & D. Lieberman (Eds.), *To improve the academy: Vol. 17. Resources for faculty, instructional, and organizational development* (pp. 15–34). Stillwater, OK: New Forums.

Karen, D. (1991). The politics of class, race and gender: Access to higher education in the United States, 1960–1986. *American Journal of Education, 99*(2), 208–237.

Kitano, M. K. (1997). What a course will look like after multicultural change. In A. Morey & M. Kitano (Eds.), *Multicultural course transformation in higher education: A broader truth* (pp. 18–34). Needham Heights, MA: Allyn & Bacon.

Kumashiro, K. (2001). Queer students of color and antiracist, anti-heterosexist education: Paradoxes of identity and activism. In K. Kumashiro (Ed.), *Troubling intersections of race and sexuality: Queer students of color and anti-oppressive education* (pp. 1–25). New York: Rowman & Littlefield.

Lewis, K. G. (1996). A brief history and overview of faculty development in the United States. *International Journal for Academic Development, 1*(2), 26–33.

Lindsey, R. B., Robins, K. N., & Terrell, R. D. (2003). *Cultural proficiency: A manual for school leaders* (2nd ed.). Thousand Oaks, CA: Corwin.

Lockhart, M., & Borland Jr., K. (2001). Incorporating diversity in *all* faculty/staff development programs . . . Regardless of the content. *Journal of Faculty Development, 18*(2), 57–64.

Lorde, A. (1983). There is no hierarchy of oppressions. *Interracial Books for Children Bulletin, 14*(3–4), 9.

Marchesani, L. S., & Adams, M. (1992). Dynamics of diversity in the teaching-learning process: A faculty development model for analysis and action. In M. Adams (Ed.), *New directions for teaching and learning, no. 52. Promoting diversity in college classrooms: Innovative responses for the curriculum, faculty, and institutions* (pp. 9–19). San Francisco: Jossey-Bass.

Marchesani, L. S., & Jackson, B. (2005). Transforming higher education institu-

tions using multicultural organizational development: A case study of a
large northeastern university. In M. L. Ouellett (Ed.), *Teaching inclusively:
Resources for course, department & institutional change in higher
education* (pp. 3–20). Stillwater, OK: New Forums.

McCalman, C. L. (2007, Summer). Being an interculturally competent instructor
in the United States: Issues of classroom dynamics and appropriateness,
and recommendations for international instructors. In K. G. Hendrix
(Ed.), *New directions for teaching and learning, no. 110. Neither white
nor male: Female faculty of color* (pp. 65–74). San Francisco: Jossey-Bass.

McLean, C. A. (2007, Summer). Establishing credibility in the multicultural
classroom: When the instructor speaks with an accent. In K. G. Hendrix
(Ed.), *New directions for teaching and learning, no. 110. Neither white
nor male: Female faculty of color* (pp. 15–24). San Francisco: Jossey-Bass.

Megginson, R. E. (2006). What works, A PKAL F21 Essay: Why change? *What
works, what matters, what lasts, 4.* Washington, DC: Project Kaleidoscope
(PKAL).

Milem, J. F., Chang, M. J., & Antonio, A. L. (2005). *Making diversity work on
campus: A research-based perspective.* Washington, DC: Association of
American Colleges and Universities.

Miller, J., & Garran, A. M. (2008). *Racism in the United States: Implications
for the helping professions.* Belmont, CA: Thompson Brooks/Cole.

Moody, J. (2004). *Faculty diversity: Problems and solutions.* New York:
Routledge.

Morey, A., & Kitano, M. (1997). *Multicultural course transformation in higher
education: A broader truth.* Boston: Allyn & Bacon.

Muhtaseb, A. (2007). From behind the veil: Students' resistance from different
directions. In K. G. Hendrix (Ed.), *New directions for teaching and
learning, no. 110. Neither white nor male: Female faculty of color*
(pp. 25–34). San Francisco: Jossey-Bass.

Musil, C. M., Garcia, M., Moses, Y. T., & Smith, D. G. (1995). *Diversity in
higher education: A work in progress.* Washington, DC: AAC&U
Publications.

Ouellett, M. L. (Ed.). (2005). *Teaching inclusively: Resources for course,
department & institutional change in higher education.* Stillwater, OK:
New Forums.

Ouellett, M. L., & Fraser, E. (2005). Teaching together: Interracial teams.
In M. L. Ouellett (Ed.), *Teaching inclusively: Resources for course,
department and institutional change in higher education* (pp. 189–210).

Stillwater, OK: New Forums.

Ouellett, M., & Sorcinelli, M. D. (1995). Teaching and learning in the diverse classroom: A faculty and TA partnership program. In E. Neal (Ed.), *To improve the academy; Vol. 14. Resources for faculty, instructional, and organizational development* (pp. 205–217). Stillwater, OK: New Forums.

Petrone, M. C. (2004). Supporting diversity with faculty learning communities: Teaching and learning across boundaries. In M. D. Cox & L. Richlin (Eds.), *New directions for teaching and learning, no. 97. Building faculty learning communities* (pp. 111–125). San Francisco: Jossey-Bass.

Roberts, H., Gonzales, J. C., Harris, O. D., Huff, D. J., Johns, A. M., Lou, R., et al. (1994). *Teaching from a multicultural perspective: Vol. 12. Survival skills for teaching.* Thousand Oaks, CA: Sage.

Schneider, C. G. (2008). Globalization and U. S. higher education. *Liberal Education, 94*(4), 1–2.

Schoem, D., Frankel, L., Zúñiga, X., & Lewis, E. (1993). *Multicultural teaching in the university.* Westport, CT: Praeger.

Smith, R. (1997). Instructional consultants as reflective practitioners. In K. T. Brinko & R. J. Menges (Eds.), *Practically speaking: A sourcebook for instructional consultants in higher education* (pp. 255–259). Stillwater, OK: New Forums.

Sorcinelli, M. D., Austin, A. E., Eddy, P. L., & Beach, A. L. (2006). *Creating the future of faculty development: Learning from the past, understanding the present.* Bolton, MA: Anker.

Stanley, C. A. (2001). A review of the pipeline: The value of diversity in staffing teaching and learning centers in the new millennium. *Journal of Faculty Development, 18*(2), 75–86.

Stanley, C. A. (Ed.) (2006). *Faculty of color: Teaching in predominantly white colleges and universities.* Bolton, MA: Anker.

Svinicki, M. (2004). *Learning and motivation in the postsecondary classroom.* Bolton, MA: Anker.

Tusmith, B., & Reddy, M. (2002). *Race in the college classroom: Pedagogy and politics.* New Brunswick, NJ: Rutgers University Press.

Weber, L. (2004). A conceptual framework for understanding race, class, gender, and sexuality. In S. N. Hesse-Biber & M. L. Yaiser (Eds.), *Feminist perspectives on social research* (pp. 121–139). Cambridge, UK: Oxford University Press.

Wertsch, M. E. (1991). *Military brats: Legacies of childhood inside the fortress.* St. Louis, MO: Brightwell.

Wijeyesinghe, C. L., & Jackson III, B. W. (Eds.) (2001). *New perspectives on racial identity development: A theoretical and practical anthology.* New York: New York University Press.

Williams, D. A., Berger, J. B., & McClendon, S. A. (2005). *Toward a model of inclusive excellence and change in postsecondary institutions.* Washington, DC: American Association of Colleges and Universities.

Williams, D. A., & Wade-Golden, K. C. (2008, September 26). The complex mandate of a chief diversity officer. *The Chronicle of Higher Education, 55*(5), B44. Retrieved on November 10, 2008, from http://chronicle.com/weekly/v55/i05/05b04401.htm

Yeskel, F., & Collins, C. (2005). *Economic apartheid in America: A primer on economic inequality and insecurity* (2nd ed.). New York: New Press.

Yun, J., & Sorcinelli, M. D. (2008). When mentoring is the medium: Lessons learned from a faculty development initiative. In L. B. Nilson & J. E. Miller (Eds.), *To improve the academy: Vol. 27. Resources for faculty, instructional, and organizational development* (pp. 365–384). San Francisco: Jossey-Bass.

13

다문화 교수개발 활동의 개념,
설계 및 실행

Christine A. Stanley

대학의 구성원이 점차 다양해지면서 학생들을 세계 시민으로 성장할 수 있도록 준비시켜야 한다는 대내외적인 요구가 높아지고 있다(Krutky, 2008). 이러한 상황에서 교수들은 백인 중산층이나 상류층 학생들을 지배적인 대표집단으로 보는 전통적인 시각을 버려야 한다. 오히려 우리는 유색인, 여성, 비전통적인 학생들, 게이, 레즈비언, 양성애자, 트랜스젠더, 장애학생, 그리고 문화적, 국적, 종교적, 계급적으로 독특한 특징을 가진 학생들에게 주목해야 한다.

대학 구성원이 다양해짐에 따라 교수들은 비판적 관점에서 수업을 바라보게 되었으며, 전통적 방식이 아닌 다양한 학습자의 요구에 부응하여 교수학습 활동을 설계해야 할 필요를 느끼게 되었다(Marchesani & Adams, 1992; Ouellett, 2005). 다문화 교실은 상호의존의 가치를 높이고 인종주의에 맞서고 차이를 확인하고 공동체를 강화하고 다양한 관점에서 지식을 수용하며 평등과 사회정의가 유지되는 교수학습 환경을 만드는 데 기여할 수 있다(Anderson, 1995; Wlodkowski & Ginsberg, 1995). 많은 대학기관은 교수학습센터가 이러한 교육적 도전에 적절하게 대응하고 기관의 교수학습 미션을 지원할 것을 기대한다. 다문화 개발에 대한 교수들의 요구에 부응하기 위해서 교수개발자는 반드시 다양성에 대한 지식을 가지고 있어야 한다. 교수개발자는 "우리의 사회화 과정과 그 과정에서 나타나는 다양한 고정관념 및 가설을 이해하고, 교육 환경 안팎에서 나타나는 우리의 태도, 가치, 행동, 생각, 관점, 반응 등에 대해서 성찰(Stanley, Saunders, & Hart, 2005)"할 필요가 있다. 우리는 교수학습의 질을 증진시키기 위하여 교수와 작업할 때 교수, 대학기관, 조직개발의 차원에서 다문화와 관련된 교육을 어떻게 개념화하고 설계하고 실행할지 주의 깊게 생각해 봐야 한다. 이 장에서는 다문화 수업을 개념화하는 방법에 대한 이해를 제고하기 위해 교수개발모델을 다룰 것이다(Adams, Bell, & Griffin, 1997; Adams, Blumenfeld, Castaneda, Hackman, & Anderson, 2000; Jackson & Holvino, 1988; Marchesani & Adams, 1992; Ouellett, 2005; Wlodkowski & Ginsberg, 1995). 이 모델들은 교수가 다음과 같은 것을 할 수 있도록 돕기 위한 실제적이고 개념적인 프레임워크를 교수개발자에게 제공해 줄 것이다.

- 통합적인 교육과정 설계
- 교수자 자신의 다문화에 대한 인식 개발 및 탐색
- 다양한 교육적 접근의 개발
- 학생의 다문화에 대한 인식 개발 및 이해

제시된 모델과 교수개발자로서 저자의 경험에 기초하여 이 장은 교수개발자가 다문화 교수개발을 시작할 때 어떻게 접근해야 하는가에 대한 실제적인 가이드를 제공할 것이다.

시작하기 : 고려해야 하는 요소

만약 대학기관과 교수개발자가 다문화 교수개발을 하거나 현재 진행하고 있는 교육프로그램을 다문화적으로 개선하고자 한다면, 다음과 같은 요소를 검토해 봐야 한다.

대학기관의 투자

다문화 교수개발 프로그램은 대학기관의 투자 없이 목적한 바를 효과적으로 달성할 수 없다. 핵심프로그램에 대한 확실한 투자가 없다면 교수는 이 프로그램이 다른 것과 차별성이 없다고 생각할 것이다. 대학기관의 투자, 자원, 언어적 지원 등이 학과장, 학장, 교무처장, 총장 등과 같은 상급의 행정가들로부터 이루어져야만 한다. 다문화 프로그램의 활동은 다양성과 관련된 대학기관의 미션을 지지하도록 연계되어야 한다. 대학 내의 다른 적절한 관련 센터와의 협업도 다문화적 교수개발 활동의 내용을 풍요롭게 할 수 있다. 다음과 같은 부서의 도움을 얻을 수 있다.

- 다양성 또는 다문화 부서
- 학생 생활, 장애 서비스
- 국제 학생 서비스
- 게이, 레즈비언, 양성애자, 또는 트렌스젠더 학생 서비스
- 여학생 서비스

다문화 교수개발 프로그램은 교수자가 활동에 책임감을 갖도록 유도해야 한다. 프로그램의 목표는 교수자문위원회의 안내에 따라 설정되어야 하며, 위원회는 구성원과 학과의 다양성과 다문화 수업에 대한 전문성 등을 고려하여 구성되어야 한다.

프로그램 토대

다문화 교수개발 프로그램의 토대로 지원, 실행, 평가가 중요하다. 다문화 교수개발 활동에 대한 요구가 확인되면, 이에 대한 책임은 일반적으로 교수학습센터가 담당한다. 예를 들어, 오하이오주립대학교의 경우 1980년대 후반 자료수집을 통해 흑인 학생의 재등록률이 낮다고 밝혀지면서 다문화 교수개발 프로그램의 필요성이 제기되기 시작하였다. 이러한 자료를 바탕으로 흑인 학생의 재등록을 높이기 위한 수업프로그램이 개발되었으며, 계속해서 다문화 수업프로그램과 성공지원 프로그램이 확대·개설되었다. 이런 시도의 밑바탕에는 수업이 학생의 성공에 영향을 미치는 중요한 요소라는 믿음이 깔려 있다.

다문화 교수개발 프로그램을 개발할 때는 다양성과 다문화 수업의 의미를 명확히 하는 것이 중요하다. 교수가 다양한 환경에서 수업을 할 수 있도록 준비시키는 이런 프로그램에서 프로그램의 목적은 교수자가 다양성이 교수학습에 미치는 영향을 이해하

고, 이에 따라 모든 학생에게 적합하도록 교실환경을 개선하도록 하는 것이다(Chism & Whitney, 2005; Cook & Sorcinelli, 2005; Schmitz, Paul, & Greenberg, 1992).

이론적 · 교육적 토대

대학기관의 투자와 프로그램의 토대를 마련하는 것과 함께 다문화 교수개발 활동의 기반이 되는 이론적이고 교육적인 프레임워크를 개발할 필요가 있다(Adams et al., 1997; Jackson, 2005; Schmitz et al., 1992; Smikle, 1994). 프로그램의 목표가 교수로 하여금 다양성이 교수학습 과정에 미치는 영향을 이해하도록 하는 것이라면 프레임워크는 이러한 목적을 반영해야 한다. 다수가 지지했던 다문화 교수개발 활동은 이론적 프레임워크로 유용성을 인정받은 것이다(Kallen, Bayor, & Whitfield, 1997). 이 이론의 연구자들은 다문화 교실에서 상호의존이 지지를 얻고 가치를 인정받으며 학생들은 서로 다름을 탐색하고 문화적 경험에 감사한다고 주장하였다. 문화적 다원주의는 집단 사이에서 나타나는 공통적인 특성을 강조한다.

내가 사용했던 교육적 프레임워크는 사회정의교육실천(social justice education practice)에서 차용한 것으로 인지개발이론, 학습양식, 집단 간 관계, 인간관계, 경험교육, 상호작용 교수학습, 여성교육론 등의 원리에 근거한다(Adams et al., 1997; Adams, Bell, & Griffin, 2007). 사회정의교육은 교실 환경, 특히 교수학습과정을 검토함으로써 모든 학생이 지식을 탐색하고 계획된 수업에 참여하도록 하는 원칙을 교수가 명심해야 한다고 주장한다.

다문화 수업의 영역

교수가 다문화 수업의 영역을 이해하도록 돕기 위해서는 개념적인 프레임워크를 갖추는 것이 중요하다고 앞서 밝혔다. Jackson과 Holvino(1988)에 의해 개발되고 이후 Marchesani와 Adams(1992)에 의해 수정된 다문화 교수학습모델은 다문화 교실에서 벌어지는 네 가지 영역의 교수학습과정을 이해하는 데 활용할 수 있는 프레임워크이다. 이 네 영역은 교수, 수업방법, 교과내용, 학생 등으로 〈자료 13.1〉에 요약되어 있다. 다른 프레임워크로는 Chism과 Whitney(2005), Cook과 Sorcinelli(2005), Jackson(2005) 그리고 Tomkinson(2005)의 것을 참고할 수 있다.

자료 13.1

다문화 수업의 네 가지 영역

1. 교수
- 스스로를 이해하기
- 단일문화적/다문화적 사회화 개발하기
- 가설과 고정관점 검토하기
- 학생 멘토링하기

2. 교수방법(암묵적 메시지)
- 교실문화 검토하기
- 다양한 학습양식에 적용할 수 있는 여러 가지 교수방법 활용하기
- 존경, 공평, 평등 등을 강조하는 교실 규칙 만들기

3. 교과내용(명시적 메시지)
- 통합적인 커리큘럼 사용하기
- 다양한 관점 재현하기
- 다양한 삶의 경험으로부터 도출되는 사례와 그림 포함하기

4. 학생
- 자신의 학생들 이해하기
- 단일문화적/다문화적 사회화 개발하기
- 가설과 고정관념 검토하기

출처 : Jackson과 Holvino(1988), 그리고 Marchesani와 Adams(1992)

교수개발자의 역할과 책임

교수개발자는 다문화 수업개발 노력을 실천하거나 증진하는 데 스스로 중요한 역할을 하고 있음을 명심해야 한다. 그리고 다음과 같은 다양한 측면을 고려해야 한다.

자기이해 지식　다문화 수업 업무를 담당하는 교수개발자는 높은 수준의 자기인식과 감수성을 갖춰야 하며(Coleman, 1990; Kardia, 1998; Nakayama & Martin, 1999; Smikle, 1994; Wijeyesinghe & Jackson, 2001), 갈등을 인식하고 다루는 방법에 대해서 알아야 한다(Algert & Stanley, 2007). 만약 우리가 다문화 인식이 어떠한지 교수의 성찰을 유도하려면 우리 스스로 선입견과 가정을 비판적으로 바라보는 것에 익숙해야 한

다. 우리가 누구이며 어디에서 왔고 무엇을 하며 이 역할을 왜 하는지 알아야 한다. 예를 들어, 우리가 누구인지 알기 위해서는 우리의 정체성과 사회화 과정을 검토할 필요가 있으며, 우리의 책무가 무엇인지 생각해 봐야 한다. Kardia(1998)가 말했듯이 "다문화 주제와 관련하여 일하는 교수개발자로서 자신의 경험을 통해 알고 있는 것과 다른 사람의 경험으로부터 배워야 하는 것, 교수와의 상호작용을 방해하는 자기 자신의 문화적 선입관과 편견, 그리고 교수의 경험이 자신과 어떻게 다른지 차이를 인식하는 방법 등을 포함하여 다양한 이슈들에 대해 성찰할 수 있어야 한다."

우리가 어디에 위치해 있는지 알기 위해서는 교수학습센터와 대학의 비전과 우선순위에서 다양성 이슈가 어디에 위치하고 있는가를 고려해 봐야 한다. 우리가 이러한 작업을 왜 하는지 알기 위해서 센터의 미션과 일치하도록 프로그램의 목표를 개발해야 한다. 교수학습, 철학, 사회정의, 대학의 변화 등과 같은 다문화적인 이슈에 관한 논의를 공유하고 우리 개개인의 능력을 개발해야 한다. 우리가 이 분야를 어떻게 개념화하고 훈련할 것인가에 영향을 미치기 때문에 민족, 문화, 그 외의 사회적 다양성 등 각자의 정체성을 이해하는 것도 중요하다. 워크숍이나 세미나를 단일한 특징을 가진 전문가 집단으로 구성하기보다 복합적인 팀으로 구성 함으로써 대부분 백인인 청중이 정보를 받아들일 때 상당한 차이를 느끼도록 유도하는 것도 하나의 사례가 될 수 있다.

학술적 지식   교수개발자는 다문화 교실에서 수업에 필요한 사회적이고 문화적인 측면을 설명하는 데 필요한 지식을 알아야 한다. 그들은 다문화 수업에 대해 현재 통용되는 정의는 물론 어떻게 다양성과 억압이 학문적으로 정의되는지 알아야 한다(Anderson, 1995; Asante, 1991; Banks, 1995; Feagin, 2006; Nieto, 1992; Ouellett, 2005). 어떤 점에서 다양성은 다문화주의, 문화, 민주주의, 학습, 교육과정의 변화, 학습환경, 인구통계학, 수업, 동화, 다원주의 등과 같은 용어로 정의되거나 연관되어 설명된다. 우리는 이러한 정의와 의미 뒤에 있는 숨은 뜻에 대해 면밀하게 살펴보아야 한다. 또한 이런 아이디어를 대학의 문화와 미션, 교수학습센터에 적합하도록 개념화할 수 있어야 한다.

청중의 인식   교수개발자는 워크숍, 오리엔테이션, 컨설팅과 같은 활동을 계획하면서 청중에 대해 사려 깊게 생각해야 한다. 청중에 대한 연구를 통해 참가자의 요구에 부응하고 흥미를 증진하며 변화를 위한 동기를 마련할 수 있다. 예를 들어, 우리는 인종, 민족, 연령, 문화, 종교, 국민성, 계급, 성, 장애, 성적 지향성 등과 같은 정체성을 형성하는 특성에 대해서 고려해야 한다. 이런 특성 중의 일부는 분명히 드러나지 않지만 청중을 주의 깊게 관찰한다면 알 수 있는 것이다. 이것은 어떤 워크숍이든 성공에 중요한 요소이다. 다문화 교수개발 활동의 자료, 매체, 연습 등을 선택할 때 교수의 인식, 요구, 실행의 용이성 등이 반영되야만 한다(Smikle, 1994).

갈등관리 교수개발자는 효과적인 갈등관리자가 되어야 한다. 다문화 이슈에 관한 대화를 유도하는 것은 본질적으로 교수학습의 변화를 유도하는 것과 밀접한 관련이 있다. 사람들은 변화에 직면했을 때 저항, 두려움, 자연스러운 행동양식의 변화, 갈등 등을 나타내곤 한다. 갈등은 필요, 가치, 믿음, 생각, 목표 등이 서로 다른 개인 사이에 나타나는 투쟁과 경쟁으로 정의될 수 있다(Algert & Stanley, 2007). 그러나 이것에 항상 부정적인 측면만 있는 것은 아니다. 생산적인 갈등관리는 생산성, 인식, 존경, 대화 등을 증진시킨다. 나는 갈등관리 양식에 대해서 꾸준히 성찰하고 학습해 오면서 행정가, 교수, 직원, 학생들과 다양성에 대해 논의할 때 활용할 수 있는 유용한 정보를 수집할 수 있었다. Thomas-Kilmann의 갈등관리기법(Thomas & Kilmann, 1974)은 갈등의 방식을 결정하는 데 활용되는 평가도구로 유용하다. 이것은 갈등을 다섯 가지 유형으로 점수화하는 데 채 15분도 걸리지 않는다. 다섯 가지 유형은 경쟁, 회피, 조화, 타협, 협력이다. 이러한 유형을 이해하는 것은 어려운 대화를 촉진하고 그룹 간의 관계성을 향상시키는 데 유용하다.

전문적 연합 교수개발자는 다문화적인 교육경험이 있으면서 자신의 활동에 대해서 이야기하는 것을 두려워하지 않는 전문가와 연합하여야 한다. 연합을 통해 위험요소를 포함한 사회문화적 이슈에 대해 폭넓게 이해할 수 있고 자신이 가지고 있는 편견과 선입관을 검토할 수 있으며 경험과 자원을 공유하고 긍정적으로 변화시킬 수 있다. 교수, 전문가, 직원과 함께 연합할 수도 있다. Ferren과 Geller(1993)에 따르면 이 영역에서 오래 일한 교수는 그들의 분야에서 다문화 이슈에 대한 정보를 제공해 주는 자료 제공자가 될 수 있다. 교수개발자는 다른 교수개발자에게 배울 수도 있다. 다문화 교수개발 프로그램을 통해 교수들과 공동으로 논의함으로써 교수 및 교수개발자의 전문성을 개발하고 아이디어를 공유하고 프로그램을 증진하기 위한 자료를 개발할 수 있다.

대학정책에 대한 기여　교수개발자는 다문화 교수학습에 관한 논의가 대학의 변화에 긍정적인 영향을 미치도록 해야 한다. 이를 통해 학생, 직원, 교수, 행정가들이 대학 환경을 둘러싼 사회문화적 이슈를 이해하고, 변화를 위해 적절한 행동을 할 수 있도록 유도해야 한다. 교수개발자는 다문화적 혁신과 관련된 대학의 핵심 위원회를 도와줌으로써 수업 안팎에서 태도와 행동의 변화를 이끄는 파트너로서 자리잡을 수 있다.

다문화 교수개발 활동의 설계

다문화 교수개발 프로그램을 설계할 때는 학과에 적절하고 실제적인 내용을 구성하는 것이 중요하다. 다문화 이슈에 대한 인식을 제고할 수 있는 내용이어야 하며 다문화 수업을 지원하는 대학의 자원을 포함해야 한다. 이를 위해 다음과 같은 방안을 제안할 수 있다.

워크숍

다문화적인 이슈를 교과목과 교육과정에 포함하려면 다양한 아이디어가 필요하다. 이에 대한 인식이나 세심함의 부족이 학계에서 자주 표출된다(Cook & Sorcinelli, 2005; Cooper & Chattergy, 1993). 많은 사람은 학문이 문화적으로 중립적이라는 생각을 가지고 있다. 워크숍을 준비할 때 교수개발자는 달성 가능한 일련의 목표를 명확하게 전달해야 한다. 참가자의 요구와 그룹의 크기를 반영한 워크숍의 목표를 정하기 위해 다음과 같은 몇 가지 가이드라인을 참고할 수 있다.

- 다문화 수업을 위해 정의와 개념적 프레임워크를 제공하라.
- 참가자가 다양성과 사회정의가 실현되는 수업을 자각할 수 있도록 지원하라.
- 참가자가 교실에서 사회문화적인 다양성 이슈를 표현할 수 있는지 조사하라.
- 모든 학생이 성공적으로 수업에 참석하기 위한 일련의 전략을 정의하라.

- 다문화 교실에서 수업에 활용할 수 있는 교수자료의 필요성을 교수가 인식하게 만들어라.

형식과 내용을 위한 프레임워크를 개발하는 것이 필요하다. 나는 참가자에게 다문화 수업을 할 때 다음과 같은 네 가지 영역을 고려하라고 제안한다(Marchesani & Adams, 1992). '무엇을 가르쳐야 하는가 — 교과목 내용', '어떻게 가르쳐야 하는가 — 수업방법', '누구를 가르쳐야 하는가 — 학생', '우리는 누구인가 — 교수' 등이 바로 그것이다(Borton, 1970). 다문화 교수개발 워크숍의 일반적인 형태는 다음의 〈자료 13.2〉에서 설명한 개요를 따른다.

자료 13.2

워크숍 개요

도입과 목적
목표 :
(1) 다문화 수업을 위한 개념적인 프레임워크를 제공한다.
(2) 다양성 수업을 구성하는 요소에 대해서 탐색한다.
활동 : 퍼실리테이터와 참가자는 스스로 자신을 소개하고 워크숍으로부터 얻고자 희망하는 것을 설명한다. 그리고 퍼실리테이터가 참가자의 요구에 부합하기 위해 할 수 있는 것을 정한다.

다양성 교실을 위한 수업의 원리
목표 : 다음 원리에 대한 개괄 제공하기
주제 : 교실에서 다양성 이슈를 설명할 때 나올 수 있는 주제의 사례
- 교수, 학습, 연구의 성격 변화(Sorcinelli, 2007)
- 학생의 인구통계학적 변화
- 교수의 인구통계학적 변화
- 교수의 역할과 기대 변화
- Marchesani와 Adams(1992)의 다문화 수업의 네 가지 영역
- 참여와 소통을 위한 규칙
- 입학, 등록, 직원, 인구통계학적 자료와 같이 이 분야의 학문적 주제와 관련된 연구

교수학습을 위한 교실 풍토의 변화
목표 :
(1) 교수와 학습의 과정이 서로 보완되도록 논리근거를 설정하라.
(2) 수업에서 교수와 학습의 관계가 어떻게 작동하는지에 관한 사례와 학습을 증진시킬 수 있

(계속)

는 활동을 제공하라.

(3) 참가자들이 문제를 다르게 인식하거나 나쁘게 만들 수 있다는 점에 유의하여 도움을 제공하라.
활동 : 다문화 학생집단 연구(비디오 자료 사용, 자기평가 활동, 토론을 촉진하는 교수학습에 대한 사례연구 등 사용)에서 보고되는 일반적인 교실문제가 있다. 다음 사례와 같은 시나리오나 자기평가 활동 등은 참가자들이 이 워크숍이나 이 장에서 제기되는 다양한 주제에 대해 더 깊이 있게 대화하고 사고할 수 있도록 유도한다.

시나리오 사례 지시문

대학 수업에서 제기될 수 있는 일반적인 다문화 이슈를 반영하는 다음의 시나리오 사례를 읽고, 학생의 관점에서 그리고 교수의 관점에서 상황을 해석해 보라. 양측은 어떤 생각을 하겠는가? 각 상황에 직면했을 때 양측은 어떤 행동을 취하겠는가?

시나리오 1 : 이 교육과정에 무엇을 더 포함해야 할지 궁금한 학과 교수의 경우

데이비드 웅은 이 학과의 학과장이다. 히스패닉 학생회는 그에게 교육과정에 히스패닉계 학자들의 업적과 히스패닉 학생에게 중요한 주제를 포함시켜 달라는 메일을 보냈다. 학과 회의에서 웅은 이 편지를 다른 교강사들에게 보여줬다. 그들은 학생의 제안이 합리적이지 않다고 느꼈다. 교수들은 관련된 학문적인 자료들을 찾기 어려우며, 해당 교과목은 '문화적으로 중립적'이기 때문에 이러한 요청에 대해서 어떻게 대응해야 하는지 알지 못하겠다고 답변하였다.

시나리오 2 : 교수자의 책임은 무엇인가?

클라리스 골든은 미국의 가족구성 변화에 대해서 토론수업을 하였다. 수업에서 학생들은 게이와 레즈비언 커플이 아이를 갖는 것에 주목하였다. 이에 대해서 언급하자 패트릭 윌리엄스라는 학생은 반쯤 유머 섞인 말로 "오, 신이시여, 그들은 아픕니다."라고 말했다. 골든은 수업에서 조용히 있었고, 문제가 있을 수 있는 제안을 빨리 넘어가도록 했으며, '안전한' 근거에 의해 토론을 촉진했다. 수업 후에 안이라는 학생이 교무실에 찾아와서 자신은 레즈비언이라고 말했다. 그녀는 화를 냈고 공격적이었으며 골든을 동성애혐오증이라고 공격하면서, 윌리엄스에 대해 질책하라고 요구했다.

시나리오 3 : 개입하거나 또는 개입하지 않거나

짐 버튼은 흑인 상급학생으로 바바라 로스의 교과목 처음 두 시험에서 낙제를 했다. 짐은 수업에 참여하지 않았고 수업 외에도 바바라를 만나러 오지 않았다. 그가 기말고사에서 그 두 과목의 시험을 매우 잘 본다고 해도 좋은 학점을 받기는 어려울 것 같았다. 바바라는 짐이 잘하지 못할 것이고 거의 낙제를 할 것 같아 안타까웠다. 그녀는 일반적으로 학생에게 문제가 있을 때 교사를 찾아올 것인지 말 것인지를 학생의 의사에 맡겼었다. 그러나 이 경우에는 짐이 부끄러움을 많이 탈 것이라 여겨 만나러 올지를 직접 물어보았다. 그녀는 짐과 이야기하면서 그가 학업수행과 학점이 바뀔 수 있는 가능성에 대해서 잘 인식하지 못하고 있는 것 같아서 이 과목을 철회하고 더 낮은 수준의 교과를 선택해서 평균 학점이 낮아지지 않도록 하는 것이 어떻겠냐고 제안하였다. 그녀는 짐을 도와줬다고 믿었다. 그런데 짐은 이 제안을 모욕적으로 받아들였고 자기가 수업을 수강하지 못하게 하려는 것이라고 화를 냈고 그녀는 당황하였다.

시나리오 4 : 한 교사가 동료 교사에게 장애인을 깔보는 듯한 태도에 대해 불만을 가진 학생의 문제제기에 어떻게 해야 하는지 상의하는 경우

고든 윅스너는 그의 반 학생인 레슬리 빅넬이 반에서 일어난 문제에 대해서 상담하러 사무실에 들렀었다고 동료인 존 그린에게 말했다. 레슬리 빅넬은 장애에 대한 그의 무관심에 불편해했다. 학기 내내 빌 허드슨이 장애를 극복하는 것이 매우 훌륭하다고 이야기해 왔지만 이것이 너무 과장되어서 오히려 빌의 장애를 드러내려는 것처럼 보였다고 지적했다. 웍스너는 화가 나서 빅넬에게 허드슨이 교실에서 잘 지내기를 바라 왔지만, 이제 그러든 말든 상관않겠다고 말했다. 레슬리 빅넬은 웍스너가 자신을 이해하지 못했다고 느끼고 나갔다.

잘 드러나지 않는 학생의 수업특성을 파악하기 위해 활용할 수 있는 자기평가 문항

지시문: 당신의 행동을 가장 잘 설명한 답을 표시하세요. 각 답안은 '점수'가 아니며 이후의 토론을 위해 사용될 자료입니다. 수업, 조언, 다른 학생들과의 관계에서 당신이 생각하는 바를 표시하세요.

번호	질문	항상 그러함	가끔 그러함	거의 그렇지 않음	결코 그렇지 않음
1	유색인종 학생이 잘 쓴 보고서를 가져오면 표절이라는 의심이 든다.				
2	게이, 레즈비언, 양성애자, 트랜스젠더 학생은 특정한 행동방식이나 신체적 특성에 의해서 규정된다.				
3	학생이 스스로 학습장애를 가졌다고 말할 때 근거를 요구한다.				
4	모든 학생을 동등하게 대한다.				
5	유색인종 학생에 대한 기대가 낮다.				
6	교과목과 연구를 학생들의 생활과 연결하려고 노력한다.				
7	교과목의 사례나 자료로 사용되는 내용은 통합적이어서 다양한 상황에 적용될 수 있다.				
8	여학생보다 남학생을 호명하는 경우가 많다.				
9	의식적이든 무의식적이든 남학생을 팀이나 연구실의 리더로 선발한다.				
10	유색인종 학생은 왜 교실에서 함께 모여서 자리에 앉는지 궁금하다.				
11	성인 학습자의 요구에 민감한 편이다.				
12	유색인종 학생이 수업에서 두각을 나타낼 때 놀라워하는 자신을 발견한다.				
13	다른 소수민족 학생보다 아시아계 학생에게 더 많은 기대를 한다.				
14	학생들은 나이가 많아질수록 자신의 인생경험에 대해서 많은 것을 말하려고 하지 않는다.				
15	수업에서 민감한 이슈에 대해서 말하는 것이 불편하다.				
16	학생이 가진 특별한 필요와 능력에 대해 찾도록 노력한다.				
17	유색인종 학생이 상과 장학금을 받도록 추천한다.				

(계속)

번호	질문	항상 그러함	가끔 그러함	거의 그렇지 않음	결코 그렇지 않음
18	여학생과 유색인종 학생에게 관심을 두고 연락을 취한다.				
19	유색인종 학생이 약속 없이 방문하면 귀찮다.				
20	여학생이 수학을 더 못할 것이라고 생각한다.				
21	학생들은 '히스패닉계'라고 불리는 것에 민감하지 않고 가족의 고향인 특정 지역의 지시어를 사용하기도 한다.				
22	수업에서 말을 잘 안하는 학생이 참여하도록 부가적인 노력을 기울인다.				
23	학생들이 앞으로 얼마나 성과를 거둘 것인지 예측하는 기준으로 과거 성적을 활용한다.				
24	교수전략을 학생의 학습양식에 부합하도록 다양화한다.				
25	학생에 기대와 수행에 대한 선입견을 없애려고 노력한다.				

출처 : 시나리오와 자기평가도구는 오하이오주립대학교의 Black Student Retention and Multicultural Teaching Programs을 각색.

교수학습을 위한 교실 풍토의 변화
목적 : 변화가 필요한 영역이 정해졌을 때 구체적인 교수학습전략을 제공하라.
활동 : 교수학습에서 변화를 설명할 때 추천하는 활동과 전략의 사례

- 변화를 촉진하는 교수학습전략
- 자기평가 연습
- 개인적인 만남
- 다문화 교과와 교육과정 변화
- 피드백을 포함한 수업 관찰
- 수업평가기술

수업지원 서비스
목적 : 검토된 주제나 활동에 대해 더 많은 내용을 탐색하고 배우고 싶은 사람들에게 다음과 같은 정보를 제공하라. 그리고 그들이 이 분야에 대한 열정을 혼자만 가지고 있다고 느끼지 않게 하라.
활동 : 다음과 같은 주제를 다루라.
- 주기적으로 재위탁 세미나와 같은 추후활동을 위한 추가적인 자료와 기회
- 주제에 대한 심화된 읽기 자료
- 대학의 지원 서비스 부서

평가
목적 : 미래 수업 구조와 퍼실리테이팅을 개선할 수 있는 형성적인 피드백을 수집하라.
활동 : 참가자들의 추후활동을 위한 워크숍이나 아이디어, 내용, 안내, 혜택 등에 대해 피드백을 제공할 수 있는 도구 제공

이 워크숍은 두 시간 단위로 설계되었다. 개별 교수개발자는 양, 내용, 청중에 따라 워크숍을 조정할 필요가 있다. 예를 들어, 수학전공 교수가 양적 자료를 좋아하는 것과 다르게 사회전공 교수는 '무엇'에 대해 기술한 질적 자료의 사용을 원할 것이다. 수학과를 위해 특별히 설계된 워크숍의 '내용'을 결정하기 위해서 직원과 협력하여 이 학과 학생에 대한 미발표 취업자료나 학습자료를 수집한다. 이런 자료는 워크숍의 분위기를 조성하고 참가자들이 문제를 수월하게 이해하도록 만든다. 나는 워크숍에 참여하는 학과의 교수가 협력을 통해 신뢰를 형성할 수 있다고 믿는다.

발표의 방식이 무엇이든지 내용은 학과에 맞게 변형되거나 범용적으로 적용되도록 일반화되어야 한다. 예를 들어, 사례연구의 경우에 교수와 함께 해당 학과의 수업에서 일어날 수 있는 시나리오를 개발하는 것이 도움이 된다. 교수들은 학생과 교수의 관점에서 시나리오를 검토하면서 변화를 일으키는 적절한 활동을 개발하려고 노력하는 과정에서 생산적이고 유의미하게 연구에 참여할 수 있다.

개별컨설팅

개별컨설팅은 수업계획서뿐만 아니라 교과목 및 교육과정을 검토하는 것과도 연관된다. 이 과정에서 많은 교수가 교과목에 다문화 관점을 통합시키는 것을 이러한 관점에서 기술된 책이나 논문을 수업에서 다루는 정도로 가볍게 여기기도 한다. 수업에 다문화와 관련된 주제를 포함하는 것에 부정적인 교수를 대상으로 하는 컨설팅은 더욱 힘들다. 컨설팅은 어떻게 다문화가 우리의 모든 활동에 스며들고 있는지 교수가 인식하도록 돕는 것에서 시작하여야 한다. 교수가 자신과 자신의 행동을 조사하고 점검하게 함으로써 시작할 수 있다.

Weinstein과 O'Bear(1992)가 25명의 교수를 대상으로 조사한 결과에 기초하여 Adams, Bell 그리고 Griffin(1997)은 교수로서 우리 스스로를 인식하는 것은 다음과 같은 이슈를 고려하는 것이라고 지적하였다.

- 우리 자신의 사회적 정체성 인식하기
- 우리 자신의 선입견과 직면하기
- 수업에서 편견이 포함된 질문에 답변하기

- 다문화 주제에 대한 의구심과 모순에 대해서 인식하기
- 다문화 이슈에 대해서 이야기하는 데 학생들이 불편한 감정을 느낀다는 사실을 인지하기
- 자제력을 잃는 것에 대한 두려움과 강한 감정 다루기
- 권한에 대해서 협상하기
- 다양성에 대한 우리의 지식과 경험 노출하기
- 대학의 위기와 그에 따른 행동 규정하기

교과목과 교육과정 설계

다문화적 관점을 교육과정에 통합하는 접근방법은 다양하다. 여기에서 논의한 접근방법은 Banks(1995)에서 발췌한 것으로 (1) 기여적 접근, (2) 부가적 접근, (3) 전환적 접근, 그리고 (4) 행동적 접근 등 네 가지 수준으로 구성된다. 〈자료 13.3〉에 각 수준을 각색하여 설명하였다.

자료 13.3

다문화 교육과정 개혁을 위한 접근

수준 1 : 기여적 접근

영웅, 휴일, 음식, 그 외 여러 문화에서 각각 중요하게 여기는 요소를 기념한다. 예를 들어, 역사에서 미국 흑인과 관련하여 2월에 흑인역사의 달(Black History Month)을 기념하거나, 물리학개론 교과에서 작고한 미국 흑인 물리학자이자 우주인인 Ron McNair의 업적을 설명하는 것 등이 여기에 해당한다.

수준 2 : 부가적 접근

교육과정의 구조적인 변화 없이 관련된 내용, 개념, 수업, 주제 등을 추가한다. 예를 들어, 교수자가 Alice Walker의 책인 **컬러퍼플**(*The color purple*)'이나 셰익스피어의 **오델로**를 문학교과에 구조의 변화 없이 그대로 포함하는 것이다.

수준 3 : 전환적 접근

학생들이 다양한 윤리문화적 집단의 관점에서 개념, 이슈, 사건, 주제 등을 볼 수 있도록 교육과정의 구조를 변화하는 것이다. 예를 들어, 제2차 세계대전에 대한 강의에서 전쟁에 대한 미

국 흑인의 기여와 그 의미, 터스키기 에어맨[1]의 역할 등을 기술할 수도 있다. 20세기 문학교과에 James Baldwin, Maxine Hong Kingston, Maya Angelou, Rudolpho A. Anaya, Leslie Marmon Silko 등의 저서에 대한 학문적 가치를 포함할 수도 있다. 일반생물학이나 동물학 교과에서는 에이즈를 다루고, 게이, 레즈비언, 양성애자, 여성, 흑인, 다른 인종의 입장에서 이 병의 영향력을 생각해 볼 수 있다.

수준 4 : 행동적 접근

학생들은 개인적, 사회적, 시민으로서 중요한 문제에 대한 의사결정을 내리고, 이를 해결하도록 돕는 행동을 한다. 고등교육기관인 대학의 인종차별적 행위와 그 결과에 대해서 학습하고 자기 대학에서 일어나는 문제를 개선하기 위한 실행계획을 수립하는 것이 하나의 사례가 될 수 있다.

출처 : Banks(1995)

1 [역자주] Tuskegee Airmen은 미국 앨라배마 주 동부의 도시인 터스키기에 있는 흑인 공군부대로 미국군 역사상 최초의 흑인 비행조종사를 일컫는다.

낮은 수준에서 높은 수준으로 이동하는 것이 실행에 용이하다. 많은 연구자들은 〈수준 3〉과 〈수준 4〉의 전환적 접근과 행동적 접근에 도달했을 때 교수가 교과목과 교육과정을 혁신한다고 보고 있다(Banks, 1995; Ginsberg & Wlodkowski, 1997; Green, 1989; Jackson & Holvino, 1988; Ognibene, 1989; Ouellett, 2005; Schoem, Frankel, Zúñiga, , & Lewis, 1993). 이러한 두 수준은 기관적 차원의 접근을 상당히 요구한다. 〈수준 1〉과 〈수준 2〉에 접근할 때 교수가 실행 과정에서 시간이 많이 소요된다고 느끼면 언제든 그만둘 수 있기 때문에 효과적인 다문화 교육이 아니라는 것을 대학기관은 인식해야 한다. 또한 학생들도 〈수준 1〉과 〈수준 2〉와 같은 접근을 교과목의 혁신이라고 생각하기보다 부수적인 작은 변화로 인식할 가능성이 크다.

다문화적으로 교과목과 교육과정을 변화시키기 위해서 교수는 이러한 접근을 면밀하게 살펴보고 어떻게 통합할 수 있는지 반성적으로 생각해 보아야 한다. Kitano (1997)는 이러한 수준의 개혁이 상당한 계획, 조사, 수정 등을 필요로 하며, 각각의 활동은 상당한 시간이 소요된다고 주장하였다.

수업계획서

교과목의 다문화적 목표를 기술하는 것은 중요하다. Kitano(1997)는 교과목과 수업계획서의 변화를 위한 활동 모델을 제안하며 다문화 교과는 다문화적 교육내용, 관점, 전략 등이 적절하게 통합된 것이라고 정의하였다. 이러한 목표에 맞는 프로그램을 개발하기 위해 교수자는 다음과 같은 질문을 스스로에게 던져야 한다.

- 이 교과목의 목표는 개인적인 기여도에 따라서 학생의 지식 획득을 돕는가?
- 이 교과목의 목표는 다양한 관점에서 내용을 제시하는가?
- 이 교과목의 목표는 학생이 다양성에 관한 가치를 충분히 이해하도록 돕는가?
- 이 교과목의 목표는 세계화 사회에서 학생이 활동할 수 있도록 준비시키는가?
- 이 교과목은 서로 다른 학습양식을 가진 학생들을 지원하는가?

수업계획서에서 제시된 전체 교과목의 목표와 다문화 목표는 어떻게 교과목이 구성되고 실행되고 평가되는지, 그리고 어떤 수업방법이 선택되었는지 일관성 있게 기술되어야 한다. 〈자료 13.4〉에서 제시한 목록에 따라 다문화 관점을 추가하여 만든 수업계획서가 적합한지 검토해 보아야 한다.

자료 13.4

수업계획서

교과목 정보
교과목 제목, 교과목 번호, 학점, 교실, 수업 일자와 시간 등을 포함한다.

교수자 정보
이름, 직위, 연구실 위치, 연구실 연락처, 면담시간, TA 정보 등을 포함한다.

교재, 읽기자료, 기타자료
제목, 저자, 출판년도, 출판사, 교재 선택 동기를 포함한다. 교재는 교과내용과 목표를 대표할 수 있는 것으로 선택해야 하며, 작가는 다양한 관점을 가지고 있어야 한다. 읽기자료와 기타자료는 다양한 관점을 대표하는 것이어야 한다.

교과목 설명과 목표

교과목의 목표와 다문화적 목표, 이 목표가 교수학습에서 중요한 이유 등을 포함한다. 교수방법의 근거도 포함할 수 있다. 교수방법은 학생의 기대, 학습, 인지 양식을 극대화할 수 있는 것이어야 하며, 다문화 교수학습의 교과목 목표는 인지적, 정의적, 행동적 영역에서 기술되어야 한다(Kitano, 1997).

교과목 일정과 스케줄

읽기, 숙제, 마감기한, 강의주제, 퀴즈, 시험 등의 수업활동이 일간 또는 주간 일정 등을 포함된다. 학생이 교과목 내용을 모두 학습할 수 있도록 다양한 평가방법을 제공하여야 한다.

교과목 정책

출석, 지각, 수업참여, 과제와 시험, 실험의 안전성, 학문적 오류, 학점 등을 포함한다. 모든 학생의 기대를 높일 수 있도록 하고, 잘 드러나지 않는 집단들 간의 서로 다른 상호작용 방식에 대한 지식을 가지고 있어야 한다.

가능한 지원과 자원

장애 서비스, 교수학습센터, 튜터지원, 도서관, 컴퓨터실 등 필요한 지원서비스 등에 대해 기술한다. 자원은 학생의 사회문화적 특성과 경험에 부합하여야 한다.

출처 : Altman 과 Cashin(1992)

결론

다문화 교수개발 활동의 개념화, 설계, 실행은 도전적인 작업이다. 이러한 활동은 강력한 기관의 지원, 이론적이고 교육적인 논리에 뒷받침된 확고한 근거, 이 분야 교수개발자로서 깊이 있는 탐색, 뛰어난 퍼실리테이션 기술, 꾸준한 전문성 개발 등이 필요하다. 다문화 교수개발 작업은 매우 보람이 있다. 우리는 고등교육에서 증가하는 다문화 학생과 교수의 요구에 교수학습이 부합하도록 교수 및 대학기관과 협력함으로써 우리 스스로의 사회문화적 경험을 확대할 수 있다. 결과적으로 다문화 교수개발 활동을 개념화하고 설계하고 실행하는 것은 모든 사람에게 가치 있는 일이다. 교수개발자는 이러한 역할을 함으로써 대학의 부족한 교육자료를 풍부하게 만들 뿐만 아니라 대학 그 자체를 풍요롭게 만들 수 있다.

참고문헌

Adams, M., Bell, L., & Griffin, P. (Eds.). (1997). *Teaching for diversity and social justice*. New York: Routledge.

Adams, M., Bell, L., & Griffin, P. (Eds.). (2007). *Teaching for diversity and social justice* (2nd ed.). New York: Routledge.

Adams, M., Blumenfeld, M. J., Castañeda, R., Hackman, H. W., Peters, M. L., & Zúñiga, X. (Eds.). (2000). *Readings for diversity and social justice: An anthology on racism, anti-Semitism, sexism, heterosexism, ableism, and classism*. New York: Routledge.

Algert, N. E., & Stanley, C. A. (2007). Conflict management. *Effective Practices for Academic Leaders, 2(9)*, 1–16.

Altman, H. B., & Cashin, W. E. (1992). *Writing a syllabus*. Idea Paper no. 27. Manhattan: Kansas State University, Center for Faculty Evaluation and Development.

Anderson, J. A. (1995). *Merging effective models of diversity with teaching and learning in the curriculum*. Raleigh: North Carolina State University.

Asante, M. (1991). Multiculturalism: An exchange. *The American Scholar, 60(2)*, 267–276.

Banks, J. A. (1995). Multicultural education: Historical development, dimensions, and practice. In J. A. Banks & C.A.M. Banks (Eds.), *Handbook of research on multicultural education* (pp. 3–24). New York: Macmillan.

Borton, T. (1970). *Reach, touch, and teach*. New York: McGraw-Hill.

Chism, N.V.N., & Whitney, K. (2005). It takes a campus: Situating professional development efforts within a campus diversity program. In M. Ouellett (Ed.), *Teaching inclusively: Resources for course, department and institutional change in higher education* (pp. 34–45). Stillwater, OK: New Forums.

Coleman, T. (1990). Managing diversity at work: The new American dilemma. *Public Management, 70(10)*, 2–5.

Cook, C. E., & Sorcinelli, M. D. (2005). Building multiculturalism into teaching development programs. In M. L. Ouellett (Ed.), *Teaching inclusively: Resources for course, department and institutional change in higher education* (pp. 74–83). Stillwater, OK: New Forums.

Cooper, J. E., & Chattergy, V. (1993). Developing faculty multicultural awareness. An examination of life roles and their cultural components. In D. Wright & J. Povlacs Lunde (Eds.), *To improve the academy: Vol. 12. Resources for faculty, instructional, and organizational development* (pp. 81–95). Stillwater, OK: New Forums.

Feagin, J. R. (2006). *Systemic racism: A theory of oppression*. New York: Routledge.

Ferren, A. S., & Geller, W. W. (1993). The faculty developer's role in promoting an inclusive community: Addressing sexual orientation. In D. L. Wright & J. Povlacs Lunde (Eds.), *To improve the academy: Vol. 12. Resources for faculty, instructional, and organizational development* (pp. 97–108). Stillwater, OK: New Forums.

Ginsberg, M. B., & Wlodkowski, R. J. (1997, May). *Developing culturally responsive teaching among faculty: Methods, content, and skills*. A session presented at the 10th Annual Conference on Race and Ethnicity in American Higher Education, Orlando, FL.

Green, M. F. (Ed.). (1989). *Minorities on campus: A handbook for enhancing diversity*. Washington, DC: American Council on Education.

Jackson, B. W. (2005). The theory and practice of multicultural organization development in education. In M. L. Ouellett (Ed.), *Teaching inclusively: Resources for course, department and institutional change in higher education* (pp. 3–33). Stillwater, OK: New Forums.

Jackson, B. W., & Holvino, E. (1988). Developing multicultural organizations. *Journal of Religion and the Applied Behavioral Sciences, 9*(2), 14–19.

Kallen, H., Bayor, R., & Whitfield, S. (1997). *Culture and democracy in the United States*. Edison, NJ: Transaction.

Kardia, D. (1998). Becoming a multicultural faculty developer: Reflections from the field. In M. Kaplan & D. Lieberman (Eds.), *To improve the academy: Vol. 17. Resources for faculty, instructional, and organizational development* (pp. 15–33). Stillwater, OK: New Forums.

Kitano, M. K. (1997). What a course will look like after multicultural change. In A. Morey & K. Kitano (Eds.), *Multicultural course transformation in higher education: A broader truth* (pp. 18–34). Needham Heights, MA: Allyn & Bacon.

Krutky, J. B. (2008). Intercultural competency—preparing students to be global citizens. The Baldwin-Wallace Experience. *Effective Practices for Academic Leaders, 3*(1), 1–16.

Marchesani, L. S., & Adams, M. (1992). Dynamics of diversity in the teaching learning process: A faculty development model for analysis and action. In M. Adams (Ed.), *New directions for teaching and learning, no. 52. Promoting diversity in college classrooms: Innovative responses for the curriculum, faculty, and institutions* (pp. 9–19). San Francisco:

Jossey-Bass.

Nakayama, T. K., & Martin, J. N. (Eds.). (1999). *Whiteness: The communication of social identity.* Thousand Oaks, CA: Sage.

Nieto, S. (1992). *Affirming diversity: The sociopolitical context of multicultural education.* New York: Longman.

Ognibene, E. R. (1989). Integrating the curriculum: From impossible to possible. *College Teaching, 37*(3), 105–110.

Ouellett, M. L. (Ed.). (2005). *Teaching inclusively: Resources for course, department and institutional change in higher education.* Stillwater, OK: New Forums.

Schmitz, B., Paul, S. P., & Greenberg, J. D. (1992). Creating multicultural classrooms: An experience-derived faculty development program. In L. Border & N.V.N. Chism (Eds.), *New directions for teaching and learning, no. 49. Teaching for diversity* (pp. 75–87). San Francisco: Jossey-Bass.

Schoem, D., Frankel, L., Zúñiga, X., & Lewis, E. A. (1993). The meaning of multicultural teaching: An introduction. In D. Schoem, L. Frankel, X. Zúñiga, & E. A. Lewis (Eds.), *Multicultural teaching in the university* (pp. 1–12). Westport, CT: Praeger.

Smikle, J. L. (1994). Practical guide to developing and implementing cultural awareness training for faculty and staff development. *Journal of Staff, Program and Organizational Development, 12*(2), 69–80.

Sorcinelli, M. D. (2007, Fall). Faculty development: The challenge going forward. *Peer Review, 9*(4), 4–9.

Stanley, C. A., Saunders, S., & Hart, J. (2005). Multicultural course transformation. In M. L. Ouellett (Ed.), *Teaching inclusively: Resources for course, department and institutional change in higher education* (pp. 566–585). Stillwater, OK: New Forums.

Thomas, K. W., & Kilmann, R. H. (1974). *The Thomas-Kilmann conflict mode instrument.* Palo Alto, CA: Consulting Psychology.

Tomkinson, B. (2005). Transcultural issues in teaching and learning. In M. L. Ouellett (Ed.), *Teaching inclusively: Resources for course, department and institutional change in higher education* (pp. 58–73). Stillwater, OK: New Forums.

Weinstein, G., & O'Bear, K. (1992). Bias issues in the classroom: Encounters with the teaching self. In M. Adams (Ed.), *New directions for teaching and learning, no. 52. Promoting diversity in college classrooms: Innova-*

tive responses for the curriculum, faculty, and institutions (pp. 39–50). San Francisco: Jossey-Bass.

Wijeyesinghe, C. L., & Jackson III, B. W. (Eds.). (2001). *New perspectives on racial identity: A theoretical and practical anthology.* New York: New York University Press.

Wlodkowski, R. J., & Ginsberg, M. B. (1995). *Diversity and motivation.* San Francisco: Jossey-Bass.

14

소수집단 교수와 협업

Franklin Tuitt

최근 몇 년 동안 여성, 유색인, 장애인 등 소수집단 교수[1]의 취업, 계약연장, 승진, 정년, 업무 환경과 풍토, 멘토링, 임금격차 등에 관한 경험적 연구가 발표되기 시작하였다(Tuitt, Sagaria, & Turner, 2007; Trower & Chait, 2002; Turner & Myers, 2000; Tillman, 2002; Trower & Chait, 2002). 이러한 연구들은 교수개발 분야 중 이제까지 크게 주목받지 못했던 소수집단 교수에 관한 것으로 이들을 이해하는 데 상당한 도움을 준다. 이 장의 목적은 대학에서 소수집단 교수의 경험과 이러한 경험이 교수개발자에게 주는 함의를 탐색하는 것이다. 이러한 논의는 통합적 수월성(inclusive excellence)의 렌즈를 바탕으로 구조화되었다(Milem, Chang, & Antonio, 2005). 이 장은 잘 드러나지 않은 개인이나 집단과 함께 일하는 교수개발자가 어떻게 통합적 수월성을 증진시켜 왔는지를 다룬다.

통합적 수월성

2005년 미국대학협의회(AAC&U)는 고등교육기관이 백인중심의 대학기관에서 다문

---

1 [역자주] underrepresented faculty는 포괄적으로 여성과 미국 흑인, 히스패닉/라틴/멕시코계 미국인, 아시아/태평양계 미국인, 인디언/알래스카 원주민 등 역사적으로 잘 드러나지 않았던 소수집단을 의미한다.

화에 대한 여러 관점을 아우르며 통합적 수월성을 증진시킬 수 있는 방법을 생각하도록 하는 세 편의 논문을 출간하였다. 특히, 이 논문들은 대학의 리더가 대학기관 전체에 다양성과 수월성을 불어넣는 활동을 수행하기 위해서는 언변이 아니라 행동으로 보여줘야 한다고 주장하였다(Milem et al., 2005). 이 논문의 도입부에는 다양한 정체성을 가진 학생집단을 위한 목적에서 시행되는 다양한 활동들을 통합적 수월성으로 정의하였다. 다음과 같은 것들이 여기에 포함된다.

- 지적 발전과 사회적 발전에 초점을 맞춰라.
- 각각의 개인이 최고의 수준에 도달하도록 도전하고 지원하는 환경을 마련함으로써 조직의 효과성을 제고하고 자원을 목적에 맞게 개발하고 이용하라.
- 다문화 학생들로 인해 나타나는 문화적 차이에 주목하고 이를 활용해 대학기관을 발전시키는 방법에 대해 생각하라.
- 개인이나 조직학습에서 다양성을 가진 사람들이 모두 참여할 수 있는 환영모임을 만들어라.

통합적 수월성의 개념은 교수개발자가 소수집단 교수와 함께 작업하는 것이 중요하다는 것을 일깨우는 효과적인 이론적 개념이다. 대학기관이 통합적 수월성을 증진하고 성취하도록 돕기 위해 Williams, Berger, McClendon(2005)은 통합적 수월성 평가카드(Inclusive Excellence Scorecard)를 제안했는데, 이것은 접근과 평등(access and equity), 대학 풍토(campus climate), 수업과 다양성(teaching and diversity), 성장과 개발(growth and development) 등 네 영역으로 구성되었다. 접근과 평등에서는 소수집단 교수의 구성 특징과 성과, 대학 풍토에서는 지원적인 조직풍토 개발, 수업과 다양성에서는 수업 상황에서 소수집단 교수의 경험, 성장과 개발에서는 연구, 학문적 기여, 승진, 정년 등에서 소수집단 교수의 전문성 개발 등을 다루었다(표 14.1 참조).

표 14.1 교수개발을 위한 통합적 수월성 평가카드의 구조

통합적 수월성 평가카드	교수개발에서 통합적 수월성
접근과 평등	소수집단 교수의 현재 인구통계학적 정보
대학 풍토	학계에서 다양성에 대한 존중과 소속에 대한 민감성
수업과 다양성	수업과 관련된 소수집단 교수들의 경험
성장과 개발	연구 공동체의 참여 및 조직 기회, 연구 분야에 대한 지원, 승진과 정년

출처 : Williams et al.(2005)

접근과 평등

고등교육기관에서 소수집단 교수의 수는 최근 들어 유의미하게 증가하고 있다. 예를 들어, 〈표 14.2〉를 보면 Snyder, Dillow와 Hoffman(2008)은 전일제 교원 중 여성의 수가 1992~2003년까지 약 8만 6,000명(48.9%)이 증가했다고 보고하였다. 유사하게 유색인종 교수는 같은 기간 동안 약 6만 2,000명(86.1%) 가까이 증가하였다. 게다가 1992~2003년까지 유색인종 교수는 전체 전일제 교강사 중 13.6%에서 19.6%로 증가하였다. 이러한 기념할 만한 통계적 수치에도 불구하고 이에 대해 면밀하게 분석하거

표 14.2 학위수여기관의 전일제 교강사(성별, 인종/민족별)   (단위 : 1,000명)

	1992년	2003년	증가 수	증가 비율(%)
성				
남성	353	420	68	19.2
여성	176	261	86	48.9
인종/민족				
백인	457	548	91	19.9
흑인	27	38	11	38.9
히스패닉	14	24	10	71.8
아시아/태평양 섬	28	62	35	124.8
인디언/알래스카 원주민	3	10	7	289.1
전체 유색인 교수	72	134	62	86.1

출처 : Snyder et al.(2008)

나 검토한 연구는 없다.

이런 증가가 가능했던 것은 일부 학문 분야에서 소수집단에게 문호를 개방했기 때문이다. 하지만 모든 집단에게 그런 것은 아니다. 예를 들어, 2003년 가을에 아시아계 교수는 전체 교수의 20.1%인데 반해 히스패닉계 교수는 전체 교수의 단 2.6%에 불과하다(표 14.3 참조). 흑인교수의 비율은 다양한 학문 분야 중 교육학계에서 7.8%로 가장 높다. 공학과 자연과학 분야에서 유색인종 교수가 가장 적다는 것은 놀라운 사실이 아니다(Snyder et al., 2008). 이와 같은 학문 간의 차이는 성별에서도 나타난다. 여성은 학문 분야 중 교육학계에서 넘칠 정도로 채용되었지만, 공학, 자연과학, 경영학 계통에서는 소수이다. 사실 성별에 따른 격차는 공학 분야에서 극심하다. 이 분야의 여성 전일제 교수는 단 8.5%에 지나지 않는다.

기관의 유형이나 고용형태를 고려하여 소수집단 교수의 증가가 얼마나 유의미한지 살펴볼 필요가 있다. 사립 4년제 대학과 비교하여 공립 4년제 기관이 더 많은 유색인종 교수를 채용하였다. 공립학교는 사립학교에 비해 5,763명의 히스패닉계, 12,302명의 아시아/태평양계 교수들을 더 고용했다. 흑인의 경우 기관 유형에 따라 큰 차이를 보이지 않는다는 사실이 흥미롭다(표 14.4 참조). 아시아/태평양계 교수는 전일제로 고

표 14.3 학위수여기관의 전일제 교강사(성별, 인종/민족별, 학과별, 2003년 가을)   (단위 : %, 명)

	전 분야		경영		교육		공학		자연과학	
성										
남성	61.7	420,402	68.5	29,550	39.3	19,980	91.5	30,880	74.5	94,810
여성	38.3	261,424	31.5	13,610	60.7	30,910	8.5	2,850	25.5	32,390
인종/민족										
백인	80.3	547,719	79.5	34,300	80.59	40,970	70.9	23,700	77.8	99,000
흑인	5.6	38,061	4.5	1,930	7.8	3,910	5.4	1,810	4.1	5,260
히스패닉	3.5	23,796	2.3	990	4.7	2,390	2.6	870	2.9	3,690
아시아/태평양 섬	9.1	62,297	12.2	5,250	4.8	2,430	20.1	6,730	14.3	18,240
인디언/알래스카 원주민	1.5	9,954	1.6	700	2.2	1,110	1.0	330	0.8	1,010

출처 : Snyder et al. (2008)

기록: 알려지지 않은 인종/민족을 제외한 전체 교수에 대한 유색인 교수의 비율

표 14.4 학위수여 대학에 따른 전일제 교강사(고용형태와 기관 유형, 2005년 가을)　　　　(단위 : %, 명)

인종/민족	공립 4년제		사립 4년제		전일제		파트타임	
백인	82.0	372,215	84.0	325,283	83.0	527,900	84.0	459,878
흑인	5.5	24,875	6.3	24,431	5.5	35,458	7.0	40,987
히스패닉	4.0	17,953	3.2	12,190	3.5	22,818	4.3	23,842
아시아/태평양 섬	8.0	35,952	6.1	23,650	7.5	48,457	4.1	22,542
인디언/알래스카 원주민	0.5	2,565	0.4	1,384	0.5	3,231	0.5	3,112
전체		453,560		386,938		637,864		550,361

출처 : Snyder et al. (2008)

기록: 알려지지 않은 인종/민족을 제외한 전체 교수에 대한 유색인 교수의 비율

용되는 경향이 높은 것에 비해, 흑인교수들은 상당수 시간제로 채용되는 경향이 있다 (Snyder et al., 2008).

게다가 성별과 인종에 따른 교수의 승진기회도 상이했다. 예를 들어, 흑인(5.2%), 히스패닉(3.4%), 아시아/태평양계(7.2%), 인디언/알래스카 원주민(0.5%) 등은 전체 전일제 교강사 중 16.3%를 차지했으나, 전체 교수의 12.3%에 불과하였다(표 14.5 참조). 이러한 차이는 흑인교강사를 보면 더욱 분명해진다. 이들은 6.2%가 조교수이나 정교수는 단지 3.2%에 불과하다. 여성교수는 15.4%가 조교수, 26.8%가 정교수로 21.4%가 조교수, 31.5%가 정교수인 남성과 비교된다. 성과 인종을 함께 살펴보면, 여성교수가 흑인교수보다는 높은 순위이지만 다른 인종에 비해서는 낮다는 것을 알 수 있다. 이러한 차이는 아시아/태평양계(9,180명의 남성 전임교수 대 1,880명의 여성 전임교수)에서 가장 극명하게 드러난다.

대체로 표의 수치는 소수집단 교수들의 학계에 대한 접근성이 높아지고 있음을 보여준다. 하지만 모든 학문 분야에서 그렇다고 보기는 어렵다. 게다가 수치에 따르면 소수집단 교수가 학계에 진출했을 때 유색인이나 여성교수는 시간제에서 전일제, 승진이나 정년보장 등과 같이 승진과 성장의 기회에서 차별받고 있음을 알 수 있다. 다양한 보고서에서 여성과 유색인종 교수의 수는 꾸준히 증가한 것으로 나타났으나, 2009년까지도 장애를 가진 교수에 대해서 국가적으로 자료를 수집한 사례는 없다(Knapp, 2008). 게

표 **14.5** 학위수여 대학에 따른 전일제 교강사(성별, 인종/민족별, 지위별, 2005년 가을)　(단위 : 명)

	전체	백인	흑인	히스패닉	아시아/ 태평양섬	인디언/ 알래스카 원주민	인종/민족 미확인	비거주 외국인
전체	675,624	527,900	35,458	22,818	48,457	3,231	9,703	28,057
교수	169,192	145,936	5,484	3,793	11,060	519	1,014	1,386
부교수	138,444	112,507	7,402	4,319	10,144	564	1,296	2,212
조교수	159,689	114,470	9,897	5,728	14,922	706	2,809	11,157
전임강사	98,555	76,359	7,462	5,261	4,740	905	1,853	1,975
시간강사	27,215	20,982	1,286	1,233	1,714	109	480	1,411
다른 교원	82,529	57,646	3,927	2,484	5,877	428	2,251	9,916
남성	401,507	313,685	17,029	12,486	31,711	1,697	5,668	19,231
교수	126,788	109,128	3,498	2,680	9,180	348	764	1,190
부교수	84,783	68,383	3,947	2,551	7,099	296	835	1,672
조교수	86,182	60,244	4,459	3,003	8,903	306	1,601	7,666
전임강사	46,481	36,034	2,987	2,581	2,320	472	978	1,109
시간강사	12,976	9,898	595	495	839	51	264	834
다른 교원	44,297	29,998	1,543	1,176	3,370	224	1,226	6,760
여성	274,117	214,215	18,429	10,332	16,746	1,534	4,035	8,826
교수	42,404	36,808	1,986	1,113	1,880	171	250	196
부교수	53,661	44,124	3,455	1,768	3,045	268	461	540
조교수	73,507	54,226	5,438	2,725	6,019	400	1,208	3,491
전임강사	52,074	40,325	4,475	2,680	2,420	433	875	866
시간강사	14,239	11,084	691	738	875	58	216	577
다른 교원	38,232	27,648	2,384	1,308	2,507	204	1,025	3,156

출처 : Snyder et al. (2008)
기록 : 알려지지 않은 인종/민족을 제외한 전체 교수에 대한 소수집단 교수의 비율

이, 레즈비언, 양성애자, 트랜스젠더 교수 등에 대한 조사 역시 학계에서 극히 드물다
(Steward, 2003).

　고등교육의 통합적 수월성을 높이기 위한 중요한 요소 중의 하나는 구조적 다양성
을 확보하는 것이다(Milem et al., 2005; Williams et al., 2005). 교수개발자는 단순히 숫

자에 매몰되지 말아야 하고 기관 전체를 조망하며 보편적으로 다양성을 적용할 필요가 있다는 사실을 명심해야 한다(Milem et al., 2005). 특히, 소수집단 교수가 공동체의 일원으로서 확실하게 포함되었다고 느낄 수 있도록 개방적인 환경을 조성하는 것이 중요하다(Milem et al., 2005).

대학 풍토와 문화

소수집단 교수의 수는 전체적으로 증가하였지만 대학의 유형과 학과에 따라서 여성이나 유색인종 교수가 드물거나 1명인 경우가 여전히 많다(Turner & Myers, 2000). 이러한 고립은 소수집단 교수로 하여금 소외되고 고립되며 스스로를 의미 없게 느끼도록 하는 냉소적인 대학 분위기를 조성할 수 있다(Stanley, 2006). Trower(2003)에 따르면 선행 연구는 소수집단 교수들의 대학 경험을 다음과 같이 기술하고 있다.

- 선입견이나 무리짓기 등을 통해 명백히 또는 암암리에 이루어지는 인종차별을 경험하였다.
- 고립감과 이질감을 느끼고 동료애, 네트워크, 멘토 등이 부족하여 승진이나 정년, 학계 활동 등을 위해 알아야 하는 규칙에 익숙해지지 못하고 뒤쳐졌다.
- 항상 주변부에 위치해 있으며 이들의 연구가 저평가되었다. 특히, 소수가 관심을 두는 주제를 연구한다면 더 그러하다.
- 스스로 자신의 인종 및 성을 대표하는 표본이 되어야 한다고 느끼거나 남들보다 두 배이상 노력해야 겨우 절반 정도 인정받는다고 느꼈다.
- 민족을 대표한다는 생각에서 원하지 않음에도 대학기관을 돕는 각종 위원회에 소속되어 시민의식을 발휘해야 한다는 책임감에 빠지거나 인정받지도 못하고 승진이나 정년심사에 도움이 되지도 않지만 같은 상황에 있는 학생들에게 더 많은 멘토링과 교훈을 주어야 한다는 식의 커다란 짐을 짊어지고 있다는 느낌을 받았다.
- 백인교수보다 학생에게 정의적·도덕적·시민으로서의 발달을 더 강조하며 그들의 사회적 변화에 영향을 주거나 전문가로서 능력을 높이기 위해 학계와 연계하려고 더욱 더 노력했다.
- 차별에 대한 시정을 요구하거나 계약직 고용에 항의함으로써 의도하지 않은 부정

적인 결과를 겪었다.

Trower(2003)에 의해 묘사된 이러한 경험은 소수집단 교수가 업무 환경에서 직면할 수 있는 어려움이 무엇인지 이해하고 업무에 대한 이들의 만족도를 높이기 위해 어떻게 해야 하는지에 대한 중요한 함의를 제공해 준다(Saddler & Creamer, 2007). 대학의 풍토와 문화가 소수집단 교수의 만족도, 승진, 지속율 등에 영향을 미치는 것은 놀라운 일이 아니다. Barnes, Agago, Coombs(1998)는 교수가 대학기관을 떠날지를 예측하는 가장 중요한 지표는 소속감이라고 하였다. Cora-Bramble(2006)도 소수집단 물리학자의 직업 만족도가 낮고 인종적 위협에 시달리며 승진비율이 낮고 학계 이탈 및 이동이 빈번하다고 지적하였다.

Saddler와 Creamer(2007)가 수행한 연구는 대학기관보다 학과에 따라 인종적 문제를 대하는 분위기에 큰 차이가 있다고 지적하였다. 예를 들어, 흑인교수는 백인이나 아시아계 교수에 비해서 친절하지 않은 것으로 대학가에 알려져 있다(Saddler & Creamer, 2007). 이것은 아시아계 교수의 직업만족도가 높은 데 반해 히스패닉이나 흑인교수의 직업만족도가 낮은 것과도 관련이 있다. 또한 모든 소수집단 교수가 대학에서 동일한 경험을 공유하는 것이 아님을 알려 준다.

몇몇 학자들은 인식과 현실에 차이가 있다고 주장하지만 다른 몇몇 학자들은 차별적인 풍토가 소수집단 교수의 단순한 상상의 산물이 아니라고 뒷받침한다. 유색인종 교수의 경험에 근거한 연구들은 인종적, 민족적 소수집단이 대학에서 주변부에 있으며, 그들의 기여가 가치 절하되어 평가되고 있음을 보여준다(Aguirre, Hernandez & Martinez, 1994; Astin, 1997; Turner & Myers, 2000). Stanley(2006)도 동일하게 "유색인종 교수를 대상으로 명백하거나 은밀한 인종차별주의, 성차별주의, 외국인 혐오증, 동성애 혐오증 등이 뿌리깊게 박혀 있다."고 주장하였다. 그녀는 많은 유색인종 교수가 대학 풍토에서 '두 가지 세상'을 경험하는데, 이것은 민족적 문화와 제도적 문화 사이의 간극을 반영하는 것이라고 지적했다. 이들은 또한 백인교수에 비해서 높은 업무량과 지속적인 긴장상태에 놓여 있다고 지적하였다(Stanley, 2006).

연구자들은 유색인종 교수와 유사하게 여성교수도 학과에서 명분주의와 차별에 맞서고 있다고 보고하였다(Trower, 2003). Trower(2003)는 고용, 승진, 임금, 수상 등에서 여성에 대한 선입견이 있으며 맞벌이로 인해 가정에서도 상대적으로 가족과 육아에 대한 과도한 책임을 지고 있고, 이것이 학문적 생산성과 정년평가에 영향을 미침으로써 상대적으로 대학 풍토에 부정적으로 인식된다고 지적하였다. Trower(2003)는 "학계의 유색인종 여성은 특히 인종주의와 성차별주의에 모두 직면하기 때문에 더욱 어려운 시간을 보내고 있으며, 대부분의 인종차별이 소리 없이 다가온다."고 설명하였다. 대체로 소수집단 교수에 대한 연구는 유색인종과 여성교수가 개인적 고립감을 느끼고 지원이 필요하다는 것에 동의한다(Sorcinelli, 1994). 이것은 교수개발자가 소수집단 교수의 수업, 업무성과, 만족도 수준 등을 높이기 위해 어떻게 지원해야 하는가에 대해 유의미한 시사점을 제공해 준다.

수업과 다양성

기존의 연구는 교실 안팎에서 백인교수와 비교해 소수집단 교수가 매우 다른 경험을 하고 있다고 지적한다(Meyers, Bender, Hill, & Thomas, 2006; Stanley, 2006). 인종, 나이, 성 문제와 같은 인구통계학적 특성은 소수집단 교수가 교실 환경에서 겪는 경험에 영향을 미친다(McGowan, 2000; Meyers et al., 2006). Stanley(2006)는 유색인종 교수가 문제학생의 태도와 행동을 지적하거나 교실에서 신뢰도와 권위를 유지하는 문제 등에서 어려움을 느낀다고 지적하였다. 물론 McGowan(2000)의 연구 결과는 흑인교수가 백인학생들을 담당했을 때 학생들은 수업의 효과에 더욱 비판적이며 권위에 도전하고 존경의 정도가 낮으며 백인 학과장에게 불만을 토로한 적이 있다고 지적하였다.

소수집단 교수는 수업에서 직면하는 다양한 도전에서 어려움을 겪을 뿐만 아니라 그들이 가르치는 수업에서 이루어지는 학생들의 수업평가에서도 부정적으로 인식되는 경우가 많다(McGowan, 2000; Vargas, 2002). 특히, 이 연구에서 통합적 수업을 제공한 소수집단 교수가 학생으로부터 부정적인 코멘트를 더 많이 받았다. 교수학습에서 보다 학생중심이었고 다양한 커리큘럼을 제공하였으며 인종/민족과 성에 대한 이슈들을 다루는 등 다문화 교과목과 다문화적 관점을 교육과정에 통합하려고 했으나 이것은 오히려 백인학생들의 저항을 불러일으켰다. 또한 Umbach(2006)는 유색인종 교수가 학생과 상호작용을 더 잘하고 활발하게 학습하거나 상호작용적으로 학습하는 기술을 가지고 있으며 이를 넓히기 위한 다양한 활동과 고차원적 사고기술을 활용한다고 지적하였다. 그러나 인종적 특성과 함께 통합적 수업은 학생들로 하여금 소수집단 교수를 부정적으로 인식하게 만들고 이것이 다시 강의평가에도 영향을 미치는 것으로 보인다(Meyers et al., 2006). 전반적으로 소수집단 교수는 기준을 높게 설정하여 수업의 수준을 높이는 경향이 있으며 이러한 노력은 그들의 성장과 발전에 중요한 영향을 미쳤다.

성장과 개발

소수집단 교수들은 성장과 개발에서 전반적으로 (1) 네트워킹이 약하고 역할모델이 없으며(Blackwell, 1996; Hagedorn & Laden, 2000; Turner & Myers, 2000), (2) 학계와 기관은 여성과 유색인종 교수가 처한 독특한 입장과 요구를 이해하지 못하고 있으며(Adams, 2002; Stanley, 2006; Gregory, 2001), (3) 소수 주제에 관한 학문적 정통성을 타당화하지 못함으로써 승진과 정년에서 불리한 경향이 있다고 지적하였다(Garza, 1988; Blackwell, 1996).

역할모델과 멘토 Tillman(2002)은 소수집단 교수의 성공이 적은 이유는 사회적 고립 때문이라고 지적하였다. 그녀는 소수집단 교수의 경우 심리적, 사회적, 문화적 고립을 피할 수 없기 때문에 다른 교수와 관계를 맺고 네트워킹을 하거나 멘토링을 하는 능력을 배양해야 한다고 주장하였다. 이러한 관계형성은 특히 소수집단 교수가 학과에 한 사람이거나 거의 없는 경우에 더 중요하다(Blackwell, 1996; Hagedorn & Laden, 2000; Turner & Myers, 2000). Tillman(2002)은 교수개발자나 멘토가 소수집단 교수의 심리적 · 사회적 요구에 대해 이해함으로써 이들이 학계에서 역량 있고 정체성이 있으며 교수의 역할을 효과적으로 수행하고 있다고 느낄 수 있도록 해야 한다고 제의하였다. (1) 태도, 가치, 행동에 대한 적절한 역할모델로 봉사할 수 있도록 한다거나, (2) 소수집단 교수를 긍정적으로 배려하거나, (3) 소수집단 교수로 하여금 그들의 걱정과 염려를 공개적으로 말하도록 권장함으로써 사회화를 촉진하거나 신임교원에게 요구하는 직업적 스트레스나 업무대처에 대한 지원을 수용하도록 하는 것 등이 그것이다.

특별한 요구와 압력 Adams(2002)에 따르면 일반적으로 초임교수, 특히 소수집단의 초임교수는 다양한 대학의 업무의 중요도를 어떻게 파악하는지 혼돈하는 경우가 있다. 소수집단 교수는 소수집단 학생의 역할모델이 되어 달라는 요구나 각 집단과 관련된 이슈에서 대학기관의 대표로 참석해 달라는 요구 등을 특히 거절하기 어려워한다. 학과가 새로운 여성교수에게 비전통적인 여성상을 기대하는 것도 여기에 해당한다. "여성 초임교수들은 학생을 상담하고 학과의 행사를 주관하면서 스스로 여성으로서 스테레오타입에서 벗어나고자 한다(Adams, 2002)."

소수집단 교수는 대학기관이나 공동체에 추가적으로 헌신하면서 이것이 승진이나 정년심사 과정에서 유리하게 작용하거나 학과에서 인정을 받는 데 도움이 되길 기대한다(Blackburn & Lawrence, 1995; Springer, 2002). 기여와 헌신이 공동체로부터 인정받길 기대하는 소수집단 교수는 그들의 공동체에 서비스를 제공하는 데 계속해서 더 빠져들게 된다(Stanley, 2006).

학문적 정당성 수업에서뿐만 아니라 학계 동료에게도 소수집단 교수는 피부색, 성별, 연구주제, 연구방법 등에서 철저하게 검증되면서 학문적 능력이 무시되거나 평가절하되는 경우가 많다(Hagedorn & Laden, 2000; Turner & Myers, 2000). 불행한 사실은 연구성과에 대한 동료평가가 정년과 승진을 결정하는 데 영향을 미친다는 것이다(Ards & Woodard, 1997). 다수의 교수들은 종종 소수집단 교수가 각자의 집단적 속성과 관련된 '다양성, 성, 민족적 특수성' 등을 연구주제로 선택하기 때문에 편협하다는 시선을 보내기도 한다. 그들은 자신의 학문 분야에서 고립되거나 무시되거나 전문가로 인정을 받지 못할 수도 있다(Blackwell, 1996; Garza, 1988). 연구에서는 소수집단 교수가 학문적 정당성을 인정받지 못하면 고립감을 더 강하게 느끼게 되고 이것은 학문적 가치에 대한 차별과 혼란으로 이어질 수 있다(Alger, 1999; Gregory, 2001).

시사점

전체적으로 이 장에서 언급된 소수집단 교수의 경험을 바탕으로 교수개발자가 주의해야 할 점이 무엇인지 살펴보고자 한다. 접근과 평등, 대학 풍토, 수업과 다양성, 성장과 개발 등의 영역으로 다시 돌아가서 통합적 수월성을 증진시킬 수 있는 방안을 살펴보자.

우선 통합적 수월성을 증진시키기 위해 교수개발자는 소수집단 교수의 경험에 대해 충분히 이해해야 한다. 교수개발자는 소수집단 교수와 관계를 맺으면서 이들이 관련 기관과 학계에서 어떤 위치에 있으며 어떤 경험을 하는지 관찰할 필요가 있다. 실제 많은 소수집단 교수는 여전히 학과에서 유일하거나 매우 소수이다. 이런 경우 소수집단 교수는 고립감을 느끼며 심리적 상태가 취약해질 수 있다(Kanter, 1977). Kanter의 연구에 따르면 이들은 소수집단의 대표로서 극심한 업무부담과 스트레스에 처해 있다. 교수설계자는 프로그램에 참여하는 소수집단 교수들의 지적인 기반이나 관심을 특수한 주제에서 확장하도록 도와야 한다(Stanley, 2006). 교수개발자는 연 2회 열리는 '유색인종 교수 채용 및 승진 심포지엄'[2]에 소수집단 교수가 참여하도록 권장함으로써 자기개발, 채용, 고용유지, 승진 등과 관련된 연구 및 자료수집과 학문적 교류를 하도록 지원할 수 있다. 매해 열리는 POD 네트워크의 콘퍼런스에서도 다양성 및 다문화 이슈를 다루는 세션이 항상 개설된다.

소수집단 교수는 스스로를 주변부에 있는 고립되고 보이지 않는 사람이라고 인식한다(Stanley, 2006). 교수개발자는 모든 소수집단 교수가 동일한 환경을 경험하지 않았다는 사실을 명심해야 한다. 교수개발자는 이들이 특정 집단의 구성원이기 때문에 강력한 소속감을 가지고 있을 것이라고 생각하거나 믿어서는 안 된다. 소수자로 고립되고 차별받은 경험은 모든 소수집단 교수들의 그룹에서 나타나기 때문에 교수개발자는 이들이 인종, 성, 성적 특수성에 따라 복잡한 정체성을 가지고 있으며 보이든 보이지 않든 개인적으로 의미가 있는 독특한 경험을 했음을 인식하여야 한다. 그러므로 교수개발자는 소수집단 교수의 총체적·개인적 경험을 배우고 연구해서 그들의 특별한 요구와 독특한 경험에 맞는 프로그램을 설계해야 한다. 결국 교수개발자는 그들이 지원하는 소수집단 교수가 더 이상 주변부에 위치하지 않도록 지원하기 위해 프로그램과 내용을 잘 설계해야 한다. 교수개발자는 다수의 교수가 소수집단 교수의 특수한 경험을 잘 이해할 수 있도록 유도하고 이들의 의도적, 비의도적 행동이 냉랭한 분위기를 만

◇◇◇◇◇◇◇◇◇◇◇◇◇◇◇◇◇◇◇◇◇◇◇◇

2　[역자주] Keeping Our Faculties symposium은 유색인종 교수들의 채용과 승진을 위한 심포지엄이다(http://www.cce.umn.edu/Keeping-our-Faculty).

들지 않게 프로그램을 설계해야 한다. 이런 프로그램 중 하나로 최근에 덴버대학교는 통합적 수월성과 소수집단 교수의 경험에 대한 다양한 주제에 대한 보고서를 개발하였다. 이 출판물은 교수협의회의 회장에 의해서 모든 교수에게 배포되었으며 학과장이 내용에 대해 각 학과 교수들과 논의하도록 유도되었다.

교수개발자는 소수집단 교수의 업무에서 통합적 수월성을 증진하도록 돕기 위해 수업에서 경험하는 다양한 도전을 지원할 수 있는 프로그램을 설계할 필요가 있다. 인종, 연령, 성적 지향성, 물리적 능력, 성별 등과 같은 인구통계학적 특성을 제시한 연구들은 수업에서 소수집단 교수들이 문제를 경험한다고 지적하였다(McGowan, 2000; Meyers et al., 2006). 교수개발자는 통합적인 학습 환경을 창출하기 위해 최선의 행동을 선택하고 수행하는 데 익숙해져야 한다(Tuitt et al., 2007). 그리고 소수집단 교수의 수업에서 효과성을 전체적으로 높일 수 있는 프로그램을 개발하여야 한다. 특히, 교수개발자는 다문화 교과를 가르치는 교수가 추가적인 노력을 기울여야 한다는 사실을 명심해야 한다(Stanley, 2006). 또한 교수개발자는 소수집단 교수가 수업에서 일관성과 지속성을 유지하도록 하기 위해 어떻게 지원해야 하는지 고려할 필요가 있다. 하버드 대학교의 Derek Bok 교수학습센터는 수업에서 인종문제와 같이 '중요한 순간'을 다루는 데 필요한 다양한 자원을 웹 사이트에 제공하고 있다.[3]

마지막으로 소수집단 교수가 학계에서 성공할 수 있도록 성장과 개발을 경험하도록 지원해야 한다. 이를 위해 교수개발자는 이들이 필요로 하는 전문적 지원과 안내를 제공할 준비를 해야만 한다(Sorcinelli, 1994). Springer(2002)에 따르면 승진과 정년에 대한 기준은 차별이 아무리 사소할지라도 결과가 충격적일 수 있다. 가능한 편견을 최소화하도록 돕기 위해 교수개발자는 소수집단 교수의 추가적인 요구를 이해하고, 그들이 학계와 전문적인 네트워크를 쌓고 가족이나 특별한 공동체에 기여할 수 있도록 추가적으로 시간을 분배할 수 있게 지원하여야 한다(Alger, 1999; Sorcinelli, 1994). 게다가 교수개발자는 소수집단 교수가 정체성 형성, 전문성 개발, 실제적인 훈련 등에서 역할모델이나 멘토가 되는 전문가와 유의미한 관계를 형성하도록 지원해야 한다. 교수개발자는 소수집단 교수를 직접 지원할 뿐만 아니라, 학장이나 프로그램 위원장과 같

---

3 http://isites.harvard.edu/icb/icb.do?keyword=k1985&pageid=icb.page29721

은 핵심행정가들이 통합적 조직환경 형성이 중요한 문제라고 인식하고 정책을 개선해 나가도록 연계하여야 한다.

결론

소수집단 교수의 성공을 확신하는 교수개발자가 그들과 함께 일하는 것이 대학기관의 통합적 수월성을 증진시키는 방법임에는 확실하다. 교수개발에서 통합적 수월성을 증진시키기 위해 우리는 대학의 변화를 창출하고 소수집단 교수와 함께 작업하는 새로운 모델을 개발해야 한다. 이것은 조직의 모든 구성원이 소수집단 교수에 대해 다음과 같은 통합적 인식을 갖도록 유도함으로써 가능하다(Tuitt et al., 2007).

- 성별이나 피부색뿐만 아니라 소수집단 교수의 특수한 문화적 특성이 기관의 자산이 될 것이다. 그들은 각자의 지적인 역량에 대해 인정받고 존중받을 것이다.
- 교수개발자는 학계에서 소수집단 교수가 직면하는 특별한 경험과 도전에 대해서 인식한다.
- 교수개발자는 소수집단 교수의 성장, 발전, 성공을 위해 모든 가능한 지원과 자원을 투자한다.
- 교수개발자는 다양성과 수월성에 기여한다.
- 교수개발자는 소수집단 교수가 작업하는 환경과 조건에 주의를 기울인다.
- 교수개발자는 대학의 변화를 유도하는 데 기여할 수 있는 협력자로서 활동한다.

통합적 수월성을 확보해야 하는 도전에 직면한 교수개발자는 학계에서 소수집단 교수의 번영과 성공을 지원할 수 있는 최고의 위치에 서 있다.

참고문헌

Adams, K. (2002). *What colleges and universities want in new faculty.* Washington, DC: Association of American Colleges and Universities.

Aguirre Jr., A., Hernandez, A., & Martinez, R. O. (1994). Perceptions of the workplace: Focus on minority women faculty. *Initiatives, 56*(3), 41–50.

Alger, R. J. (1999). When color-blind is color-bland: Ensuring diversity in higher education. *Stanford Law and Policy Review, 10*(2), 191–204.

Ards, S. B., & Woodard, M. (1997). The road to tenure and beyond for African American political scientists. *Journal of Negro Education, 66*(2), 159–171.

Astin, H. (1997). *Race and ethnicity in the American professoriate, 1995–96.* Los Angeles: University of California, Los Angeles (UCLA), Higher Education Research Institute.

Barnes, L. B., Agago, M. O., & Coombs, W. T. (1998). Effects of job-related stress on faculty intention to leave academia. *Research in Higher Education, 39*(4), 457–469.

Blackburn, R. T., & Lawrence, J. H. (1995). *Faculty at work: Motivation, expectation, and satisfaction.* Baltimore, MD: Johns Hopkins University Press.

Blackwell, J. E. (1996). Faculty issues: Impact on minorities. In C. Turner, M. Garcia, A. Nora, & L. Rendon (Eds.), *Racial and ethnic diversity in higher education* (pp. 315–326). Needham Heights, MA: Allyn & Bacon

Cora-Bramble, D. (2006). Minority faculty recruitment, retention and advancement: Applications of a resilience-based theoretical framework. *Journal of Health Care for the Poor and Underserved, 17*(2), 251–255.

Garza, H. (1988). The "barrioization" of Hispanic faculty. *Educational Record, 68*(4), 122–124.

Gregory, S. (2001). Black faculty women in the academy: History, status and future. *Journal of Negro Education, 70*(3), 124–134.

Hagedorn, L. S., & Laden, B. V. (2000). Job satisfaction among faculty of color in academe: Individual survivors or institutional transformers? In L. S. Hagedorn (Ed.), *What contributes to job satisfaction among faculty and staff* (pp. 57–66). San Francisco: Jossey-Bass.

Kanter, R. M. (1977). *Men and women of the corporation.* New York: Basic Books.

Knapp, S. D. (2008). Why "diversity" should include "disability" with practical suggestions for academic unions. *American Academic, 4*(1), 103–130.

McGowan, J. (2000). Multicultural teaching: African-American faculty classroom teaching experiences in predominantly white colleges and universities. *Multicultural Education, 8*(2), 19–22.

Meyers, S. A., Bender, J., Hill, E. K., & Thomas, S. Y. (2006). How do faculty experience and respond to classroom conflict? *International Journal of Teaching and Learning in Higher Education, 18*(3), 180–187.

Milem, J. F. (2003). The educational benefits of diversity: Evidence from multiple sectors. In M. Chang, D. Witt, J. Jones, & K. Hakuta (Eds.), *Compelling interest: Examining the evidence on racial dynamics in higher education* (pp. 126–169). Palo Alto, CA: Stanford University Press.

Milem, J. F., Chang, M. J., & Antonio, A. L. (2005). *Making diversity work on campus: A research-based perspective.* Washington, DC: Association of American Colleges and Universities.

Saddler, T. N., & Creamer, E. G. (2007). *Faculty perceptions of climate and job satisfaction by race/ethnicity: Findings from 2005 AdvanceVT Work-Life Survey.* Retrieved July 27, 2008, from http:www.advance.vt.edu/Measuring_Progress/Faculty_Survey_2005/Minority_Survey_Report_Final.pdf

Snyder, T. D., Dillow, S. A., & Hoffman, C. M. (2008). *Digest of Education Statistics 2007* (NCES 2008–022). Washington, DC: U.S. Department of Education, National Center for Education Statistics, Institute of Education Sciences.

Sorcinelli, M. D. (1994). Effective approaches to new faculty development. *Journal of Counseling & Development, 72*(5), 474–479.

Springer, A. (2002). *How to diversify faculty: The current legal landscape.* Washington, DC: American Association of University Professors.

Stanley, C. A. (2006). Coloring the academic landscape: Faculty of color breaking the silence in predominantly white colleges and universities. *American Educational Research Journal, 43*(4), 701–736.

Steward, D. (2003). Working toward equality. *Academe, 89*(4), 29–33.

Tillman, L. (2002). Culturally sensitive research approaches: An African-American perspective. *Educational Researcher, 31*(9), 3–12.

Trower, C. A. (2003). Leveling the field. *The Academic Workplace, 14*(2), 1, 3, 6–7, 14–15.

Trower, C. A., & Chait, R. P. (2002, March–April). Faculty diversity: Too little for too long. *Harvard, 104*(4), 33–37.

Tuitt, F. A., Sagaria, M.A.D., & Turner, C.S.V. (2007). Signals and strategies: The hiring of faculty of color. In J. C. Smart (Ed.), *Higher education: Handbook of theory and research* (Vol. 22, pp. 497–535). New York:

Agathon.

Turner, S. T., & Myers, S. L. (2000). *Faculty of color in the academy: Bittersweet success.* Boston: Allyn & Bacon.

Umbach, P. D. (2006). The contribution of faculty of color to undergraduate education. *Research in Higher Education, 47*(3), 317–345.

Vargas, L. (Ed.). (2002). *Women faculty of color in the White classroom.* New York: Peter Lang.

Williams, D. A., Berger, J. B., & McClendon, S. A. (2005). *Towards a model of inclusive excellence and change in postsecondary institutions.* Washington, DC: Association of American Colleges and Universities.

15

교수개발의 세계화

Nancy Van Note Chism, David Gosling & Mary Deane Sorcinelli

지난 오십 년 동안 교수개발이 하나의 활동 분야로 인정받기 시작하면서 이제 전 세계의 모든 국가에서 교수자를 지원하는 기관을 찾아볼 수 있게 되었다. 오스트레일리아, 아일랜드, 뉴질랜드, 남아프리카공화국, 영국 등과 같은 영어권 국가에서 교수개발은 '교육적', '학문적' 개발로 정착되어 일반화되고 있다. 많은 유럽 국가에서도 교수개발이 시행되고 있다. 인도, 스리랑카, 태국, 중동은 물론 페르시아 연안, 일본, 중국 등에서는 교수개발자 네트워크가 만들어지기도 하였다.

특히 고등교육에서 이 분야는 국제적인 규모로 성장했다. 미국 대학에는 다양한 국가 출신의 다문화 교수, 학생, 행정가들이 속해 있으며 미국의 교수, 행정가, 학생들도 전 세계 국가를 방문한다. 또한 여러 나라에 분교를 두어 학생을 교육하고 연구를 수행하며 수익을 창출하는 세계화된 대학도 일반화되고 있다(Newman, Couturier, & Scurry, 2004).

그러므로 교수개발은 대학의 국제화 및 세계화와 행보를 같이 해야 한다. 이러한 변화 속에서 교수의 업무를 지원하고 풍부하게 하는 것은 전 세계의 교수, 대학 지도자, 고등교육의 발전을 위해 매우 중요하다. 미국의 많은 대학은 다양성과 다문화주의를 중요한 의제로 설정하고 있다. 교수가 통합적 교과자료와 교수방법을 개발하여 세계화된 사회에 준비하도록 학생을 교육하는 것이 대학의 중요한 목표 중 하나이다. 테크놀로지가 급속하게 발전함에 따라서 교수는 전 세계 학생을 대상으로 한 웹 사이트, 작은 모듈, 인증 프로그램 등과 같이 새로운 형태의 교육적 통신수단을 개발해야 한다는 요구에 직면해 있다. 많은 교수가 아직 이러한 새로운 맥락에서 가르칠 준비가 되어 있지 않다. 빠르게 변화하는 테크놀로지와 글로벌 환경에서 특수한 요구가 다양해질수록 교수는 이에 적절하게 적응하기 위한 훈련과 지원을 필요로 하게 될 것이다.

대학 환경이 급격하게 세계화되고 확장됨으로써 얻는 장점은 세계의 교수개발자들과 상호작용과 협업을 할 수 있는 기회가 늘어난다는 것이다. 이것은 새로운 지식과 창의적 관점을 창출하고 공유할 수 있도록 자극한다. 예컨대 신임교원을 위한 교수개발 같은 경우 수업 인증과 포트폴리오 개발 및 평가를 의무화하여 교수개발을 지원하는 유럽 교수개발자의 최근 아이디어를 적용하면 더욱 다양해질 수 있다. 또한 세계화는 교수개발자를 위한 새로운 컨설팅 기회를 제공할 수 있다.

동시에 교수개발의 세계화는 일종의 도전이 될 수 있다. 북미의 교수개발자는 교육과정의 국제화에 대한 지식, 그들의 기관을 방문하는 다양한 국가의 교수의 요구, 해외 경험을 활용한 연구, 그리고 다양한 교수학습 이슈들에 대한 지식을 더 많이 보유할 필요가 있다. 국내 혹은 해외 컨설팅 작업을 통해서 교수개발자는 미국과 다른 해외 교수의 요구에 맞는 새로운 기술과 감성을 획득할 필요가 있다.

이 장에서 더 자세히 언급하겠지만 다행스럽게도 교수개발을 위한 공식 조직을 구성하는 것이 여러 국가나 대학의 핵심 정책의제로 대두되고 있다. 수많은 국제적인 교수개발기관이 저널과 콘퍼런스 등을 통해 경험을 공유하고 있다. 이 분야는 앞으로도 교수개발자의 전문지식과 기술을 개발하고 여러 국가와 협력하여 교수학습에 대한 연구를 수행하며 고등교육 교수학습의 개선을 위한 파트너십 구축에 관한 효과적인 전략을 수립하고자 꾸준히 노력할 것이다.

이 장은 국제적으로 교수개발이 어떤 위치에 있는지에 대한 배경정보를 다룬다. 또한 북미 교수개발자가 초빙교수, 컨설턴트로서 다른 나라를 방문하거나 협력적 연구나 개발 프로젝트에 참여하거나 국제적 교수개발자들을 초청 활동 등을 통해 다른 나라에 있는 동료들과 학문적 연대감을 형성하고 실제적 활동에 참여하는 다양한 방안에 대해 다루고자 한다.

직종에 대한 국제 개관

교수개발이 세계적으로 어떻게 이루어지고 있는지에 관한 정보를 비교하고 제시하는 것은 자료의 부족으로 제약이 있다. 그러나 저자들이 수행했던 연구에 기초하여 미국, 캐나다, 영국, 오스트레일리아 등 대규모 교육개발 네트워크가 있는 국가들 간에 교수개발의 유사점과 차이점을 비교할 수 있다. 다음은 자료 수집이 가능한 연구와 네트워크를 참고하여 구성한 것이다.

전 세계 영어권 국가에서 교수개발의 목표는 대부분 북미와 비슷하다.

- 수업의 수월성을 높이기 위한 문화를 창조하고 유지한다.
- 개별 교수의 요구(일대일 컨설팅 등)에 부응한다.
- 교수학습에서 새로운 독창적 방식을 시도한다.
- 교수진과 학과 간의 연대감을 높인다.
- 대학의 변화를 이끄는 에이전트로 활동한다(Sorcinelli, Austin, Eddy, & Beach, 2006).

영국의 교수개발 연구에 따르면(Gosling, 2008), 교수학습센터(Educational Development Centers, EDCs)의 가장 중요한 책임은 다음과 같다.

- 교수와 학습의 혁신을 유도한다.
- 대학기관에 맞는 교수학습 전략을 실행한다.
- 교수학습의 질을 개선한다.
- 교수학습에서 전문성을 개발한다.
- 교수학습의 학문성을 증진한다.

컨설팅을 제공하고 연대감을 고양하는 것 등 미국에서 강조되는 것이 영국이나 오스트레일리아에서 그리 중요하게 인식되지 않으며, 오히려 대학기관 차원에서 교수학습 증진을 위한 전략적 접근을 개발하는 일에 비중을 두고 있다는 사실에 주목할 필요가 있다. 그러나 "교수개발이 교수학습을 위한 대학기관의 지원적 환경을 구축하도록 하는 것이며, 이에 적극적으로 기여하는 것이 조직의 역할이라는 인식"은 전 세계적으로 동일하다(Sorcinelli et al., 2006).

전부 그런 것은 아니지만 전 세계의 많은 교수학습센터는 교수가 수업에 대한 기초적인 학술적 지식을 확보할 수 있도록 대학의 프로그램을 설계하는 것을 중요하게 여기고 있다. 예를 들어, 스웨덴에서는 모든 교수가 10주 동안 교육학 강좌를 수강해야만 한다. 영국에서는 모든 대학에서 새로 임용된 교수가 교수전문성 개발 교과를 의무적으로 수강하도록 하고 있다. 전형적으로 이러한 교과목은 석사 수준으로 개설되며 교수는 이 교과목에서 특별한 성과를 거두었음을 증명하는 포트폴리오를 필수로 제작하도록 규정하고 있다. 정년심사에는 이러한 일련의 교육학 교과를 성공적으로 이수하였는가에 대한 증명을 제출하는 것이 필수이다. 교육학과 관련된 유사한 교과목이 오스트레일리아, 남아프리카 공화국, 뉴질랜드, 스리랑카와 같은 곳에서 점차 증가하고 있다. 이제는 미국이나 캐나다뿐만 아니라 다른 국가에서도 대학원 학생들이 교육학 수업을 직접 수강하며 훈련을 쌓는 것이 보편화되고 있다.

전 세계를 아울러 교수학습센터는 몇 가지 공통적인 구조적 이슈에 직면한다. 많은 센터는 학생의 학습과 교수에 대한 지원에 열정을 가지고 있는 개인이 선구자적인 정신을 가지고 설립한 것이다. 대학기관은 교수학습센터를 설립할 때 학생의 강의평가를 향상시키고 학습완료 비율을 높이며 시장과 테크놀로지의 변화에 부응할 수 있도록 해달라고 강력하게 요구했다.

첫 번째 단계는 대규모 행정조직의 하부조직으로 센터를 설립하는 것이다. 어떤 경우 중심 행정기관 아래에 있지만, 어떤 경우 교육대학에 속해 있기도 하다. 두 번째 단계는 관리자에게 직접 보고하는 독립된 부서로 만들어 더 광범위하고 전략적인 역할을 담당하게 한다. 이와 함께 센터들은 핵심조직을 분리하려고 노력해 왔다. 예를 들어, 교수학습의 리더들과 약속을 잡거나 각 대학들 사이를 중재하는 것, 학과에서 최고로 잘 가르치는 교수에게 수업과 관련된 상을 수여하는 것, 관심 있는 교수를 대상으로 학습 그룹이나 공동체를 설립하는 것 등의 업무를 조직별로 분리하는 것이다. 일부 대학기관은 수업의 질을 향상시키기 위해 교수학습에 대한 책임을 지는 부학장을 둔다. 이러한 모든 조치는 교수개발이 대학기관 전체를 위해 책임을 다하여야 한다는 현실적 요구를 반영한 것이다(D'Andrea & Gosling, 2005).

전 세계의 교수학습센터는 크기, 위상, 책무에 따라 여러 다양한 유형으로 구성된다. 첫째, 작은 센터에는 교육학을 전공하고 교수학습 분야에 열정을 가진 소수의 교수개발자가 전체 대학기관을 상대로 근무한다. 둘째, 중간 크기의 센터에는 센터장, 이러닝을 개발하고 지원하는 소수의 기술담당 직원, 그리고 소수의 행정지원 직원 등 3개의 담당업무에 따라 인력이 구성되어 있다. 셋째, 다양한 역할을 가진 대규모 센터는 20명 이상의 교수 및 행정직원과 이들을 보충할 특정 프로젝트나 일정 기간만 근무하는 임시직 및 시간제 직원으로 구성된다. 센터의 규모는 미국보다 오스트레일리아나 영국이 더 대규모 형태를 띠는 경향이 있다.

미국의 센터와 비교해 봤을 때 해외 대학 시스템은 센터의 크기, 구성원, 예산, 연구지향점 등이 상대적으로 소규모이며 동질적인 경우가 많다. 중국이나 인도와 같이 대학의 수가 급격하게 늘어나는 개발도상국에서는 사립대학이 급격하게 증가하고 있다. 하지만 이들 대학은 대학기관 유형이나 재정지원구조에서 미국과 극심한 차이가 있다. 전 세계의 교수학습센터는 일하는 환경이 매우 다양하며 각 나라마다 센터의 수도 다르다.

미국 이외 지역의 많은 대학은 지나치게 정부의 재정지원에 의존하고 있기 때문에 국가 정책에 더 민감하게 반응하며, 이것이 교육개발의 실제에 큰 영향을 미친다. 예를 들어 영국의 경우, 정부는 '참여인원의 다양성'이나 '기업과 연계'와 같은 특정 요소에 우선순위를 부여하며 대학을 서열화했다. 일본의 경우 정부는 모든 대학에 센터를 설치할 것을 필수사항으로 규정하고 있다. 스웨덴도 유사하게 "개별 교수, 학과, 대학기관이 교수학습을 개발하는 데 추진력을 가지고 있어야 한다."고 명시하고 있다(Roxa & Martensson, 2008). 남아프리카 고등교육은 역사적 불평등을 바로잡기 위한 정부의 정책의도에 따라 교수학습센터가 학생들을 지원하는 데 강력한 영향력을 발휘한다.

정부지원이라는 보상체계는 몇몇 국가에서 교육개발 활동에 직접적인 영향을 미쳤다. 예를 들어, 오스트레일리아에서는 '교수학습 수행 펀드'가 학부교육의 수월성과 개선에 대한 보상으로 지급된다. 영국에서는 재정지원을 받은 74개의 교수학습 수월성센터가 2005년에 설립되었다. 전국교사연합은 수월성 교육을 했다고 증명되는 개별 교수를 수상하기도 한다. 영국과 오스트레일리아에서는 정부가 대학의 교수학습 개선을 지원할 의도로 재정지원을 해왔다. 오스트레일리아교수학습협의회(Australian

Learning and Teaching Council)와 영국고등교육아카데미(Higher Education Academy in the United Kingdom)[1] 등을 참고할 수 있다.

미국과 다른 영어권 국가의 교수개발에 큰 차이가 나타나는 이유는 어떤 문헌의 영향을 받았는가 때문이다. McKeachie의 고전인 *Teaching Tips*(McKeachie & Svinicki, 2005), Angelo와 Cross의 *Classroom Assessment Techniques*(1993), Tinto의 학생의 등록률에 대한 이론들(1993), Barr와 Tagg의 교수자 중심에서 학습자 중심으로의 패러다임 이동(1995), 그리고 Boyer(1990)와 이에 이은 Shulman(1993, 1999), Hutchings(2000), Huber(2006)의 교수학습의 학문성에 대한 아이디어 등이 미국 학자들이 쓴 잘 알려진 교수학습에 관한 책이다. 또한 신입생교육[2], 카네기아카데미[3], 그리고 대학생학습참여조사(NSSE) 등과 같은 프로그램도 영향을 미쳤다.

그러나 미국의 교수개발자에게 잘 알려지지 않은 중요한 문헌이 다른 나라의 교수개발자에게 영향을 미치기도 하였다. 그 시작은 Marton과 Saljo의 보고서(1976)로 학생의 학습에 대한 접근의 차이를 연구한 것이다. 이후 Entwistle과 Ramsden(1983), Gibbs(1992)이 후속연구를 진행하기도 하였다. Marton에 의해 수행된 교육적 배치에 대한 연구에서 사용된 민족지학적 방법론은 Prosser과 Trigwell(1999)에 의해 계속 개선되면서 지배적인 방법론이 되었고, 여전히 수업에 관한 연구에서 빈번하게 인용되고 있다. 신임교원을 위한 교육학 과목에서 많이 교재로 사용되는 책은 Ramsden의 *Learning to Teach*(2003)이다. 영향력 있는 또 다른 인물은 John Biggs로 그는 '구성적 정렬'[4]이라는 개념을 중요하게 사용하였다. Barnett(1997, 2000), Rowland(2000), Knight

---

1 http://heacademy.ac.uk

2 [역자주] Freshman Seminar Program이나 The First Year Experience Program은 미국의 많은 대학에서 신입생들의 대학 적응을 위해 운영하는 프로그램으로 학교에 따라 2주~1년 동안 운영이 된다(http://en.wikipedia.org/wiki/The_First_Year_Experience_Program).

3 [역자주] Carnegie Academy for Scholarship of Teaching and Learning, 즉 CASTL은 카네기 재단의 재정지원을 받아서 1998년 설립되었으며, Carnegie 재단의 전 학장이었던 Boyer가 1990년 발표한 보고서 Scholarship Reconsidered가 기초가 되었다. 이 프로그램은 교수학습의 학문성 개발을 지원하기 위해서 모든 학생을 위한 장기간의 학습을 지원하고, 교수의 실제와 전문성을 향상시키며, 이들의 연구성과를 교사들과 공유하는 일 등을 한다(http://www.carnegiefoundation.org/scholarship-teaching-learning).

4 [역자주] constructive alignment는 교수학습의 활동을 평가 과제와 연결시켜 개발할 때 사용하는 원리로 구성주의 학습원리와 성과 기반 교육을 연합한 것이다. 프로그램의 세부사항이 되는 학습성과와 평가기준을 규명하고 교수자는 이를 달성할 수 있는 학습활동을 설계하는 방식으로 평가와 학습활동을 연계한다(http://en.wikipedia.org/wiki/Constructive_alignment).

와 Trowler(2001) 등의 연구자도 미국의 안팎에서 큰 영향력을 발휘하고 있다.

교수학습센터의 도전

북미뿐만 아니라 전 세계 대학은 조직에서 교육개발을 꾸준히 담당할 센터를 설립하고 있다. 교수학습센터는 일정한 간격을 두고 꾸준히 조직 형태와 구조가 변해 왔다. 영국에서 신규로 조직되거나 조직의 형태를 바꾸는 교수학습센터의 비율은 과거 15년 동안 꾸준히 유지되었다(Gosling, 2008). 조직의 구조 변화는 교수학습센터를 책임지는 책임 관리자 등 인력의 변화와 함께 나타난다. 조직의 구조 변화는 일반적으로 이러닝, 학생지원, 교수개발, 질관리 등의 기능이 확대되거나 축소되는 것과 관련이 있다. 계속적인 구조조정의 위협으로 교수학습센터 직원의 사기나 의욕이 저하될 수도 있지만, 반대로 개발자의 업무를 확대하는 새로운 기회가 될 수도 있다.

최근 몇 년 동안 교수개발자의 역할과 정체성은 일부 불확실한 측면이 있었다. 핵심 이슈는 교수개발이 핵심 행정부서에 속하는지, 학교의 교수들이 그 존재감을 인정하고 있는지와 관련이 있다. 교수개발은 대학기관이 목표를 달성하는 것과 밀접히 관련된다. 대학의 행정가들은 기관에서 수혜를 받지 못하는 집단을 위한 지원을 늘리거나 교육과정의 국제화를 심화하거나 학생의 기업가 정신을 고양하는 것 등을 지원하길 기대한다.

교수개발자의 지위와 정체성에 대해서 국제적으로 우려가 되는 부분은 이 역할에 임명된 사람들이 전문적으로 무엇을 준비해야 하는지에 대해 합의된 바가 없으며, 전문가가 되기 위한 일반적인 방법도 없다는 점이다. 캐나다에서 주도한 국제 프로젝트 연구인 '전문성을 위한 길(Pathways to the Profession)'에서 교수개발자들은 여러 학문 분야를 전공하였으며, 그들이 이 길을 가도록 이끈 것은 뜻하지 않은 사건이거나 초기에 이 직업에 입문하는 데 핵심적으로 영향을 준 사람이 있었기 때문이라는 점이 밝혀졌다(Gosling, McDonald, & Stockley, 2007). Chism(2008)은 최근 연구에서 교육개발에 대한 사전 경험 없이 처음 개발업무를 시작한 교수개발자의 비율이 오스트레일리아와 캐나다에서 약 70%로 가장 높았으며, 영국과 미국에서 약 44%로 가장 낮았다고 지적하였다. 그녀는 고등교육 이외의 영역, 즉 초·중등영역에서 교수개발 업무를 하다가 고등교육으로 넘어온 사람의 비율이 적지 않다고 밝혔다. 센터의 직원으로 근무한 경험이 없는 사람을 교수개발의 책임자로 고용하는 것은 다른 곳보다 북미에서 더 많았다.

국제 전문가협의회

교육개발은 해외와 상호협력적으로 학문연구와 실용을 할 수 있는 풍부한 자원을 보유하고 있다. 이것은 대부분 전문가협의회에 의해 주도된다. 전 세계 전문가협의회를 하위 조직으로 하는 가장 큰 조직은 국제교육개발컨소시엄(International Consortium for Educational Development, 이하 ICED)이다. 지금까지 ICED위원회를 대표하는 20개가 넘는 협의회가 매년 회의를 개최해 왔다. 여기에는 오스트레일리아, 벨기에, 캐나다, 크로아티아, 덴마크, 에티오피아, 핀란드, 독일, 인도, 아일랜드, 이스라엘, 네덜란드, 노르웨이, 러시아, 슬로베니아, 남아프리카공화국, 스페인, 스리랑카, 스웨덴, 스위스, 태국, 영국, 미국 등이 참여하고 있다. ICED는 교수개발자를 위해 격년마다 개최하는 국제 콘퍼런스를 후원하며, *International Journal for Academic Development*를 출간한다. 프랑스 언어권의 나라들은 서로 다른 전통을 가지고 있지만 유럽권, 아메리카권, 아프리카권 등 세 '영역'은 국제교육대학연맹(Association Internationale de Pédagogie Universitaire)을 대표하고 있다.

가장 대규모의 전문가협의회는 오스트레일리아, 캐나다, 영국, 미국 등 영어권 국가에 있다. 이러한 조직의 최근 주요 활동을 검토해 보면(Seubka, Luksaneeyanawin, Tongroach, & Thipakorn, 2008) 권리보호, 출판, 네트워크, 구성원의 전문성 개발, 교육개발의 학문성 증진, 수상 등으로 범주화할 수 있다.

각 국가마다 협의회와 정책입안자와의 관계에는 차이가 있다. 고등교육을 중앙에서 강력하게 통제하는 국가에서 협의회는 정부기관과 함께 활동하지만, 대학의 자율성을 존중하는 국가에서 이러한 연계가 적다. 협의회는 핵심 네트워크의 구심점이 되는 콘퍼런스, 워크숍, 기관들을 후원하며 전자 리스트 등을 제공한다. 그들은 뉴스레터, 저널, 보고서, 각 국가의 대학 수업이나 그 실행을 돕는 안내책자 등의 발간을 후원한다. 대표적으로 오스트레일리아의 고등교육연구개발학회(Higher Education Research and Development Society of Australasia, HERDSA)의 *Guides*, 영국의 교육개발연합회(Staff and Educational Development Association, SEDA)의 보고서, 캐나다의 대학교수학습학회(Society for Teaching and Learning in Higher Education, STLHE)의 *Green Guides*, 미국 POD 네트워크에 의해 출간된 *Essays on Teaching Excellence*와 연간 모노그래프인 *To Improve the Academy* 등이 있다.

구성원의 전문성 개발을 위한 콘퍼런스나 전자 혹은 인쇄 출판물에 덧붙여서, 영국 SEDA에 의해 처음 시작된 협력 프로그램과 같이 일부 기관은 증명서나 인증 구조를 개발해 왔고, 그 일환으로 인증을 신청하기 위해 이제까지의 작업을 기록한 포트폴리오를 제출하기도 한다. 이러한 형태의 모델은 스웨덴도 동일하다. 교육개발에서 학문성 연구나 저널과 콘퍼런스의 운영은 일부 국제적 협의회에 의해 지원을 받아 왔다. 교수학습의 학문성에 대한 국제학회(International Society for the Scholarship of Teaching and Learning, ISSoTL)와의 협력이 그 예이다. 마지막으로 교수개발자의 업무에 대해 인정하고 중요성을 강조하기 위하여 협의회는 수상 프로그램을 운영한다.

교수개발자를 위한 국제 콘퍼런스

교수개발자를 위한 대표적인 콘퍼런스는 전문가협회가 후원하는 것이다. 앞에서 언급했던 ICED는 격년으로 국제회의를 후원한다. 이제까지 영국, 미국, 핀란드, 캐나다, 오스트레일리아, 독일에서 개최해 왔다. 미국 기반의 POD 네트워크에 의해 매년 개최되는 회의와 병행하여 미국 이외의 협의회로부터 지원받는 대규모 콘퍼런스로는 AIPU(5월), STLHE(6월), HERDSA(7월), SEDA(11월) 등이 있다. 교수개발자를 위한 특별한 콘퍼런스와 함께, 교수학습에 대한 많은 국제적 콘퍼런스로 웨스트플로리다대학교와 페이스대학교가 후원하는 대학교수개선콘퍼런스(Improving University Teaching Conference), 오하이오 주 마이애미대학교가 후원하는 국제릴리교육콘퍼런스(International Lilly Teaching Conference), 옥스퍼드브룩스대학교가 후원하는 학습자학습개선콘퍼런스(Improving Student Learning Conference) 등이 있다. 이러한 콘퍼런스는 학술적 관점에서 개최되기보다 교수학습 이슈에 초점을 맞춘다. 이러한 행사에 관한 자료는 세계교수학습콘퍼런스(Teaching and Learning Conferences Worldwide)라고 불리는 웹 페이지[5]에서 찾을 수 있다.

---

5 http://www.conferencealerts.com/school.htm

교수개발자를 위한 국제 저널

*International Journal for Academic Development(IJAD)*는 1995년 교수개발에 대한 주제를 국제적으로 논의하기 위한 시금석으로 출간되었다. 이것은 이후 *International Journal of Educational Development*로 통합되었다. 북미 이외의 지역국가에서 몇몇 협의회는 저명한 저널을 출간한다. 대학 교수학습의 범위를 넓혀 보면 국제 수준의 많은 저널이 있다. 몇몇은 교수학습개발협의회에서 출간하며 다른 것은 대학이나 상업적 출판사가 출간한다. 이러한 저널의 목록은 이 장의 부록으로 나열하였다.

교수개발이나 고등교육기관과 관련된 문헌이 이미 세계적으로 상당히 다양하게 존재하지만 이슈, 조건, 탐구 영역들은 상호작용과 협력을 요구하기 때문에 국가 간 교류의 필요성은 점차 높아지고 있다. 다음 부분은 전문가의 교류로부터 오는 실질적인 혜택과 기회에 대해서 논의한다.

국제적 차원에서 교수개발 참여하기

북미 교수개발자는 방문컨설턴트로 해외를 여행하거나 북미 외의 국가에서 협력 프로젝트에 참여하면서 다른 국가의 동료들과 함께 일할 기회를 얻는다. 여행을 하지 않더라도 교수개발자는 국제적인 교수개발자의 방문을 주관하거나 원격 커뮤니케이션을 활용하여 자신의 기관에서 주도하는 프로젝트에 그들을 초청할 수 있다.

해외 동료와의 국제적 협력

효과적인 국제 컨설팅이나 프레젠테이션은 (1) 세심한 계획과 준비, (2) 현장 실행, (3) 사후 컨설팅 검토와 추후작업 등 세 단계로 이루어진다. 컨설팅을 위해 방문에 앞서 주관하는 국가에 대한 충분한 지식을 갖추는 것이 필요하다. 웹 사이트 컨설팅, 여행 가이드, 외국에서 일했던 동료는 무엇을 예상하고 어떻게 준비해야 하는가를 학습하는 데 도움을 줄 수 있다. 교수개발자가 방문을 계획할 때 가장 중요한 것은 사전에 이메일이나 전화 등을 통해 주최 측과 연락함으로써 프레젠테이션, 유인물, 그리고 다른 자료들을 지역의 요구에 적합하도록 목적에 맞게 준비하는 것이다. 북미 개발자들은 여러 지역에서 온 교수로부터 경험과 아이디어를 얻고 있으며, 이들이 가져다준 지식, 기술, 태도에 감사할 필요가 있다.

초청국가에서 교수개발자가 해야 하는 중요한 임무는 미국의 교수개발 모형이나 실제 경험이 그대로 전이될 것이라 생각하기보다 지역적 필요에 맞게 유연하고 적응적인 형태로 변형하는 것이다. 짧은 컨설팅을 통해 이루어진 변화가 오랜 기간 지속 가능하게 유지하는 것은 어려운 일이다. 이럴 때 교수개발자는 단지 자료를 주고 떠나는 일회적 방문보다 장기간 대화를 통해 해당 지역의 발전의 출발점으로 삼고 방문의 계획을 잡는 것이 더 도움이 된다.

해외 동료 초청

다른 국가를 여행하거나 해외 동료로 구성된 프로젝트에 참여하는 것 이외에도 북미 교수개발자는 이들을 일정기간 초청하거나 원격으로 개발 및 연구 프로젝트에 참여하게 함으로써 협력할 수 있다. ICED와 같은 네트워크는 필요한 전문가와 연결을 맺어 주거나 국제 저널을 소개하거나 콘퍼런스에 초청할 동료와 연락을 취하는 데 도움이 된다.

해외 동료의 방문을 주관하는 것은 국내 동료와 약속을 잡는 것보다 더 준비할 것이 많다. 언어적 차이, 시차, 유사한 테크놀로지 부족 등으로 인해 커뮤니케이션이 지연될 수도 있다. 준비는 여행 문서를 살펴보고 외국 기관과 협력하고 이동, 거주, 의료시설 등의 준비를 위한 연락을 취하고 다른 장기간의 방문을 위해 필요한 요소들을 계획하는 것 등을 모두 포괄한다.

대학은 외국에서 온 방문자들을 위해 (특히 장기간일 경우는 더) 근무할 공간, 행정 지원, 대학 컴퓨터 및 도서관 시스템과의 연계 등을 제공할 필요가 있다. 초청자는 방문자가 하고자 하는 것이 어떻게 그들의 교수학습센터 업무에 기여하는지 파악하고 방문자와 협력적으로 작업해야 한다. 이러한 주선을 하는 것은 에너지가 소비되는 활동이지만 해외 교수개발자와의 협력을 통해 풍부하고 생산적인 아이디어와 교수개발 업무에 대해 새로운 통찰력을 얻을 수 있다.

개발이나 연구 프로젝트를 통한 협력

교수개발자는 해외 동료와 개발 및 연구 프로젝트에 함께 참여함으로써 많은 것을 배울 수 있다. 공동개발은 최종 산출물을 매우 풍부하게 함으로써 각자 업무를 수행하는 것보다 더 효과적일 수 있다. 국제 연구에 참여하는 것은 몇 가지 특별한 장점이 있다. 이러한 연구는 대중적 명성을 가져다줄 수 있으며 다양한 맥락에서 얻은 결과를 통해 일관성을 입증할 수 있다. 또한 비교 연구는 연구 프로젝트에 대한 독자의 수를 늘릴 수 있으며 한 나라 이상의 교수와 개발자들의 응답을 포함함으로써 다양한 관점을 획득할 수 있다. 국제적인 연구 협력자를 갖게 되는 것은 설계와 분석 작업에서 다양한 이론적 관점을 도입함으로써 연구의 질을 증진시킬 수 있다.

국제적인 프로젝트나 학문적 연대를 형성하는 첫 단계는 협력자를 만드는 것이다. 북미의 교수개발자는 주제에 관심이 있는 국내 학자를 파악하기 위해 선행연구 검토, 콘퍼런스 참여, 웹 사이트 검색, 전문가협의회의 전자리스트 검토 등을 활용한다. 교수개발자가 유사한 관심사를 가진 해외 동료를 찾을 때는 그에 맞는 동료에게 직접 편지를 쓸 수도 있다. 하지만 프로젝트는 공동의 목적을 달성하기 위해 세심함과 눈치, 대안적 접근을 위한 개방성을 갖춰야 한다. 프로젝트나 연구를 제안할 때는 이후에 수정될 수도 있지만 문제를 규명하고 방법을 예측할 수 있는 짧은 기술서를 준비하는 것이 도움이 된다. 협업을 제안할 때 지원하는 기관이나 출판사에 대해 소개하는 것도 상대방의 관심을 증진시킬 수 있다.

전국적인 전문가협의회는 연구에 세계적 수준의 인력이 참여하도록 도움을 줄 수 있다. 구성원 명단의 다양성과 질은 조직마다 다르지만 대부분은 회원 이메일 리스트를 가지고 있으며 회원 커뮤니케이션 네트워크를 통해 이들에게 설문참여를 요청할 수 있다. 이때 몇 가지 문제가 나타날 수 있다. 첫 번째는 정확하게 파악할 수 없는 사람들에게 참여를 요청함으로써 조사연구의 응답자를 예측하기 어렵다는 것이다. 두 번째는 언어의 차이인데 번역된 설문도구나 인터뷰 프로토콜을 이용할 수 없다면 제한된 영어실력을 가진 사람들이 참여하기가 어려울 것이다. 특정한 용어는 잘못 이해될 수 있으며, 연구 프로젝트 참가자가 지속적으로 답변하는 것도 어려울 수 있다. 또한 해외 협력가들은 자국 외의 기관에서 실시되는 연구에 참여하는 것을 반가워하지 않거나 꺼리는 경향이 있다. 그러므로 그것이 이루어지는 국가의 개인이나 조직을 지원하는 데도 가치가 있거나 중요하다는 점을 강조해야 한다. 세 번째 어려움은 공동연구자가 특히 전통이 다른 국가나 기관에서 왔을 때 다양한 환경으로 인해 나타나는 문제를 처리하는 것이다. 이에 덧붙여서 다양한 맥락에서 수집한 자료들, 특히 연구자가 친숙하지 않은 사람, 단체, 용어를 사용하는 경우 이를 해석하는 것도 어려운 일이다.

인터넷은 국가 간 연구를 수행할 때 중요한 자원이 될 수 있다. 서베이몽키(Survey Monkey)나 주메랑(Zoomerang)과 같은 상업적 조사도구를 사용함으로써 전 세계로부터 빠르고 신뢰도 높은 의견을 수집할 수 있다. 덧붙여서 스카이프(Skype)나 어도비커넥트(Adobe Connect)와 같은 웹 기반 커뮤니케이션 도구는 전 세계 사람들과 인터뷰나 초점집단면접 등을 하는 데 사용될 수 있다. 이러한 도구는 비용을 줄이고 커뮤니케이션의 범위를 확장하는 데 매우 편리하다.

국제 개발이나 학문적 연대를 위한 재정지원

고등교육의 재구조화 및 확장에 대한 세계적 관심이 증가하면서 국제 프로젝트를 위한 재정지원을 확보하는 것이 필요하게 되었다. 월드뱅크나 UN 등의 몇몇 국제기관은 전 세계의 고등교육 개선을 위한 프로젝트에 자주 재정을 투자한다. 국제 재단은 개발도상국 교육의 선진화를 목적으로 프로그램을 지원한다. 예를 들어, 아프리카고등교육파트너십(Partnership for Higher Education in Africa)은 포드재단, 뉴욕카네기재단, 록펠러재단 등과 같은 저명한 재단이 아프리카에서 유망한 결실을 맺도록 투자를 연결한다. 미국 풀브라이트장학 프로그램은 전 세계 국가를 대상으로 연구와 수업에 상금을 수여한다. 미국 USAID나 교육부 같은 국가기관은 미국 연구자 및 개발자가 해외 동료들과 대규모 협력을 할 수 있도록 재정을 지원한다. 교육개발아카데미(Academy for Educational Development), 미국파트너십센터(Center for Academic Partnerships), 국제학습개발(World Learning for International Development) 등과 같은 컨설팅 회사는 프로젝트를 보조할 컨설턴트나 대규모 프로젝트의 일부를 담당할 개인이나 단체 등을 모집하기도 한다. 북미고등교육협회컨소시엄(Consortium of North American Higher Education Collaboration)은 멕시코, 캐나다, 미국 간의 협력을 지원하기 위해 북미 고등교육에서 이동성을 지원하기 위한 프로그램에 재정을 지원한다. 미국의 과학재단이나 재정지원국은 국제적인 연구와 개발 노력이 구체화된 곳 중에서 연구비를 지원할 곳을 선택한다. 많은 나라에서 대학 시스템은 중앙정부에 의해 강한 통제를 받는데, 동남아시아교육각료기구(Southeast Asian Ministers of Education Organization, SEAMEO)

와 같이 각 국가의 정부기관이나 국가를 아우른 파트너십을 주도하는 기관은 연구와 개발을 위한 좋은 자원이 될 수 있다. 국제적인 학문연대를 위해 이슈화된 주제를 선택하여 대학기관으로부터 연구비 지원을 받는 것도 좋은 방법이다. 미국대학이 아닌 외국의 대학과 연구지원 파트너십을 맺는 것도 연구나 개발 프로젝트의 필요 자원을 얻는 방법이 될 수 있다. 그 밖에도 교환교수, 설비 사용, 직원지원, 특정한 펀드 등의 자원도 모두 활용할 수 있다.

재정지원기관은 일반적으로 프로젝트를 제안할 때 그것의 중요성과 재정지원 수준을 가늠할 수 있도록 기술한 보고서를 제출할 것을 요구한다. 관련된 국가나 지역의 특정 지식을 가진 국제적 동료들과 협력하는 것은 재정지원 요청에서 중요하다. 과거 국제 활동에 대한 기록이나 관련된 작업에서 상응할 만한 명성도 중요한 자산이 된다. 기관에 수많은 재정지원을 요청하는 보고서가 도착하더라도 담당 직원은 합리적인 시간 안에 답변을 보내올 것이다. 매력적인 프로젝트를 제안한 학자와 개발자는 조직의 평가절차에 따라 더 세부적인 제안보고서를 제출하라고 요청받을 수도 있다.

연구나 개발 프로젝트에 제안서를 작성할 때 이 프로젝트의 완성에 필요한 지원서비스가 소속된 기관에서 이루어지는 것은 중요하다. 복잡한 여행을 계획하고 국가 간 커뮤니케이션과 세부 예산을 기록하는 것도 좋은 지원시스템이 없다면 많은 시간이 소요된다는 것을 명심해야 한다.

결론

교수개발자 간의 꾸준히 의사소통과 협력이 증가하는 것은 다행스러운 현상이다. 이와 동시에 교수개발에 대한 요구가 증가하고 있으며 고등교육의 세계화가 진전되고 있음을 기억해야 한다. 교수개발자는 그들의 기관과 다른 기관의 유사점과 차이점에 대해서 학습하고 협력하며 상호방문을 주선함으로써 그들이 접하는 자원의 범위를 확대해야 한다. 이러한 노력과 통찰은 미래 고등교육의 발전에 도움이 될 것이다.

부록

고등교육의 교수학습과 교수개발에 대한 국제 저널 리스트

Brookes Ejournal of Learning and Teaching (http://bejlt.brookes.ac.uk/)

College Teaching (Heldref)

Higher Education (Springer)

Higher Education Research and Development (HERDSA)

The Innovations in Education and Teaching International Journal (SEDA)

Innovative Higher Education (Springer; http://www.uga.edu/ihe/ihe.html)

International Journal for the Scholarship of Teaching and Learning (Georgia Southern University)

All Ireland Journal of Teaching and Learning in Higher Education (All Ireland Society for Higher Education, or AISHE)

The Journal of Faculty Development

Journal of University Teaching and Learning Practice (University of Woolongong)

The Journal on Excellence in College Teaching and Learning (Miami University)

Studies in Graduate Teaching Assistant Development

Studies in Higher Education (Routledge)

Teaching in Higher Education (Routledge)

ThaiPOD journal (Thailand Professional and Organizational Development Network)

 참고문헌

Angelo, T. A., & Cross, P. K. (1993). *Classroom assessment techniques: A handbook for college teachers*. San Francisco: Jossey-Bass.

Barnett, R. (1997). *Higher education: A critical business*. Buckingham, UK: SRHE/Open University.

Barnett, R. (2000). *Realizing the university in an age of supercomplexity*. Buckingham, UK: SRHE/Open University.

Barr, R. B., & Tagg, J. (1995). From teaching to learning: A new paradigm for undergraduate education. *Change, 27*(6), 13–25.

Biggs, J. (2003). *Teaching for quality learning at university: What the student does* (2nd ed.). Buckingham, UK: SRHE/Open University Press.

Boyer, E. (1990). *Scholarship reconsidered: Priorities of the professoriate.* Princeton, NJ: Carnegie Foundation for the Advancement of Teaching.

Chism, N.V.N. (2008, April). *A professional priority: Preparing educational developers.* Paper presented at the annual meeting of the American Educational Research Association, New York, NY.

D'Andrea, V-M., & Gosling, D. (2005), *Improving teaching and learning in higher education: A whole institution approach.* London: McGraw-Hill.

Entwistle, N., & Ramsden, P. (1983). *Understanding student learning.* London: Croom Helm.

Gibbs, G. (1992). *Improving the quality of student learning.* Bristol, UK: Technical and Educational Services.

Gosling, D. (2008). *Educational development in the UK.* London: Heads of Educational Development Group.

Gosling, D., McDonald, J., & Stockley, D. (2007). We did it our way! Narratives of pathways to the profession of educational development. *Educational Developments, 8*(4), 1–6.

Huber, M. (2006). Disciplines, pedagogy, and inquiry-based learning about teaching. In C. Kreber (Ed.), *New directions for teaching and learning, no. 107. Exploring research-based teaching* (pp. 69–78). San Francisco: Jossey-Bass.

Hutchings, P. (Ed.). (2000). *Opening lines: Approaches to the scholarship of teaching and learning.* Palo Alto, CA: Carnegie Foundation for the Advancement of Teaching.

Knight, P., & Trowler, P. R. (2001). *Departmental leadership in higher education.* Buckingham, UK: SRHE/Open University.

Marton, F., & Saljo, R. (1976). On qualitative differences in learning: Outcome and process. *British Journal of Educational Psychology, 46*(1), 4–11.

McKeachie, W. J., & Svinicki, M. D. (2005). *Teaching tips* (12th ed.). New York: Houghton Mifflin.

Newman, F., Couturier, L., & Scurry, J. (2004). *The future of higher education: Rhetoric, reality, and the risks of the market.* San Francisco: Jossey-Bass.

Prosser, M., & Trigwell, K. (1999). *Understanding learning and teaching: The experience in higher education.* Buckingham, UK: SRHE/Open University Press.

Ramsden, P. (2003). *Learning to teach in higher education* (2nd ed.). London:

Routledge Falmer.

Rowland, S. (2000). *The enquiring university teacher*. Buckingham, UK: SRHE/ Open University Press.

Roxa, T., & Martensson, K. (2008). Strategic educational development: A national Swedish initiative to support change in higher education. *Higher Education Research and Development, 27*(2), 155–68.

Seubka, P., Luksaneeyanawin, S., Tongroach, C., & Thipakorn, B. (2008, June). *Professional development associations around the world: How can they support their members and the global scholarship of practice?* Paper presented at the annual meeting of the International Consortium for Educational Development, Salt Lake City, UT.

Shulman, L. S. (1993). Teaching as community property: Putting an end to pedagogical solitude. *Change, 25*(6), 6–7.

Shulman, L. S. (1999). Taking learning seriously. *Change, 31*(4), 11–17.

Sorcinelli, M. D., Austin, A. E., Eddy, P. L., & Beach, A. L. (2006). *Creating the future of faculty development: Learning from the past, understanding the present*. Bolton, MA: Anker.

Tinto, V. (1993). *Leaving college: Rethinking the causes and cures of student attrition* (2nd ed.). Chicago: University of Chicago Press.

16

테크놀로지와 교수개발

Sally Kuhlenschmidt

테크놀로지를 사려 깊게 교육에 활용하는 것은 오늘날 고등교육의 핵심 과제 중 하나이다. 교수개발자를 대상으로 한 조사에 따르면(Sorcinelli, Austin, Eddy, & Beach, 2006), 교수가 직면하는 가장 큰 세 가지 도전 중 하나가 전통적인 교수학습에 테크놀로지를 통합하는 것이다. 그러므로 테크놀로지라는 주제는 교수개발자로 일하는 사람들에게 중요하다. 테크놀로지는 단순히 문서를 준비하는 것에서부터 협력을 지원하는 도구에 이르기까지, 그리고 교실에서 사용하는 도구를 준비하는 것에서부터 인터넷 기반 교육에서 사용할 수 있는 소프트웨어를 준비하는 것까지 그 범위가 다양하다. 도구가 새로워짐에도 불구하고 성공적 사용을 위한 기준은 유사하다. 교수학습을 위한 가장 좋은 테크놀로지의 유형은 이것에 영향을 받는 사람이 누구이며, 과제가 무엇인지 등과 같이 학생의 유형이나 학습목표가 무엇인지에 달려있다. 학습목표를 달성하도록 테크놀로지를 활용함으로써 이에 투자되는 비용보다 더 많은 이득을 가져오는지가 도입의 관건이다.

교수개발자는 업무에서 테크놀로지를 효과적으로 사용하도록 하기 위해 다음의 네 가지 과제에 직면한다. 첫 번째 과제는 교수의 테크놀로지에 대한 태도를 이해하는 것이다. 두 번째는 적절한 테크놀로지를 선택하는 것이다. 세 번째는 교수가 테크놀로지를 수업에 통합할 수 있도록 교수의 요구와 학습목표 지식을 적용하는 것이다. 네 번째는 교수학습센터의 다양한 프로그램과 목표를 위해 적절한 테크놀로지를 활용하는 것이다.

테크놀로지에 대한 교수의 인식

테크놀로지에 대한 교수의 태도를 이해하는 것은 교수개발자가 조언을 하거나 적절한 테크놀로지를 추천하거나 개발활동을 구성하는 데 도움이 된다. 일반적으로 Rogers의 혁신에 대한 저항모델(1962, 2003)은 테크놀로지에 대해 교수의 가치를 개념화하는 데 도움을 준다. 모델은 가장 개방적인 태도에서 가장 부정적인 태도까지 테크놀로지에 대한 네 가지 대응을 제시하는데, 탐험가(explorer), 선구자(pioneer), 정착자(settler), 그리고 나서지 않는 사람(those who stay back East)으로 나뉜다. 여기서 사용된 용어는 Rogers가 표현한 것을 변형하여 사용한 것이지만, Rogers가 사용한 혁신가(innovator), 초기 수용자(early adopter), 후기 수용자(late adopter), 최종 수용자(laggard)라는 구분보다 더 기억하기가 쉽고 효과적이다. 그러나 이렇게 이름을 붙이는 것은 과장된 측면이 있으며 개인에게 완벽하게 들어맞지도 않는다. 개인은 참으로 다른 유형의 혁신을 하며 범주 사이를 넘나들기도 한다.

Rogers가 말한 '혁신가'라고 할 수 있는 탐험가는 테크놀로지 자체를 좋아하며 위험을 감수한다. 그들은 도구에 익숙해지는 어려움을 이겨 낼 수 있다. 그들은 스스로 학습하는 것을 좋아하기 때문에 거의 개발세미나 등에 참여하지 않는다. 탐험가와 함께 일할 때 가장 어려운 점은 그들이 다른 사람과 커뮤니케이션하도록 돕고 테크놀로지를 교육적으로 의미 있는 목적과 연결하도록 하는 것이다. 탐험가는 테크놀로지 자체를 익히는 데 매우 열심히 노력하고 테크놀로지에 대한 비판적 성찰을 다른 사람과 공유하는 것을 어려워하며 높은 수준의 기술적 용어를 사용하기 때문에, 다른 교수를 위한 세미나의 리더가 되는 데 소극적이다. 탐험가는 테크놀로지에 대한 훈련에 거의 참여하지 않지만, 만약 참여한다면 다른 교수가 도구에 익숙해지는 것을 참을성 있게 기다리기 어려워하며 스스로 생각한 방식에 따라 행동하려는 경향이 있다.

Rogers가 말한 '초기 수용자'인 선구자는 도구를 이해하고 그에 대한 의사결정을 하려는 경향이 있다. 이들은 일반적으로 여론의 주도자로 테크놀로지 사용을 권장하거나 반대로 보급을 차단하는 역할을 한다. 선구자는 새로운 테크놀로지를 혼자서도 쉽게 배워서 기존의 지식과 연결할 수 있지만 세미나 등에 참여하기도 한다. 이들은 일반적으로 함께 일하기에 가장 좋은 사람들이며, 언제 그리고 왜 그 테크놀로지가 사용될 수 있고 어떤 제약이 있는지 설명할 수 있기 때문에, 세미나의 좋은 리더가 될 수 있다.

Rogers가 '후기 수용자'라고 말한 정착자는 교수의 60~70%에 해당하며, 학생의 학습을 돕고 특정한 학문적 목적을 성취하기 위해 테크놀로지에 관심이 있다. 이들은 실험을 즐겨하지 않으며 최소한의 노력으로 성과를 얻길 원한다. 정착자는 일반적으로 다른 사람으로부터, 혹은 다른 사람들과 함께 학습하기를 좋아한다. 특히 처음 시도할 때는 더욱 그렇다. 그러나 그들은 도구가 그들의 목적에 맞는지 혼자서 생각해 볼 수 있는 시간을 원한다. 그들은 테크놀로지의 도움을 원하는 전형적인 청중과 가장 유사하기 때문에 매우 좋은 세미나의 리더가 될 수 있다. 정착자와 함께 일할 때 교수개발자는 테크놀로지와 관련된 과제를 단계별로 나누어 유인물에 첨부하여야 한다. 종종 정착자는 자신이 걱정하는 것의 정체가 무엇이며 어떤 부분이 수업에서 가장 중요한지 듣길 원한다. 정착자는 교수개발자가 도구를 사용하는 것을 수동적으로 보기보다는 직접 테크놀로지를 조작하면서 자신의 능력을 개발하도록 유도하는 것을 좋아할 것이다.

마지막으로 Rogers가 최종 수용자라고 말한 '나서지 않는 사람'들은 다시 두 집단으로 나뉜다. 하나는 성공적인 집단이며, 다른 하나는 위기의 집단이다. 전자인 성공적이며 편안한 집단은 그들이 현재와 같은 접근으로 성공해 왔다고 느끼기 때문에 새로운 테크놀로지를 도입하는 것이 필요하다고 느끼지 않는다. 그들은 과거에 해왔던 일에 가치를 부여하고 종종 그들 스스로 그 시대를 보존하는 수호자가 되어야 한다고 생각한다. 그들은 도구 사용을 최소화하는 것이 전통적 가치를 옹호하는 것이라고 말한다. 이러한 집단에게 테크놀로지를 사용하도록 권하는 것은 이것이 그들이 과거에 해왔던 어떤 것과 유사하다고 설득함으로써 가능하다. 기술적인 용어보다 사례를 제시하고 컴퓨터실보다 세미나실에서 교육을 시작하며 필요할 때만 컴퓨터를 사용하게 하거나 그들에게 익숙한 소프트웨어 프로그램과 유사성을 강조하는 것이 필요하다. 이러한 집단은 성과를 예측하기가 어렵다. 그들은 개발교육에 참여한 다음 다시는 도구를 사용하지 않을 수도 있지만, 테크놀로지로부터 그들이 필요로 하는 것을 얻을 수 있다고 여긴다면 그 분야의 전문가가 될 수도 있다. 그들은 자신과 가치를 공유하는 정착자로부터 최대한 많은 것을 배우려고 할 것이며, 시간이 허락한다면 교수개발자와 일대일 컨설팅을 갖기도 할 것이다.

'나서지 않는 사람'들 중 나머지 한 집단은 가장 위기에 있는 집단으로 새로운 테크놀로지를 활용하는 데 시간과 노력을 투자하려고 하지 않는다. 교수개발자는 이러한 집단을 위해 가장 간단하고 빠른 해답을 찾아내야만 한다.

교수개발자 또한 같은 방식으로 범주화할 수 있다. 탐험가인 교수개발자는 그들의 비판적 성찰을 정리하고 모니터링하며, 교수와 협업하는 데 친밀감을 높이도록 노력할 필요가 있다. 선구자는 아마도 교수개발자 업무에 가장 적합한 유형일 것이다. 이들 두 집단은 개인적 관심 때문에 자연스럽게 테크놀로지에 익숙해진다. 정착자인 교수개발자는 교수에게 테크놀로지를 가르치기보다 그들이 가진 기술을 공유하는 것을 더 선호할 것이다. 이들은 기술을 개발하는 데 관심이 없다고 하더라도 테크놀로지에 대한 이해와 자신감을 획득하도록 노력할 필요가 있다. 먼저 핵심 용어를 학습하고 몇 가지 새로운 도구를 시험적으로 활용해 보는 것에서 시작할 수 있다. 정착자는 학습친화적인 테크놀로지에 익숙해질 필요가 있다. 그들은 스스로 주류에 있으며 테크놀로지가 그들의 요구에 부합한다는 사실을 명심해야 한다. 목표를 달성할 수 있도록 도와주는 것이 가장 강력한 도구이다. 전통적인 가치를 존경하는 '나서지 않는 사람들'에 속하는 교수개발자는 지속적으로 테크놀로지를 익혀 나가는 다수로서 테크놀로지에 대해 무관심해지지 않도록 주의해야 한다. 혁신의 수용에 관한 Rogers(2003)의 연구에서 이 집단은 변화에 대한 저항이 가장 강하기 때문에 혁신의 수준이 가장 떨어질 것이라 지적하였다. 그들은 새로운 도구를 받아들이고 이것을 오래된 가치와 통합하는 작업을 수행해야 한다. 뒤에 서 있지 말고 테크놀로지에 대한 대화를 주도할 필요가 있다. 또한 그들은 테크놀로지에 관한 용어를 익히고 시간을 투자하여 새로운 도구를 배우도록 노력해야 한다. '나서지 않는 사람들'에 속하는 교수개발자는 테크놀로지와 관련된 주제가 그것과 관련된 사람에게만 국한된 문제라고 폄하하기도 한다. 교수개발자는 테크놀로지에 대해 분석적으로 다른 사람들과 토론할 수 있어야 한다.

테크놀로지를 평가하는 방법

교수개발자는 테크놀로지의 수가 너무 많아서 교수나 센터에 이를 추천하거나 구입을 권유하기가 쉽지 않다. 친근한 도구를 사용할 때 과업이 더 손쉬워지는 것은 다행이다. 예를 들어, 펜으로 효과성은 쉽게 완성할 수 있다는 것이다. 핵심은 읽을 수 있도록 펜으로 표시를 할 수 있고 사용하기 쉬우며 가지고 다니기 편리하고 사용법을 학습하는 데 노력이 거의 들지 않으며 작업하기가 쉽고 다른 목적에도 쉽게 적용할 수 있다는 것이다. 때로 이 도구는 가지고 다닐 때 즐거움도 준다.

새로운 테크놀로지와 만났을 때 교수개발자는 다음과 같은 질문을 할 필요가 있다.

- 테크놀로지를 활용해서 할 수 있는 과업의 목적은 무엇인가? 종종 테크놀로지는 문제를 규명하기도 전에 좋은 해답으로 인식되기도 한다. 도구를 가지고 무엇을 하길 원하는지, 도구를 사용하면 어떤 결과를 가져올 수 있는지 교수에게 물어 보라. 테크놀로지가 적극적인 학습을 촉진하는가?
- 개인이나 학과가 생각하는 학습이나 전략적 목표에 도구가 얼마나 적절한가? 수업, 승진, 정년을 위해 해야 하는 과업을 용이하게 수행하도록 테크놀로지가 활용되는가?
- 수년 동안 사용자들이 수행해야 하는 업무를 위해 이 도구를 활용할 수 있는가? 많은 업무는 다른 사람과의 관계에 의존하기 때문에 핵심 테크놀로지는 사람과 사람을 연결하는 것(예 : 휴대전화나 이메일)이어야 한다.
- 테크놀로지를 학습하고 사용하는 데 드는 시간과 노력에 비하여 많은 성과를 가져오는가? 현재의 방법보다 더 많은 학습을 촉진하는가? 도구의 신기효과가 학생의 학습동기를 증진시키는 데 최소 어느 정도의 도움을 주겠는가?
- 테크놀로지를 유지하기 위해 필요한 것이 있는가? 유지를 위한 인력이나 시간이 확보되어 있는가? 전통적인 변화율과 비교해서 얼마나 빠르게 도구가 쓸모없게 되는가?
- 더 단순한 테크놀로지가 합리적인 대체물이 될 수 있지 않을까? 연필을 가지고도 작업할 수 있는가?

- 테크놀로지가 그룹의 학습을 방해하지는 않는가? 장애를 가진 학생은 일부 들고 다녀야 하는 도구에 대한 접근성이 떨어진다. 장애를 가진 학생도 쉽게 접근하고 활용할 수 있는가?

위의 질문에 답함으로써 테크놀로지가 적절한 전략으로 활용될 수 있는지, 도구를 학습하는 데 대한 흥미를 유지시킬 수 있는지 생각해 볼 수 있다. 재미나 인기 때문에 테크놀로지를 배우는 것은 시간이나 여력이 있거나 도구가 주요한 목적을 저해하지 않을 때 가능하다.

테크놀로지와 수업의 통합

교수는 테크놀로지를 수업에 효과적으로 통합하는 과정에서 다음과 같은 네 가지 어려움에 직면한다. 그들은 (1) 교수내용을 현재와 같이 유지해야 하고, (2) 교수설계에 대한 지식이 있어야 하며, (3) 테크놀로지의 강점과 약점을 이해하고, 또한 (4) 위의 세 영역을 통합할 수 있어야 한다. 교수개발자의 역할은 교수설계 과정과 테크놀로지에 대한 지식을 안내하는 것으로, 여기에는 테크놀로지가 교수의 의도에 부합하지 않는다는 안내도 포함된다. 교수개발자는 교수가 테크놀로지를 학습 원리와 연결하여 사용할 수 있도록 안내해야 한다(Chickering & Ehrmann, 1996).

테크놀로지에 대한 컨설팅의 원리는 수업을 개선하기 위한 다른 컨설팅과 같다. 교수개발자는 학습목표와 수업전략 평가, 교수의 신념, 학생의 유형 분석 등을 바탕으로 컨설팅을 시작한다. 교수개발자는 이 분석 결과에 기반하여 학습문제를 정의하고 해결책을 제안한다. 그 과정에 테크놀로지가 포함될 수도 있고 그렇지 않을 수도 있다. 일반적으로 일어나는 실수는 테크놀로지를 필수라고 가정하고 선호하는 테크놀로지와 수업문제를 연계하거나 적절한 테크놀로지를 회피하는 것이다.

컨설팅 과정에서 교수개발자는 테크놀로지에 대한 교수의 심리적 수용과 기술 수준을 평가해야만 한다. 그들은 교수가 어떻게 테크놀로지를 사용하는지, 테크놀로지를 사용할 때 무엇이 가장 복잡한 과업인지 물어보아야 한다. 학습목표, 학생유형, 교수의 테크놀로지에 대한 접근 등을 명확히 분석한 후에 테크놀로시와 관련된 특정한 제안을 하여야 한다. 만약 교수개발자가 특정 테크놀로지가 적합할 것이라는 교수의 기대를 무조건 받아들인다면, 불행하게도 문제해결은 거기서 끝나게 될 것이다. 교수개발자는 도구를 왜, 어떻게 선택해야 하는지 결정해야만 한다.

핵심 학습목표를 위한 테크놀로지 활용사례

Sorcinelli 등(2006)의 연구에 따르면, 교수개발자는 (1) 내용지식개발을 위한 테크놀로지의 활용, (2) 디지털 정보리터러시, (3) 문제해결기술 개발을 위한 테크놀로지의 사용, (4) 학생들과 학습공동체 사이의 연결을 위한 테크놀로지의 사용 등 테크놀로지가 활용되는 네 가지 영역에 대해 명확하게 알고 있어야 한다. 나는 테크놀로지의 성공적 활용을 위해 여기에 다섯 번째 영역으로 (5) 테크놀로지의 윤리적·규범적 사용이라는 영역을 추가해야 한다고 믿는다.

내용지식개발을 위한 테크놀로지의 활용과 디지털 정보리터러시   인터넷에서 유비쿼터스를 찾아보지 않더라도 테크놀로지는 이제 거의 모든 학문 분야에서 중요하게 활용되고 있다. 교수개발자가 이런 모든 활용에 대해서 알 수는 없지만, 특정 도구가 어떤 학문을 가르치는 데 중요하게 사용될 수 있다는 교수의 설명에 귀를 기울이면서 이들의 테크놀로지 활용에 대한 우려와 기대에 주목해야 한다. 교수개발자의 또 다른 핵심 역할은 교수가 새로운 도구를 학습목표에 맞게 사용하도록 도움으로써 학생이 계획했던 혜택을 누리도록 하는 것이다. 교수개발자는 TeacherTube의 비디오(TeacherTube, 2008)나 MERLOT(2009)[1]와 같은 웹 사이트, 다른 비디오, 게임, 템플릿 등을 제공함으로써 학문의 내용지식을 높일 수 있는 자원을 찾도록 도울 수 있다.

내용지식을 개발하는 영역은 정보리터러시와 밀접하게 연관되어 있다. 검색 엔진을 통해 정보에 도달할 때 가장 중요한 기술은 적합한 내용을 선별적으로 읽어 내는 것이다. 학생의 디지털 정보리터러시를 증진시키기 위한 일반적인 교수전략은 웹 사이트에 대해 비판적으로 성찰하도록 하는 것이다. 교수는 학생들이 유튜브 비디오를 검색

---

1   [역자주] MERLOT은 교수학습을 위한 멀티미디어 교육자료 사이트로 무료로 운영된다(http://www.merlot.org/merlot/index.htm).

할 때 내용을 분석적으로 사고하는 능력을 기르도록 하기 위해 내용을 묘사하거나 검토자로서 코멘트를 달아서 평가하도록 유도할 수 있다. 세계적인 신문들은 온라인으로 쉽게 접속이 가능하며, 관점을 비교하면서 국제 사회의 이해와 인식을 쌓도록 활용할 수 있다. 교수개발자는 교수가 세미나를 통해 학문별로 특정한 전략, 뉴스레터, 논문, 소속된 학문집단에서 벌이는 특정 이벤트 등을 학생과 공유하도록 도울 수도 있다.

문제해결기술 개발을 위한 테크놀로지의 사용　특정한 문제해결기술은 학문에 따라 다르지만 일반적인 문제해결기술을 함양하는 데 테크놀로지가 유용하게 사용될 수 있다. 디지털리터러시 훈련은 비판적 사고력을 키우는 데도 활용될 수 있지만, 수업에서 대화나 교수방법으로 활용될 수도 있다. 이메일과 전자메일링 리스트, 게시판, 채팅방, 블로그, 위키, 인스턴트메시지, 휴대전화와 같은 테크놀로지는 교육적 대화를 위한 도구로 사용될 수 있다. 예를 들어, 휴대전화는 개인적 답변 시스템인 클리커(clickers)를 대체할 수 있으며, 교수는 휴대전화의 인터넷 연결을 통해서 교과 내용과 토론을 수행할 수도 있다. 파워포인트와 퀀더리[2]는 비판적 사고력을 함양하는 데 활용된다. 이러한 도구를 통해 교수는 학생에게 수업에서 선택할 수 있도록 하고, 이것은 다시 심화된 수업으로 연결된다. 교수나 학생이 만든 이야기는 학습관리시스템이나 교수의 웹 사이트에 업로드할 수 있다. 복잡한 과정을 묘사하는 스토리를 개발할 때 상호작용적인 스프레드시트(spreadsheet)를 사용할 수도 있다(Sinex, 2008). 이를 통해 학생은 결과에 영향을 미치는 요인을 서로 비교해 볼 수 있다. 교수개발자는 학습을 촉진할 수 있는 도구를 적극적으로 확인하고 활용을 촉진하며 교수의 혁신적 아이디어를 서로 공유할 수 있도록 훈련을 제안하고 지원해 주어야 한다.

　시뮬레이션은 실제 세계와 같은 연습을 제공한다. 이것은 테크놀로지 없이도 할 수 있지만 시간과 자원이 가능하다면 실생활과 같이 구현된 멀티미디어를 사용하는 것이 학생의 동기를 높이는 데 도움이 된다(Aldrich, 2005). 최소한 교수는 학생들에게 오피스(MS Office)와 같은 소프트웨어 도구를 사용하여 문서 작성, 자료수집 및 분석, 협력

2　[역자주] Quandary는 학생들이 윤리적인 의사결정을 하거나 윤리적 문제를 다루는 기술을 개발하는 것과 관련된 일종의 무료 온라인 게임이다(http://www.quandarygame.org/teachers).

과 같은 전문적 작업을 하도록 유도해야 한다. 교수개발자는 교수가 시뮬레이션을 개념화하고 여러 주제에 적용할 수 있도록 지원해야 한다. 그중 하나가 장애학생이 사용할 수 있도록 통합하는 것이다. 세컨드라이프[3](Linden Research, 2008)와 같은 보다 복잡한 도구를 사용하도록 유도하기 위해 교수개발자는 해당 도구를 사용하는 교수들과의 학습공동체를 만들도록 지원할 수 있다.

학생 사이의 연결을 만드는 테크놀로지의 사용　테크놀로지는 학생을 분리시키기도 하지만 서로 상호작용하도록 유도할 수도 있다. 집단별로 컴퓨터를 공유하거나 그들이 만든 자료를 교환하기 위해 위키 또는 구글(Google Document) 등을 이용해 협력을 증진시킬 수도 있다. 웹 사이트에 대한 인용정보가 부족한 학생을 위해 소셜북마킹 사이트인 딜리셔스(Del.icio.us)를 사용할 수도 있다. 블랙보드(Blackboard)나 무들(Moodle)과 같은 수업관리 소프트웨어는 그룹토론을 위한 장소를 제공해 준다. 페이스북(Facebook)이나 마이스페이스(MySpace)는 학과나 수업을 같이 듣는 학생 간의 연결을 제공한다. 물론, 이런 도구는 교수와 학생, 교수와 교수개발자의 상호작용을 위해서 사용될 수도 있다. 여러 가지 테크놀로지를 위해 교수개발자는 수업에서 도구를 적절하게 사용하는 방법, 특히 개인정보 보호 법규에 맞게 이를 사용하도록 훈련과 평가를 제공해야 한다.

테크놀로지의 윤리적·법적 사용　교수개발자는 테크놀로지의 사용의 윤리적이고 법적인 문제에 관하여 명확하게 알아야 한다. 우리는 이와 관련하여 교수가 우려하는 바를 인식하고 이를 훈련할 수 있게 함으로써 교수가 중요한 윤리적, 법적 주제에 대한 토론에 참여하도록 유도할 책임이 있다. 관심을 두어야 할 주요 영역은 학문적 충실성, (기록관리를 포함한) 지적인 적합성, 장애학생들의 접근성, 학생의 정보 보호 등이다. 교수개발자가 이러한 주제에 대해 잘 알지 못할 경우 여기에 정통한 교수를 패널이나 초기 토론자로 초청할 수 있다. POD(2007a)의 맞춤형 검색 엔진은 이러한 주제는 물론

3　[역자주] Second Life는 인터넷 기반 3D 가상세계로 사람들은 아바타를 통해 다른 사람들과 상호작용할 수 있다(http://www.secondlife.com).

교수개발의 여러 주제에 대한 믿을 만한 정보를 제공해 주는 데, 오직 POD 회원 웹 사이트에서만 검색이 가능하다. 이러한 검색은 고등교육에서 교수개발에 적합한 정보를 즉각적으로 수집할 수 있도록 돕는다.

수업과 평가

학습의 평가 테크놀로지는 이상적으로는 평가에 적합하다. 수업에서 클리커(clicker)와 같은 개인답변시스템을 사용함으로써 학생에게 즉각적인 피드백을 얻을 수 있다. 교수는 도구를 활용하여 학생의 적극적인 참여를 유도할 수 있다(Kuhlenschmidt, 2007a). 스터디메이트(StudyMate)[4]나 핫포테이토(HotPotatoes)[5](Arneil, Holmes, & the University of Victoria, 2008a)와 같은 소프트웨어는 온라인 퀴즈를 만들 수 있게 지원한다. 즉각적인 피드백은 학생이 기본적인 용어 등을 학습하는 데 매우 큰 도움을 준다. 그렇지만 낮은 수준의 학습을 반복하는 것 이상으로 교수가 여러 형태의 퀴즈를 만드는 훈련을 제공할 필요가 있다. 퀸더리[6](Arneil et al., 2008b)는 고차원적 수준의 학습을 유도하는 도구로 사용될 수 있다.

블랙보드와 같은 교과목관리 시스템을 사용해서 교수는 기초가 부족한 학생을 위한 적응적 자료를 추가적으로 제공하거나 심화학습 자료를 기본학습이 끝난 이후에 받아볼 수 있도록 조정할 수 있다. 이러한 도구는 학생 각자에게 맞는 속도로 완전학습을 하도록 유도할 수 있다. 일부 학생 중심의 학습평가도구는 학습성과평가(Student Assessment of Their Learning Gains)[7]와 같은 온라인사이트에서 활용할 수 있다(Carroll, Seymour, & Weston, 2007).

교수의 평가 일부 온라인 도구는 교수가 수업에 대해 자기평가를 하도록 도와준다. 수업목표인벤토리(Teaching Goals Inventory)(Angelo & Cross, 1993)는 교수가 그들의 수업방법을 선택하기에 앞서 목표를 규명하는 것을 도와준다. 수업관인벤토리(Teaching

---

4 http://www.respondus.com/products/studymate
5 http://hotpot.uvic.ca
6 http://www.halfbakedsoftware.com/quandary.php
7 http://www.salgsite.org

Perspectives Inventory)는 또 다른 자기평가도구이다(Pratt & Collins, 2001). 티칭포트폴리오(Teaching Portfolio)는 교수개발을 위한 대중적인 방법 중 하나로 형성적 목적으로 사용하기 위한 e-포트폴리오의 개발이 증가하고 있는 추세이다(Cambridge, Kahn, Tompkins, & Yancey, 2001).

학생의 강의평가는 수업을 평가한다는 점에서 지속적으로 관심을 끄는 이슈이다. 과거 몇 년간 시간과 비용을 절약하기 위해 온라인 학생평가를 개발하는 것에 대한 관심이 매우 높았다. 핵심은 학생들이 평가를 끝까지 하도록 하는 것이었다. 이제 서서히 성공적인 결과가 나타나고 있다. 교수개발자가 주목해야 하는 또 다른 이슈는 학생이 운영하는 평가 웹 사이트나 소셜네트워킹 사이트와 같은 인터넷을 통해 수업에 대한 컨설팅 정보를 얻는 것이다. 교수개발자는 고객에 대한 선택적 정보를 소개하고 윤리적으로 그것을 사용하는 방법에 대해서 논의하고 토론할 필요가 있다.

어떤 수준의 테크놀로지를 사용할 것인가를 결정할 때 중요하게 고려해야 할 것은 이것이 교수의 족쇄인 승진이나 정년과 연관시켜 인식될 수 있는가이다. 어떤 분야의 교수는 수업에서 테크놀로지의 적용에 대해 논문을 출간함으로써 승진이나 정년을 위한 연구요건을 충족할 수도 있지만, 어떤 분야는 이것이 받아들여지지 않는다. 교수개발자는 교수가 수업에서 학과의 선배교수와 어떻게 테크놀로지를 활용할지 상의하도록 하고 이것이 승진이나 정년에 도움이 되도록 조언해야 한다.

교수가 온라인 강의를 위해 전국적인 수업설계동료평가시스템인 퀄리티매터즈(Quality Matters, QM)[8]를 활용하도록 하는 것도 중요하다(Maryland Online, 2006). QM은 고등교육증진펀드(Fund for the Improvement of Postsecondary Education, FIPSE)의 기부를 받아 2003년 매릴랜드 온라인(Maryland Online)에 의해 만들어졌다. 이 프로그램은 인증, 승진, 정년 등의 목적으로 온라인 수업설계에 대한 동료평가를 제공한다. 이 시스템의 평가방법은 저널 논문의 동료평가와 유사하다.

---

8 https://www.qualitymatters.org

교수개발자를 위한 테크놀로지

교수학습센터가 테크놀로지를 사용하는 것은 (1) 개발 활동을 위한 것과, (2) 교수개발이나 교수개발자의 행정적 업무를 위한 두 가지 목적이 일반적이다.

교수개발 활동

개발자는 먼저 그들이 주요 대상으로 하는 사람과 프로그램의 목적을 고려하여 어떤 테크놀로지가 임무를 수행하는 데 적절할지 선택하여야 한다. 어떤 센터는 서로 다른 요구를 가진 여러 집단을 지원해야 한다. 테크놀로지는 대학이 바람직한 방향으로 나아가면서도 이러한 주요 집단과 친밀한 관계를 맺도록 지원할 수 있다. 웹 사이트는 교수에 의해 많이 사용되지 않는다고 하더라도 직원이나 센터의 위상을 높이는 데 효과적일 수 있다. 센터는 완벽한 것이 아니라 최선의 선택을 하여야 한다. 교수개발자는 목표를 평가하고 시간, 자원, 유지보수를 고려하여 어떤 테크놀로지가 필요한지 자료에 기반하여 의사결정을 하여야 한다. 앞부분에 언급된 평가기준은 센터에도 적용될 수 있다. 최소한의 곤란한 상황을 피하기 위해 센터 직원은 대부분의 교수들이 사용하는 기본적인 테크놀로지 도구에 대해서 알고 있어야 한다.

테크놀로지를 효과적으로 사용하기 위해서는 그 방법이 복잡하지 않아야 한다. 특정 관심집단을 위해 이메일 리스트를 작성하고 주기적으로 메일을 보내는 것도 효과적이다. 이메일 메시지는 새로운 교수에게 연락을 취할 수 있는 최선의 방법 중 하나이다. 또 다른 간단한 활동은 이메일 서명에 센터를 표시하고 수업에 관련된 명언을 첨부하는 것이다. 교수개발자는 웹 사이트[9]를 활용하여 인용글을 수집할 수 있다 (kuhlenschmidt, 2008).

블랙보드, 전자 메일링 리스트, 웹 페이지 등과 같이 수업에서 내용을 전달하는 용도로 사용되는 전달시스템은 교수개발을 위해서도 사용될 수 있으며, 테크놀로지를 사려 깊게 사용하는 방법에 대한 모델이 될 수 있다. 모든 교수를 대상으로 어떤 교육을 하고자 한다면 교수개발자는 상호작용 텔레비전, 이메일, 웹과 같은 다양한 채널을 통해 세미나를 할 수 있다. 이러한 도구는 시간강사들이나 면대면 세미나에 참여할 수

---

9 http://webapps.wku.edu/ctl/quotes

없는 매우 바쁜 교수들에게 유용하다. 또한 국내외의 다른 센터들과 파트너십을 맺음으로써 교수의 수업에 대한 관점을 넓게 확장시키도록 기회를 제공할 수도 있다. 처음에는 템플릿으로 만들어진 웹 사이트에 텍스트를 올리는 것과 같이 간단한 시도로 시작할 수 있다. 전자 메일링 리스트를 사용하여 토론을 유도할 수도 있으며, 수업관리시스템을 통해 세미나를 열 수도 있다.

센터의 웹 사이트는 바쁜 교수에게 교수개발자가 사용하는 용어보다 교수가 사용하는 용어를 통해 즉각적으로 정보를 제공하는 유용한 방법이다. 유용한 정보를 찾을 수 있는 웹 사이트 중 하나가 http://www.useit.com이다(Nielsen, 2008). 사이트에 대한 정보를 찾을 수 있는 검색 엔진의 도움을 받는다거나 각 웹 페이지의 특정 내용에 대해 특정한 제목을 붙이는 것도 그 예가 될 수 있다.

일반적으로 센터에서 만드는 이메일 형식의 뉴스레터는 비용을 아끼면서도 수신자를 확인할 수 있는 좋은 방법이다. 그러나 이메일 뉴스레터는 쉽게 삭제되거나 자동으로 필터링되어 전달되지 않을 수도 있다. 일부 센터는 팟캐스팅(Podcasting)을 제공하거나 실시간 비디오 세미나를 제공하기도 한다. 온라인 비디오는 단지 몇 분의 길이지만 적극적인 학습을 유도하는 좋은 수업 행동 모델이 될 수 있다. 블로그에 탑재된 비디오는 더욱 상호작용적이며, 비디오에 대한 평가 정보를 제공할 수 있다.

만약 센터에 예산이 있다면 일부 개발활동을 외부에 위탁할 수도 있다. 아토믹러닝(Atomic Learning)과 같은 몇몇 기관과 단체들은 온라인 개발 패키지를 제공한다. 그러나 개발된 활동이 얼마나 개별 대학에 적합한지는 면밀히 검토해 봐야 한다. 오피스(MS Office)프로그램과 같이 일반적인 기술만을 보유할 때 외부에 아웃소싱을 하는 것이 가장 효과적일 수도 있다.

마지막으로 센터는 교수에게 설비를 임대할 수 있다. 센터가 첨단도구를 구입하고 이것을 교수에게 임대하는 것은 각 학과에서 도구를 구입하는 것보다 비용대비 효과가 높다. 도구를 임대할 때 교수개발자는 수업에 이것을 어떻게 사용할 수 있는지 적절한 안내해야 한다. 교수개발자의 어려움은 개발활동을 촉진하기 위해 테크놀로지와 관련된 정보를 꾸준히 확보해야 한다는 것이다. 교수개발자는 테크놀로지와 관련된 다른 센터들과 좋은 관계를 맺을 필요가 있다.

행정적 활동

교수개발 활동과 다르게 센터는 해야 하는 행정적 업무가 있다. 성공적인 센터에서 마케팅은 중요한 업무이다. 일부 대학은 모든 교수에게 이메일을 보내는 것이 허용된다. 이 경우에도 계획된 시간과 날짜에 정보를 제공하는 것이 아무 때나 하는 것보다 더 효과적일 수 있다. 만약 자유롭게 대학 전체 교수에게 이메일을 보내는 것을 허용되지 않는다면 센터가 확보한 이메일 리스트가 도움이 될 것이다. 센터의 웹 사이트는 센터를 대표하고 중요한 가치를 반영해야 한다. 만약 학문성을 중요하게 여긴다면 직원의 학문적 결과물을 표시해야 한다. 만약 협력을 가치 있게 여긴다면 다른 센터와의 협력을 기록하는 페이지가 중요하다. 웹 사이트는 행사와 자원에 대한 정보를 지속적으로 제공해야 한다. 또한 센터의 도서리스트를 제공하여 교수가 이를 검색할 수 있게 해야 한다. 웹 사이트는 대학의 정책에 따라 기부금으로 만들 수 있는 수업을 제공할 수도 있다. 일부 센터는 완벽한 자료의 게시를 원하기 때문에 웹 사이트를 만드는 데 주저하지만, 자연스러운 웹 사이트는 계속 업데이트되기 때문에 결코 완성될 수 없다. 최소한의 웹 사이트를 운영하는 것도 없는 것보다는 낫다. 센터의 부족한 테크놀로지 기술을 해결하는 방법 중 하나는 Plone(2000)과 같은 내용관리시스템(Content Management System, CMS)을 사용하는 것이다. 이것은 온라인 형태로 센터가 내용만 입력할 수 있게 페이지를 개발해 준다. 일부는 블로그나 행사 등록과 같이 상호작용적 기능을 필요로 한다. 센터 행사에 대해 웹 등록을 할 수 있도록 제공하는 것은 센터가 등록도구를 포함한 내용관리시스템을 운영하거나 다른 테크놀로지의 지원을 받았을 때 가능하다. 가장 단순한 방법은 이메일에 답장을 보냄으로써 등록할 수 있다는 설명을 넣는 것이다.

지역의 뉴스매체는 공공성을 위해 그들이 소유한 테크놀로지를 임대하기도 한다. 지역 TV나 라디오, 인터넷을 통해 방송할 수 있는 센터프로그램을 개발하라. 이것은 다른 비디오나 라디오 자료와 비교해 높은 수준의 기술이 요구된다는 점을 명심해야 한다. 센터는 아마추어적으로 보이더라도 비디오를 개발하고 일정한 대상에게 전달하도록 노력을 쏟아 부을 필요가 있다. 대부분 새로운 테크놀로지를 도입할 때와 같이 처음은 단순하게 시작할 것을 조언한다.

직원 간의 커뮤니케이션과 같이 다른 행정적인 목적으로 테그놀로지를 활용할 수도 있다. 이를 위해 이용할 수 있는 상대적으로 단순한 도구는 센터를 위한 공유 드라이브이다. 테크놀로지를 관리하는 센터는 중앙 서버에 문서를 보관할 수 있는 공유 공간을 만들 수 있다. 이 공간은 센터 직원만이 접근 가능하며 컨설팅 템플릿이나 세미나 계획 자료 등 일반적인 센터의 문서를 자신의 컴퓨터로 접속하여 공유하도록 만들 수 있다. 또한 약속과 회의를 잡을 때 도움이 되는 스케줄 소프트웨어도 있다. 만약 대학에서 사용하는 스케줄 관리 소프트웨어가 없다면 두들(Doodle)[10]을 추천한다.

POD 웹 사이트는 교수개발자를 위한 가치 있는 자료를 제공한다(POD, 2007b). POD의 리스트서브(POD, 2007c)는 1,200명 이상의 구독자가 있으며, 아이디어와 네트워킹의 자원이다. 이것을 통해 최근의 경향을 추적할 수 있다. 목록을 게시할 때 '도움'과 같은 일반적인 용어가 아니라 'PBL 아이디어'와 같은 특정 주제를 표시하도록 되어 있다. 꾸준히 구독하면 대학기관에서 논의할 수 있는 유사한 주제에 대해서 배울 수 있을 것이다.

대학원생 교수개발자의 요구에 부응하는 이메일 리스트인 CTAD@lists.uwaterloo.ca(Holmes, T., & Taraban-Gordon, S., n.d.)는 수업조교(TA)의 훈련이라는 주제를 중심으로 150명 이상의 회원을 보유하고 있다. 캐나다의 고등교육교수학습학회(STLHE, 2008)의 리스트서브는 교수개발자와 교수 모두에게 유용하다.

교수개발자가 사용한 예산을 인증받기 위해서 그들은 사업효과에 대한 보고서를 작성해야 한다. 마이크로소프트사의 액세스(Access)나 파일메이커프로(FileMakerPro) 등과 같은 데이터베이스는 다양한 방식으로 센터의 데이터를 분석할 수 있도록 도와준다.

또 다른 센터의 평가도구로 서베이몽키, 두들, 주메랑과 같은 온라인 설문도구를 사용할 수 있다. 이러한 설문도구는 간편한 방식으로 센터프로그램에 대한 정보를 얻을 수 있게 도와준다. 자료가 수집되면 SPSS와 같은 통계분석 패키지를 사용하여 양적자료를 분석한다. 아틀라스티(Atlas.ti)나 다른 유사한 프로그램은 질적 자료분석에 용이하다. 이러한 도구는 개별 교수자에 의해 수집된 자료를 검토하는 데 사용된다. 그러나 엑셀이나 일지, 종이와 연필도 매우 만족스러운 도구이다.

---

10 http://www.doodle.com

결론

테크놀로지를 활용하여 일할 때 가장 중요한 점은 과업의 목표나 해결해야 하는 문제에서 시작하여야 하며, 주요 대상이 되는 집단이 수용할 수 있는 정도를 알아야 한다는 것이다. 교수개발자는 교수컨설팅의 핵심 원리에 친숙해야 하며 이러한 기술을 테크놀로지 지식과 통합해야 한다. 테크놀로지는 빠르게 변화한다. 최근 테크놀로지에 대한 인식은 대체로 우호적인 편이기 때문에, 이를 거부하는 리뷰를 찾는 것이 오히려 더 어렵다. 테크놀로지를 판단하는 것은 앞에서 언급한 평가기준을 사용한다면 누구나 할 수 있을 것이다. 테크놀로지가 하드웨어든 소프트웨어든 또는 구분할 수 없는 어떤 것이든 간에, 교수개발자는 사려 깊게 테크놀로지에 접근해야 한다. 그들은 어떤 수업 도구를 활용하든지 비판적 분석력을 발휘해야 한다. 누구도 현재의 테크놀로지에 머물 수 없기 때문에 교수개발자는 대학기관 구성원이 새로운 도구를 분석할 수 있도록 조정해야 한다. 우리는 교수가 비판적으로 테크놀로지에 대해 생각하도록 안내해야 한다. 교수개발자는 교수와 팀을 이루어 그들이 배운 것을 대학의 다른 사람이 활용할 수 있게 보고해야 하며 책을 리뷰하듯이 학문적 관점에서 도구를 검토하고 혁신적 수용자로서 모든 수준에서 전문가적인 평가를 제공해야 한다. 무엇보다 교수개발자는 테크놀로지 사용 여부를 결정하는 가장 중요한 목적과 대상이 무엇인지 분명히 하고, 핵심 평가문항을 반영하도록 함으로써 이러한 고려가 테크놀로지에 의해 이루어지기보다 테크놀로지를 활용하여 이루어지도록 유도해야 한다.

참고문헌

Active Learning with PowerPoint™. (2008). Retrieved June 19, 2008, from University of Minnesota, Center for Teaching and Learning Web site at http://www1.umn.edu/ohr/teachlearn/tutorials/powerpoint/

Aldrich, C. (2005). *Learning by doing: A comprehensive guide to simulations, computer games, and pedagogy in e-learning and other educational experiences.* San Francisco: Wiley.

Angelo, T., & Cross, P. (1993). *The Teaching Goals Inventory.* Retrieved June 19, 2008, from University of Iowa, Center for Teaching Web site at http://fm.iowa .uiowa.edu/fmi/xsl/tgi/data_entry.xsl?-db=tgi_data&-lay=Layout01&-view

Arneil, S., Holmes, M., & the University of Victoria. (2008a). HotPotatoes [Computer software]. Victoria, BC, Canada: Half-baked Software, Inc. Retrieved August 3, 2008, from http://www.halfbakedsoftware.com/

Arneil, S., Holmes, M., & the University of Victoria (2008b). Quandary [Computer software]. Victoria, BC, Canada: Half-baked Software, Inc. Retrieved September 14, 2008, from http://www.halfbakedsoftware.com/ quandary.php

Atomic Learning, Inc. (2008). *Atomic learning.* Retrieved August 3, 2008, from http://movies.atomiclearning.com/k12/home

Cambridge, B., Kahn, S., Tompkins, D., & Yancey, K. (Eds.). (2001). *Electronic portfolios: Emerging practices in student, faculty, and institutional learning.* Washington, DC: American Association for Higher Education.

Carroll, S., Seymour, E., & Weston, T. (2007). *The student assessment of their learning gains.* Retrieved June 19, 2008, from University of Wisconsin-Madison, Wisconsin Center for Educational Research Web site at http://www.salgsite.org/

Center for Teaching. (2008, July 17). *Vanderbilt Center for Teaching Podcast.* Retrieved August 3, 2008, from Vanderbilt University Web site at http://blogs.vanderbilt.edu/cftpodcast/

Chickering, A., & Ehrmann, S. (1996, October). Implementing the seven principles: Technology as lever. *AAHE Bulletin,* 3–6.

del.icio.us: social bookmarking [Computer software]. (n.d.). Retrieved June 19, 2008, from http://del.icio.us/

Doodle [Computer software]. (2008). Retrieved October 8, 2008, from http://www.doodle.ch/main.html

Holmes, T., & Taraban-Gordon, S. (n.d.). *CTAD—Consortium of TA Developers.* Retrieved August 3, 2008, from University of Waterloo Web site at https://

lists.uwaterloo.ca/mailman/listinfo/ctad

Kuhlenschmidt, S. (1997). *Learning how to learn computers: General principles for the novice.* Retrieved October 10, 2008, from Western Kentucky University, Faculty Center for Excellence in Teaching Web site at http://www.wku.edu/teaching/tnt/lrncom.htm

Kuhlenschmidt, S. (2007a). *Clicking with clickers: Questioning effectively.* Retrieved June 19, 2008, from Western Kentucky University, Faculty Center for Excellence in Teaching Web site at http://www.wku.edu/teaching/booklets/clickers.html

Kuhlenschmidt, S. (2007b). *International English-language media for comparison to USA media.* Retrieved June 19, 2008, from Western Kentucky University, Faculty Center for Excellence in Teaching Web site at http://www.wku.edu/teaching/media/reading.html

Kuhlenschmidt, S. (Ed.). (2008). *Quotations for college faculty.* Retrieved June 19, 2008, from Western Kentucky University, Faculty Center for Excellence in Teaching Web site at http://www.wku.edu/teaching/db/quotes/

Linden Research, Inc. (2008). *Second Life.* Retrieved June 19, 2008, from http://secondlife.com/

Maryland Online, Inc. (2006). *Quality Matters.* Retrieved June 29, 2008, from http://www.qualitymatters.org/

MarketTools, Inc. [Computer software]. (1999). Zoomerang. Retrieved January 8, 2009, from Zoomerang Web site at http://www.zoomerang.com/

MERLOT. (2009). *Multimedia Educational Resource for Learning and Online Teaching.* Retrieved June 30, 2009, from MERLOT Web site at www.merlot.org/merlot/

Nielsen, J. (2008). *Useit.com: Jakob Nielsen's Web site.* Retrieved June 19, 2008, from http://www.useit.com/

Plone [Computer software]. (2000). Retrieved August 3, 2008, from http://plone.org/

Pratt, D., & Collins, J. (2001). *Teaching Perspectives Inventory.* Retrieved June 20, 2008, from http://www.teachingperspectives.com/

Professional and Organizational Development Network in Higher Education. (2007a). *POD custom search engine for POD Network faculty development centers.* Retrieved June 19, 2008, from http://www.podnetwork.org/search.htm#faculty

Professional and Organizational Development Network in Higher Education. (2007b). Retrieved June 19, 2008, from http://www.podnetwork.org/

Professional and Organizational Development Network in Higher Education. (2007c). *POD listserv.* Retrieved June 19, 2008, from http://www

.podnetwork.org/listserve.htm

Profeval [Computer software]. (2007). Retrieved August 3, 2008, from http://
www.profeval.com/home/chooseschool.asp

Rogers, E. (1962). *Diffusion of innovations* (1st ed.). New York: Free Press.

Rogers, E. (2003). *Diffusion of innovations* (5th ed.). New York: Free Press.

Sinex, S. (2008). *Developers' guide to Excelets*. Retrieved August 3, 2008, from
http://academic.pgcc.edu/~ssinex/excelets/

Society for Teaching and Learning in Higher Education. (2008). *STLHE-L@
LISTSERV.UNB.CA: Forum for teaching & learning in higher
education*. Retrieved June 19, 2008, from University of New Brunswick,
New Brunswick, Canada Web site at http://www.lsoft.com/scripts/wl
.exe?SL1=STLHE-L&H=LISTSERV.UNB.CA

Sorcinelli, M. D., Austin, A. E., Eddy, P. L., & Beach, A. L. (2006). *Creating the
future of faculty development: Learning from the past, understanding
the present*. Bolton, MA: Anker.

StudyMate Author 2.0 [Computer software]. (2000). Redmond, WA:
Respondus, Inc. Retrieved October 8, 2008, from http://www.respondus.
com/products/studymate.shtml

SurveyMonkey [Computer software]. (1999). Portland, OR: SurveyMonkey
.com. Retrieved October 8, 2008, from http://www.surveymonkey.com/

TeacherTube, LLC. (2008). *TeacherTube: Teach the world*. Retrieved June 19,
2008, from http://www.teachertube.com/

Teaching Issues Online Workshop Series. (2007). Retrieved June 19, 2008, from
Western Kentucky University, Faculty Center for Excellence in Teaching
Web site at http://www.wku.edu/teaching/teachingissues/

YouTube, Inc. (2005). *YouTube*. Retrieved October 8, 2008, from http://www
.youtube.com/

Zakrajsek, T. (2007). *Interpreting written feedback from student ratings of
instruction*. Retrieved August 3, 2008, from http://www.youtube.com/
watch?v=OTc0WcE8Ab4&feature=user

제3부

기관 유형, 경력 단계, 조직에 따른 교수개발

제3부는 연구중심대학, 소규모 대학, 커뮤니티칼리지와 같은 여러 기관 유형에서의 교육개발을 탐색하고 교육개발자가 다양한 경력 단계에 따라 교수진을 지원하는 방법을 조사하며 기관에서 조직개발을 담당하는 교육개발자의 역할에 대해 논의한다.

17

연구중심대학에서 연구와 교육의 상생

Constance Ewing Cook & Michele Marincovich

연구중심대학에서는 연구에 우선순위를 두지만 수업의 우수성도 중요하다. 교육개발센터는 연구중심대학에서 흔히 번성한다. 사실 교육개발센터가 있는 박사 및 연구중심대학(2005 Carnegie Foundation classifications에서 정의)의 비율은 다른 고등교육기관의 비율보다 높다. 파일럿 연구에 의하면 박사 및 연구중심대학의 65~70%가 수업을 위한 교수지원을 제공하는 교육개발센터가 있다고 한다(Kuhlenschmidt, 2009).

연구중심대학은 고등교육기관 중 센터를 보유한 비율도 높고 최초로 교육개발센터를 설립하였다. 1962년 미시간대학교의 교수학습연구센터(Center for Research on Learning and Teaching, CRLT)는 미국 최초의 교육개발센터이다. 1975년에 설립된 스탠퍼드대학교의 교수학습센터(Center for Teaching and Learning, CTL)도 초기 형태의 하나이다. 두 기관은 오랜 기간 성장하여 교수진, 대학원생 강사(graduate student instructors, GSIs), 그리고 교육과정 개선을 위한 대학지원에 필수요소가 되었다. 필자의 센터에서는 선도적인 대학으로서 리더십과 엄청난 양의 자원으로 도움을 주었고, 연구기관의 교수개발을 위한 특별한 원칙은 다른 기관의 센터나 대학의 연구원에게 기여한 것이 분명하다. 교수개발센터장은 창의적으로 기관문화의 전환을 가져와야 하는 이러한 원칙을 정교화하여야 한다. 여기서 전략은 교수학습센터의 미션, 리더십 가이드라인, 교수개발 활동의 세 가지 분야로 나눌 수 있다. 이러한 원칙의 예는 다양한 연구중심대학에서 볼 수 있다.

교수학습센터의 미션

개선이 아닌 놀라운 혁신

교수학습센터의 미션은 개선을 하는 것이 아니라 혁신을 하는 것이다. 저명한 교수들은 자신의 전문적인 역할의 부족함에 대해 생각하지 않는다. 전국적으로 거의 90%의 교수가 자신이 하는 수업의 효과성이 평균 이상은 된다고 생각한다(Blackburn & Lawrence, 1995; Bok, 2006). 미시간대학교와 스탠퍼드대학교의 강의평가 점수는 이러한 생각을 뒷받침해 준다. 특히 연구중심 교수들은 특별한 성과나 새로운 접근법이 수업을 개선하는 데 동기부여할 수 있는 효과적인 방법이라고 말하고 있다.

펜실베이니아대학교의 교수학습센터에서는 교수들의 오찬을 주최하여 수업에 적용할 혁신적인 교수법에 대해서 토론하고 동료들에게 가르친다. 하버드대학교의 새로운 일반 교육 프로그램 중 하나인 교수학습 Bok 센터(Bok Center for Teaching and Learning)는 'SWAT'팀의 지원서비스(교육 컴퓨팅, 학생 작문 프로그램 등)의 조직과 조정에 중심 역할을 하였다. 이 팀의 목표는 교수진이 새로운 코스를 기획할 때 코스 개발 첫 단계에서 강의, 실험, 토론 및 다른 교수법에 이용할 수 있는 기관의 교육학적인 자원을 완전히 인지하도록 도와주는 것이다.

또한 연구문화에 적합한 프로그램을 강조하는 것이 바람직하다. 이 프로그램은 최첨단의 연구 관점, 혁신적인 접근법과 새로운 이슈에 관심을 두었는데, 새로운 이슈는 일반적인 교수법에 중점을 두기보다는 전문적인 직업으로서 수업윤리와 같은 것으로, 연구중심 교수에게 매력적이지 않은 경향이 있는 주제이다.

연구중심대학의 교수개발센터(27%)는 다른 기관의 센터(17%)보다 어려움을 겪고 있는 교수진에게 지원을 제공하는 비율이 더 높다(Sorcinelli, Austin, Eddy, & Beach, 2006). 그러나 미시간과 스탠퍼드센터는 지원을 잘 하였으나 개선된 서비스는 문헌과 커뮤니케이션 속에서 강조되지는 못하였다.

수업과 연구의 상호보완성의 강조

초기의 교수개발 문헌에서 Ken Eble(1972)은 수업과 연구가 많은 대학에서 실패자를 가르칠 수밖에 없기 때문에 함정에 빠졌다고 주장하였다. 이길 수 없는 경쟁 속에 있는 수업은 연구중심대학에서 특히 치명적이다. 서로 밀접하고 생산적인 수업과 연구의 관계는 센터의 프로그램과 문헌에서 강조되어야 하며, 상호 간의 전문적인 책임에 대한 교수진의 인식이 필요하다. 학부연구 기회의 개발은 교수진에게 수업과 연구를 연관시키는 데 특히 도움을 주는 효과가 있다. MIT의 교수학습센터는 학부생과 연구 프로젝트를 수행하는 교수진에게 교육적인 지원을 하는 교수학습센터의 하나이다.

교육기관의 리더십 어젠다 실현에의 협조

연구중심대학에서는 자원이 우선순위를 둔 연구와 관련이 있을 때 수업향상 프로젝트를 하게 된다. 많은 연구중심대학 센터는 교무처장이나 부총장 또는 실장이 담당하기 때문에 교무처장이나 총장의 새로운 주도로 운영될 수 있고 센터의 활동을 조정할 수 있다. 센터 직원이 주요 대학위원회에서 일한다면 그들은 새로운 양상의 교수학습의 주요한 전문가가 될 것이다(Sorcinelli, 2002; Wright, 2000). 또한 대학 의사결정과정의 혁신은 교수개발센터에서 주도하게 된다(Chism, 1998). 예를 들어, 교무처장이 간학문(間學問)을 추구하면 센터는 프로그램, 출판물, 연구비의 중요한 요소로 간학문적인 교수법을 포함할 수 있다.

지난 십 년 동안 교무처장의 어젠다를 지지하기 위해 미시간 CRLT는 반년마다 교수들을 위한 교무처장 세미나를 개최하였는데, 세미나의 주제는 교무처장에 의해 선정되었다.[1] 하버드의 Bok 센터는 승진과 정년보장 비율을 높이기 위한 교수개발위원회에 도움을 주며, 신임 교수진을 위한 3일 프로그램을 제공하였다. 주니어교수협의회는 학기 시작 전에 이 프로그램을 하버드 수업 커뮤니티의 주요 회원으로서 참가자들에게 소개하고 수업 실제 사례와 강의계획서 워크숍을 제공하였다. 밴더빌트대학교의 교수센터는 재인증을 위한 준비로, 교무처장과 함께 학과장과 학장을 위한 학습 결과 평가계획 워크숍을 개최하였다. 센터의 컨설턴트는 평가를 시행하기 위한 계획과 전략을

1 http://www.crlt.umich.edu/faculty/psot.php

설계하기 위해 학과장들과 개별적으로 면담하였다.

놀랍게도 많은 센터가 초기에 기관의 학술 리더십의 우선순위를 효과적으로 조정하지 못하였다. 새로운 센터는 교수진의 도움 요청에 응하였으나 센터가 성장할수록 센터의 미션과 기관 리더가 주도하는 요청을 우선시하는 전략을 가져갔다.

연구중심대학 센터를 위한 리더십 가이드라인

교수가 신뢰하는 개발자를 보유하라

연구중심 캠퍼스는 효과적인 교수개발자의 자격이 확대되면서 교수진과 마찬가지로 교수개발 경험이나 대학강의 경험, 그리고 박사 학위를 가지고 있지 않더라도 신뢰를 가지게 되었다. 연구대학 센터는 생물학, 공학, 독문학 등 다양한 학위를 보유한 직원이 많아서 더욱 많은 학과에 서비스를 제공할 수 있었다. 특히 과학과 공학 전공의 교수진은 그 분야의 배경 지식을 가진 교수개발자와 더 많이 교류하였다. 미시간대학교의 몇몇 컨설턴트는 교수공학, 다문화 교수학습, 평가연구 등과 같은 세부적인 기능에 대한 책임을 가지고 있다. 반면에 다른 컨설턴트들은 인문학, 간학문 프로그램, 공학 등의 학문 분야를 담당하고 있다. 교수개발 전문성의 높은 품질을 보장하기 위해서는 새로운 직원의 훈련과 더불어 전문성 개발 활동에 정규적으로 참여하는 것이 중요하다.

학문중심 접근을 제공하고 학과와 협력하라

연구중심대학은 고등교육을 학문과 학과가 주도하는 것이 다른 대학보다 더 강력하다(Becher & Trowler, 2001). 그 이유는 연구중심대학 교수의 충성심이 대학보다는 학문에 더 초점을 두기 때문이다(Hativa & Marincovich, 1995). 대학의 교수학습센터는 학과와 프로그램 내에서 운영된다. 학문중심의 연구는 보통 학과에서 요구사정을 시작하며, 학과의 우선순위에 반영된다. 교수학습센터가 세부적인 것에 관심을 두기 때문에 가장 효과적인 연구는 종종 학문문화에 적합하거나 고객 요구에 맞춘 프로그램과 서비스를 설계하기 위해 지역 교수와 협력하는 것이다.

대부분의 센터는 학과 내의 연구를 우선으로 하지는 않는다(Sorcinelli et al., 2006). 하지만 미시간과 스탠퍼드의 교수학습센터는 세부 학문 서비스를 강조한다. 센터의 서비스의 범위는 매년 다양해지는데, 보통 퇴임, 워크숍 그리고 교육과정 및 교육적 개혁을 지원하는 연구 프로젝트를 포함한다. 스탠퍼드 CTL은 신임 교수진에게 대학별 수업 입문 핸드북뿐만 아니라(Marincovich, 2007), 전공별 핸드북으로 Showalter(2002)의 인문학자를 위한 수업(*Teaching Literature for humanists*) 또는 Davidson과 Ambrose(1994)의 신임 공학교수를 위한 핸드북(*New Professor's Handbook for engineering faculty*)을 제공한다. 미시간대학교 CRLT는 최근 학과장 훈련 프로그램을 대학 최초로 신설하였고, 직원들이 학과장과 자주 접촉할 수 있게 하고 교수학습 향상을 위해 더욱 긴밀하게 작업할 수 있도록 하였다. 여기서 중요한 것은 학과장이 학과 내에서 수업문화를 만드는 것이다(Wright, 2008).

캠퍼스에서 다양성과 배타성을 촉진하는 교수개발을 하라

센터는 다양성 이슈에 초점을 두고 잘 자리매김해 왔으며 연구중심대학에서 교수진과 대학원생이 연구에 다양성을 가지지 않은 것에 상당한 관심을 가졌다. 센터는 우수한 수업을 유도하기 위해 특정 분야 콘텐츠의 다문화 이슈, 교실의 다양성(예 : 학생의 정체성, 선행학습 수준, 학습양식 등), 코스 콘텐츠의 번역 그리고 교실에서 교수자의 정체성과 권위에 대한 관리를 제공하였다(Cook, Sorcinelli, 2005 ; Kaplan & Miller, 2007). 이러한 이슈는 제13장 '다문화 교수개발 활동의 개념, 설계 및 실행'에서 더욱 자세하게 다루어졌다.

미시간대학교, 그리고 인디애나폴리스의 인디애나대학교와 퍼듀대학교(Indiana University-Purdue University Indianapolis, IUPUI)의 교수학습센터 웹 사이트는 다문화 교육 이슈에 관심 있는 교수진에게 온라인 자원을 제공한다. IUPUI의 교수학습센터는 다문화 교수학습연구소의 후원을 받아 다른 여러 캠퍼스 연합으로 조직되었다. 그 기관은 강의실에서 학생들의 목소리, 이문화 간 커뮤니케이션의 향상, 글로벌 경쟁력의 육성, 교수법의 향상, 학습에 혁신적인 테크놀로지의 사용, 그리고 연구비와 파트너십 기회 탐색에 초점을 둔다.

모든 센터 업무에 교수 여론주도자를 포함하라

교수개발 구조는 교수진이 만들고 주도할 때 가장 잘 운영된다. 교수진을 섭외하는 것은 센터 성공에 필수조건이다(Cook & Sorcinelli, 2002; Eble & McKeachie, 1985; Sorcinelli, 2002; Sorcinelli et al., 2006). 수업에서의 개선을 포함하여 지속적인 변화가 없으면 교수의 주인의식이 의미 없는 캠퍼스가 된다.

미시간대학교의 CRLT는 본래 교수에 의해서 설립되었고, 여론주도자로 구성된 교수자문위원회를 잘 활용한다. 교수학습센터는 수업이 우수하다고 알려진 교수진만으로 구성할 수 없기 때문에 위원회 위원들이 저명한 연구자가 되는 것이 중요하다. 위원과 다른 교수진은 CRLT 프로그램 설계에 참여하고 프로그램을 촉진하며 연사나 패널로 활동한다. 스탠퍼드대학교의 CTL에서는 주요 대학에서 강의우수상을 받고 대부분이 저명한 연구가인 교수진이 '수업에서의 교수(Teachers on Teaching)'라는 강의 시리즈의 수상자로 소개되었다. 이 강의에서는 캠퍼스에서 매우 우수한 수업뿐만 아니라 세부 학문의 교육학적 내용 지식에 관해서도 언급하였다.

다른 대학의 기관과 협력하라

연구중심대학의 교수개발센터는 교수진의 요구를 해결해 주는 다양한 여러 기관 중 하나로, 센터는 다른 기관이나 프로그램과 협력하여 그들의 영향력을 강화할 수 있다 (Albright, 1988; Sorcinelli, 2002). 협력은 상호보완적인 공동 프로그램, 자금지원, 웹 사이트를 통한 홍보 및 다른 교수진과의 커뮤니케이션 등을 포함한다. 센터는 새로운 대학에서 주도권을 가질 수 있고 교수진을 도와 코스 설계를 제공하는 서비스러닝 기관으로 교육학 구성요소를 구축할 수 있다. 오하이오주립대학교의 교수개발센터는 대학원과 융합 특수 대학원의 교육정책 및 리더십 학과와 제휴하였다.

상당히 가시적인 좋은 수업을 구성하라

연구중심대학의 많은 교수진은 교수개발센터를 잘 이용하지 않는다. 그렇더라도 대학 리더십에서 좋은 수업을 유도하고 우선순위를 두면 교수진이 긍정적으로 반응한다는 연구가 있다(Blackburn & Lawrence, 1995). 수업문화를 창조하거나 유지하기 위해 캠퍼스 리더들은 우선적으로 우수한 교수학습을 구축하여야 한다(Seldin, 1995). 이렇게 하는 방법 중 하나는 대학 리더가 교수진과의 커뮤니케이션에서 자주 언급하도록 하는 것이다. 예를 들어, 미시간대학교의 CRLT는 매년 신임교수 오리엔테이션을 개최한다. 그래서 초반에 좋은 수업에 관한 대학 특별 세션을 접하게 한다. 총장과 교무처장은 항상 개회사에서 우수한 수업을 강조한다. 그들은 교수진에게 CRLT 서비스를 활용하는 것을 추천하며 수업지원을 요청할 수 있는 권한을 주고, 수업에 주목하는 것은 당연하다고 시사한다. 마찬가지로 스탠퍼드대학교의 오리엔테이션 프로그램에서 교수진은 수업이 성공적인 교수경력의 중요한 구성요소라는 이야기를 듣게 된다. 그들은 정년보장 임명장이 "일류 수업을 유지할 수 있는 능력"이 있다는 증거가 될 것이라고 배운다(Stanford University Faculty Handbook, 2007).

센터는 교수진과 대학원생 강사와의 정기적인 커뮤니케이션을 통해 상당히 눈에 띄게 유지하는 것이 중요하다. 커뮤니케이션 방법으로 브로셔, 향후 프로그램 및 연구비 신청 기한에 관한 이메일, 교내 발행 레터, 좋은 수업에 관한 연구 및 문헌에 관한 논문, 관련 있는 참고문헌이 링크된 웹 사이트, 그리고 우수한 실행사례를 포함한다.

센터의 업무를 평가하라

자원에 대한 경쟁은 기관의 유형에 관계없이 강하게 존재한다. 센터가 지지를 받기 위해서는 바람직한 경영과 책무성을 보여주어야 한다. 많은 교수개발자는 비형식적이고 비위계적인 접근방법을 채택한다. 예를 들어, 고등교육에서 전문성 및 조직개발(Professional and Organizational Development, POD) 네트워크, 교수개발자들을 위한 북아메리카 전문성 조직은 네트워크라 불리고, 그 관리체는 핵심위원회라고 한다. 그러나 센터가 성장함에 따라 위원회는 명확한 책임라인을 가지고 피드백과 서비스 개선을 위한 데이터를 수집하여 운영하여야 한다. 미시간과 스탠퍼드의 센터는 생산성추적(productivity-tracking) 소프트웨어를 사용하여 프로그램과 서비스의 목록을 편집하고 그 데이터는 다수의 단위와 개인에게 제공된다. 예산은 관리자가 연간 데이터 보고서에 의거하여 센터의 가치를 보여줄 수 있을 때 더욱 공정하게 요청할 수 있다(제9장 '교수개발 프로그램 평가' 참조).

센터장은 전형적으로 대학교육과정과 교육학의 세심한 평가를 유도한다. 그러므로 그들은 지속적으로 연구를 평가하고 개선할 필요가 있다. 프린스턴대학교의 McGraw 센터는 당시 진행된 프로그램의 피드백을 수집하기 위해 몇 개월 후 참가자들에게 이메일을 보내서 "당신의 수업에 워크숍의 어떤 아이디어를 적용하였나요?(또는 적용할 것인가요?)"라고 질문한다. 그러면 그들은 자문 서비스를 받기 위해 회신을 보낸다.

연구중심대학에서 교수개발 활동

자원과 명성을 동반하는 좋은 수업에 대한 보상

대학 관리자들은 수업의 가치를 드러내기 위해 종종 수업우수상을 만든다(Chism & Szabo, 1997; Menges, 1996). 연구중심대학에서 좋은 수업의 양성이 중요하다는 점은 우수강의 시상의 수를 늘리는 것으로 증명된다. 센터는 경쟁자들에게 홍보를 활발히 하기 위해 선발과정을 감독하고 좀 더 투명하게 진행하며 승자에게 보상을 한다. 그 결과 수상과 함께 명성은 올라가고 지원자와 후보자도 많아진다.

오하이오주립대학교의 교수학습센터는 직원에게 탁월한 수업에 대한 동문상을 수상한 교수진으로 구성된 수업아카데미를 제공한다. 이 아카데미는 매년 교수학습을 위한 1일 콘퍼런스뿐만 아니라 오하이오주립대학교의 수업에 관한 대화(Talking About Teaching at The Ohio State University)를 후원한다.[2]

교육과정 개편지원

대학에서 교육과정 개편은 교수진이 중요하게 여기는 주제이다. 센터가 학과, 대학, 때로는 기관 수준에서 개편과정에 역할을 담당함으로써, 센터는 의사결정 과정에 더욱 기여할 수 있고 전문지식과 센터 직원의 가치를 드러낸다. 센터의 직원은 초점 집단을 활용하여 현재의 교육과정에 대한 정보를 수집하기 위해 인터뷰와 설문조사를 실시하면서, 실증적인 증거에 기초하여 개편에 관한 교수진의 의사를 반영한다. 또한 센터의 직원은 교수진의 교육과정 결정을 위한 회의를 조직, 촉진 및 철회할 수도 있다. 그들은 코스 설계와 개선에 교육학 전문지식을 활용할 뿐만 아니라 새로운 교육과정에 대한 형성평가를 위한 데이터를 생성할 수 있다(Cook, 2001). 또한 유사한 목표를 가진 다른 교수진과 연결시키는데, 예를 들어 아이오와대학교의 교수학습센터는 서비스러닝 코스를 개발하기 위해 멕시코의 지역 로터리 클럽과 제휴하여 서비스러닝 코스를

---

2 http://ftad.osu.edu/read/teaching_showcase/talkingaboutteaching.html

개발하여 다양한 대학(공학, 약학, 인문과학, 경영, 교육, 간호학, 의학)과 함께 한다.

교수 참여를 위한 교수공학의 활용

연구중심대학의 교수공학센터(Instructional Technology, IT)는 교수진에게 교육학적 개선이 아닌 혁신을 전파하기 위해 존재한다. 그러나 놀랍게도 몇몇 교수학습센터에는 IT(교수공학) 전문 직원이 거의 없다(Sorcinelli et al., 2006). 많은 연구중심대학의 IT 센터의 업무는 분산되어 있고, 교수개발센터는 캠퍼스의 많은 업무 중 하나일 뿐이다. 그러나 IT 센터는 새로운 테크놀로지(즉, 재정자원과 전문기술이 현재의 기술발전을 유지하는 데 필요)로 인해 센터를 쉽게 곤란하게 할 수도 있고, 반면에 다른 업무로의 전환을 막을 수도 있다. 그럼에도 불구하고 센터의 직원은 IT 지식을 잘 알고 있어야 하며, 하드웨어와 소프트웨어뿐만 아니라 교육학과 코스 목적에 집중할 수 있어야 한다(Zhu, 2008).

MIT의 교수학습연구소(Teaching and Learning Laboratory)는 MIT 교수진과 마이크로소프트 연구소 간의 야심찬 협력기관인 iCampus[3]의 일원으로, 강의실 안팎으로 영향을 미치는 교육공학을 도입하여 다학문을 주도하였다. 많은 교수진과 연구원들은 시각자료, 시뮬레이션 소프트웨어, 원격 실험실, 태블릿 PC 기반 실험과 같은 iCampus 프로젝트에 참여하였다.

신임교수를 위한 효율적인 지원

연구중심대학의 교수진은 보통 다른 기관의 교수진보다 연구가 더 많다(National Center for Education Statistics, 1992). 연구 부담이 많기 때문에 교수개발센터는 적시에 강좌를 제공하여 교수진의 시간을 가능한 한 효율적으로 사용할 수 있게 한다. 예를 들어, 만약 교수진이 다음 학기 코스의 첫 시간에 협동학습을 하기로 결정한다면 교수는 즉시 그 주제에 필요한 것을 찾아야 한다. 그러므로 센터는 주니어교수(Austin, 2003), 중진교수(Baldwin & Chang, 2006), 시니어교수(Wheeler & Schuster, 1990)의 모든 경력 단계(Seldin, 2006)의 교수진에게 맞는 다양한 범위의 프로그램이 필요하다.

---

3 http://icampus.mit.edu

우선 신임교수들에게 특별한 관심을 가지는 것이 좋다. 주니어 교수진은 특히 정년 보장이 되기 전에 수업에 관한 조언을 잘 받아들이므로 센터 직원은 초기에 교육학적 지식에 대해 투자하는 것이 향후 오래도록 시간을 절약할 수 있다고 알려야 한다. 직원은 수업과 연구를 결합하고 서로 강화가 되는 전략을 강조한다.

많은 연구중심대학은 예비 교수를 포함하여 콘퍼런스, 세미나, 인턴십을 운영한다 (예 : Cook, Kaplan, Nidiffer, & Wright, 2001). 대학원생 강사는 미래의 교수진으로, 대학원에서 교수자로서 교육을 받는 것이 교수자에게 필요한 심도 깊은 훈련이 될 수 있다. 이러한 개발 노력은 개인의 권리일 뿐만 아니라 교수개발 노력에 상당한 기여를 하는데(Marincovich, Prostko, & Stout, 1998), 센터의 서비스를 처음 이용하는 대학원생 강사는 교수로 추천받기도 하기 때문이다(제20장 '석·박사 학위 학생개발 프로그램' 참조).

수업 혁신을 위한 자금지원

연구중심대학에서 자금은 연구비이다. 정의하자면 기관은 많은 연구예산이 필요하며 이러한 자금은 항상 혁신적인 수업 프로젝트에 필요한 것보다 더 많이 필요하다. 그러므로 여러 목적을 위한 다른 자금으로 다양한 수업 연구비를 제공하고 연구비를 잘 홍보하여야 한다. 어떤 연구비는 프로젝트를 지원하기에 충분하며 수혜자에게 명성을 제공한다. 미시간대학교와 스탠퍼드대학교의 센터는 연구계획서 검토 절차를 조직하여 교수진의 연구계획을 개발하고 프로젝트의 실행과 평가에 관해 지원한다. 연구비를 수주한 교수는 센터와 미리 접촉을 한다.

IUPUI의 교수학습센터는 테크놀로지와 연구비 지원을 연결하는 접근방법에 관심을 가지고 있다. '온라인코스개발의 시작(Jump Start into Online Course Development)' 프로그램은 참가자에게 학습을 촉진하는 새로운 방법을 계획하고 학습을 향상시키며 시간과 자원을 좀 더 효율적으로 하기 위한 코스로 재설계할 수 있도록 도와준다. 교수진은 온라인 학습을 위한 집중 오리엔테이션에 참여하고 코스를 재설계하기 위해 교수설계와 공학 컨설턴트와 함께 작업을 하며 학과나 대학에 따라 적절한 수당을 받는다.

커뮤니티 조직을 위한 교수개발 자원의 활용

큰 연구중심대학 내에서 교수진은 교내의 다른 분야의 동료와 거의 교류하지 않으며 교내나 다른 콘퍼런스에서도 자신의 학문 분야에만 몰두한다. 많은 교수개발 프로그램은 학과나 단과대학에 기반을 두어야 하며, 중앙집중식 프로그램은 학문을 가로질러 유사한 관심을 가지고 있는 교수진에게 기회를 제공할 수 있다. 교차학문 프로그램(cross-disciplinary program)은 새로운 교육학에 관심을 가지거나 같은 주제(예 : 수업 통계)에 전문지식을 갖춘 교수진을 유도하게 된다. 교수개발센터는 주제와 관계없이 네트워크를 구성할 수 있는 기회를 제공하고 우수한 수업에 전념하는 매우 중요한 교수진을 구축한다(Sorcinelli, 2002).

교수개발센터는 또한 최고 교수의 영예를 주고 지역사회에 공헌하는 방식으로 축제 이벤트를 개최할 수 있다. 예를 들어, 스탠퍼드대학교의 CTL은 연말에 '수업 축제'를 열어 다양한 지위의 능력있는 학자-교수를 패널로 초대하여 늘 새로운 수업 유지를 위한 주제에 관하여 토론한다. 몇몇 센터는 외국인교수를 위한 미시간대학교의 'CRLT 만찬'과 같은 큰 사회적인 프로그램을 제공한다. 왜냐하면 새로운 곳에서 평온을 유도하는 네트워킹은 좋은 수업을 위한 중요한 소재이기 때문이다. 교수학습센터의 커뮤니티 구축작업은 교수진에게 중요하다(Sorcinelli, et al., 2006). 다과 제공은 커뮤니티 구축을 촉진하는 데 도움을 주기 때문에 다과는 센터를 위해 중요한 예산 항목이다.

교수학습센터 사업을 알리는 연구 활용

교수개발센터는 실천연구(action research), 즉 변화에 영향을 줄 수 있는 연구중심방법에 참여하여야 한다. 실천연구는 일반적으로 여러 단계를 거치는데, 문제와 가능한 해결방안을 규명하고 실천 계획을 위한 선택권을 개발하며 계획을 선택 및 시행하고 수집된 데이터를 반영하며 계획을 평가하고 데이터를 사용하여 개선과정을 알린다(St. John, Mckinney, & Tuttle, 2006).

실천연구는 교육과정의 개편이나 교수개발 사례의 개선을 위해 활용될 수 있다. 예를 들어, 최근 CRLT은 과학 분야 학부생의 기억(파지)에서 대학원생 강사(GSIs)의 역할에 관해 연구하였다. CRLT가 추천을 받아 교육과정 개편과 GSIs 훈련 향상을 담당하는 직원이 배정되었으며(Cook, et al., 2007; O'Neal, Cook, & Wright, Perorazio, &

Purkiss, 2007; Wright, Purkiss, O'Neal, & Cook, 2008), 과학전공 학생의 설문조사 데이터 분석에서 예비 데이터는 결과적으로 파지도가 향상되었다고 나타났다.

모든 교수개발센터의 업무는 가능한 범위에서 데이터를 바탕으로 더 나은 요구사정과 더 나은 결과를 도출하여야 하고, 센터 업무의 전문성을 확립하여야 한다. 2007년의 한 예로, 스탠퍼드대학교의 CTL은 대학평의회에서 매우 호평받았던 보고서를 제시하였는데, 이는 최대 규모의 학교 기관에서 스탠퍼드대학교가 대학원생 강사에 대한 교육 프로그램에 투자한 해에 수업조교의 최종 학기 평균 점수가 꾸준하게 올랐다는 확실한 데이터를 보여줄 수 있었기 때문이다. 이 데이터는 연구중심대학에서 많은 설득력을 가진다.

교수진을 보조하는 수업에 관한 연구

연구중심대학의 교수진은 자신의 수업에 관한 연구를 하는 데 관심이 있을 수 있다. Lee Shulman 명예회장의 지도 아래 발전한 수업향상을 위한 카네기재단은 오랫동안 교수학습장학금(Scholarship of Teaching and Learning, SoTL)을 지원하여 왔으며, 교수진이 자신의 수업에 대한 가설을 검증하는 일종의 실천연구를 하고 동료들과 그 결과를 공유하며 수업을 개선하였다(Cambridge, 2004). 연구중심대학의 센터는 일반적으로 관련 문헌을 알려 주는 상담을 통해서 SoTL을 지원하고 연구를 수행하기 위해 필요한 직원 비용을 지급하며 SoTL 연구자와 함께 아이디어를 공유하고 지역 웹 사이트와 뉴스레터를 통해 홍보하며 교수개발 저널을 추천하는 프로그램을 제공한다. 인디애나대학교는 교수학습리더십장학금을 3만 5,000달러까지 제공한다. 수상 팀은 수업개발 및 교육에서의 영향력을 지속적으로 인정받고, 캠퍼스 내외 사람들을 위한 하나의 모델을 제공할 수 있는 SoTL 연구를 주도하게 해준다.

다른 기관 혹은 외부 자원과의 연결

연구중심대학은 일반적으로 다른 동료 기관과 협력하는 노력이 필요하다. 다른 기관에서 발생하는 문제가 자신의 기관에서도 일어나므로, 특히 센터가 지역 채택의 촉매로서 다른 동료 기관의 활동을 언급하는 것이 유용하다. 센터 관리자의 컨소시엄 구축은 동료 기관의 사례에 대해 배울 수 있는 좋은 방식이라는 것이 밝혀졌고, 센터가 지역 현상뿐만 아니라 대부분의 기관에 통합되어 있다는 것을 대학 행정가에게 기억하도록 도와준다.

교수개발은 다른 나라에도 있기 때문에 센터의 국제 연합이 중요하다. 연구중심대학의 센터가 전 세계 기관과 협력하는 것은 교수진이 다른 나라와 협력하는 것처럼 일반적이다(제15장 '교수개발의 세계화' 참조).

외부 연구비는 연구중심대학의 주요 자산이다. 이것은 서비스중심 교수학습센터가 외부 활동에 우선순위를 두어 외부 연구계획서를 작성하는 데 에너지를 쏟기 위해 자원을 현명하게 활용하는 것과 동시에, 국립과학재단과 같은 연방정부기관이나 재단에서 일부 외부기금을 유치하는 것은 확실히 캠퍼스 내 센터의 명성을 올려준다. 미시간대학교와 스탠퍼드대학교의 센터뿐만 아니라 다른 연구중심대학의 센터는 종종 국가 프로젝트에서 연락원의 역할을 하므로, 교수진은 동향과 혁신에 친숙해지고 좀 더 집중하여 캠퍼스 내에서 교수학습에 관한 전문지식을 쌓아야 한다. 또한 센터 직원은 교수진이 자신의 연구와 관련한 교육 연구계획서를 작업할 때 연구계획서 작성과 평가에 도움을 제공한다.

결론

대부분의 센터는 특별한 목적을 공유하고 있지만 그 목적의 우선순위는 기관 유형에 따라 차이가 있다(Sorcinelli, et al., 2006). 연구중심대학 간의 공통점과 차이점 그리고 다른 유형은 연구중심대학의 센터에 기회와 제약을 모두 제공한다. 연구중심대학의 대부분이 교수개발센터를 가지고 있다는 사실은 캠퍼스 내에서 수업 우수성에 대한 관심의 정도가 높다는 것을 나타낸다. 센터의 미션, 운영 및 프로그래밍이 연구중심대학의 현실을 반영할 때 그들은 우수한 수업문화를 만드는 데 중요한 역할을 한다.

참고문헌

Albright, M. J. (1988). Cooperation among campus agencies involved in instructional improvement. In E. C. Wadsworth (Ed.), *A handbook for new practitioners* (pp. 3–8). Stillwater, OK: New Forums.

Austin, A. E. (2003). Creating a bridge to the future: Preparing new faculty to face changing expectations in a shifting context. *Review of Higher Education, 26*(2), 119–144.

Baldwin, R. G., & Chang, D. A. (2006). Reinforcing our "keystone" faculty. *Liberal Education, 92*(4), 28–35.

Becher, T., & Trowler, P. R. (2001). *Academic tribes and territories: Intellectual enquiry and the cultures of disciplines* (2nd ed.). Buckingham, UK: Society for Research into Higher Education and Open University Press.

Blackburn, R. T., & Lawrence, J. H. (1995). *Faculty at work*. Baltimore, MD: Johns Hopkins University Press.

Bok, D. (2006). *Our underachieving colleges: A candid look at how much students learn and why they should be learning more*. Princeton, NJ: Princeton University Press.

Cambridge, B. (Ed.). (2004). *Campus progress: Supporting the scholarship of teaching and learning*. Washington, DC: American Association for Higher Education.

Chism, N.V.N. (1998). The role of educational developers in institutional change: From the basement office to the front office. In M. Kaplan (Ed.), *To improve the academy: Vol. 17. Resources for faculty, instructional and organizational development* (pp. 141–153). Stillwater, OK: New Forums.

Chism, N.V.N., & Szabo, B. (1997). Teaching awards: The problem of assessing their impact. In D. DeZure & M. Kaplan (Eds.), *To improve the academy: Vol. 16. Resources for faculty, instructional and organizational development* (pp. 181–199). Stillwater, OK: New Forums.

Cook, C. E. (2001). The role of a teaching center in curricular reform. In D. Lieberman & C. Wehlburg (Eds.), *To improve the academy: Vol. 19. Resources for faculty, instructional and organizational development* (pp. 217–231). Bolton, MA: Anker.

Cook, C. E., Kaplan, M., Nidiffer, J., & Wright, M. (2001, November). Preparing future faculty—faster. *AAHE Bulletin, 54*(3), 3–7.

Cook, C. E., & Sorcinelli, M. D. (2002, June). *The value of a teaching center*. Retrieved November 21, 2008, from http://www.podnetwork.org/faculty_development/values.htm

Cook, C. E., & Sorcinelli, M. D. (2005). Building multiculturalism into teaching development programs. In M. Ouellett (Ed.), *Teaching inclusively: Resources for course, department and institutional change in higher education* (pp. 74–83). Stillwater, OK: New Forums.

Cook, C. E., Wright, M. C., & O'Neal, C. (2007). Action research for instructional improvement: Using data to enhance student learning at your institution. In D. R. Robertson and L.B. Nilson (Eds.), *To improve the academy: Vol. 25. Resources for faculty, instructional and organizational development* (pp. 123–138). Bolton, MA: Anker.

Davidson, C. I., & Ambrose, S. A. (1994). *The new professor's handbook.* Bolton, MA: Anker.

Eble, K. (1972). *Professors as teachers.* San Francisco: Jossey-Bass.

Eble, K., & McKeachie, W. J. (1985). *Improving undergraduate education through faculty development.* San Francisco: Jossey-Bass.

Hativa, N., & Marincovich, M. (Eds.) (1995). Editors' notes. In M. Marincovich & N. Hativa (Eds.), *New directions for teaching and learning, no. 64. Disciplinary differences in teaching and learning: Implications for practice* (pp. 1–4). San Francisco: Jossey-Bass.

Kaplan, M. L., & Miller, A. T. (Eds.). (2007). *New directions for teaching and learning, no. 111. Scholarship of multicultural teaching and learning.* San Francisco: Jossey-Bass.

Kuhlenschmidt, S. (2009, March). *Who are we? Where are we? Descriptive data about centers.* Paper presented at the Southern Regional Faculty Development Consortium, Louisville, KY.

Marincovich, M. (2007). *Teaching at Stanford: An introductory handbook for faculty, academic staff, and teaching assistants.* Stanford: Stanford University, Center for Teaching and Learning.

Marincovich, M., Prostko, J., & Stout, F. (Eds.). (1998). *The professional development of graduate teaching assistants.* Bolton, MA: Anker.

Menges, R. J. (1996). Awards to individuals. In M. D. Svinicki & R. J. Menges (Eds.), *New directions for teaching and learning: Vol. 65. Honoring exemplary teaching* (pp. 3–10). San Francisco: Jossey-Bass.

National Center for Education Statistics. (1992). *Full-time instructional faculty and staff, in institutions of higher education, by instruction activities and type and control of institution.* Retrieved August 18, 2008, from http://nces.ed.gov/programs/digest/d99/d99t232.asp

O'Neal, C., Cook, C. E., Wright, M., Perorazio, T., & Purkiss, J. (2007). The impact of teaching assistants on student retention in the sciences: Lessons for TA training. *Journal of College Science Teaching, 36(5),* 24–29.

Seldin, P. (1995). *Improving college teaching.* Bolton, MA: Anker.

Seldin, P. (2006). Tailoring faculty development programs to faculty career stages. In S. Chadwick-Blossey (Ed.), *To improve the academy: Vol. 24. Resources for faculty, instructional and organizational development* (pp. 137–144). Bolton, MA: Anker.

Showalter, E. (2002). *Teaching literature.* Malden, MA: Blackwell.

Sorcinelli, M. D. (2002). Ten principles of good practice in creating and sustaining teaching and learning centers. In K. H. Gillespie (Ed.), *A guide to faculty development: Practical advice, examples, and resources* (pp. 9–23). Bolton, MA: Anker.

Sorcinelli, M. D., Austin, A. E., Eddy, P. L., & Beach, A. L. (2006). *Creating the future of faculty development: Learning from the past, understanding the present.* Bolton, MA: Anker.

Stanford University Faculty Handbook. (2007). Retrieved August 18, 2008, from http://facultyhandbook.stanford.edu/

St. John, E. P., McKinney, J. S., & Tuttle, T. (2006). Using action inquiry to address critical challenges. In E. P. St. John & M. Wilkerson (Eds.), *Reframing persistence research to improve academic success* (pp. 63–76). San Francisco: Jossey-Bass.

Wheeler, D. W., & Schuster, J. H. (1990). Building comprehensive programs to enhance faculty development. In J. H. Schuster, D. W. Wheeler, & Associates (Eds.), *Enhancing faculty careers* (pp. 275–297). San Francisco: Jossey-Bass.

Wright, D. L. (2000). Faculty development centers in research universities: A study of resources and programs. In M. Kaplan & D. Lieberman (Eds.), *To improve the academy: Vol. 18. Resources for faculty, instructional and organizational development* (pp. 291–301). Bolton, MA: Anker.

Wright, M. C. (2008). *Always at odds? Creating alignment between faculty and administrative values.* Albany: State University of New York Press.

Wright, M. C., Purkiss, P., O'Neal, C., & Cook, C. E. (2008). International teaching assistants and student retention in the sciences. *Studies in Graduate and Professional Student Development, 11(1),* 109–120.

Zhu, E. (2008). Breaking down barriers to the use of technology for teaching in higher education. In D. R. Robertson & L. B. Nilson (Eds.), *To improve the academy: Vol. 26. Resources for faculty, instructional and organizational development* (pp. 305–318). Bolton, MA: Anker.

18

소규모 대학의 효과적인 사례

Michael Reder

지난 십 년 동안 공식적으로 소규모 대학의 교수개발 프로그램과 센터는 큰 성장을 이루었다(Mooney & Reder, 2008). 기관 인증과 재정지원이 주는 책무성의 압박을 포함하여 다양한 내·외부 세력은 이러한 증가를 설명해 준다. 아마도 대부분의 중요한 소규모의 수업중심 기관은 좋은 수업이 가치 있다고 주장하는 것이 효과적인 수업을 적극적으로 지원하는 것과 질적으로 다르다고 생각한다(Reder & Gallagher, 2007). 대학은 점점 더 교수진이 수업을 개선하기 위한 창의적인 연구를 하는 것처럼 수업기술을 발굴할 필요가 있다고 인식하고 있다(Reder, 2007). Shulman(1993)의 용어를 사용하면 교수진은 '교육학적 고립'을 극복하여야 하며 수업을 '공공 자산'으로 만들어야 한다. 소규모 대학은 교수학습을 위한 교수 프로그램을 시작하거나 이미 캠퍼스에서 공식적으로 교수개발 연구를 하고 있다. 소규모 대학의 많은 교수개발자는 1999년 전문성 및 조직개발 네트워크(POD) 콘퍼런스에 참여하였고, 2004년 POD 네트워크 소규모대학위원회가 결성되어 회원이 4배 이상 증가하여 현재 250명 정도 된다. 이 위원회는 POD 네트워크 자원과 함께 POD 소규모 대학위원회 회원에게 의사소통의 주요한 수단이 되는 소규모 대학 POD 리스트서브를 소규모 대학의 교수개발자에게도 지원하고 있다. '교수개발'이라는 제목으로 활동의 범위가 이 장에 설명되어 있다(제8장 '교수개발 프로그램과 활동을 위한 실제적인 제언' 참조). 이 장에서는 수업에서 교수진의 활동에 관한 가정이 중요하며, 소규모 대학에서의 연구에 초점을 두고 있다.

소규모 대학의 정의와 교수개발 연구

소규모 대학에서 '소규모'란 무엇이고 소규모 대학 교수개발 연구는 어떻게 구별되는 가? Kim Mooney와 필자(2008)는 POD 네트워크의 소규모 대학 그룹에 관한 연구에서 "소규모를 위한 리트머스 시험지는 없다."라고 밝히고 교수개발자는 전통적으로 자신의 요구와 상황에 따라 스스로 규명해야 한다고 보았다. 우리는 그러한 대학의 몇 가지 일반적인 특성을 다음과 같이 설명하였다(Mooney & Reder, 2008).

- 학부생이 대부분이며 대학원생이 적다.
- 대학의 미션은 수업에 집중하는 것이다.
- 전임교수는 250명 이내이다.
- 비교적 소규모 강의의 학생 수는 15~30명이다.
- 간학문적인 수업과 연구가 많이 이루어진다.

이러한 특징은 학부생중심의 문화에 가까우며, 특히 '수업의 가치'가 중요하다 (Mooney & Reder, 2008).

교수중심과 구별되는 학습자중심 문화는 소규모 대학의 교육개발 연구의 본질이다. 기관의 크기와 행정적인 지위의 본질은 교수개발 연구가 성공적인 프로그램을 만들기 위한 효과적인 전략을 수행하고 결정하는 상황을 기관이 만들고, 그 기관 내에서 변화 한다는 것이다.

크기 문제 크기는 수업문화의 특성에 영향을 주는 것으로, 대학에서 교수개발 연구를 수행하고 재정지원을 받는 규모의 경제성과 수업 방법에 가치가 있다. 학부중심대학, 신학대학, 독립적인 전문 박사과정(예 : 건강, 예술, 음악, 과학)과 같은 소규모 기관의 교수학습 문화는 종합대학과는 상당히 다르다. 소규모 대학의 수업과 연구의 특성은 종합대학과는 대비되는데, 소규모 대학은 대학원 수업 또는 연구조교가 없고 학부생과 연구 프로젝트를 수행하는 정년 트랙 전임교수가 학부생을 거의 가르친다. 그래서 교수연구는 학부수업과 밀접하게 관련이 있다. 또한 소규모 대학의 문화는 신임교수를 훈련시키는 것에서 연구중심대학과는 현저하게 다르기 때문에(Gibson, 1992), 소규모 기관은 신임 교수진이 새로운 환경에서 교수생활과 수업을 성공적으로 수행하도록 도움을 주는 것이 필요하다(Mooney & Reder, 2008; Reder & Gallagher, 2007).

크기는 교수개발자의 역할에도 영향을 미친다. 예를 들어, 학부중심대학은 교수진의 수가 적고 교수진이 일반적으로 서로 잘 안다. 교수가 수천 명이 되는 큰 종합대학과는 다르게 소규모 대학은 교수개발 프로그램에 책임이 있는 사람이 모든 교수진의 이름을 알고 그들과 계속 전문적인 관계를 유지하는 것이 일반적이며, 함께 위원회나 협력 프로젝트에 참여한다. 이 장에는 교수개발자의 광범위한 전문지식이 어느 대학에서 연구로 수행되는지 나타나 있는데, 전문지식이 있는 한 개인이 소규모 기관에서 연구를 수행하게 되면 그 과제는 벅차고 부담이 될 수 있다. 따라서 보상을 충분히 해 주어야 한다.

지위 문제　관리자의 행정 지위는 소규모 대학의 교수개발 연구의 특성에 더욱 영향을 미친다. 대다수의 소규모 대학 개발자는 수업을 포함하여 많은 책임 중에 하나로 교수진을 위한 프로그램을 운영한다. 교수개발 관리자는 행정가(학장, 캠퍼스 프로그램 관리자, 학과장), 교수진(교사, 연구원, 위원회 위원), 평가자(정년보장 심사, 자원에 대한 결정), 그리고 멘토(대학선배, 행정가) 등과 같이 종종 기관 내에서 여러 가지 역할을 담당한다. 다양한 역할들은 프로그램을 성공적으로 운영하는 데 특별한 도전을 준다.

책임자의 지위는 기관의 문화와 교수개발 운영이라는 두 가지 요소가 있는데, 소규모 대학 교수개발 연구에서 '소규모'라는 것은 기관의 크기뿐 아니라 특정 기관과 행정 여건, 특히 시간과 비용 또는 둘 다 해당되는 제한된 자원을 가진 상황에서 가능한 한 효과적인 교수개발 프로그램을 만드는 것을 의미한다. 소규모 대학은 미션, 학생의 유형, 교수와 학생의 비율, 수업 부담, 교육과정에 따라 변화한다. 그러나 큰 연구중심대학과 비교해 보면 응집된 집단으로 묶을 수 있으며 다양성을 개념화할 수 있는 특징이 있다. 교수개발자를 고용하여 특정 기관의 상황에 맞는 효과적인 프로그램을 창출하는 특별한 기술과 전략은 '소규모 대학' 교수개발로 정의된다.

지도 원리

교수개발 프로그램에 관한 세 가지 일반적인 오해가 있는데, 그것은 소규모 대학문화에만 국한되지 않으며 수업중심의 소규모 대학에서는 다음과 같은 특별한 방식을 시행하고 있다(Reder, 2007). 첫째, 이 프로그램은 수정을 위한 프로그램이다. 둘째, 수업을 위한 '하나의 올바른 방법'을 지지한다. 셋째, 이 프로그램은 교수진이 수업과 학문, 둘 중의 하나를 선택하게 만든다. 교수개발자는 신념을 가지고 직접 도전하며 연구의 틀을 구성하고 교수개발 프로그램을 강조함으로써 다음과 같이 이러한 오해에 관하여 설명한다. 첫째, 반성적이고 비판적인 실천가를 만들기 위해 수업을 의도적으로 개발한다. 둘째, 다양한 수업방식과 학문 접근방법에 가치를 둔다. 셋째, 수업과 학문이 상호 도움을 주는 문화를 창출하기 위해 시도한다.

의도적 수업과 비판적 실천의 육성

소규모 대학에서 수업은 가치 있는 것이며 가르치는 기관 그 자체를 고무시킨다. 그곳에서 좋은 수업이 '자연스럽게' 이루어지고 '수업을 지원'하기 때문에 수업이 잘 이루어지며, 그런 기관에서 잘 가르칠 수 있는 사람을 고용한다는 가정이 있다(Reder, 2007; Reder & Gallagher, 2007). 따라서 수업이 필수인 환경에서 교정을 위한 수업효과성 개선을 교수연구로 보는 것이 좋다. 특히 소규모 대학 교수개발 프로그램에서 중요한 것은 빨리 오개념을 설명하고, 의도적이며 효과적인 수업에 관한 교수 프로그램을 구성하는 것이다. 교수진은 수업을 자신의 학문과 동등한 수준으로 보아야 하며, 목표의식을 가지고 수업을 담당하고 동료평가를 위해 공개함으로써 개선할 수 있도록 지적인 실천으로 연구도 수행하여야 한다(Shulman, 1999). 교수진이 학문 분야에서 비판적인 실천가가 되고 창의적인 노력가가 되도록 요구하는 것처럼, 교수개발도 수업과 동등하게 요구하고 수업에 초점을 두어야 한다. 수업의 개선은 수업과 사고에 대해 비판적으로 토론함으로써 가능하며 소규모 대학 캠퍼스에서 이미 많이 이루어지고 있는 좋은 수업이 될 수 있다.

다양한 수업방법과 접근방법의 가치

학생 대 교수의 비율이 낮고 강좌당 인원이 20명 미만인 소규모 대학에서도 올바른, 즉 효과적인 수업방법은 아직 없다. 비록 강의실에서 캠퍼스문화, 기대감, 강좌 크기면에서 대부분의 큰 기관에서 하는 일반적인 대형 강좌보다 더 상호작용적인 영향을 주어야 함에도 불구하고, 소규모 대학 교수개발 프로그램의 효과는 교수진의 경험, 인성과 정체성에 따라 달라진다. 또한 코스에서 가르치는 방법은 학문이나 학과 규정 그리고 코스 자체의 본질(목적, 교과목, 가르치는 수준)에 영향을 받는다. 모든 소규모 코스는 아니더라도 세미나도 같은 목적을 가지고 있으며, 수업은 다양한 목적을 반영할 필요가 있다. 소규모 대학 캠퍼스에서 신입생 입문 세미나는 같은 학문 내에서 2개의 입문 세미나로 운영하여 학문에서 학문으로 다양하게 가르친다. 따라서 교수개발 활동은 다양성을 내포하고, 코스 설계에 효과적인 수업 실행과 접근방법을 다양하게 해준다.

수업과 학문과의 관계

교수와 학자의 생각은 많은 소규모 대학 캠퍼스에서 종종 교수진에게 둘 다 동등한 것으로 알려져 있다. 효과적인 수업과 학술 연구는 의도성, 호기심, 질문, 자기반성, 훈육 그리고 분석, 종합, 창의성과 같은 비판 능력이라는 비슷한 습관을 요구한다(Reder, 2007). 교수와 학자의 인문학적 사고는 강의실은 물론 도서관이나 실험실로 확장된다. 많은 소규모 대학에서 교수연구는 수업을 위한 영감의 원천일 뿐만 아니라 그 자체가 수업이 된다. 교수진이 연구를 통해 학생을 가르치는 것은 많은 소규모 대학의 과학전공에서는 표준이 되며, 인문학을 포함한 다른 학문의 수업과 연구의 영역에도 좀 더 영향을 미친다(Marx, 2005; Zimmer, 2005). 과학 및 심리학 실험실에서 학부생들과 교수진은 종종 함께 실험한다. 그리고 그들은 정규적으로 콘퍼런스나 전문 저널에 공동 저자로 논문을 함께 연구하여 게재한다. 미술과 행위 예술에서 교수진과 학생은 물리적인 공간을 공유할 뿐만 아니라 창의적인 콜라보레이션에 참여하고 '학생' 작품의 쇼케이스를 뛰어넘는 행위를 보여준다. 사회과학 및 인문학에서 학부생과 교수진이 연구와 학술연구에 협력하는 숫자도 증가하고 있다. 따라서 많은 교수의 학술활동은 자신의 수업을 통해 알려지고 수업을 위한 수단이 되며, 수업에서 자신의 연구를 알려야 한다(Reder, Mooney, Holmgren, & Kuerbis, 2009; Zimmer, 2007).

소규모 대학 교수개발을 위한 모델

다면적인 교수개발 프로그램을 갖춘 큰 기관에서는 보통 전임 관리자를 고용하고 부관리자, 대학원생과 연구하는 전문가, 교수설계자나 컨설턴트와 같은 행정 지위를 부여한다. 그들은 안정적이고 자기 지원적이며 자급자족의 구조를 가지고 있다. 이러한 프로그램은 자체 예산, 물리적인 공간 및 인적 구조를 가지고 있다. 소규모 대학에서 프로그램의 행정 모델은 덜 복잡하지만, 대부분의 큰 기관에서는 직면하지 않는 도전이 있다.

행정 구조에 대한 도전

소규모 기관에서의 교수개발 행정에서 중요한 두 가지 문제는 교수 주인의식을 육성하고 리더십의 연속성을 보장하는 것이다.

교수 주인의식 교수 주인의식(faculty ownership)은 소규모 대학 교수진이 자기관리뿐만 아니라 많은 기관의 행정에도 익숙하기 때문에 중요하다. 대부분의 큰 대학 교수진은 학생 상담에서 테크놀로지까지, 예산 및 행정에서 기획 및 기금 모금까지, 대학 운영의 모든 부문에 참여한다. 소규모 기관에서는 행정과 교수진의 구분이 거의 없다. 교수진이 동료로 함께 일하기도 하고 종종 '외부'의 교수가 아닌 전문가의 지시를 받는 불편한 경우도 있다. 예를 들어, 교수들은 실제로 학생을 가르치지 않는 교수설계자에게 조언을 받기도 한다. 따라서 교수진이 아닌 사람이 소규모 대학에서 교수 프로그램을 주도하는 것은 드물지 않다.

리더십의 연속성 교수 주인의식과 리더십은 계속해서 도전을 받는다. 교수진은 교수개발 주도권을 가지고 교수학습 그 자체가 하나의 학문이라고 배우면서 이것은 효과적인 프로그램을 만들고 유도할 수 있는 가파른 학습곡선을 이룬다. 연속성으로 인한 도전은 교수의 안식년 일정과 교수경력의 자연스런 리듬뿐만 아니라 다소 역설적이지만 저명한 교수 리더로 옮기면서 능력 있는 교수가 이 프로그램을 운영하기 위해 강의실 밖으로 나가는 것으로 인해 막힌다. 교수 주인의식과 리더십의 연속성은 서로 상반되기 때문에 소규모 대학에서 교수개발의 행정 구조는 중요한 도전과제가 된다.

행정 모델의 유형

대학이 교수개발 노력을 위해 행정 구조와 프로그램을 어떻게 설계하는지는 프로그램의 미션과 목적에 따라 크게 좌우된다(Reder et al,. 2009). 소규모 기관은 특별한 도전으로 효과적인 교수개발 연구를 위한 세부적인 행정 모델 및 전략을 제안한다. 소규모 대학에서 교수개발 프로그램을 운영하는 일반적인 행정 모델은 다음 네 가지가 있는데, 첫째, 교수위원회, 둘째, 학장 포트폴리오, 셋째, 시간제로 순환되는 교수관리자, 넷째, 전일제로 센터나 프로그램에서 일하는 상임관리자이다. 각각의 모델은 고유한 장점과 특별한 도전 과제를 준다.

교수위원회　이전에 없던 교수개발 프로그램을 만드는 것은 위원회에 책임을 부여하여 가장 쉽게 할 수 있다. 이 모델의 장점은 다양한 교수진이 목적과 우선순위를 결정하여 정규적으로 투입되고 초기 비용을 최소화할 수 있는 명확한 교수 주인의식을 가지는 것이다. 또 다른 장점은 행정이 현재의 관리 구조 내에서 교수위원회의 운영을 지원하는 것인데, 위원회는 1인 관리자가 운영하는 것보다 예산이나 인지도 면에서 좀 더 효과적인 지지를 받을 수 있다(제4장 '교수개발위원회와의 업무' 참조).

　그러나 위원이 순환되고 상임 리더가 없는 정규교수위원회에만 의지하는 것은 단점이 있다. 초기에는 이전에 교수개발위원회 경험이 있는 위원장을 순환하지 않는 것이 포괄적이고 효과적인 교수개발 프로그램을 운영하는 데 필요한 지식과 경험을 길러 줄수 있다. 열정적인 위원장은 다른 주요 위원회(수업, 연구, 봉사)에 참여한다. 시간은 가장 큰 문제가 되는데, 이는 성공적인 프로그램을 운영하는 시간과 에너지, 그리고 코스 설계를 이해하고 효과적인 워크숍을 유도하며 교수진에게 조언하고 포괄적인 프로그램을 제공하는 것과 같은 이슈를 포함하여 학문으로서 교수개발에 관해 배우는 시간을 말한다.

　위원장과 위원의 수업 부담을 줄이는 규정을 만드는 것조차도 효과적인 수업, 학생의 학습, 교육개발을 포함하여 늘어나는 연구와 문헌을 이해하게 되는 상승 학습곡선이 된다. 순환되는 위원회의 특성은 좀 더 도전적이어서 이러한 사항을 학습하게 한다.

필자는 다른 기관에서 교수개발자와 10년 이상 일하면서 어떤 교수진에게서 "나는 작업을 이제 막 이해하게 되었는데, 학기가 끝났다."라는 안타까운 이야기를 들었다. 이는 초기의 교수개발 프로그램이 위원회 리더십으로 할 수 없다는 의미는 아니다. 좀 더 정확히 말하면 위원회가 달성할 수 있는 고유한 한계를 인식하여야만 한다. 만약 대학이 수업을 진지하게 생각한다면 기관은 시간의 한계를 극복하고 교수가 위원회에서 반복적인 업무에 헌신할 것을 기대하며 하나의 자원으로서 실제 전념하여야 한다(Reder & Gallagher, 2007).

학장 포트폴리오 작은 기관에서 교수개발 프로그램에 대한 책임은 학장이나 부학장 포트폴리오의 일부분이다. 이 모델의 장점은 행정지원이 명확하고 직접적인 것이다. 이 업무가 대학의 전체 학술 리더십을 책임지는 부서를 통해 엄격하게 진행된다면 교수개발은 기관의 즉각적이고 가시적인 우선순위를 가진다. 더욱이 교수진과 좋은 관계를 가진 학장은 특히 교수자문위원회와의 연계를 통해 강력한 교수 주인의식을 만들수 있다.

그러나 학장중심의 교수개발 프로그램을 운영하는 데는 단점도 있다. 첫째, 책무성에 대한 학장의 포트폴리오가 종종 광범위하고 변화하여 매일매일의 긴급함이 장기간의 우선순위를 앞지르는 것이다. 강력한 교수개발 프로그램을 계획하고 유지하는 것은 현재의 인원과 직원에 관한 이슈, 단기 계획, 긴급성의 다음 문제가 된다. 둘째, 성공적인 프로그램을 운영하기 위한 기술을 개발한 위원장조차도 대내외적으로 지위가 순환된다. 학장 사무실의 변화는 인원뿐만 아니라 우선순위에도 문제가 된다. 예를 들어, 부학장에 의해 운영되는 잘 정립된 교수개발 프로그램을 운영하는 작은 학부중심 대학에 새로운 학장이 새로운 부학장을 유치하고 교수개발자를 바꾸며, 수업에서 연구로 우선순위를 바꾸고 모든 야간 교수개발 프로그램을 제외시킬 수 있다. 마지막으로 수업 개선에 초점을 둔 많은 프로그램은 교수진이 강의실의 성공과 실패에 대해 토론할 수 있는 '안전한 공간'을 필요로 한다. 만약 프로그램이 평가를 담당하는 부서에서 운영된다면 특히 정년보장 이전의 교수진을 포함할 때 홍보, 정년보장과 토론 공간의 구성은 도전을 받는다.

교수관리자의 순환 교수개발 프로그램 행정의 또 다른 모델은 교수관리자가 주어진 임기 동안 교수개발 활동에 관한 중요한 책무성을 가진다. 교수개발 관리자의 임기는 일반적으로 1~3년 정도 지속되며 교수진에게 추가 수당을 지불하고 수업 시수를 줄여 준다. 순환관리자는 전일제 교수로 돌아가기 때문에 종종 학생 상담, 위원회 활동, 다른 리더의 지위와 같이 다른 많은 책임을 담당한다. 또한 교수진은 자신의 학문중심의 연구의제를 유지할 필요도 있다. 따라서 대부분의 순환관리자는 사실상 시간제이다. 관리자가 된 교수진은 새로운 지위에서 오는 책임과 교수로서의 지속적인 책임의 균형을 배울 필요가 있다.

이 모델은 한 개인이 교수개발의 주요 책임을 가지기 때문에 위원회보다 장점이 있다. 그러나 앞서 이야기했듯이 여전히 단점이 있는데, 그것은 정해진 임기 동안 교수개발 학문을 배워야만 하는 것이다. 또한 교수개발의 위기는 카리스마가 있는 성격을 가진 한 사람과 연관되기 때문에, '교수개발'이 교수 리더와 같은 의미가 된다. 관리자가 순환되면 성공이 확실하지 않으며 프로그램도 시들해질 수 있다.

전일제 상임관리자 전일제 상임관리자는 소규모 대학에서 교수개발을 운영하는 마지막 모델이다. 이는 소규모 대학에서 인기리에 부상하고 있는 방안으로, 교수개발 프로그램에 대한 강력한 보상을 주며 프로그램에 적절한 자원을 배치한다. 이 모델은 연속성과 안정성을 제공하며 관리자가 교수진의 요구를 알고 교수학습과 교수개발 분야에 관한 연구를 익숙하게 한다. 이 모델은 교수개발에 유용한 자원을 제공하도록 요구하며 교수, 학생, 동문, 그리고 수업을 담당하는 기관의 이해관계자에게 정보를 준다.

관리자는 이들에게 정년보장 교수의 지위를 주거나 기관 내외부의 비정년 교수의 지위로 고용한다. 교수진에게 알려지고 존경받으며 수업 경험이 있는 관리자는 확실한 지식과 신용을 바탕으로 그 지위를 가진다. 오랜 기간 소규모 대학은 교수개발 리더를 캠퍼스 밖에서 찾지는 않았으나 최근에는 교수개발 분야의 전문화로 소규모 대학이 점점 관리자를 위한 국가 검색망을 활용한다. 어디에서 구하든지 간에 관리자는 강의 경험이 있어야 하고 최소한 1년에 한 강좌는 가르치는 것이 필수적이다(Reder et al., 2009).

전일제 상임관리자의 단점은 교수학습의 개선을 한 개인에게만 주로 초점을 두고 캠퍼스에서 수업을 옹호하는 사람들을 만드는 것이다. 학생의 학습을 개선하기 위해 교수의 수업을 지원하는 것이 개인의 직무이며 학과를 초월한 대학미션의 핵심 이슈가 된다. 왜냐하면 기관에서 교수개발의 '얼굴'에 해당하는 사람이 있다면, 이 모델에서 교수 주인의식의 유지는 도전이 되어 현재의 관련 프로그램을 유지할 수 있다. 이 프로그램은 프로그램과 연관 있는 '교수 동료들'에게 순환되고 강력한 교수자문위원회를 가지며 특정 프로그램을 위한 기반으로 지지를 받고 다양한 교수의 투입과 참여를 추구하는 도전이 된다(Reder & Gallagher, 2007; Reder et al., 2009).

공간과 예산

공간이 문제인가? 예산이 문제인가? 물리적 공간과 적절한 예산의 문제는 새로운 교수개발 프로그램이나 교수학습센터를 논의할 때 항상 등장한다. 두 질문에 대한 표준 답변은 "하기 나름"이다. 소규모 대학에서 공간이 문제이지만 강력한 프로그램만큼 문제가 되지는 않는다. 많은 소규모 대학 프로그램 관리자의 멘토인 Peter Fredrick은 소규모 대학에서 예를 들어, 1년차 세미나 프로그램, 정보리터러시 기획, 글쓰기 센터 등의 일부분으로서 물리적 또는 프로그램적으로 다양한 위치에 따른 활동을 고려하여 교수개발 프로그램이 교수학습에 초점을 두는 '메타포 센터'를 제공한다고 설명하였다(Frederick, 2007; Mooney & Reder, 2008; Reder et al., 2009). 물리적 공간을 가지는 것은 캠퍼스 중앙에 멋진 공간으로 요지에 자리 잡거나 캠퍼스 외곽의 불편한 건물로 강등될 수 있는데, 대부분 이런 공간의 문제는 프로그램을 확장하고 캠퍼스에서 활동 자체를 증가하는 데 영향을 받는다(Reder et al., 2009).

적절한 예산으로 교수학습 프로그램을 구축하고 유도하는 데 시간을 투자하는 관리자가 있다면 수업을 개선하기 위한 대학의 책무에 좋은 신호가 된다. 예산은 많으면 좋지만 교수학습을 위해 대학에서 투자한 시간(교수의 시간) 측면에서는 중요하지 않다. 예산은 이벤트를 위해 좋은 다과를 제공할 만큼이면 충분하고, 프로그램을 운영하는 데 필요한 서적과 물품을 구입할 수 있으며, 관리자가 콘퍼런스에 참석하여 전문성을 개발할 수 있어야 한다. 대부분 효과적인 교수개발 기회를 개발, 계획 및 실행하고 비용을 전략적으로 사용하는 데 시간이 걸린다. 다시 말해서 많은 예산으로 오직 한 코스를 진행하는 관리자는 적은 예산으로 기획에 시간을 더 많이 투자하는 관리자보다 덜 필요하고 비효과적인 프로그램을 운영할 것이다. 이벤트에 대한 요구가 증가할수록 이벤트를 운영하는 데 필요한 프로그램의 예산과 시간은 당연히 증가하게 된다.

지역문화

지역문화는 모든 기관에 중요한 시사점을 주는데, 지역색이 좀 더 드러나는 소규모 대학에서는 친밀한 교육 기업의 성향과 적은 교수의 수 때문에 특히 그렇다. 한 소규모 대학에서 연구를 하면 유사한 대학에서는 연구를 하지 않는다. 그러나 필자가 주장하건대 이 장에서 언급한 아이디어와 전략은 일반적으로 옳은 것으로 특정 기관의 전통, 요구 및 우선순위에 알맞게 적용하여야 한다(제7장 '교수개발 프로그램의 프로모션' 참조).

성공적인 교수개발을 위한 실행 전략

예전에 필자와 동료들(Reder et al., 2009)은 소규모 기관에서 성공적인 교수개발 프로그램을 위한 시작, 구축 및 유지에 관한 열세 가지 세부 원리를 열거하였다(Sorcinelli, 2002와 제3장 '교육개발 프로그램 수립' 참조). 필자는 각 원리를 다른 사람들에게 전파하고 지원하면서 성공적인 교수개발 연구를 위해 다음과 같은 세 가지 주요한 전략 혹은 목적으로 제안하였다. 첫째, 프로그램 구축, 둘째, 교수 주인의식 보장, 셋째, 수월성과 효과성을 기르는 프로그램 창출이다. 마지막으로 필자는 한 단어로 소규모 대학에 관련 있는 평가전략을 언급하고자 한다.

프로그램 구축

필수적이고 효과적인 프로그램을 구축하는 데 있어서 핵심은 소규모로 시작하여 성장시키는 것이다. 하나의 프로그램을 시작하여 잘 운영하는 것이 최선이며 그렇게 하면 추가 프로그램에 대한 교수진의 요구는 자연스럽게 점차 증가할 것이다. 우리는 신생센터나 프로그램을 진행할 때 항상 신규임용교수를 위한 장기 프로그램으로 시작할 것을 권장한다(Mooney & Reder, 2008; Reder et al., 2009; D'Avanzo, 2009). 그러한 프로그램은 그 기관에서 수업을 지원하고 수업에 가치를 두고 있다는 명백한 메시지를 주게 된다. 또한 프로그램은 여러 해에 걸쳐 대학의 수업문화에 맞게 변형할 수 있다

(Reder & Gallagher, 2007). 신임 교수진 대상 프로그램은 성공한 센터의 다른 프로그램을 위한 토대를 마련해 준다.

프로그램을 확장할 때는 조심스럽고 심사숙고하여야 하며 프로그램의 자원 혹은 능력을 넘어서 과도하게 제공하지 않아야 한다. 바람직한 두 번째 프로그램은 수업에 초점을 둔 토론이나 워크숍에 참여하기를 원하는 교수진의 범위를 확대하는 것이다. 이러한 제안은 참가자가 관심 있는 주제에 참여하거나 교수 그룹을 선정하여 학기나 연단위 코스의 장기 세미나에서 선택할 수 있는 '특별 프로그램'의 형태를 띠는 것이다. 좋은 사례는 다음과 같다.

- 세인트로렌스대학교의 구두 의사소통 연구소(Oral Communication Institute) (Mooney, Fordham, & Lehr, 2005)
- 앨러게니대학의 교수법 동반자(Teaching Partners)(Holmgren, 2005)
- 세인트올라프대학의 교수학습 장학금(Scholarship of Teaching and Learning) (Peters, Schodt, & Walczak, 2008)
- 코네티컷대학교의 교수법 토크(Talking Teaching) 오찬 세미나
- 매캘러스터대학의 중기 교수진 세미나(midcareer faculty semimar)
- 퍼먼대학교의 연계 코스의 '넥시아(Nexia)' 개념(Love, 2008)

신규임용교수와 다양한 사용자에게 호소력 있는 성공적이고 다양한 프로그램은 교수개발 프로그램의 성공적이고 포괄적인 기반을 마련해 준다.

교수 주인의식의 보장

교수 주인의식을 보장하는 방법 중 하나는 이해관계자, 특히 교수진에게 안내해 주는 것이다. 당신은 프로그램에 관한 목소리를 낼 수 있고 당신의 프로그램과 센터를 옹호하는 자문위원회의 구성을 원할 것이다. 자문위원회 위원은 다양한 학문 분야와 경력 단계를 고려하고 가장 존경받는 교수진을 선정한다. 프로그램을 위해서는 지역 인재 풀에주목하고 활용하려고 조언을 받는다. 많은 훌륭한 수업이 소규모 대학 캠퍼스에서 이루어지는데, 당신의 직무 중 하나는 시각적인 수업사례를 만드는 것이다. 캠퍼스

에서 학생들에게 잘 알려진 교수진은 동료들에게 관련 있고 매우 유용한 의도적이며 효과적인 수업을 이해시킬 수 있다. 그들은 서로 알고 있으며 아마도 다른 교수들이 강의실에서 하는 활동에 관심을 가진다. 교수의 요구와 우선순위를 세심하게 평가하고 교수진이 프로그램을 구성하고 기여할 수 있도록 한다면 그들은 교수학습 프로그램에 속해 있다고 느끼고 지속적으로 참여할 것이다.

수월성과 효과성의 배양

프로그램은 교수진에게 효과적이고 의도적인 수업에 관해 이야기할 수 있는 기회를 제공하여야 한다. 당신은 '훌륭한 교수'가 아닐지라도 수업, 학문, 리더십 및 봉사에서 저명하고 가장 우수한 교수진을 포함시키는 노력을 하여야 한다. 프로그램에 대한 관심과 참여를 유도하기 위한 하나의 방법은 교수진에게 그룹을 선택할 수 있도록 기획에 반영하고, 공지하기 전에 피드백을 제공하는 것이다. 당신이 특정 교수진을 토론과 이벤트를 위한 '토론자' 또는 '특별 교수'로 초대하는 것이다. 교수진을 넓히고 행정가나 직원까지 홍보하는 것은 이미 그 자체가 호소력이 있기 때문에 차기 프로그램에 참여하게 된다. 다양한 집단(학문, 성별, 수업 접근방법, 경력 단계)에게 홍보하는 것은 좀 더 다양한 청중을 더 많이 유인할 수 있다.

당신의 프로그램에 관련을 가지고 유용하게 하는 주요한 핵심은 광범위하고 다양하게 제공하는 것이다. 중요한 점은 교수개발 기회가 이미 제공되어 있는 캠퍼스의 다른 단체와 협력하여 프로그램을 수업에 관한 교수진 대화의 '센터'로 만드는 것이 중요하다(Frederick, 2007; Reder et al., 2009). 프로그램의 세부사항이 문제인데 음식과 다과의 질은 대화의 진행과 업무 수행에 중요하며 교수진의 참여가 가치 있다는 메시지를 모두에게 전달해 준다.

업무의 평가

프로그램의 활동을 평가하는 것은 프로그램을 구축하고 우수한 교수진으로 배양하며 프로그램의 효과성을 보장하는 데 필수적이다. 대규모의 평가 프로젝트나 교수학습 활동의 연구 기반 학문이 1인 체제를 벗어나 진행하는 동안, 참가자의 정확한 프로그램의 기록을 보관하여 정보를 수집하는 것은 소규모 대학 교수개발 프로그램의 성공과 성장에 중요한 핵심이 된다(소규모 대학 교수개발 프로그램을 위한 기본 평가전략은 Reder, 2009 참조).

기록 보관이 중요하지만 통계가 전체를 설명하지 못한다는 점은 기억하여야 한다. 비록 비율이 중요하지는 않지만 특히 교수의 수가 한정적일 때 인원이 적고 인상적이지 못할 수도 있다. "숫자에 살고 숫자에 죽는다."는 것은 마음에 새길 문구이다. 교수 토론에 교수 참여가 30% 증가하는 것은 놀라운 일이지만 계속 유지할 수 있는가? 그 숫자가 다음 학기에 내려간다면 어떠할까? 그 의미는 무엇인가? 양적 데이터에 의거한 이런 질문에 대한 답은 명확하지 않다. 그러나 양적 데이터도 한계가 있으므로 핵심은 교수 참가자이다. 만약 교수진이 이벤트에 참여하지 않는다면 그 이벤트는 수업을 개선하지 못하고 프로그램의 목표를 달성하는 데도 어려움이 따른다.

더불어 필자의 경험에 비추어 보면 교수로서 살면서 영향을 준 교수개발 활동과 프로그램에 관한 자신의 경험을 이야기하는 데 숫자는 큰 주목을 끌지는 않는다. 이러한 증거는 특히 프로그램이나 센터의 출범 원년에 중요하다. 평가는 완벽하고 필수적이어야 한다는 사실을 항상 명심하여야 한다(제9장 '교수개발 프로그램 평가' 참조).

결론

Sorcinelli, Austin, Eddy와 Beach(2006)는 전체적으로 교수개발이 직면하는 다양한 이슈를 규명하였다. 이슈 중 두 가지는 소규모 대학의 교수개발 프로그램이 중심이며, 테크놀로지가 기관의 교수학습과 전문성의 변화를 구동하는 탁월한 역할을 한다는 것이다(Mooney & Reder, 2008). 게다가 특히 소규모 학부중심대학은 그들이 학생학습(평가 데이터)에서 수집한 엄청난 양의 데이터를 가지고 학생학습을 직접 개선하기 위한 행동으로 바꿀 것을 요구한다. 학생학습의 개선은 소규모 대학 교수개발 프로그램의 미션에 중점을 두어야 한다. Wabash의 인문교육국가연구(Wabash National Study of Liberal Arts Education, n.d.)의 최초 연구 결과는 교수법 실행이 인문 교육의 목적에 직접적인 영향을 준다고 밝혔다. 이 결과가 주목하는 것은 전체적인 수업의 질이 학생개발과 차원 높은 도전에 관심이 있는 교수진을 포함하고 있으며 동기, 개방성, 변화, 비판적 사고와 도덕적 추론, 리터러시에 대한 태도, 예술과 과학에 기여하고자 하는 바람과 같은 영역에서 학생성장과 정적인 상관이 있다는 것이다(Reder, 2007; Wabash, n.d.). 수업은 실제로 중요한 문제이다. 활성화된 교수학습 프로그램은 소규모 대학이 진지하게 미션을 수행하였음을 보여주는 것으로, 캠퍼스에서 좋은 수업을 볼 수 있으며 교수수업을 지원해 주어 학생학습을 증진할 수 있다.

참고문헌

D'Avanzo, C. (2009, Spring). Supporting faculty through a new teaching and learning center. *Peer Review, (11)*2, 22–25.

Frederick, P. (2007, October). *Sixteen reflections from thirty years of faculty development*. Paper presented at the Professional and Organizational (POD) Network Annual Conference, Pittsburgh, PA. Retrieved March 5, 2008, from http://ctl.conncoll.edu/smallcollege/index.html

Gibson, G. W. (1992). *Good start: A guidebook for new faculty in liberal arts colleges*. Bolton, MA: Anker.

Holmgren, R. A. (2005). Teaching partners: Improving teaching and learning by cultivating a community of practice. In S. Chadwick–Blossey & D. R. Robertson (Eds.), *To improve the academy: Vol. 23. Resources for faculty, instructional, and organizational development* (pp. 211–219). Bolton, MA: Anker.

Love, J. (2008). Meeting the challenges of integrative learning: The Nexia concept. In D. R. Robertson & L. B. Nilson (Eds.), *To improve the academy: Vol. 26. Resources for faculty, instructional, and organizational development* (pp. 263–274). San Francisco: Jossey-Bass.

Marx, J. (2005, September 9). Undergraduate research in the humanities [Letter to the editor]. *The Chronicle of Higher Education*, p. B22.

Mooney, K. M., Fordham, T., & Lehr, V. 2005. A faculty development program to promote engaged classroom dialogue: The oral communication institute. In S. Chadwick-Blossey & D. R. Robertson (Eds.), *To improve the academy: Vol. 23. Resources for faculty, instructional, and organizational development* (pp. 219–235). Bolton, MA: Anker.

Mooney, K. M., & Reder, M. (2008). Faculty development at small and liberal arts colleges. In D. R. Robertson & L. B. Nilson (Eds.), *To improve the academy: Vol. 26. Resources for faculty, instructional, and organizational development* (pp. 158–172). San Francisco: Jossey-Bass.

Peters, D., Schodt, D., & Walczak, M. (2008). Supporting the scholarship of teaching and learning at liberal arts colleges. In D. R. Robertson & L. B. Nilson (Eds.), *To improve the academy: Vol. 26. Resources for faculty, instructional, and organizational development* (pp. 68–84). San Francisco: Jossey-Bass.

Reder, M. (2007). Does your college really support teaching and learning? *Peer Review, 9*(4), 9–13.

Reder, M. (2009). *Assessing faculty development programming on a shoestring: Practical advice and strategies.* Unpublished manuscript.

Reder, M., & Gallagher, E. V. (2007). Transforming a teaching culture through peer mentoring: Connecticut College's Johnson Teaching Seminar for incoming faculty and the Scholarship of Teaching and Learning. In D. R. Robertson & L. B. Nilson (Eds.), *To improve the academy: Vol. 25. Resources for faculty, instructional, and organizational development* (pp. 327–344). Bolton, MA: Anker.

Reder, M., Mooney, K., Holmgren, R., & Kuerbis, P. (2009). Starting and sustaining successful faculty development programs at small colleges. In D. R. Robertson & L. B. Nilson (Eds.), *To improve the academy: Vol. 27. Resources for faculty, instructional, and organizational development* (pp. 267–286). Bolton, MA: Anker.

Shulman, L. S. (1993). Teaching as community property: Putting an end to pedagogical solitude. *Change, 25*(6), 6–7.

Shulman, L. S. (1999). *Fostering a scholarship of teaching.* [Video]. Stanford, CA: Carnegie Foundation for the Advancement of Teaching.

Sorcinelli, M. D. (2002). Ten principles of good practice in creating and sustaining teaching and learning centers. In K. H. Gillespie (Ed.), *A guide to faculty development: Practical advice, examples, and resources* (pp. 9–23). Bolton, MA: Anker.

Sorcinelli, M. D., Austin, A. E., Eddy, P. L., & Beach, A. L. (2006). *Creating the future of faculty development: Learning from the past, understanding the present.* Bolton, MA: Anker.

Wabash National Study of Liberal Arts Education (n.d.). *Effective practices and experiences from the Wabash National Study.* Retrieved November 13, 2008, from http://www.wabash.edu/cila/docs/11.13.08%20Effective%20Practices%20summary%20with%20data%20web%20final.pdf

Zimmer, M. (2005, August 12). How to find students' inner geek. *The Chronicle of Higher Education*, p. B5.

Zimmer, M. (2007, February 16). Guerrilla puzzling: A model for research. *The Chronicle of Higher Education*, p. B5.

19

커뮤니티칼리지에서 교수개발

Helen Burnstad & Cynthia J. Hoss

커뮤니티칼리지는 고등학교에서 중등과정 이후의 교육을 학생들에게 제공하기 위해 처음 만든 특별한 교육기관이다. 2005년 가을, 650만 명이 넘는 학생들이 학점 취득을 위해 전국 1,195개 커뮤니티칼리지에 등록하였다. 이 학생들은 모든 미국 학부생의 46%이고, 39%는 자신의 가족 중 처음으로 대학을 등록하는 첫번째 세대이다(American Association of Community Colleges, n.d.). 거의 40만 명의 전일제와 시간제 교수자가 커뮤니티칼리지에서 강의하고 있다(Townsend & Twombly, 2007). 초기 커뮤니티칼리지는 오로지 13~14학년에게만 대학교육을 제공하였다. 초창기인 19세기 초부터 21세기에 이르기까지 학교가 설립되고 발전하는 과정 속에서 커뮤니티칼리지의 미션은 상당히 확장되었다. 1960년대 중반 이후 새로운 커뮤니티칼리지가 매일 하나씩 개교하면서 편입, 직업 및 기술교육, 평생교육, 개발교육 및 지역사회 봉사를 포함한 기능들이 확장되었다(Cohen & Brawer, 2003). 이 다섯 가지 기능은 커뮤니티칼리지의 교수개발을 위한 특별한 도전을 가져왔다.

교수개발 프로그램을 발전, 지원, 혹은 유지하기 위한 여러 가지 형태가 존재한다. 직원, 프로그램 및 조직개발을 위한 국립위원회(National Council for Staff, Program, and Organizational Development, NCSPOD)의 1998년 설문(N=142)에 의하면 13%가 오직 전일제나 시간제 교수개발 프로그램에만 중점을 둔다고 대답하였고, 2%는 오직 전일제 교수자의 요구에만 부응한다. 대다수(82%)의 응답자는 봉사, 활동, 이벤트 및 모든 직원을 위한 프로그램과 같은 종합적인 전문성 개발을 제안하였다(Hoss, 1998). 이 설문조사에 따르면 1998년 95%의 NCSPOD 회원 커뮤니티칼리지가 교수개발을 제공하였다. 또한 1998년 연구에서 응답기관의 25%가 전일제 개발자를 위한 프로그램을 가지고 있으며 직원(5%), 위원회(4%) 또는 직원과 위원회 둘 다를 위한 프로그램(11%)이 존재하였다. 이와 달리 커뮤니티칼리지의 교수개발에 관한 정보를 제공하는 2006년 간행물은 '중앙단위(34%)'를 가진 조직이 있다고 밝힌 반면, 다른 2/3는 개인(21%), 위원회(21%) 또는 정보센터(17%)에 초점을 두고 있었다(Sorcinelli, Austin, Eddy, & Beach, 2006). 1998년 커뮤니티칼리지 전문성 개발 프로그램의 연구에서 재정 투입에 관해서 응답자의 37%는 자신이 NCSPOD의 권고에 따라 예산의 2~5%가 지원되었다고 보고하였다(Hoss, 1998). 교수개발의 조직과 지원은 대부분 기관의 규모, 프로그램의 규모, 연간 프로그램의 존재, 직원 또는 직원 부서의 수, 기관의 재정능력에 따르며, 가장 중요한 행정과 관리 게시판을 허용하는 것으로 결정되었다.

"물론 모든 교수개발 프로그램의 가장 중요한 목표는 학생들의 학습향상이다 (Sorcinelli, et al, 2006)." 커뮤니티칼리지는 이 결론을 지지한다. 게다가 커뮤니티칼리지는 다른 직원을 통합하기 위해 대부분 다른 기관이 할 수 없는 방법을 연구한다. 그들은 기관의 기능을 개선하고 학생의 성공에 관심을 두며, 교수진에게 변화하는 학문과 직업 분야 그리고 테크놀로지가 현재에도 유지되기를 기대하고 요구한다. 그들은 지역사회 안에서 대학의 관계를 개선하고 졸업과 편입 비율을 증가시키고 사기를 높이며 입법과 사회변화에 대응하려고 시도한다(Smith & Beno, 1993, n.p.). 요컨대 커뮤니티칼리지 교수개발자는 교수자와 다른 직원을 위한 다양하고 포괄적인 성장과 개발 안건에 지원받기를 기대한다.

커뮤니티칼리지는 15~95세까지의 학생들에게 서비스를 제공한다. 교수진은 반드시 기업이나 산업에서 근무해 본 전문가이거나 교육 분야에서 최소한 석사학위를 갖추어야 한다. 그들은 학생들의 성공을 촉진하기 위해 교수학습의 우수성에 전념하여야 한다. 커뮤니티칼리지는 교수진에게 면대면 수업뿐 아니라 전자기기나 TV를 이용한 온라인 수업을 통한 학점 과정을 개설하도록 요구한다. 교수진은 반드시 복수 학점 환경에서 선수학습과 경험을 위한 학점을 결정하여야 한다. 테크놀로지의 수요와 새로운 전달방식은 커뮤니티칼리지 교수진이 성장과 변화의 장기적인 발전을 시작하는 데 필요하다.

커뮤니티칼리지의 상황은 학생의 학습 결과를 강조하는 분위기 속에서 특정 학생 집단의 요구에 부응하는 교수진을 지원하는 교수개발자에게 도전을 준다. 또한 커뮤니티칼리지 교수개발은 직원과 조직개발의 큰 비전과 별개가 아니다. 이 주제에 관한 초기 출판물 중 하나인 커뮤니티칼리지에서의 직원개발 핸드북(*Staff Development in the Community College: A Handbook*)(Hammons, Smith Wallace, & Watts, 1978)은 직원개발과 프로그램의 포괄적인 관점을 촉진시켜 주었다. 우리는 이 장에서 이 핸드북을 기반으로 하여 교수개발 접근법을 제공하기 위해 다음과 같은 커뮤니티칼리지 상황에서의 도전을 논의하고자 한다. 첫째, 학생 프로필과 목적의 다양성, 둘째, 효과적인 교수학습을 위해 필요한 기술, 셋째, 다양한 전달 시스템을 통한 커뮤니케이션 차원이다.

배경 : 학생 프로필과 목적

커뮤니티칼리지 학생의 프로필이 상당히 복잡하다고 말하는 것은 절제된 표현이다. '커뮤니티칼리지는 주 인구의 90~95%가 대략 25마일의 합리적인 통학 거리 안에서 지어진 것'처럼 대부분의 학생이 통학한다(Cohen & Brawer, 2003). 그러나 몇몇 커뮤니티칼리지는 적은 비율의 학생을 위한 기숙사가 있다. 교수진은 캠퍼스에서 사는 학생들 간에 커뮤니티를 만드는 데 노력하여야 한다. 그러나 학습관리시스템(CMS/LMS, Blackboard, Angel, E-college 혹은 Moodle 등)을 이용한 원격학습 환경에서 커뮤니티의 구축은 훨씬 더 큰 도전이다.

가장 어린 커뮤니티칼리지 학생(15~18세)은 복수 등록이나 대학 수준의 코스를 제공하는 고등학교 보충 수업인 'running start' 프로그램에 참여한다. 학생은 영예(honors) 프로그램, 홈 스쿨링이나 중등학교에서는 불가능한 상급코스의 수업에 참여한다. 많은 학생이 대략 18~22세이다. 커뮤니티칼리지에서의 시장 점유율 예측에 따르면 4~6년간 대학교육에 학비를 지불하는 것을 꺼리거나 불가능한 부모를 가진 더 전통적인 학생(1960년대 교수진이 기억하고 있는)이 점점 증가한다. 전통적인 학생은 23~90세의, 나이든 성인 학습자가 참여하게 된다. 이 학생은 고등학교와 대학, 직장과 대학, 실업과 대학 또는 은퇴와 대학 사이를 이동한다. 많은 시간제 성인 학습자는 전일제 근무를 하고 직장, 집, 사회 그리고 학교생활을 균형 있게 하려고 애를 쓴다. 다양한 연령층이 섞여 있는 것은 교수진에게 기쁨과 함께 특별한 도전을 주며 많은 세대가 함께 있는 커뮤니티칼리지 수업 장면으로 나타난다.

커뮤니티칼리지는 그 지역을 반영하는 경향이 있다. 지역의 특징도 작은 시골이며 도심사업과 온라인에 정통하고 세분화되고 풍부하거나 점차 국제적이고 다양한 민족을 포함할 수 있다. 학생의 다양한 사회 경제적 배경은 학습 환경에서 도전을 더해준다. 무엇보다 중요한 경제적인 어려움이 많은 커뮤니티칼리지 학생에게 영향을 주고 이 사실은 자신의 전체 경험에 더해진다. 어떤 학생은 종종 수동적으로 "나는 무엇을 공부해야 하는지 모르겠어요."라고 간절하게 말한 후에, "그저 직업을 구할 수 있는 학력을 주세요!"라고 말할 것이다. 커뮤니티칼리지 학생은 특히 다양한 학습양식을 가진다. 그들은 소규모 수업, 개별 학생의 성공을 위해 애쓰는 교수진, 그리고 서비스와 자원을 지원하는 것을 많이 요구한다. "매력적인 유색인종 학생, 나이 많은 여학생을 선발하는 편입, 한 부모, 저소득층 학생 및 최근 이민자를 유치한다(Wolf-Wendel, Twombly, Morphew, & Sopchich, 2004)." 다양한 인구학적 특성 때문에 커뮤니티칼리지 교수자는 반드시 다양성에 대비해 준비해야 하며 알맞은 교수학습 접근법을 선택하여야 한다.

학생은 다양한 목적을 가지고 커뮤니티칼리지에 입학한다. "많은 학생은 그들이 무능해서 커뮤니티칼리지에 다니는 것이 아니라 McDonough(1997)가 말하는 일류 사립대학에 다니기에는 자본이 부족하기 때문에 다닌다. 즉 그들에게는 유수한 사립대학을 소개하거나 입학을 장려하는 부모나 학교가 없다(Wolf-Wendel, et al., 2004)."어떤 학생은 학위를 받기 위해 처음부터 끝까지 프로그램을 따라가려고 생각한다.

다른 사람은 학위를 마치기 위해 편입 전 일반적인 교육 요건을 갖추려고 다닌다. 그들은 재입학 학생으로서 여름학기 동안 참석하기도 하는데, 이러한 등록은 커뮤니티칼리지 레벨에서 가장 빠르게 증가하고 있는 학생그룹 중 하나이다. 일부는 학위, 수료, 또는 자격증을 위해 프로그램에 참여한다. 다른 사람은 2~3년 정도의 전문 또는 기술 프로그램을 이수하기를 희망한다.

보통 학생중심 목표가 개발교육은 아니지만 커뮤니티칼리지는 독해, 수학, 영어 혹은 제2외국어로서의 영어와 같은 기본 능력 강화를 필요로 하는 학생을 위한 것이다. 이 학생에게는 기초적 지식이 성공을 위해 필요하기 때문에 보통 초기 능력 테스트나 영역별 진단을 기본으로 하는 능력 구축 코스에 배치한다. 뿐만 아니라 일부는 고등교육을 계속 받기 위해서나 혹은 직장을 위해 중등교육 수료와 같은 고졸 학력 인증서를 원한다.

많은 성인 학습자가 교육이나 재교육 욕구에 초점을 두고 커뮤니티칼리지에 다닌다. 이러한 목표 지향적인 성인 학습자는 자신의 현재 직업이나 새로운 경력을 위해 다른 지식, 기술, 행동 및 태도를 배운다. 다른 사람은 직업적 발전을 위해 좀 더 특수성을 추구한다. 점점 증가하고 있는 커뮤니티칼리지 학생은 평생학습을 추구한다. 그들은 학위 취득을 위한 시간이나 열의가 없었던 시기의 지식을 가지기 위해 수업을 듣는다. 퇴직자나 베이비 붐 세대는 퇴직을 준비하고 여행 기회를 확장하며 연장자로서 대학 '부스터' 그룹이 되거나 테크놀로지 리터러시를 터득하기 위해 학점 및 비학점 코스에 등록한다.

교수학습의 기대

커뮤니티칼리지 교수진은 내용 전문성, 지식 그리고 준비가 되어 있기 때문에 고용된다. 커뮤니티칼리지는 주로 교육기관이기 때문에 교수자의 기술에는 반드시 특정 학문 지식과 기술뿐만 아니라 학생의 일반적인 교육과 개인의 발전을 돕는 기본 학업 능력, 직업 그리고 직업 준비를 포괄하는 수준을 갖추어야 한다. 학생을 더 좋은 학생이 되도록 도와주는 교수진은 특정 학문 지식에 평생학습 기술을 더한다. 커뮤니티칼리지 교수진은 특히 다양한 학생을 지원하기 위해 능숙한 대인관계 기술이 필요하다. 커뮤니티칼리지 교수진은 학생을 알기 위해 시간을 투자하고 의도적이고 적절한 피드백을 제공하며 각 학생의 성공을 장려할 수 있어야 한다(Community College Survey of Student Engagement, 2007).

그러므로 교수개발 노력은 개발 위주로 큰 틀을 잡고 학생과 함께하는 전략을 사용할 필요가 있다. 많은 커뮤니티칼리지 교수진은 직업 프로그램과 그 프로그램을 도와주는 일반교육 코스를 가르치기 때문에 학생이 직업경로를 따라갈 수 있도록 지원을 준비할 필요가 있다. 학생이 업무 현장 기술을 배우도록 돕는 데 교수진의 선택은 중요하며, 교수진은 학생의 비판적 사고, 문장력, 수학적 추론 및 정보활용 능력기능을 강화시킬 수 있도록 하는 것이 필수적이다. 교수개발은 그 목적을 달성하기 위해서 보통 교수 개개인이 학습 커뮤니티에서 좀 더 과제를 효과적으로 어떻게 활용하고 평가하는지 도와준다. 온라인 코스는 오직 서면으로 가능한 교수자의 피드백으로서 글쓰기 요건인 명료성, 타당한 표현과 간결함을 포함한 효과적인 글쓰기에 관한 기대를 증가시켜 준다.

교수개발센터와 프로그램은 획기적인 교수학습을 지원하는 교육과정 및 조직 변화의 선두가 되어 왔다(Rouseff-Baker in Watts, 2002). 또한 커뮤니티칼리지 교수개발 프로그램은 서비스러닝을 주도하여 시민의 참여, 사회적 책임에 관한 어젠다로 진화한다. 학생과 교수진은 국제적 교류, 지역 기반 프로젝트 그리고 리더십 역할과 커뮤니티칼리지의 모든 직원의 전문성을 증진시키는 경험이 되는 자원봉사에 참여한다.

커뮤니티칼리지는 원격교육전달시스템에 상당히 관련 있기 때문에 교수개발센터는 학생을 이러닝에 참여시켜 기술을 강화하도록 교수진을 장려하는 데 도움을 주었다. 전통적인 면대면 수업은 여전히 존재하고 계속 존재할 텐데, 왜냐하면 교육의 요구가 교육 방법론만큼이나 다양하기 때문이다. 교수개발을 위한 노력은 적극적으로 학습방법을 개발하고 뇌연구 결과에 관한 지식을 활용하며 테크놀로지를 적절하게 연관시켜 활용하고 강의를 강화하여 교육 환경의 질을 계속 높인다. 또한 컴퓨터 보조수업과 실험실의 사용을 강조하면서 다른 학습에 도전한다.

많은 커뮤니티칼리지는 흥미진진한 미디어로 학생을 끌어들이기 위해 완전한 온라인, 혼합형 수업, 쌍방향 비디오나 다양한 전략을 활용하여 수업하도록 교수진을 돕는다. 최근 개발된 기술과 인터페이스[예 : 위키(wikis), 블로그, 게임, 제2의 인생 시나리오, 시뮬레이션, 실시간 데모와 실시간 연결]는 최근 글로벌 이슈에 관한 의사소통과 비판적 사고를 적용하고자 하는 교수진에게 흥미로운 도전을 준다. 테크놀로지는 교수학습의 중심이 되고 있고, 일부 커뮤니티칼리지는 교수진이 최신 테크놀로지를 교육에 통합시킬 수 있도록 교수설계자를 투입한다. 그것은 '전달'을 넘어서는 것으로 학습을 맥락화하는 또 다른 하나의 방법이다. 학습은 테크놀로지 변화의 정점에 놓여 있고 교수개발자는 정보화 시대로의 전환을 주도한다. 그들은 끊임없이 새로운 도구, 전략, 아이디어를 스캔하고, 세대별 학습자의 요구 충족을 위해 교수진과 조직을 지원하는 훈련을 하고 있다. 이 상황은 모든 유형의 고등교육 기관에 적용되는데, 특히 커뮤니티칼리지에서 두드러진다.

또한 교육과정은 모듈화, 가속화, 집단화, 개방된 시작과 종료, 동시적, 비동시적, 학습 커뮤니티 유형의 실험과 개설을 거쳐 변화되어 왔다. 이러한 유형 변화는 코스 내용 패키지를 재고하는 데 필요한 교수훈련과 개발을 요구한다. 대학이 학생에게 이 서비스를 시험하면서 어떤 이들은 1주일에 하루만 출석하고 학점 이수(12~15학점)가 가능한 프로그램으로 전환하였다. 교수진에게 이러한 모든 변화에 영향을 주는 것은 교수개발자에게 가장 큰 도전이 된다.

커뮤니티칼리지 교수개발의 계획

많은 커뮤니티칼리지는 커뮤니티칼리지의 1~3년 간격의 평가 주기에 따라 교수진의 요구와 필요에 관한 전문성개발계획(Professional Development Plans, PDP)이나 개인개발계획(Individual Development Plans, IDP) 시스템을 사용한다. 이 계획은 반드시 교수진과 대학 모두의 요구를 충족시키기 위해서 예산 배분에 반영하여야 한다. 이러한 계획은 개인개발의 결과가 되고 학습조직, 학술 분야 및 학과의 성장에 기여한다.

커뮤니티칼리지는 점점 더 전일제와 시간제 교수진 모두를 위한 교수개발 프로그램을 통합하고 있다. 커뮤니티칼리지의 서비스 요구와 커뮤니티칼리지의 위치에 따라 20~90%의 학점 시수는 시간제 (혹은 외래) 교수진에 의해 운영될 수 있다. 따라서 교수개발 기회에 대한 관심은 모두를 위해 똑같이 중요하다. 대표적인 커뮤니티칼리지 훈련 및 개발 프로그램과 활동은 교수진이 좀 더 효과적으로 가르치는 것을 돕고자 설계되어 왔다. 따라서 학생의 요구를 충족할 수 있도록 다음을 포함하고 있다(Burnstad & Hoss, 2004).

- 코스와 프로그램의 개시 및 개선
- 기관평가 및 지속적인 품질 개선(Continuous Quality Improvement, CQI)전략과 목적 및 목표의 설정

- 교수전달 시스템 및 멀티미디어 학습자료 설계
- 교육 실습의 개별화와 맞춤화
- 오프라인과 온라인 수업의 개선과 향상
- 원격교육 상황의 실습
- 비동기와 동기적 학습전략
- 교과목 평가전략
- 국가 면허와 전문 자격증 제도 평가
- 전국적인 기준에서의 평가

프로그램 개발은 조직 모델을 따른 학과 수준의 구조, 콘텐츠 및 시스템을 제공하고 유지함으로써 교육 및 지원 프로그램의 개선에 초점을 맞춘다. 다음 사항은 프로그램 개발에 포함될 수 있다(Burnstad & Hoss, 2004).

- 시장 요구에 변화하기 위한 새로운 교육과정과 프로그램의 지속적인 개발
- 일반교육 기초 기술, 경력 경로나 평생교육 기술과 역량을 위한 기존 교육과정과 프로그램의 평가와 성장
- 학습을 재조명하기 위한 코스나 프로그램의 설계

커뮤니티칼리지는 지역사회에 부응하는 것을 원하기 때문에 교육과정의 변화는 교수개발이 반드시 필요한 지속적인 도전이다. 일부 기관은 교육과정 설계 전문가, 멀티미디어 전문가 및 기술자를 교수진이 강좌개설과 수업 전달을 재고하고 재작업 할 수 있도록 고용하였다.

조직의 요구사항은 미국 장애인 보호법(ADA), 가족 교육 사생활 보호법(FERPA), 비상 대응 시스템, 안전 및 보안 준비 그리고 성희롱 예방법과 같은 준법 교육을 수용하기 위해 고려되어야 한다. 기관의 테크놀로지 교육은 내부 시스템의 사용, 특정 분야의 응용 프로그램, 그리고 개별 사용자 PC 그리고 Blackboard, Angel, E-college와 같은 학습관리 시스템을 요구한다(Burnstad & Hoss, 2004).

중등 이후 교육에서 그동안 커뮤니티칼리지가 전문성 개발을 확실하게 수용하고 지

원할 수 있는 콘텐츠를 통용하고 있다고 본다. 콘퍼런스에 참석하는 것은 많은 교수개발 프로그램의 중요한 중점사항 중 하나이다. 일부 교수개발자는 교수진의 콘퍼런스 참가비용 지원을 위해 재단으로부터 재정지원을 받을 수 있었다. 일부 커뮤니티칼리지는 출판이나 연구비를 지원하는 안식년을 통해 교수 혁신 지원을 제공하고 있다. 콘퍼런스 참석 이외에 강점 질문(StrengthQuest), 감상 질문(Appreciative Inquiry) 훈련이나 교실평가기법 워크숍과 같은 프로그램에 참여함으로써 교수진은 종종 기술 향상을 피로한다. 일부 커뮤니티칼리지는 교수진을 위하여 전문가로서의 생활과는 다른 종합적인 지원 프로그램(구체적인 신임 교수진 오리엔테이션 프로그램부터 자신의 지위와 정년보장을 포함하는 새로운 지원까지)을 구축하고 있다. 중진 교수진 개개인의 요구에 부응하는 프로그램이 관심을 끌고 있는데, 그들이 원하는 프로그램의 성과는 혁신, 멘토링 관계, 네트워킹, 강화된 교수직의 유지 그리고 높은 사기의 증진이다(Chang & Baldwin, 2008; E.A. Karls, personal communication, July 25, 2008).

개인개발은 전체 삶의 이슈에 초점을 두고 개인에 집중하여 교수진을 장려한다. 이러한 프로그램은 피트니스 및 웰빙 프로그램(재무계획 및 은퇴 준비 세미나 또는 직업, 여가, 여행이나 사회 프로그램)을 포함할 수 있다(Burnstad & Hoss, 2004). 커뮤니티칼리지는 이사회, 행정관청이나 무료급식소 지원을 통한 지역 상공회의소, 경제 발전 기업가 정신 및 파트너 정신 그리고 봉사 서비스를 통해 제공되는 주가 주최하는 리더십 프로그램 같은 지역사회 발전이나 평생교육 프로그램에 교수진이 참여하도록 장려하여 왔다. 일반적으로 이런 종류의 프로그램은 종합적인 커뮤니티칼리지 교수개발 프로그램을 통하여 조직되었다.

혁신적인 실제

커뮤니티칼리지에 의해 진행되는 교수개발 프로그램 접근법은 연합 프로그램에서 자체설계 프로그램, 방문 학자를 지원하는 프로그램에 이르기까지 다양하다(Burnstad & Hoss, 2004). 기관들 간의 공통점은 2007년에 직원, 프로그램 및 조직개발을 위한 북미위원회(North American Council for Staff, Program, and Organizational Development, NCSPOD)로 개명한 국립 직원, 프로그램 조직개발위원회(National Council for Staff,

Program, and Organizational Development)에 의해 교수개발의 우수성을 인정받고 있는 것이다. 이 공통점은 신임교수 오리엔테이션, 교수진의 테크놀로지 훈련, 교수학습 워크숍, 우수교사 세미나, 안식년 기회, 교수학습센터 및 출판과 자원 회의를 포함한다. 특별 프로그램은 혁신적인 실제 사례를 보여주고 있으며, 예를 들어 각 기관의 전략 계획과 미션을 반영한다.

델타대학 전문성 개발 코스 시리즈

델타대학(미시간 주)의 교수센터(Faculty Center for Teaching Excellence, FCTE)의 가장 혁신적인 기능 중 하나는 ED300 전문성 개발 코스 시리즈이다. 15개의 코스로 이루어진 이 시리즈는 교수진 및 직원의 전문성 개발, 수업지원, 동료 교수와의 자체 형식을 지원하기 위해 시작되었다. 다양한 형식(면대면, 혼합, 온라인)을 제공하는 ED300은 델타대학이 전일제 및 시간제 교수진을 위해 제공하는 프로그램을 통한 수업지원 코스이다. 모든 ED300 코스들은 미시간 주에 있는 학부 코스 및 미시간 주의 평생 교사 자격증의 학점으로 전환할 수 있다. 이는 저렴한 가격으로 자격증을 받고자 하는 겸임 교수진에게 특히 장점이 된다. 델타대학의 교수진이 주도하는 이 프로그램은 특정 교육과정 프로그램과 대학의 학습중심의 가치를 통합할 수 있도록 다른 교수진과 직원을 돕는다. 통합의 다음 단계로, FCTE는 핵심 ED300 코스와 '마스터 교사' 자격을 수여하는 프로그램으로 발전시키고 있다. 통합 과정은 델타의 핵심 교육과정과 관련되어 있거나 교육학 연구가 더 필요한 혹은 직업 및 학문 배경을 가진 개인을 위한 '베스트 실제 사례' 기초 교육을 제공한다. '교수학습의 베스트 실제 사례', '성인학습자' 및 '학습을 위한 글쓰기'와 같은 코스는 특히 겸임 교수진에게 중요하고 효과적인 교수 학습의 원칙과 실제에 관한 기초 교육을 제공한다. 2009년에 시작되었으며 겸임 교수진은 이 프로그램의 성공을 인정하고 있다.

델타대학에서의 FCTE는 오랜 경력코스를 통해 교수개발을 검토하고 학교생활에서 다양한 연령대 및 경력 단계를 위한 프로그램으로 발전시켜 왔다. 또한 신임 전일제 교수진을 위한 ED390 '교수학습의 베스트 실제 사례'를 통해 첫 해에 교수개발 프로그램을 종합적으로 제공한다. 초기에 델타대학 재단 보조금으로 자금을 지원한 이 코스는 훨씬 더 포괄적이고 지속적이며, 델타의 요구를 고려하여 첫 해 교수진이 경험할 수 있도록 새로운 교수진을 위한 전문성 개발 기회를 구축하기 위해 만들었다. 이 코스는 실천학습, 반성적 실제, 그리고 가장 좋은 교육 실제 사례의 대학 모델링으로 발전시켜 수업실습을 연마하는 동안에 지속적이고 긍정적인 새로운 교수집단을 구축한다. 게다가 그것은 기관의 역사와 가치를 인정하고 미래의 성장을 위한 구성요소를 제공할 수 있는 델타 조직의 긍정적인 요소를 기반으로 한다. 이 코스에서 신임교수는 고용된 첫해에 3학점을 이수하게 된다. 대부분 신임교수의 시수는 기본 급여에 추가되어 임금인상의 결과를 가져온다(E. A. Karls, personal communication, August 10, 2008).

캔자스시티 캔자스커뮤니티칼리지 학술 토론회

캔자스시티의 캔자스커뮤니티칼리지(Kansas City Kansas Community College, KCKCC)에서 개최된 학술 토론회는 한 교수가 안식년 연구 결과물을 발표하려고 포럼을 찾던 중 교수개발센터에 방문하면서 시작되었다. 인사부서에서는 이러한 포럼을 개최하는 것이 다른 교수자나 직원에게 이익이 될 수 있을 것이라고 판단하였다. 결과적으로 학술 토론회는 학술 및 예술적 가치가 있는 프레젠테이션을 주제로 교수진과 직원을 위한 공개 포럼으로 개최되었다. 현재 6개의 학술 토론회가 매해 개최되고 1시간이 주어진다. 6개의 계획서가 경쟁 선발과정을 통해 접수되면 교수개발센터는 일반적인 전단지나 이메일을 통해서 그것을 발표한다. 또한 전문 포스터가 디지털 이미지 프로그램의 코디네이터와 그의 학생에 의해 만들어진다. KCKCC 학술 토론회는 다음과 같은 긍정적인 기회를 가져온다.

- 교수진과 직원은 교실 밖에서 전문적인 프레젠테이션을 만든다.
- 교수진과 직원은 전문적인 프레젠테이션을 만드는 동료를 관찰한다.
- 학생들은 교실 밖에서 전문적인 프레젠테이션을 만드는 교수와 직원을 관찰하고 교수와 직원과의 논의와 논쟁에 참여한다.
- 학문간 융합과 논의의 기능이 증진된다.
- KCKCC의 디지털 디자인 프로그램은 실제 응용 프로그램에 창조성을 부가한다.

이전의 프레젠테이션 주제는 다음과 같다.

- 거울에 나타난 물체는 실제 있는 것보다 가깝다.
- 1829년의 Big Neck 전쟁이 북동쪽 미주리와 동부 캔자스에 미치는 영향
- 테러, 인종차별과 흑인의 저항
- 검은 죽음과 매독 : 감염 이론의 역사적 비교
- 정신 분열 세계 : 기후변동의 과학과 정치

이 학술 토론회가 처음 시작되었을 때 예상 청중은 교수와 직원이었다. 그러나 점차 교수들이 세션에 학생들을 데려올 것을 요청하여 현재는 청중의 3분의 1이 학생들이다. 이 학술 토론회는 지역사회의 대화를 증가시키고 교수와 학생 사이의 유대감을 구축한다. 처음에는 발표자들이 동료로부터 받는 피드백을 제외하고는 어떠한 보상도 받지 않았다. 6번째 해인 지금, 각 프레젠테이션이 200달러의 수당을 받을 만큼 학술 토론회는 성공하였다(B. Hayes, personal communication, August 1, 2008).

온라인 교수자를 위한 샌버너디노밸리대학의 훈련

캘리포니아에 있는 샌버너디노밸리대학(San Bernardino Valley College, SBVC)의 임무는 '다양한 지역사회의 학생에게 질 좋은 교육과 봉사를 제공'하는 것이다. 현재 온라인 학습자의 수는 계속 증가하고 있다. 이 대학은 온라인 형태의 2년제 준학사학위를 제공한다. 많은 커뮤니티칼리지처럼 1996년 2개의 온라인 강좌에서 2007년 110개의 강좌를 제공할 정도로 성장했다. 이 110개의 세션은 23개의 과목, 45명의 교수진 그리고 FTEs의 7%를 포함한다. 학생은 확실히 양질의 온라인 프로그램을 원하고, SBVC는 훌륭한 교수진과 직원개발 활동을 통해 온라인 환경에서 좋은 교육과 서비스를 제공하기 위해 교수자에게 준비하도록 한다. 이 대학은 2003년에 완벽한 훈련과 역량을 발휘하기 위해 온라인 교육을 담당하는 교수진에게 필요한 수료 프로그램을 다음과 같이 시행하였다.

- 코스관리 시스템(Blackboard 혹은 First Classroom)
- TEACH Act[저작권 승인(Copyright Compliance)]
- PL 508[ADA 승인 이슈(Compliance Issues)]

- 코스 조직과 구조(면대면 수업에서 온라인 수업으로의 전환)

온라인 수업의 교육학 교수진은 캠퍼스 기반의 전문성 개발이나 캠퍼스 밖의 세미나와 워크숍에서 이러한 능력을 성취할 수 있다. 이 대학은 2시간 워크숍으로 7주 프로그램을 제공한다. 이 훈련은 온라인으로도 가능하다. 이 요구사항을 충족하기 위한 다른 방안으로는 모든 캘리포니아커뮤니티칼리지 교수진에게 무료로 제공되는 온라인 훈련 프로그램인 @ONE에 참가하는 것도 포함한다. 여기에는 에버그린밸리대학의 숙소가 제공되고 캘리포니아커뮤니티칼리지의 총장 사무실로부터 보조금을 후원받는다.

2007년 샌버너디노밸리대학은 온라인 교수진이 온라인 교육에 관한 전략, 새로운 테크놀로지, 불만 및 성공에 대해 논의하기 위해 대면할 기회를 열망한다고 생각하였다. 그 결과로 온라인 좋은선생님세미나(Great Online Teachers' Seminar, GOTS)가 발전하였다. 이것은 좋은 교사 운동 이후의 모델이 되며 필요성을 피력하기 위한 적절한 방법이다. SBVC는 2007년 봄, 45명의 교수가 참가한 GOTS 세미나의 초반 3일을 후원하였다. 참가자들은 성공 사례를 공유하고 문제점에 대한 잠재적인 해결방안을 모색하였으며 온라인 교육의 우수함을 달성하기 위한 방법에 초점을 맞추었다. 이 워크숍은 온라인 수업을 강화하기 위해 협력하는 교수진 네트워크의 발전을 가져왔다. SBVC는 현재 매 2년마다 전문기술, 자원 그리고 경험을 공유하기 위해 다른 교육기관에서 교수를 초청하여 이 이벤트를 후원한다(K, Weiss, personal communication, August 8, 2008).

존스카운티커뮤니티칼리지 외래인증교육

캔자스의 존스카운티커뮤니티칼리지는 모든 외래 교수진에게 외래인증교육(Adjunct Certificate Training, ACT)에 참여할 기회를 제공한다. ACT는 더 효과적인 교육자가 될 수 있도록 외래 교수진을 도와주기 위한 도구와 자원을 제공한다. 외래 교수진은 ACT를 수료하면 대학 미션에 대한 지식, 기관의 정책과 절차, 대학학습 커뮤니티의 안착과 함께 학습을 향상시키는 자원을 갖추게 된다. 외래 교수진은 인증을 받기 위해 필수 모듈을 학기 중에 완수하고, 적어도 연속 2학기 이내에 하나의 선택과목 모듈을 마쳐야 하며 1년 더 연장하기 위한 옵션도 있다. 필수 모듈은 다음을 포함한다(J. Gadberry, personal communication, August 30, 2008).

- 오리엔테이션
- 평가 및 시험 구성
- 교실의 다양성 문제
- 효과적인 강의계획서 설계
- 고용 정책과 절차
- 교수 설계
- 법적 문제
- 마이크로티칭과 수업 촬영(실험실 상황)
- 전체 학생 교육
- 교실 안에서의 테크놀로지
- 성찰 저널

다음은 선택 과목 모듈이다.

- 뇌연구와 교육
- 개별화 개발 계획을 이용한 목적 설정
- iTeach 온라인
- Softchalk 활성화
- 필수 팟캐스팅
- 주임 교사 워크숍
- 교실 밖 학습
- 학습양식
- 교수법
- 테크놀로지 이상의 교육

이러한 커뮤니티칼리지 교수개발 계획은 현재 다양한 실제 사례를 반영한다. 특정 교수를 수용하고 프로그램 및 조직 훈련과 개발의 필요성을 충족하고 있다. 마지막으로 이 프로그램은 (1) 중진 교수진의 요구, (2) 교수진과 직원을 위한 연구 보급, (3) 숙련된 온라인 실무자와의 네트워크, (4) 외래교수를 위한 교수 능력 향상을 다룬다.

책무성과 지속 가능성 문제

커뮤니티칼리지의 상황은 평가와 측정에 대한 책임감과 함께 교수개발 프로그램과 결과물을 공유하는 데 영향을 준다. 우리는 다음 질문에 대한 정보를 수집하기 위해 표준화된 양식을 만드는 교수개발자에게 일반적인 권장사항을 제공한다(제9장 '교수개발 프로그램 평가' 참조).

- 훈련이나 활동의 목적은 무엇인가?
- 훈련이나 활동으로부터 기대한 결과물은 무엇인가?
- 어떤 역량을 측정하였나?
- 각 역량을 어떻게 측정하였나? 성취에 관한 루블릭은 설정하였나?
- 측정은 얼마나 효과적인가?
- 교수개발 노력이 얼마나 효과적인가?
- 커뮤니티칼리지 미션을 어떻게 강화하였나?

Smith와 Beno(1993)의 전문성 개발 측정을 위한 네 가지 평가 단계는 다음과 같다. (1) 반응, (2) 학습, (3) 행동과 태도 변화, 그리고 (4) 학생 및 기관에 미치는 영향이다. Smith 등에 의해 추가 준거(투자에 대한 회수 또는 비용/이익)는 2003년에 개정되었다.

1단계는 이벤트에 대한 반응을 측정하고 데이터를 수집하기 쉬운 것으로, 평가의 목적은 다음과 같다.

1. 활동의 질 결정
2. 주제가 미래에 더 탐구되어야 하는지 질문

3. 만족감의 수준 측정(긍정/부정, 선호/비선호, 좋음/나쁨, 증가/감소)

4. 향후 더 많은 교수진의 참가 여부 결정

1단계는 설문 조사, 인터뷰, 초점집단 및 참가자 보고서와 같은 도구를 사용하여 수집한다.

2단계는 학습을 측정하고 얻은 지식 및 적용을 설명하는 것으로, 평가의 목적은 다음과 같다.

1. 학습이 발생했는지 여부 결정

2. 어떤 새로운 것을 학습했는지 여부 확인

3. 만약 그렇지 않다면 어떤 활동이 필요한지 결정

4. 만약 그렇지 않다면 올바른 평가 질문이 있었는지 확인

5. 참가자가 내용, 기술, 행동, 태도의 변화를 학습했는지 결정

2단계는 설문 조사, 샘플, 인터뷰, 초점집단 및 참가자 보고서를 포함하고 학습 직후나 파지도 측정을 위해 몇 주 후 활동을 평가한다.

3단계는 행동과 태도 변화를 측정하고 분명한 언행일치를 관찰하는 것으로, 평가의 목적은 다음과 같다.

1. 변화의 여부 결정

2. 참가자에게 어떤 변화가 일어났는지 확인

3. 변화가 바람직했는지 평가

4. 만약 그렇지 않다면 어떤 요소가 환경에 영향을 끼쳤는지 탐구

5. 상사, 동료 및 학생이 주목한 문서 변화

3단계는 학생들의 설문 조사, 자습, 참가자의 보고서 및 장·단기 연구를 통해 이루어진다.

4단계는 프로그램, 훈련이나 중재의 결과로서 학생과 기관에 미친 영향력을 측정한

다. 이 영역은 평가하기가 어려우며 그 영향은 다음 일곱 가지에 의해 결정된다.

1. 사기의 증가 또는 감소 식별
2. 학생 및 직원을 위한 대학 내 분위기의 지속성 평가
3. 직원이 작업을 수행하기 위한 정보를 충분히 얻는 시기 인식
4. 의사결정 참여의 수준 결정
5. 대학 연구 환경의 만족 수준 발견
6. 학생이 학습을 하거나 목적을 성취하거나 적절한 시간 내에 완수하거나 성공했다는 것을 궁극적으로 증명
7. 학생이나 직원이 어떻게 또는 언제 문제를 해결했는지 검사

4단계 평가는 분위기 조사, 학생들의 파지도 측정, 목적 달성, 불만 감소 통계, 지역사회 인식, 프로그램 검토 및 기관 자료를 사용한다.

2003년 Smith 등에 의해 완성된 개정안에 의하면 5단계 평가는 투자에 대한 회수 또는 비용/이익(측정하는 것들 중 가장 어려움)을 측정하기 위해 추가되었다. 이 단계는 다년간 수백만 달러의 Title Ⅲ 혹은 V 연구비와 같은 대규모의 값비싼 투자에 대한 회수를 설명하기 위한 복잡한 평가방법이다. 5단계의 데이터는 입법부나 연구지원기관에게 설득력이 있다. 5단계는 다음 두 가지 근본적인 질문에 대한 답변을 요청한다. (1) 시간과 돈의 투자가 예상된 결과물을 산출하였는가? (2) 어떻게 그것을 알 수 있는가?

종합적인 교수개발 계획은 전략 향상을 위해 안내하는 피드백과 결과를 측정하는 잘 구조화된 평가에 의해서 강화된다. 일부 커뮤니티칼리지의 교수개발 프로그램은 다른 프로그램 및 지원 서비스를 검토하고 유사한 기관의 프로그램을 검토하기 위해 요청된다.

결론

커뮤니티칼리지 교수개발자는 교수개발 작업이 기관에서 어떻게 전력 상승이 될지,

종종 예상 밖의 지원, 자원 그리고 깨우침을 가져다주는 방법을 초기에 고려하는 것이 필요하다. 대부분의 교수진이 종종 기본적으로 다른 사람들을 성장시키면서 동기가 부여되는 것처럼 가장 큰 작업은 다른 사람의 말을 경청하고 장려하는 것이다. 커뮤니티칼리지 교수진은 전반적으로 교수학습을 심각하게 받아들인다. 그들은 교실 안 문제로 수업과정에서의 실망, 교수 전달방법의 상당한 변화에 쉽게 흔들릴 수 있다.

교수개발자는 교수개발에서 학생을 끌어주고 학생의 문화를 대표하는 지역사회를 이해하는 것이 필요하다. 그러나 이것은 대학마다 다르다는 점을 주목할 필요가 있다. 교수개발자는 전일제와 시간제 교수자를 위한 지원 구조가 너무 크게 다를 때, 운영하는 모든 교수자 프로그램의 복잡성을 인식해야만 한다. 교수개발자는 전체 교수와 직원에게 대학의 광범위한 비전을 제공하여야 한다. 교수학습은 교수진에 의해서만 수행되는 것이 아니라 직원과 행정가도 중요한 역할을 한다. 이러한 현실은 종종 오해나 부정확한 전달 때문에 혹은 무시되어서 학생학습의 잠정적인 손실을 가져온다.

교수개발의 모자이크는 커뮤니티칼리지의 복잡한 환경 안에서 필요하다. 이 장에서 우리는 전문지식, 개발 및 경력경로의 다양한 단계에 있는 모든 교수진을 위해 다각적인 프로그램의 요구사항을 충족하기 위한 도전을 다루었다. 교수개발은 다양한 학생들의 프로필, 동기 및 목적에 따라 더 큰 도전을 받는다. 그 도전은 여러 전달 시스템에 의해 교수학습에서 지속적인 기술 향상을 바라는 기관의 기대를 충족하기 위해 존재한다. 이러한 도전은 커뮤니티칼리지의 교수개발 노력을 위한 상황에서 교수, 직원 및 학생들의 삶을 향상시키기 위하여 각 모자이크 조각을 맞추는 교수개발 접근법을 필요로 한다.

 참고문헌

American Association of Community Colleges. (n.d.). *Students at community college*. Retrieved October 31, 2008, from http://www2.aacc.nche.edu/research/index.htm

Burnstad, H., & Hoss, C. (2004). *Launching your staff, program, and organizational development program*. Kansas City, KS: National Council for Staff, Program and Organizational Development.

Chang, D., & Baldwin, R. G. (2008). Creating time and space for faculty reflection, risk-taking, and renewal. *The Department Chair, 19*(1), 1–3.

Cohen, A., & Brawer, F. (2003). *The American community college* (4th ed.). San Francisco: Jossey-Bass.

Community College Survey of Student Engagement. (2007). *Committing to student engagement: Reflections on CCSSE's first five years.* Retrieved October 15, 2008, from the Community College Leadership Program, University of Texas, at http://www.ccsse.org/publications/ 2007NatlRpt-final.pdf

Hammons, J., Smith Wallace, T. H., & Watts, G. (1978). *Staff development in the community college: A handbook.* Topical Paper no. 66. Los Angeles: ERIC Clearinghouse for Junior Colleges.

Hoss, C. (1998). *The mentoring and professional development of part-time faculty.* Lincoln: University of Nebraska Press.

McDonough, P. M. (1997). *Choosing colleges: How social class and schools structure opportunity.* Albany: State University of New York Press.

Rouseff-Baker, F. (2002). Leading change through faculty development. In G. Watts (Ed.), *New directions for community colleges, no. 120. Enhancing community colleges through professional development* (pp. 35–42). San Francisco: Jossey Bass.

Smith, C., & Beno, B. (1993). *A guide to staff development evaluation.* Sacramento, CA: Community College League of California. Rev. in 2003 by Smith, C., DeVol, M., & Stetson, N., as *Evaluating staff and organizational development.* Available from California Community College Council for Staff and Organizational Development at http://www.4csd.org

Sorcinelli, M. D., Austin, A. E., Eddy, P. L, & Beach, A. L. (2006). *Creating the future of faculty development: Learning from the past, understanding the present.* Bolton, MA: Anker.

Townsend, B. K., & Twombly, S. B. (2007). Community college faculty: Overlooked and undervalued. *ASHE Higher Education Report, 32*(6).

Wolf-Wendel, L., Twombly, S., Morphew, C., & Sopchich, J. (2004). From the barrio to the bucolic: The student transfer experience from HSI to Smith College. *Community College Journal of Research and Practice, 28*(3), 213–231.

20

석·박사 학위 학생개발 프로그램

Laura L. B. Border & Linda M. von Hoene

석·박사 학생들이 프로그램 단계별로 이동하는 것과 같이 그들은 대학원 재학 동안 교수를 동경하고 학자로서의 지위에 요구되는 지식과 기술을 발전시켜야 한다. 그 과제를 순조롭게 완수하기 위해서는 효과적인 수업에 관해 역사적으로 배우고 교수 지위에 도달하기 위한 충분한 도제가 고려되어야 한다. 그러나 25년간 성장해 온 석·박사 학생개발(Graduate and Professional Student Development, GPSD)의 주요한 연구대학 프로그램은 대학원생의 기술과 지식의 성공적인 습득이 수업, 연구, 학술 서비스 및 전문성 개발에 초점을 둔 효과적인 지원 시스템에 의해서 촉진되고 확장된다고 설명한다. 연구대학에서 대학원생을 지원하는 프로그램이 활성화된 것처럼 석·박사 학생(GPS) 프로그램 개발자는 저널에 게재된 결과를 연구하기 시작하였고 다른 출판물도 그 주제에 관심을 두었다. 이 장에서는 다음과 같이 석·박사 학생개발의 다섯 가지 영역을 다룬다.

1. 해당 분야의 성장
2. 프로그램의 유형
3. 대학원 재학 동안 완수해야 할 대학원생에게 필요한 지식 및 기술
4. GPS 개발자에게 요구되는 지식 및 기술

석·박사 학생개발의 성장

제2차 세계대전 후 GI Bill은 대학 및 대학원 입학이 극적으로 증가했다고 하였다. 그 시기의 대학은 연구를 강조하고 조교(TAs) 및 강사로서 대학원생의 고용을 늘리기 시작하였다. 1960년대 공민권법의 도입은 입학에 다른 변화를 가져왔다. 1970년대 이러한 요인이 융합되면서 실험실, 암송 및 입문과정에서 조교에게 크게 의존하였던 외국어, 영어, 스피치 및 화학 학과에 조교지원을 도입하는 것으로 이어졌다. 1970년대 학생들의 불안과 불만은 교육과정뿐만 아니라 교수 및 조교 평가까지도 변화를 가져왔다(Border, 2006).

1980년대 중반 몇몇 연구대학은 미래의 교수자인 학생들을 가르치기 위해 대학원생의 훈련 프로그램을 시작하였다. 그 예로 1985년 설립된 콜로라도대학교의 대학원교사 프로그램(Boulder's Graduate Teacher Program)이 있다. 또한 1985년 고등교육에서의 전문성 및 조직개발(POD) 네트워크의 연례 콘퍼런스에서 회원들은 1986년 오하이오주립대학교에서 개최한 조교의 훈련과 고용에 대한 생각을 첫 번째 국내회의에서 언급하고 조교의 훈련에 특히 관심을 보였다. 많은 대학 총장들을 포함하여 약 300명이 참석한 그 콘퍼런스는 대학원생이 조교 및 교수자로서의 역할과 개인, 정부 및 비영리 분야의 리더로서 준비하기 위하여 국내외에서 폭넓은 활동을 하는 Pew 자선 신탁(Pew Charit able Trusts)이 투자하고 있는 5개의 콘퍼런스 시리즈로 활기를 띠었다. 이 콘퍼런스 자료집(Chism, 1987; Lewis, 1993; Nyquist, Abbott, Wulff, & Sprague, 1991)은 그 분야 연구를 위한 기초 작업이 되었다. 1993년 독일에서 개최된 '대학 수업의 개선'이라는 국제 콘퍼런스에서 Goldschmid(1993)는 박사 후보자에게 학술활동뿐 아니라 리더십 및 관리직을 준비하기 위해 "인내, 리더십 자질, … 엄격함, 효율성, 에너지, 자율성, 자존감, 사회 근접성, 사회 통합 및 융통성"이 "미래성장, 참여 및 적응력"을 위해 필요하다고 강조하였다.

1995년 대학원협의회(Council of Graduate Schools, CGS)와 미국대학협의회(Association of American Colleges and Universities, AAC&U)는 미래교수자준비

(Preparing Future Faculty, PFF) 프로그램을 위한 연구비를 제공하는 Pew 자선 신탁에서 자금을 받았다. 2000년 295개 대학의 76개의 그룹이 포함된 PFF 프로젝트는 특정 분야를 이수하기 위해 국립과학재단(National Science Foundation, NSF)과 대서양 자선 단체(Atlantic Philanthropies)에서 추가 연구비를 받았다. 프로그램은 성공을 거두었고 대학원협의회는 PFF 웹 사이트 관리를 꾸준히 하고 있다(Council of Graduate Schools, n.d.).

2000년 POD 네트워크는 매년 POD 콘퍼런스와 POD 출간물에서 언급된 석·박사 학생개발 이슈를 목표로 하는 조교개발분과위원회를 만들었다. 워싱턴대학교에서 시작된 '박사학위 프로젝트의 재구상'은 교수자로서 수업 준비를 넘어 비즈니스, 정부 및 산업에서의 리더십 역할을 위한 준비로, 대학원생의 준비 분야를 확장할 필요성을 강조하는 대학원 교육의 논의를 이끌었다(Nyquist & Woodford, 2000). 2003년 POD는 조교개발분과위원회를 전체 상임위원회로 격상시켰다. 같은 해 박사학위에 대한 카네기계획(Carnegie Initiative on the Doctorate)은 학과와는 관계 없는 박사 프로그램 모델을 통해 대학원생의 전문성 개발을 좀 더 제공하기 위한 화학과 교육 프로젝트에 투자하였다. 그 후 2003년 NSF는 과학, 기술, 공학 및 수학(STEM)의 미래 교수진을 위한 준비에 지원을 결정하였고, STEM 교수진 성장에 기여한 두 센터에 투자하였다. 두 센터는 연구, 수업과 학습의 통합센터(Center for the Integrations of Research, Teaching, & Learning, CIRTL)(University of Wisconsin, Madison, 2008)와 2003년 공학교육발전센터(Center for the Advancement of Engineering Education, CAEE)(University of Washington, 2008)이다. 2004년 POD 네트워크 조교개발위원회란 이름은 경력 준비에 관한 새로운 영향을 반영하고 다양한 경력을 위한 준비로 수업을 계속 강조하기 위해서 대학원생전문성개발(GPSD)로 바뀌었다. Woodrow Wilson Foundation's Responsive Ph.D. 프로젝트는 다양한 역할을 하기 위한 대학원생의 적절한 준비에 초점을 두고 인쇄 및 온라인 출판물로 주목할 만한 프로그램을 제시하였다(2005).

1990년대 후반 New Forums Press는 조교개발저널(*Journal of TA Development*)에서 수업 보조를 위한 준비에 초점을 둔 저널을 소개하였다. 10권이 성공적으로 출판된 이후, 이 저널은 GPSD 분야에서 프로그램, 연구 및 활동을 좀 더 넓게 포괄하기 위해 석·박사 학생개발 연구(*Studies in Graduate and Professional Student Development*)로 바꾸었다. 그리고

2008년에 같은 이름으로 11번째 책을 출판하였다(Border, 2008). 2009년 POD 핵심위원회(POD Core Committee)는 여러 학교의 석·박사 학생들이 학계에서 미래의 역할을 좀 더 정확하게 준비할 수 있도록 위원회 이름을 석·박사 학생개발위원회(Graduate and Professional Student Development Committee)로 바꾸는 것을 승인하였다.

GPSD 프로그램 유형

수업보조 프로그램

대학원생 프로그램이 급속하게 변화와 발전을 하는 동안 Lambert와 Tice(1993)는 미국 고등교육협의회(AAHE)에서 실시한 107명의 설문조사 결과에 따라 중앙 및 학과별 조교 프로그램의 홍보물을 제작하였다. 그 당시 중앙집중식 프로그램은 대부분 교수학습센터에 보관되었다. 하지만 볼더에 있는 콜로라도, 시러큐스, 캘리포니아-버클리대학교의 센터는 대학 수준에서 가르치는 방법을 학습하는 것이 대학원 교육의 일부가 되어야 한다고 대학원에 직접 보고하였다. Lambert와 Tice는 대략 20여 개의 중앙집중식 프로그램과 함께 비슷한 수의 학과 기반 프로그램을 설명하였다.

조교훈련 프로그램은 특히 현직 교육 프로그램으로서 캠퍼스에서 대학원생에게 가르치는 역할을 준비할 수 있는 기능을 하여, 대학원생을 미래 교수자로 보게 되었다. 이러한 일부 변화는 Marincovich, Prostko 및 Stout(1998)의 연구에도 기록되었는데, 그 당시 조교개발 분야에 탁월한 개요를 제시하였다.

이러한 초기 프로그램들은 GPSD 프로그램의 초석이 되었고 오늘날 계속되고 있다. 첫째, 워크숍, 세미나 그리고 중앙집중 및 학과별 수업 코스, 둘째, 교육학, 평가 및 성찰중심, 셋째, 학습양식 모델을 통한 인식을 다룬 내용, 넷째, 코스와 강의계획서 기획의 도입, 다섯째, 교수나 강사와의 협력을 통한 수업의 실제, 여섯째, 국제 학생을 위한 영어와 문화훈련의 개선, 일곱째, 미국교실 안의 다양성을 다루는 훈련, 여덟째, 수업에서 수업컨설턴트나 교수자 기반의 관찰과 상담, 아홉째, 지역에서 제작한 수업자료의 생성 및 사용이다.

미래교수자준비 프로그램

Pew 자선 단체가 대학원협의회(CGS) 및 미국대학협의회(AAC&U)에서 주는 연구비로 시작한 국가 미래교수자준비(PFF) 프로젝트(Gaff, Pruitt-Logan, Sims, & Denecke, 2003)는 한 기관을 넘어서 대학원생 준비 프로그램에 대한 관심을 확장시켰다. PFF 운동의 주요 아이디어는 학부중심대학, 커뮤니티칼리지 및 특성화대학에서 수업향상을 위한 수업담당 교직원을 배치한다는 희망과 함께, 미래 교수자에게 전형적인 연구기관을 능가할 수 있는 확장된 중등 이후 교육 환경을 소개하기 위함이었다. PFF 프로젝트의 프로토타입은 다양한 중등 이후 교육 환경에 교수진을 초청하여 캠퍼스에서 대학원생이 미래 직무의 책임을 다할 수 있는 준비방법에 관해 토론하게 하였으며, 이는 미래 교수자의 실제 역할과 준비가 포함된 목표를 가지고 있다. PFF 프로젝트는 대학원생을 장려하여 파트너 캠퍼스 사이트 방문, 지역 또는 파트너 캠퍼스 교수와의 멘토십 및 자신과 파트너 모두에게 이득이 되는 수업 프로젝트를 통해 중등 이후 교육 캠퍼스, 교실과 문화를 탐구하게 한다.

전문성 개발 프로그램

대학원 교육을 위한 지원이 발전되었듯이 일부 프로그램은 학술논문 작성과 같이 개인 대학원생의 학술적 성과를 강화하는 기술을 다루기 시작하였다. 일부 프로그램은 상급 대학원생이 수업에서 컨설턴트 역할을 할 수 있도록 훈련한다. 또 다른 프로그램은 대학원생의 멘토링 기술을 발전시키기 위해 교수와 함께 연구한다. 많은 프로그램은 대학 수업 인증으로 발전하였다. 일부는 학술 리더십 프로그램을 개발했고, 다른 곳은 석·박사 학생들에게 학계 이외의 경력으로의 전환을 돕기 위해 경력개발 프로그램을 만들었다. 학부 교육을 향상시키기 위해 좀 더 일반적인 교육에 관심을 가지는 다른 사람들은 교실이나 교육 연구를 주도하는 프로그램을 도입하였다. 다양한 전문성 개발 유형은 다음과 같다.

대학원생을 위한 작문 프로그램　대학원생이 자신의 학위를 취득하는 과정에서 작성해야 하는 작문의 장르는 연구비 신청서, 콘퍼런스 논문이나 포스터 준비, 출판될 논문의 완성, 학위논문 작성 등과 같이 그들에게는 새로운 것이다. 석·박사 학생 개발실이 학술 연구비 신청서 작성 훈련을 담당하지 않는 동안 워크숍이나 코스는 학술논문 주제를 다룬 다수의 문헌을 기반으로 개발될 수 있다. 석·박사 학생개발자는 대학원 학술논문에 관해서 최소한 캘리포니아-버클리의 Soracco(2008)가 편찬하였던 참고문헌을 제공하여야 한다. 모든 대학원생은 글을 잘 쓰는 것이 필요하고 학부생이 글을 효과적으로 쓸 수 있게 도와야 한다는 필요성을 배운다. 결과적으로 대부분의 프로그램은 워크숍이나 코스를 통해 효과적인 학술 토론, 교육과정에서의 작문, 등급이 매겨지는 논문, 학위논문 작성 또는 학문적 글쓰기 등 학술 작문을 다룬다. 다른 프로그램들은 작문의 새로운 영역을 거론하였는데, 스탠퍼드대학교의 비학계 청중을 대상으로 작문을 가르치는 심화 프로그램이 있으며 캘리포니아-버클리 아카데미 서비스 작문 프로그램은 대학원생의 학술논문의 필요성을 강조하였다.

멘토링 프로그램 이 프로그램은 교수진이 대학원생의 멘토가 될 것을 기대하고 일부 기관은 교수진의 멘토링 기술 강화를 위한 개발 프로그램을 제공하기 시작하였다. 예를 들어, 캘리포니아-버클리대학교의 대학원생강사교수자원센터는 교수진에게 석·박사 학생의 연구를 멘토링하고 가이드하는 데 필요한 기술을 개발하기 위해 연례 세미나를 개최하였다(von Hoene & Mintz, 2002). 이 세미나는 대학원생 멘토링을 위한 캠퍼스 정책으로 교수진을 돕는다. 예일대학교나 위스콘신대학교도 이런 비슷한 세미나를 계획하고 있다.

인증 프로그램 미국과 캐나다 전역에 약 45개 석·박사 학생개발 프로그램은 대학 수업에서 인증을 제공한다(von Hoene, 2009). 그 인증서는 센터에서 제공하는 프로그램 시리즈를 따르는 경향이 있는데, 예를 들어 교실수업, 학습 및 수행에 주로 초점을 둔 인증서, 교수진에게 필요한 더 넓은 역량을 다루는 상위 수준 인증서, 또는 학술 이외의 업무를 준비하는 경력 서비스센터에서 개발한 전문성 개발 인증서가 있다.

리더십 프로그램 콜로라도대학교의 대학원교사리더네트워크는 수업상담 훈련을 넘어서 매년 50명의 대학원생을 대상으로 자신의 학문과 중등 이후 교육기관에서 학술 리더십 역할을 확장하기 위한 준비를 한다. 이러한 대학원생 '리더십'은 상담, 워크숍 촉진 및 유산(legacy) 프로젝트를 위한 계획을 수립하고 리더십 네트워크 직원이나 본 학과 교수자 멘토의 감독 아래에서 수행한다.

비학계 경력 프로그램　네브래스카대학교와 콜로라도대학교의 GPS 개발자는 대학원생과 박사후 과정생에게 부가적인 맞춤형 지원을 제공하기 위한 지역경력봉사 프로그램과 혁신적인 연락책 활동을 만들었다. 이 프로그램의 목적은 그들이 전혀 고려해 보지 않은 상급 학위 학생의 경력 방안을 제공하는 것이다. 경력 서비스는 비즈니스, 정부, 산업 혹은 비영리 분야의 다양한 업무 환경에서 새로운 기술을 시도하고 배우는 인턴십을 제공하기 위하여 기업, 정부 혹은 연구그룹과 함께 연구한다(Bellows, 2008).

교실 또는 교육연구 프로그램　일부 기관은 캘리포니아-버클리대학교에서 실시하는 수업평가기법연구(Classroom Assessment Techniques research)에 기초를 둔 아이디어와 모형을 통합하였다(Angelo & Cross, 1993). 여기에는 Boyer의 수업장학금 모델(1990), 성찰수업, 교수학습 장학금, 그리고 최근 연구로서 수업에 기초한 대학원생 개발 프로그램을 만든 하버드대학교 Eric Mazur의 연구가 있다. 초기의 일부 프로젝트는 강사 수준에 따른 학부생 성취도를 연구한 학문 기반의 교육연구의 성과물로 변형되었다(Pollock & Finkelstein, 2008). 다른 프로젝트에서는 교수학습 장학금(SOTL)이 대학원생을 위한 워크숍이나 인증서로 통합하였으며, 또 다른 사람은 연구로서 수업에 기반을 둔 코스와 인증서를 만들었다(Center for the Integration of Research, Teaching & Learning, 2008).

대학원생에게 요구되는 지식 및 기술

대학원생을 위한 교사 훈련 및 전문성 개발 활동을 계획하는 데 있어 전문성 개발자는 대학원생이 대학원 과정과 그 이상으로 성공하는 데 요구되는 다양성을 인식하고 학술적인 통합 이슈를 포함하는 전체적인 지식과 기술을 반드시 고려하여야 한다. 대학원생은 학부생을 위한 멘토링 연구가 증가하는 것을 주목하고 멘토링, 조언과 때로는 후배동료 및 학부생 상담기술의 개발을 요청하기도 한다. 대학원생은 학과 혹은 캠퍼스

위원회나 공공 봉사 구성원으로서의 활동에 참여하므로 협력 기술을 배울 필요가 있다. 대학원생이 취업 시장에서 성공하기 위해 훈련, 기술, 경험 및 경력 계획을 정교화하여 제공할 필요가 있다.

초급 교수법

대학원생은 보통 교수의 도움을 받아 토론, 강의, 더 큰 코스의 일부인 실험, 외국어, 작문 및 스피치와 같은 단독 수업 등 다양한 코스 환경에서 가르친다. 그들은 종종 근무시간을 실시하거나 온라인 학습관리 시스템을 통해 수업을 해야 하는 책임이 있다. 그들이 가르치는 코스는 학부 수준보다 더 낮거나 높을 수 있다. 이런 환경에서 요구되는 기초 기술과 지식의 영역은 수업 계획, 교실 운영, 소집단 관리 및 다른 실천학습 전략, 토론 촉진, 프레젠테이션, 학생 작품 채점 및 피드백 활동을 준비하고 보여주는 것부터 학생에게 학술연구를 수행하고 학습방법을 이해하도록 가르치는 것이다. 또한 그들은 장애학생과 어떻게 협력하고 어떻게 전체적인 교실 환경을 구축하는지를 포함하여 학부생 수업에서 반드시 안내해야 할 전문적인 기준과 윤리에 대해 확실히 이해시키는 것이 필요하다. 외국어, 스피치 및 작문 코스와 같이 더 큰 책임이 따르는 수업에서는 교수의 감독 아래 조교가 강의계획서와 코스 계획을 발전시킬 수 있다. 서비스러닝 구성요소가 포함된 코스를 가르칠 때 대학원생은 시민 참여, 다양성, 학습 및 서비스러닝 실천연구중심의 갈등관리 등의 호혜적 상호관계를 이해하는 것이 필요하다.

고급 교수법

수업조교는 기본적이고 필수적으로 필요하고 배워야 할 기술 및 지식이 있으며, 전문인이 되면 책임감을 더 가지게 되어 고급 기술과 지식이 필요한 교육적 지위를 추구한다. 따라서 상급 대학원생은 미래의 교수자 프로그램을 준비하기 위해 기술을 개발하기를 원할 수 있다. 이 지식은 그들이 교수로 처음 시작할 때 '빠른 스타터(quick starters)'가 되도록 준비시켜 준다(Boice, 2000). 연구중심대학에 있는 교수는 간혹 수업조교가 가르치는 낮은 레벨의 언어코스를 가르치기도 하고, 오히려 문학과 비평이론을 가르치기도 한다. 학부중심대학 교수는 대학원생이 가르쳤던 기본 과정을 넘어서는 더 광범위하고 다양한 코스를 가르치는 것이 필요하다. 연구중심대학에서는 대집단 강의를 준비하고 실시하며 조교의 연구를 도와주는 데 필요한 기술을 고려해야 한다. 이상적으로는 대학원생에게 미래의 교수자로서 수업을 위한 준비가 될 수 있도록 전임강사로서 수업과 강의계획서 설계를 경험할 수 있는 캘리포니아-산타바바라대학원이 제공하는 캡스톤(capstone) 수업 경험을 가지도록 한다(Academic Services, 2008). 그러나 단지 적은 비율의 전임강사만이 코스를 설계하고 가르치는 기회를 가지며, 모든 대학원생은 학습 결과, 설계활동 그리고 루블릭을 개발하고 사용하여 학습을 정교화하는 데 강점을 가진다. 볼더에 있는 콜로라도대학교의 미래의 교수자 준비를 위한 전문성 개발 인증과정은 더 수준 높은 기술을 다룬다.

학부생 및 초보 대학원생의 멘토링

대학원생은 학부생의 교사로서 사용하는 멘토링 및 조언기술뿐만 아니라 Ronald E. McNair 학점인정 프로그램과 같은 공식적인 학부연구도제 프로그램에서 학부생의 멘토가 된다(2008). 많은 대학원 프로그램은 신입 대학원생이 학과문화에 적응할 수 있도록 상급 대학원생이 멘토링하여 훈련시킨다. 대학원생에게 캘리포니아-버클리대학교 GSI 수업자원센터에서 제공하는 멘토링 기술을 공식적으로 가르치는 코스는 GPSD의 이러한 측면을 다룬다(2008a).

연구

대학원생에서 박사 후 과정과 교수자로 바뀌면서 최근에 박사 학위를 받은 사람은 독립된 연구주제를 개발할 필요가 있다. 그들은 과학에서의 연구계획서 작성법과 연구비 확보방안을 반드시 배워야 한다. 실험의 시작과 관리, 그리고 박사 후 연구원, 대학원생 및 학부생이 포함된 연구팀의 연구를 감독하고 건전한 연구 환경을 조성하는 방법을 알고 있어야 한다. GPSD 프로그램에서의 추가적인 지원은 주로 본 학과의 대학원 교육의 일부분으로 이 기술을 다루는 데 도움이 된다.

학술 서비스

공식적으로 강의를 한 대학원생의 최소한의 책임은 학술 활동과 커뮤니티서비스이다. 대학원생은 종종 학과 또는 캠퍼스 위원회에서 봉사하거나 강의시리즈 또는 콘퍼런스를 조정하는 기회를 가진다. 그들은 어떤 경우 대학원생이 운영하는 저널의 편집위원회를 맡을 수 있다. 그들에게는 이런 활동을 위해서 원고정리 기술과 함께 콘퍼런스 연구계획서와 논문을 검토하고 판단하는 기술이 필요하다. 그들은 캠퍼스 위원회에 참여하려면 기관 관리에 관한 지식도 필요하다. 국립과학재단은 대학원생의 연구와 관련하여 대학원생을 초 · 중등 교실에 배치하는 K−12 지원 활동 계획을 통해서 학문의 전문 기술과 관련된 학술 서비스를 장려한다.

수업 및 소크라테스 포트폴리오

1990년대 초반 이후로 대학원생에게 제공된 프로그램의 가장 만연한 변화 가운데 하나는 수업 포트폴리오를 문서로 개발하고 수업을 개선하는 것이다. GPS 개발자는 캐나다 학자(Knapper, 1995)와 미국의 Seldin(1997)의 기초 연구에서 사용한 수업 포트폴리오에 관한 워크숍과 상담에 많은 시간을 할애한다. 소크라테스 포트폴리오에 관한 Border의 연구(2002)는 대학원생에게 특별한 이슈가 된다. 대학원생은 형성기에 있기 때문에 학과, 학술위원회, 교수학습센터뿐만 아니라 개별 접근방법과 중등 이후 수업에 관한 이해를 구축하기 위해 대학원 프로그램을 통하여 다른 캠퍼스에서 온 여러 교수진 및 직원 멘토와 함께 소크라테스식 대화에 참여하는 기회를 가진다. 소크라테스 포트폴리오의 결과는 자신의 경험, 토론 및 의사결정과 중등 이후 환경을 이해할 수 있는 서술적인 산출물을 포함한다. 소크라테스식으로 학술 기회를 모색하는 대학원생은 학술 취업시장으로 들어설 때 더 나은 진로결정을 위한 준비를 한다. 〈표 20.1〉은 비록 이상적이지만 병렬형 시리즈로 전문성 개발 활동 및 지원과 결합된 대학원생 역량 모델 샘플을 나타낸다.

석 · 박사 학생개발자를 위한 지식 및 기술

GPSD가 발달하면서 잘 준비된 개발자가 필요하게 되었다. 교수개발과 비슷하지만 GPSD는 교수개발에서 하는 것과는 다른 지식 기반과 기술을 요구한다. GPS 개발자는 대부분의 교수개발자와 비교해 볼 때 다음과 같이 다른 환경에서 일한다.

표 20.1 석·박사 학생 개발을 위한 시리즈 샘플

초기 1년차 수업조교		2~3년차 수업조교		4~5년차 경력강사		5~6년차 펠로우	
GPSD Program	Department	GPSD Program	Department	GPSD Program	Department	GPSD Program	Department
• 캠퍼스, 교실 운영, 시험과 성적, 다양한 윤리 소개, 다양성 이슈 및 비편향 수업 및 학습향상 수업, 설명, 실험 식, 설명, 실험 및 촉진, 평가 및 평가 이슈에 대한 수업에 대한 워크숍 제공 • 수업 자원, 관련, 피드백 및 교실 수행에 대한 비디오 상담 제공 • 학습 목적 설정 워크숍 제공	• 교수진 멘토나 수업조교를 감독 및 평가 • 학문문화에 관한 수업 • 실험실, 설명 혹은 초급 교수 감독 • 방법론 수업(수업 방법, 전략, 학습 이론, 시험, 성적 및 사정) • 학술논문 및 포트폴리오 수업 시작하는 방법 소개	• 실천학습, 서비스 러닝, 대학강의, 협력학습에 관한 워크숍 제공 • 수업, 학습 및 교육과정에서 다양한 지식의 확장 • 교실에서 테크놀로지의 적용 • 수업 전략의 개선, 갈등관리 지식의 확장, 학생의 동기 및 평가 방법	• 교수진 멘토가 대학원생이 강의계획서를 작성하고 학습 목표를 정교화하며 코스에 평가기준틀을 기워 넣는 방법을 가르치기 위한 학문당 코스 제공 • 수업 참관으로 대학원생 안내	• 다양한 수업방법론 워크숍 제공: 강의, 토론, 실전학습, 서비스 러닝 • 수업, 학습 및 교육과정의 다양성 • 교실에서 테크놀로지의 적용 • 대단위 코스 수업, 대형 강의들을 보조하는 수업 조교 관리, 성적을 관리하는 수업 조교의 작업 평가의 방법 • 관찰, 피드백과 교실 수행에 대한 비디오 상담 제공	• 대학원생 경력 강사는 상급 하부 코스를 가르치고 대학 강의를 하며 협력 학습을 선도하며 서비스교육을 촉진하고 실전에서 학생을 참여시키며 대단위 코스를 가르치고 수업을 보조하는 수업 조교 및 채점자를 관리하며 상급 하부 및 코스를 연 코스와 고등 하학생에게 강의를 소개하는 방법 모델링	• 중등 이후 교육기관과 마터 멘토링관리 마이트를 방문하는 워크숍 제공 • PFF 멘토십을 위한 교수 멘토 규명 • PFF 멘토십에 대한 보고서 모델 제공 • 전문 학생을 위한 인턴십 배치 • 직무 면접과정, 면접기술 전문수업 또는 전문 포트폴리오, 표지문서 작성성 및 입사지원서를 위한 표현 교육에 관한 워크숍 제공 • 관찰, 피드백 및 직무 면접에 관한 비디오 상담 제공 • 논문작성과 일반 청중을 위한 작문 워크숍 제공	• 대학원생은 파트너십 기관이 교수 멘토와 함께 연구하고 그 교수의 연구방법을 학습 • 파트너 기관이 사용하는 연구, 수업 및 봉사 방법 학습 • 교수위원회 활동 • 원내 강의계획서 준비 • 입사지원서를 준비하고, 표지문서, CV 및 수업시나리오 작성 • 파트너 캠퍼스 교수진에게 교육학 및 연구 쿨로키움 제공 • 멘토 교수와 모의 면접 수행 • 본 학과 대학원생에게 경험을 조사하여 보고 • 입사지원서 자료, 절차 및 학과 교수와 함께할 가능성에 대한 검토 • 일반 청중에게 강의 제공 • 석·박사 학생은 개인 및 비영리 부문 또는 정부에서 자신의 분야가 적용되는 방법 학습

기록: 이 표는 잠재적인 모델로 기관의 차이가 예측되고 고려된다.

- 연구기관에서 거의 독립적으로 연구한다.
- 학과별 조교훈련 프로그램과 조율하며 연구하여야 한다.
- 대학원에 보고를 하든 하지 않든, 대학원 원장과의 지속적인 연락책이 되어야 하고 대학원 교육에 관한 이슈를 인식하여야 한다.
- 많은 대학원생과 대학원생 그룹 및 대학원생 서비스센터와 일한다.
- 참고문헌과 수업조교 훈련을 위한 비용, 미래 교수진을 위한 준비를 인식하여야 한다.
- 대학원생은 초보자이기 때문에 전공 분야를 발전시키고 경력에 필요한 요건을 알리는 방식으로 수업, 안내, 상담 및 멘토링이 가능하여야 한다.

GPS 개발자에게 필요한 지식 및 기술에 특히 초점을 둔 첫 번째 사전 콘퍼런스 세션은 2007 POD 네트워크 콘퍼런스에서 개최되었다. 밴쿠버에서 개최된 교육개발자 콘퍼런스와 교육개발국제협력단의 연 2회 콘퍼런스의 후속 세션은 이 주제를 좀 더 다루었고 GPS 개발자에게 구체적인 지원의 필요성을 명확히 하였다. 세션 참가자의 피드백에 따르면 대학원생 개발에서 연구를 위해 필요한 지식과 기술에 대한 관심은 다음과 같이 11개의 범주로 구분하였다.

1. 학술 관리 및 리더십 기술　GPSD 지원실이 교수학습센터나 대학원의 지시 아래 있는 경향이 있기 때문에 GPS 개발자는 누구에게 보고하는지 행정가의 '라인'과 학교나 대학과의 작업, 의사결정 과정 및 이 과정에 영향을 주기 위한 가장 좋은 방법과 같은 캠퍼스문화를 이해할 필요가 있다. 학과 및 캠퍼스의 전략 계획 기술, 프로그램 계획, 이행 및 평가 기술이 필수적이다. 대학원생 개발자는 차별과 괴롭힘, 연구 진실성, 학술 정직성 그리고 미국의 장애자보호법(ADA)과 함께 대학원생이 정책과 기준을 이해하고 수행하는 것을 돕는 프로그램을 제공하는 분야와 관련된 정책시행을 위한 인식과 책임이 필요하다. 예를 들어, 캘리포니아-버클리대학교에서는 모든 새로운 수업조교(매년 대략 1,300명)가 '수업의 전문적 기준 및 윤리'라는 온라인 코스를 듣는다(GSI Teaching and Resource Center, 2008b).

2. 중등 이후 교육기관에 관한 지식 GPS 개발자는 현재 대학원생이 다양한 환경에서 일자리를 찾을 것이기 때문에 폭넓고 깊은 국내외 중등 이후 교육 환경을 이해할 필요가 있다. 대학원 프로그램이 전 세계적으로 비슷해지고 있기 때문에 GPS 개발자는 현지와 해외의 실제 교수 역할과 대학원 준비를 양립하기 위해 점점 더 다양한 기회를 가진다(Bellows, 2008).

3. 교육학적 지식 GPS 개발자가 하나 이상의 학문의 전문가가 될 것이라는 기대는 합리적이지 않기 때문에 대학원 프로그램, 박사 과정 및 위원회 활동에서 박사 수준의 기초 교육을 하는 것이 필수적이다. GPSD의 내용은 책에 나와 있는 것처럼 경험을 통해 살아 있어야 한다. 만약 GPS 개발자가 박사과정 학생들에게 신뢰를 얻으려면 내용 기반 지식과 대학원과정 경험에서의 기본 예제와 수업에 관한 학문(교육학적 내용 지식)에서 유래된 예시를 사용할 필요가 있다. 그들은 교육 내용과 과정 면에서 견고한 기초를 다지고 적절한 수준에서 개입하여 대학원생을 지원하는 것이 필요하다. 즉 수업조교가 알 필요가 있는 것과 경력 강사가 마스터하기 위한 것은 개발 측면에서 다르다. GPS 개발자가 특정 학문의 교육학적 방법에 관한 워크숍을 실시할 수 있을 것이라는 기대보다는 특정 영역을 전문화하여 워크숍 또는 코스의 특정 학문 이슈를 다루기 위해 교수진 혹은 상급 대학원생을 끌어들이는 것을 선호한다.

4. 상담기술 모든 GPS 개발자는 예약이 불필요한 토론, 긴 일대일 상담 및 관찰이나 촬영된 수업에 관한 상담을 통해 대학원생 강사와 상담한다. 효과적인 석 · 박사 학생 개발자는 강사중심 개인성장 모델 또는 구조화된 피드백 모델과 같이 학생의 요구를 반영한 상담의 형태를 규명한다. 상담의 중요한 결과물은 대학원생에게 현재 학업 기간과 자신의 경력에 따른 수업 개선에 필요한 도구와 자아성찰기술을 제공한다.

5. 교수공학 GPS 개발자는 캠퍼스에서 교수공학자와의 협력이나 이미 코스에 테크놀로지를 효과적으로 통합해 본 경험이 있는 교수진을 통하여 교수공학 기술을 육성하는 것이 중요하다. 교수공학을 프로그래밍, 수행 및 산출물에 적용하는 것은 교사의 성공과 학생의 학습을 지원하도록 설계된 수업환경을 위한 테크놀로지를 확고히 하는 데

도움을 준다(제16장 '테크놀로지와 교수개발' 참조).

6. 다양한 수준의 수업　지금까지 수업조교 훈련의 주된 약점은 전체적인 역할과 새로운 교수진이 담당할 코스보다는 수업조교로서 현재의 과제를 위해 준비하는 것에 초점을 두는 것이다. 좀 더 효과적인 방법은 대형 강의, 상급 학년 수업 또는 대학원 세미나와 같이 그들이 나중에 담당하게 될 다양한 책임감에 부합하도록 대학원과정으로 이동하는 대학원생을 위한 개발프로그램을 제공하는 것이다.

7. 학생지원 서비스　만약 대학원생 강사가 일반적으로 대학 캠퍼스에서 제공하는 다양한 학생 서비스센터를 알고 있다면 수업조교, 채점자 및 튜터로서 좀 더 효과적으로 작업할 수 있다. 학부생 혹은 동료들에게는 상담센터, 학술튜터링지원, 장애학생지원센터, 여성센터 또는 보육센터, 게이·레즈비언·양성애자 및 트랜스젠더(gay, lesbian, bisexual, and transgender, GLBT)센터, 학생과 또는 고충처리에 관련된 것이 필요하다. 예를 들어, 미시간대학교 및 볼더의 콜로라도대학교의 일부 GPSD 프로그램은 대학교실 환경에서의 갈등관리, 자살 예방 및 차별 그리고 괴롭힘 문제를 다루는 워크숍이나 상호작용 교실 프로젝트를 제공한다.

8. 연구 및 출판　GPS 개발자는 반드시 연구비 유치 및 출판을 위한 필수요건, 기회 및 잠재 기관을 인지하고 있어야 한다. 이 프로그램에서는 프로젝트를 시작하고 기관 검토 위원회로부터 인정을 받으며 데이터를 수집하고 연구 프로젝트를 수행하여 적절한 저널에 게재하는 연구계획을 수립하도록 하는 것이 바람직하다. 연구에 관한 이해는 GPS 개발자에게 자신의 프로그램과 대학원에서 대학원생의 성공을 강화하는 지식과 기술을 제공한다.

9. 인적 자원 및 재무관리 기술　대부분 GPS 개발자는 전일제 또는 시간제의 학계 또는 비학계 경력 직원부터 대학원 및 학부생실 직원까지 함께 일을 하거나 때로는 감독을 한다. 결과적으로 GPS 개발자는 인적 자원 정책에 관한 지식 및 고용과 관리 직원에 관한 기술을 개발해야 한다. 예산을 감독하는 개발도 재무관리 기술을 습득하는 것이

필요하다.

10. 박사 학위를 위한 비학계 경력에 관한 지식 Golde와 Dore(2001)가 저술한 교차목적 : 박사과정 학생은 박사교육의 무엇을 폭로하는가(*At Cross Purposes: What the Experiences of Doctoral Students Reveal About Doctoral Education*)와 같은 출판물은 비학계 직무를 위한 대학원생의 준비가 필요하다고 시사하였다. 왜냐하면 교사훈련은 어떠한 경력을 위해서도 효과적인 준비로 보기 때문이며, 이것은 국가와 지역 경제 내에서 좋은 연결망이 되는 지역경력개발 직원과 네트워크하는 기회가 된다. 이 협력은 비학계 환경에서 성공한 발표자와 멘토 대학원생으로 돌아오는 기회를 제공한다.

11. 전문성을 위한 지식 GPS 개발자는 GPSD에 관한 다수의 문헌의 존재를 알고 지식과 기술을 업그레이드하기 위해 연례 콘퍼런스에 참석하고 그 분야에 공헌하며, 자신의 학습 및 능력을 극대화시키기 위해 국내외 동료와의 연결망이 필요하다. 전문성 개발 연합회는 거의 모든 주요 국가에 존재하고 지식을 제공하는 훌륭한 자원이 된다.

평가

GPS 개발자는 대학원생 역량, GPSD에서의 역량 및 프로그램 효과성과 같은 세 가지 수준을 평가하는 것이 필요하다. 그 결과는 형성적 프로그램의 개선과 행정보고에 사용될 수 있고 콘퍼런스 발표나 출판을 통해 GPS 개발자와 공유할 수 있다.

대학원생 역량평가

수업, 연구 및 학술 서비스에 관한 대학원생 역량은 다양한 방법으로 평가할 수 있다. 자기 평가, 학생 평가 및 교수자 평가가 모두 그 역할을 할 수 있다. 참가자 데이터, 인증 데이터 혹은 포트폴리오 제작이 유용하다. 관찰과 비디오 상담은 교사가 필수적인 기술을 마스터하고 시작하였는지 여부를 알아내는 확실한 방법이다. 모의 면접, 수업 콜로키움 또는 수업과 연구 프로젝트의 발표를 관찰하고 평가할 수 있다. 수업 포트폴리오는 대학원생이 교수학습 철학을 개념화하고 정교화하여 자신의 성장과 성공의 증거가 되며 학자로서 과거와 미래의 세부사항을 제공한다.

개발자 역량평가

GPS 개발자는 자기평가 계획을 유지하고 꾸준히 이력서를 업데이트하며 학기나 학년 보고서를 행정가에게 제출하는 것이 필요하다. 그들은 부록에 나와 있는 자신의 기술 수준의 증거를 제시하며 전에 논의되었던 지식과 기술의 세부사항이 포함된 전문성 포트폴리오를 발전시킬 수 있다. 이 포트폴리오는 GPSD와 교수학습에 관한 개인 철학을 보여주는데, 누군가의 교육에 관한 전기 에세이 요약 또는 그 분야에서의 준비, 업무 경험, 초기의 캠퍼스 내 참여, 워크숍 촉진 및 상담 경험을 포함할 수 있다. 사정 및 평가 부문은 참가자에 의해 워크숍이 어떻게 평가되고, 교사가 자신의 상담 경험과 다른 GPS 개발자로부터 추천서 및 평가서를 어떻게 반영하는지에 관한 설명을 포함할 수 있다. 여기에는 연구 프로젝트 참가, 기관의 협력, 콘퍼런스 프레젠테이션 및 출판이 포함될 수 있다. GPS 개발자는 각 학과 위원회의 연구 및 프로젝트, 참가자 및 전문성 개발위원회, 국립학문위원회, 전략계획위원회, 저널검토위원회, 연구비 지원단체의 서비스를 통해 기관에의 서비스를 설명할 수 있다. 포트폴리오의 마지막 부문은 좀더 개인개발과 전문성 개발, 그리고 연구비 제안서 및 출판물을 작성하기 위한 계획을 설명할 수 있다. 그 부록은 서술식으로 기술된 항목에 관한 증거를 설명하고 제공하여야 하며 효과성의 수준과 성취의 질을 명시하여야 한다.

GPSD 프로그램 평가

일부 중앙집중 GPSD 프로그램은 해당 기관의 정기적인 학술 검토과정의 일부분으로 평가되지만 다른 기관은 그렇지 않다. 학과 GPSD 프로그램 또는 대학원에 보고되는 GPSD 프로그램은 일반 기관 검토과정의 일부분이 되거나 승인 실사 방문을 하는 동안 검토와 평가를 받는다. GPSD 프로그램은 가시적인 실체이기 때문에 여기서 발생한 데이터는 그 기관의 중요한 그림을 제공할 수 있다. 데이터는 일반적으로 대부분의 캠퍼스에서 다음과 같은 범주로 나누어진다. 첫째, 만족도 설문지, 둘째, 워크숍, 코스 및 인턴십 참가자 또는 PFF 제휴 캠퍼스 사이트 방문자, 셋째, 대학원생 포트폴리오, 넷째, PFF 파트너 캠퍼스에서 교수 멘토로부터 받은 피드백, 다섯째, 학과 간 협력으로 나누어진다. 해당 코스의 강의계획서와 같이 개발된 세부 학문별 방법론의 개수와 내용에 대한 데이터는 중요하다.

평가는 단원 수준에서 지속적이고 형성적으로 이루어지며 대학원생, 직원 및 졸업생의 프로그램에 대한 피드백에 기반을 두는 것이 필요하다. 개발자는 이 피드백을 활용하여 자료와 출판물을 업데이트하고 새로운 프로그램을 개발하며 기존에 있는 것을 향상시키는 데 사용한다. 승인된 연구계획서의 계획에 기초하여 새로운 프로젝트를 설계하는 것이 현명하므로, 데이터는 공개하고 출판물에 반영하여야 한다(제9장 '교수 개발 프로그램 평가' 참조).

결론

GPSD의 분야가 발전되면서 개발자에게 연구비 지원 작성, 연구의 실행 및 결과물 출판을 위한 많은 기회가 존재한다. 프로그램이 국제적으로 개발될 때 협력 및 연구를 위한 기회는 좀 더 흥미로워진다. 향후 대학원생과 GPS 개발자에게 요구되는 지식과 기술, 프로그램의 효과성, 졸업생에 대한 프로그램의 영향, 서비스를 제공하는 효과적인 방법 및 결과물의 평가에 관한 후속 연구가 필요하다. 우리는 새롭고 경험이 있는 동료들이 이 이슈의 연구에 더 참여하고 자신의 결과물을 전파할 수 있기를 권장한다.

참고문헌

Academic Services, Graduate Division. (2008). *UC Santa Barbara. Certificate in college and university teaching*. Retrieved November 15, 2008, from http://www.graddiv.ucsb.edu/academic/CCUT/require/index.htm

Angelo, T. S., & Cross, K. P. (1993). *Classroom assessment techniques: A handbook for college teachers*. San Francisco: Jossey-Bass.

Bellows, L. (2008). Graduate student professional development: Defining the field. *Studies in Graduate and Professional Student Development, 11*, 2–19.

Boice, R. (2000). *Advice for new faculty members: Nihil nimus*. Needham Heights, MA: Allyn & Bacon.

Border, L.L.B. (2002, December). The Socratic portfolio: A guide for future faculty. *PSOnline, XXV*(4), 739–743.

Border, L.L.B. (2006). Two inventories for best practice in graduate student development. *Journal on Excellence in College Teaching 17*(1 & 2), 739–743.

Border, L.L.B. (Ed.). (2008). *Studies in graduate and professional student development*. Stillwater, OK: New Forums.

Boyer, E. L. (1990). *Scholarship reconsidered: Priorities of the professoriate*. Princeton, NJ: Carnegie Foundation for the Advancement of Teaching.

Center for the Advancement of Engineering Education. (2008). *CAEE webpage*. Retrieved November 18, 2008, from http://www.engr.washington.edu/caee/overview.html

Center for the Integration of Research, Teaching, and Learning. (2008). *Project background*. Retrieved November 18, 2008, from http://www.cirtl.net/

Chism, N.V.N. (Ed.). (1987). *Employment and education of teaching assistants: Readings from a national conference*. Columbus: The Ohio State University.

Council of Graduate Schools. (n.d.). *Preparing future faculty*. Retrieved November 16, 2008, from http://www.cgsnet.org/Default.aspx?tabid=226

Gaff, J., Pruitt-Logan, A. S., Sims, L. B., & Denecke, D. D. (2003). *Preparing future faculty in the humanities and social sciences*. Washington, DC: Council of Graduate Schools.

Golde, C. M., & Dore, T. M. (2001). *At cross purposes: What the experiences of doctoral students reveal about doctoral education. A report prepared for the Pew Charitable Trusts*. Retrieved November 15, 2008, from http://www.phd-survey.org

Goldschmid, M. L. (1993). Accountability in higher education: The employability of university graduates. *Proceedings: Improving university teaching 18th international conference* (pp. 529–539). Baltimore: University of Maryland and University College.

GSI Teaching and Resource Center, Graduate Division, UC Berkeley. (2008a). *Mentoring in higher education*. Retrieved November 15, 2008, from http://gsi.berkeley.edu/conf_wkshop/mentoring_2009.html

GSI Teaching and Resource Center, Graduate Division, UC Berkeley. (2008b). *Professional standards and ethics in teaching*. Retrieved January 5, 2009, from http://gsi.berkeley.edu/ethics

Knapper, C. K. (1995). The origins of teaching portfolios. *Journal on Excellence in College Teaching, 6*(1), 45–56.

Lambert, L. M., & Tice, S. L. (Eds.). (1993). *Preparing graduate students to teach*. Washington, DC: American Association for Higher Education.

Lewis, K. (Ed.). (1993). *The TA experience: Preparing for multiple roles.* Stillwater, OK: New Forums.

Marincovich, M., Prostko, J., & Stout, F. (Eds.). (1998). *The professional development of teaching assistants.* Bolton, MA: Anker.

Mazur, E. (1997). *Peer instruction. A user's manual.* Upper Saddle River, NJ: Prentice-Hall.

Nyquist, J., & Woodford, B. (2000). *Re-envisioning the Ph.D.: What concerns do we have?* Seattle, WA: University of Washington, Center for Instructional Development and Research. Retrieved November 15, 2008, from http://www.grad.washington.edu/envision/project_resources/concerns.html

Nyquist, J. D., Abbott, R. D., Wulff, R. D., & Sprague, J. (Eds.). (1991). *Preparing the professoriate of tomorrow to teach: Selected readings in TA training.* Dubuque, IA: Kendall Hunt.

Pollock, S., & Finkelstein, F. (2008). Sustaining educational reforms in introductory physics. *Physics Review Special Topics: Physics Education Research, 4*(1), 010110.

Ronald E. McNair Postbaccalaureate Achievement Program. (2008). Retrieved December 29, 2008, from the U.S. Department of Education Web site at http://www.ed.gov/programs/triomcnair/index.html

Seldin, P. (1997). *The teaching portfolio: A practical guide to improved performance and promotion/tenure decisions.* Bolton, MA: Anker.

Soracco, S. (2008). *Graduate writing resources.* Retrieved August 14, 2008, from University of California, Berkeley Graduate Division Web site: http://www.grad.berkeley.edu/acapro/academic_services.shtml#1

von Hoene, L. (2009). *Graduate student teaching certificates.* Manuscript in preparation.

von Hoene, L., & Mintz, J. (2002). Research on faculty as teaching mentors: Lessons learned from a study of participants in UC Berkeley's seminar for faculty who teach with graduate student instructors. In D. Lieberman & C. Wehlburg (Eds.), *To improve the academy: Vol. 20. Resources for faculty, instructional, and organizational development* (pp. 77–93). Bolton, MA: Anker.

Woodrow Wilson National Fellowship Foundation. (2005). *The responsive Ph.D.: Innovations in U.S. doctoral education.* Retrieved November 15, 2008, from http://www.woodrow.org/images/pdf/resphd/ResponsivePhD_overview.pdf

21

외래 교수진과 협력

Terri A. Tarr

외래 교수진과의 협력은 교수개발에서 보람 있고 도전적인 측면이 있다. 많은 외래 교수진은 가르치는 것을 좋아해서 그 역할을 한다. 그들은 학계의 일원으로서 적절한 기회를 가진 것에 감사하고 효과적인 수업에 관해 학습하고자 하는 열망이 있다. 그러나 캠퍼스 안에서의 한정된 시간, 기관과의 미약한 연결과 낮은 기대감 그리고 전문성 개발 프로그램의 참여에 따른 보상은 그들에게 도전이 된다. 외래 교수진의 수는 증가하여 고등교육 수업을 담당하는 중추적인 역할을 하므로 기관은 그 교수진에게 적절한 전문성 개발 기회를 제공하여야 한다.

이 장에서는 다양한 유형별 기관의 직원 비율, 교수진 특성 및 외래 교수진에 대한 태도와 관련된 문제를 포함하여 외래 교수진에 관한 기술적인 정보부터 시작한다.

외래 교수진에 대하여

외래 교수진은 시간제 교수, 부교수, 시간강사, 파견강사, 임상교수 및 다른 용어로 묘사된다. 이 장에서는 그들을 '외래교수' 또는 '시간제 교수' 둘 중 하나로 언급한다. 기관은 외래교수를 다양한 이유로 고용한다. 그들은 전임교수로는 불가능한 전문가로 채용되거나 전임교수보다 낮은 급여를 주는 경제적 이유로 기관에 채용되기도 한다.

게다가 외래교수는 저녁이나 주말 같이 선호하지 않는 시간에 가르치기도 하며 온라인 강의를 하기도 한다. 마지막으로 외래 교수진은 채용에 융통성이 더 많다.

외래 교수진의 수

외래 교수진은 고등교육 교수진의 상당 부분을 차지한다. 2003년 가을, '2004년 교수와 직원에 관한 중등이후 교원 국가 연구 보고서'(*2004 National Study of Postsecondary Faculty Report on Faculty and Instructional Staff*)(National Center for Education Statistics, 2004)에 따르면 모든 교육기관의 56.3%의 교수진이 전임교수로 일하는 반면, 43.7%는 외래교수가 일하고 있었다. 전임 대 외래교수의 분포를 보면 공립 박사 과정 기관과 같은 4년제 기관은 외래 교수진(77.8% 전임과 22.2% 외래교수)이 적었으며, 사립 비영리 학사 학위과정의 기관(63.2% 전임과 36.8% 외래교수)에 비하여 공립 전문대학과 같은 2년제 기관(33.3% 전임과 66.7% 외래교수)은 외래 교수진이 더 많은 것과 같이 교육기관의 유형에 따라 달라진다. 커뮤니티칼리지는 1990년대 이후로 전임교수보다 외래교수가 더 많았다(Wagoner, 2007).

외래 교수진 대부분은 정년보장 또는 정년보장 트랙에 있지 않다(National Center for Education Statistics, 2004). 모든 유형의 기관에서 오직 4.5%의 외래 교수진만이 정년보장(3.0%) 혹은 정년보장 트랙(1.5%)에 있는 반면에, 같은 교육기관에서 전임교수들은 68.1%로, 정년보장(47.5%) 또는 정년보장 트랙(20.6%)에 있다. 놀라운 것은 아니지만 외래 교수진이 정년보장이나 정년보장 트랙을 할 수 있는 비율은 7.5%로 공립 박사 학위 기관이 4.5%에 그치는 공립 전문대보다는 높다. 외래 교수진은 정년보장도 없이 전임 교수진보다 더 큰 성과에 기여하지만, 고용 보장도 잘 안되고 학문의 자유에 대한 보호도 적다.

전임교수 대 외래교수의 비율은 분야에 따라 달라진다. '2004년 교수와 직원에 관한 중등이후 교원 국가 연구 보고서 설문조사'(National Center for Education Statistics, 2004)에 포함된 9개의 분야에서 외래교수는 교육(외래교수 48.7%), 예술(외래교수 47.0%) 및 비즈니스(외래교수 46.0%)의 순으로 가장 높은 비율을 차지하였다. 농업/가정경제(외래교수 21.6%), 엔지니어링(외래교수 21.8%) 및 자연과학(외래교수 23.5%)의 순으로 가장 낮은 비율을 차지하였다. 인문학(외래교수 34.6%), 보건학(외래교수 30.3%)

및 사회과학(외래교수 29.7%)이 중간 비율을 차지하였다.

'교육통계 요약'(Digest of Education Statistics, U.S Department of Education, 2007)에 따르면, 증가율은 전임교수(22.7%)가 외래교수(61.4%)보다 완만하지만 1995년과 2005년 사이 중등이후 기관의 교원 수가 증가하였다. 전임교수가 완만한 증가율을 보이면서 1993~1994년 전임교수의 정년보장율이 56%에서 2005~2006년 50%로 하락하였다. 전임교수의 증가와 정년보장의 감소와 같은 고용 패턴의 변화는 교육기관 및 고등교육 전반에 관심을 불러 일으켰다.

외래교수의 범주

외래 교수진은 다양한 이유로 시간제로 가르치는 것을 선택한 개인으로 구성된 다양한 집단이다. 비록 그들은 일반적으로 다양한 기관에서 적은 임금으로 살아가면서 전임교수직을 추구하는 '고속 승객(freeway fliers)'으로 묘사되지만 외래 교수진은 종종 이 고정관념에 적합하지 않다(Leslie & Gappa, 2002).

Gappa와 Leslie(1993)는 다른 사람에 의해 계속 인용되는 외래교수의 네 가지 범주를 설명하였다. 이 범주는 왜 각 개인이 시간제로 교육하기를 선택하였고 다른 전문성 개발의 필요성을 제안하는지 다양한 이유를 설명함으로써 이 집단을 대상으로 교육개발에 노력하는 데 유용하다.

1. 경력 완수자(career ender) 완전히 은퇴했거나 완벽한 경력자에서 시간제 수업을 중요한 역할로 바꾼 은퇴 전 또는 은퇴로 전환되는 사람이다.
2. 전문가(specialist, expert, professional) 전형적으로 다른 기관에서 전일제 초기 경력이 있으며, 절반 이상의 외래 교수진은 어딘가에서 전일제로 일한다.
3. 학계 희망자(aspiring academic) 최종 학위를 지니고 전임교수직을 원한다. 이 범주는 여러 기관에서 상시 근무하는 시간제 사람을 포함한다.
4. 프리랜서(freelancer) 수업은 고등교육 이외의 일을 포함한 여러 시간제 직업들 중 하나이다. 글쓰기 또는 컨설팅과 같은 또 다른 직업을 가지고 있을 수 있고 전임교수직은 추구하지 않는다.

전임 교수진과 비교

국가교육통계센터(2004)에 의하면 외래 교수진과 전임 교수진은 많은 면에서 다르다.

- 여성은 전임교수(38%)보다 외래교수(47%)에서 더 큰 비율을 차지한다.
- 외래 교수진은 전임 교수진보다 35세 이하이거나 65세 이상의 나이일 가능성이 있다.
- 전임 교수진의 학위는 외래 교수진보다 높은 경향이 있다. 전임 교수진은 68%가 박사 학위 또는 최초 전문 학위를, 27%는 석사 학위, 6%는 학사 학위 또는 더 낮은 학위를 보유한다. 반면에 1/4의 외래 교수진만이 박사 학위 혹은 최초 전문 학위, 1/2 이상이 석사 학위 그리고 21%가 학사 학위 및 더 낮은 학위를 보유한다.
- 주당 근무 평균시간은 외래교수(주당 40.4시간)가 전임교수(주당 53.4시간)보다 적었다.
- 외래 교수진은 연구나 다른 행정 활동에 더 많은 시간을 보낼 가능성이 있는 전임 교수진(61.7%)보다 더 높은 비율의 시간(90%)을 교육에 할애한다.
- 외래 교수진은 지난 2년간 전임교수가 보고한 2.1개 출판물과 5.3회 발표보다 적은 평균 0.5개 출판물과 4회 발표를 하였다.
- 전임 교수진이 보고한 평균 총수입은 8만 700달러인 반면, 외래 교수진은 5만 2,800달러이다.

외래 교수진에 대한 인식 및 태도

'그들 땅의 이방인', '즐거움을 주는 낯선 사람', '집시 교수', '특이한 교수', '생존을 위한 의지' 및 '보이지 않는 교수진'은 모두 외래 교수진에 대한 책 제목 혹은 표현들이다. 게다가 외래 교수진을 '단골 고객' 및 '거리의 학자' 같은 모욕적인 용어로 언급하는 것이 익숙하다. 이러한 표현은 기관이나 전임교수 동료들과 연결망이 좋지 못한 외래 교수진의 소외를 반영하는 것이다. 저임금, 무혜택, 장기 계약의 어려움, 교수 행정에서 자격 없음, 부적절한 사무실 공간 및 학과활동에서의 배제와 같은 고용 정책 및 관행은 외래 교수진이 저평가받고 인정받지 못한다는 느낌을 줄 수 있다.

외래 교수진이 담당하는 학부교육의 비율이 증가되면서 고등교육의 질에 외래교수가 미치는 영향에 대한 우려가 커졌다. 종종 외래 교수진이 질 낮은 수업을 제공한다는 추측이 생기기도 하지만, Wallin(2007)은 대부분의 연구에서 학생이 전임 교수진에게 배우는 것과 같이 외래 교수진에게서 배운 것을 보유한다고 보고하였다. 훈육 문제 및 학생 평가는 일반적으로 외래 교수진과 전임 교수진이 비슷하다(Wallin, 2007). 마찬가지로 Leslie와 Gappa(2002)는 모든 교수자 집단에게서 학생 토론 및 시험이 수업 시간의 약 2/3를 차지하며, 외래 및 전임 교수진은 주요 수업방법으로 비슷한 시간 동안 강의를 한다고 연구하였다. 교육의 좀 더 구체적인 측면은 이 장 이후에 다루도록 하겠다.

Gappa와 Leslie(1993, 1997)의 연구에서 외래 교수진은 적절하게 활용하면 자격이 충분하고 가치 있는 자원이라고 명시하였고, 학술적 질에 대한 가장 심각한 위협은 외래 교수진의 질보다 일관성 없는 고용 관행과 기관지원의 부족으로부터 온다고 주장하였다. 외래 교수진을 무시하거나 평가절하하는 것보다는 자산으로 생각하고 투자하여야 한다고 생각하는 것이 수업 효과를 높이고 수업에 대한 기여로 이어질 수 있다(Leslie & Gappa, 2002).

교수개발 직원이 통제할 수 없는 임금 문제와 같은 주요 문제가 많지만, 교수개발자는 외래 교수진을 위한 프로그램 제공, 이벤트 초대 및 동료와 수업문제를 협력할 수 있는 장소 제공을 포함한 학술 커뮤니티를 통합하는 데 기여할 수 있다. 교수개발자는 외래 교수진의 인증과 보상을 위한 기회를 지원하고, 학과와 학교에서 외래 교수진에게 초점을 맞춘 자원을 제공하며, 외래 교수진이 불공정한 대우를 받을 때 그들을 대표하여 말함으로써 그들을 지지할 수 있다.

전문성 개발 프로그램 계획

외래 교수진을 위한 전문성 개발 프로그램 계획은 이 교수진을 책임지는 대학 단위와 함께 시작하여야 한다. 일부 기관에서는 모집, 채용, 오리엔테이션, 평가, 그리고 꾸준한 전문성 개발을 중앙 단위에서 감독한다. 다른 기관에서는 그 과정, 예를 들어 학과는 고용과 평가를 하고 학과와 학교 및 기관은 오리엔테이션을 실시하여 중앙 단위와 학과가 함께 지속적인 전문성 개발을 하는 것으로 분권화하기도 한다. 기관 유형에 따라 구조도 역시 영향을 미칠 수 있다. 비교적 많은 비율의 외래 교수진이 있는 커뮤니티칼리지는 중앙집중적인 프로그램과 함께 고용 절차와 오리엔테이션이 잘 연결되어 있다(제19장 '커뮤니티칼리지에서 교수개발' 참조).

외래 교수진에 대한 책임이 중앙집중적이든 분권화가 되든 상관없이 많은 문헌 (Lyons, 2007a; Murray, 2002; Smith & Wright, 2000)은 프로그램의 연결이 단절되거나 관계없는 것보다는 체계적이고 포괄적일 때 가장 효과적이라고 제안하였다. 그러므로 책임이 분산된 상황에서는 주요 이해관계자들 간의 의사소통과 협동이 잘되는 전문성 개발 프로그램에 대한 협력적인 접근 방식이 매우 중요하다. Murray(2002)는 다음과 같은 효과적인 교수개발 프로그램의 특성들을 언급하였다.

- 교수개발을 위한 지원
- 형식화 및 구조화된 목표 지향적 프로그램
- 교수개발과 보상구조의 연계
- 교수 주인의식
- 수업을 위한 교육지원

Richard Lyons의 책 외래 교수진을 위한 좋은 사례(*Best Practices for Supporting Adjunct Faculty*, 2007a)에는 다양한 유형의 기관에서 효과적인 전문성 개발 프로그램을 강조하였다. 여러 프로그램을 비교하면서 외래 교수진의 성공적인 교수개발 계획의 특성으로 다음과 같은 네 가지 요인을 규명하였다(Lyons, 2007b).

1. 초기 계획과정에서의 미션과 측정 가능한 결과가 규명되었다.
2. 공동의 노력으로 최고 행정가, 학과장 및 교수진의 지원을 받게 되었다.
3. 프로그램이 적은 예산으로 시작되었다.
4. 프로그램이 참가자들에게 피드백을 받았고 지속적인 토대에서 프로그램을 개선할 수 있는 제안이 나왔다.

Lyons의 네 가지 요소를 염두에 두면서 교수개발 프로그램을 설계하면 성공하는 데 도움이 될 것이다.

전문성 개발 제공을 위한 고려사항

일정관리 많은 외래 교수진은 각자 다른 곳에서 직업을 가지고 있기 때문에 보통 저녁이나 주말 프로그램을 담당한다. 기본 또는 좀 더 심도 있는 정보를 제공하기 위해 온라인 튜토리얼이나 웹 사이트를 사용하면 좀더 편리하게 참여할 수 있다. 가장 좋은 방법은 교수진의 다양한 스케줄에 맞는 교수개발 기회를 제공하고 다양한 방법을 사용하는 것이다.

포함 또 다른 고려사항은 외래 교수진을 위한 특별한 프로그램을 제공하든지 그들을 전임교수에게 제공하는 기회에 함께 포함하는 것이다. 외래 교수진의 문제는 그들이 학계에 충분히 통합되지 못하고 기관 내 동료와의 연결망이 형성되지 않은 것이다. 수업과 관련된 공통의 문제를 논의하기 위해 함께 모이는 것은 외래 교수진이 다른 외래 교수 및 전임교수 동료로부터 배울 수 있는 좋은 기회를 제공한다.

프로그램이 외래 및 전임교수를 모두 포함할 때, 발표자는 청중인 대학교원의 직위 범위에 조심하여야 한다. 만약 모든 사람이 승진 및 정년을 보장할 것이라 가정한다면 참가한 외래 교수진을 낙심하게 하거나 불편하게 할 수 있다. 만약 무엇인가 전임교수에게만 관련이 있다면 외래교수가 참석할 수 있는 다른 세션을 기획하거나 일부 사람에게만 이 정보가 적용된다고 인정하고 세션의 전체적인 틀을 마련하여야 한다.

마찬가지로 오직 외래교수만을 대상으로 이벤트를 계획하는 것이 적절할 수 있다. 때때로 외래 교수진이 정년 트랙 전임교수와 함께 있을 때 외래 교수진은 '진정한' 교수진이 아니라는 느낌을 받을 수 있다. 인디애나대학교의 수업 우수성에 관한 교수진 세미나(Faculty Colloquium on Excellence in Teaching, FACET)에서 교수 커뮤니티는 교수학습의 우수성을 인식하는 프로그램뿐만 아니라 외래 교수진이 완전히 그 그룹에 속해 있다는 느낌을 가지는 비정년 트랙 교수진을 위한 연례 콘퍼런스를 제공한다. 외래교수, 비정년 트랙 전임교수와 FACET 교수진 콘퍼런스를 통한 상호작용은 각 개인의 교육학 전문지식을 점점 더 존중하게 하고 성장을 위한 기회를 제공한다. 게다가 콘퍼런스에서 형성된 커뮤니티는 외래 교수진에게 더 많은 투자를 하게 한다. 다음은 콘퍼런스에 대한 몇몇 교수진의 코멘트이다(Combs & Lucke, 2003).

- 나와 같은 사람과 만나고 이야기하는 것이 좋았다. 새로운 아이디어를 배우는 훌륭한 장소이다.
- 교수진의 일원으로 수업에서 중요한 위치에 있다는 것을 느꼈다.
- 이 콘퍼런스는 외래 교수진에게 네트워크를 구축하고 대학에서 우리의 중요성을 입증하는 좋은 기회이다.

보상 전문성 개발 프로그램에 참여하는 것에 대해 외래 교수진에게 보상을 제공할지 여부는 고려해야 할 또 다른 문제이다. 외래 교수진은 전임 교수진보다 워크숍이나 콘퍼런스에 참여한 시간에 대해 보상받지 못할 가능성이 더 높다. 이는 외래 교수진을 고용할 때 제공되는 교수개발 이벤트에 참여해야 한다는 기대감과 관련이 있다. 만약 교수진이 오리엔테이션에 참가하거나 책임의 일부로 다른 전문성 개발 프로그램에 참여하여야 한다는 계약이 규정으로 있다면 그들에게 보상지급이 불필요할지 모른다. 만약 전문성 개발 프로그램이 여러 날이나 하루 종일하는 세션에 참가해야 한다면 1시간 워크숍보다는 외래 교수진의 참가시간에 대해 더 큰 보상이 필요할 수 있다. 특정 프로그램의 참여에 대한 보상보다는 다른 방법으로 개인의 전문성 개발 계획을 발전시키고 전문성 개발 활동 참여에 따라 보너스 혹은 임금을 올려 주는 것이 있다. 보상 사례는 기관 및 프로그램의 성격에 따라 달라질 수 있지만 보상을 제공하는 것은 참여를 증진시킬 수 있다.

온라인 방식 온라인 프로그램은 면대면 세션에 참가하기 어려운 사람들을 위해 좀 더 접근하기 쉬운 방식이다. 온라인 프로그램은 관련된 주제의 프레젠테이션이나 네트워크 기회를 제공하는 온라인 토론 포럼을 통하여 교수 기본 정보와 함께 튜토리얼을 제공하는 웹 사이트 형태가 된다. 발렌시아커뮤니티칼리지의 모든 교수개발 프로그램은 면대면과 온라인의 두 가지 방식을 제공한다. 그러므로 외래 교수진이 어느 형식, 어느 시간이든 자신에게 적합하고 일정에 맞게 참여할 수 있는 융통성을 제공한다(Jaschik, 2008). 온라인 튜토리얼을 개발한 미네소타주립대학들의 교수학습센터는 자기주도적이며 단계적인 모듈을 제공하고 수업 관련 지식 및 기술에 초점을 맞추었다. 그 센터는 다양한 교실 환경에서 학습, 교실 운영 전략 및 공정한 채점과 같은 주제들로 구성한 새로운 교수진을 위한 e-핸드북을 제공한다.

마케팅 및 커뮤니케이션 마케팅 프로그램과 외래교수와의 커뮤니케이션은 도전이 될 수 있다. 외래 교수진은 캠퍼스에 자신의 사무실이 없을 수도 있고 사서함이 있는 것도 드물다. 이메일을 통한 커뮤니케이션이 더 보편화되어 있으며 자료를 프린트하거나 우편으로 보내는 것보다 더 저렴하다. 하나의 방법으로 외래 교수진 전자메일 리스트나 계속 진행 중인 전문성 개발 기회에 관한 정보를 제공하는 웹 사이트를 만들 수 있다. 아마도 커뮤니케이션하는 가장 확실한 방법 중 하나는 학과장 혹은 코스 코디네이터를 통하는 것이다. 만약 그들이 프로그램을 인지하고 외래 교수진의 참여를 장려한다면 교수진에게 단순히 정보를 주는 메일을 보내는 것보다 더 효과적일 수 있다. 다른 이벤트에서 전단지, 포스터 및 유인물을 배포하고 외래 교수진의 사서함, 사무실 또는 다른 모임 장소 근처에서 널리 알릴 수 있다. 다양한 경로 및 방법을 사용하는 것은 외래 교수진과 커뮤니케이션하는 최고의 방법이 될 수 있다.

외래 교수진의 전문성 개발 요구

배경과 수업 경험의 수준이 다르기 때문에 외래 교수진 개개인의 구체적인 요구사항은 상당히 다르다. 그러나 Lyons(2007b)에 의하면 외래 교수진의 기본적인 요구는 다음과 같이 요약될 수 있다.

- 기본 문화 및 실제에 관한 철저한 오리엔테이션
- 기본적인 수업과 교실 운영기술에 대한 적절한 훈련
- 기관에 대한 소속감
- 초기 전문성 개발과 계속 진행 중인 전문성 개발
- 적절하고 타당한 질적 연구에 관한 인식

오리엔테이션

전체 오리엔테이션은 새로운 외래 교수진이 자신의 지위에 대한 기대와 책임감을 배우고 기관과의 연결을 시작하며 동료를 만나고 수업 역할을 준비하는 데 도움을 주는 중추적인 역할을 한다. 채용 과정은 전임교수보다 외래 교수진이 더 간소하고 외래 교수진은 일을 시작하기 전에 기관과 최소한의 접촉만 하게 된다. 더욱이 그들은 수업이 있을 때만 기관에 있기 때문에 동료로부터 비공식적으로 '요령'을 배울 수 있는 기회가 적다. 이러한 요인들은 새로운 교수진을 위한 오리엔테이션의 중요성을 증대시킨다.

외래 교수진에게는 기관 및 학과와 코스의 기대감에 관한 오리엔테이션을 하는 것이 필요하다. 그들은 또한 주차증, 컴퓨터 계정 및 도서관 출입증을 받는 방법, 응급 상황이 발생하거나 수업을 하지 못할 때 알리는 방법, 그리고 수송의 문제 등을 알아야 한다. 게다가 새로운 외래 교수진에게 가장 중요한 것은 강의실에서 수업할 준비를 하고 코스관리 시스템과 교수공학의 사용방법을 배우는 것이 필요하다. 많은 기관이 외래 교수진을 위해 인쇄 혹은 온라인의 교수 핸드북을 준비하거나 필수 정보가 있는 핸드북을 전임 및 외래 교수진 모두에게 제공한다.

Smith와 Wright(2000)은 외래교수를 위한 새로운 교수진 오리엔테이션에서 반드시 제공하여야 할 주요 특징을 다음과 같이 제시하였다.

- 외래 교수진이 기관의 미션, 목적 및 핵심 가치에 적응할 수 있는 충분한 기회 제공
- 외래 교수진이 따라야 하는 정책 및 절차에 대한 요점 숙지
- 외래 교수진과 학과의 관계 형성지원
- 외래 교수진의 멘토를 확인하고 연결하기 위한 기회 제공
- 외래 교수진과 학과 리더 간 커뮤니케이션이 신뢰할 수 있고 명확히 소통할 수 있는 수단 확립
- 수업에 필요할 기본적인 수업 도구 제공

오리엔테이션의 구성 방식 및 내용은 기관의 상황에 따라 달라진다. 외래 교수진을 위한 오리엔테이션을 준비할 때 다른 기관의 교수진에 대한 특정한 요구사항에 주의를

기울이는 것이 중요하다. 현재 외래 교수진과 함께 일하는 행정가로부터 그들의 가장 큰 요구사항이 무엇인지 피드백을 받는 것은 프로그램의 초점을 정하는 데 도움을 줄 수 있다. 외래 교수진과 항상 함께하는 것은 다양한 방식으로 오리엔테이션을 제공하는 데 도움이 된다.

이러한 개념은 센트럴플로리다대학교(UCF)에서 시행하였고 Yee(2007)에 의해 설명되었다. UCF는 한 학기에 대략 300명의 외래 교수진을 채용한다. Yee는 교육기관에서 외래 교수진과 관련된 세 가지 문제를 지적하였는데, 그 문제는 꾸준한 이직률, 외래 교수진 사이의 다양한 학문 배경 지식 및 경험, 새로운 외래 교수진의 구별과 접촉을 어렵게 하는 분산적 고용이다. UCF는 '외래 교수진이 지원을 받고 다양한 기간의 훈련 일정에 책임 있게 참가하도록 다양한 기회'를 만드는 도전을 하였다(Yee, 2007). 그들은 새로운 교수진을 오리엔테이션하기 위한 세 가지 방안을 다음과 같이 만들었다.

첫째, Yee가 언급한 바와 같이 기관의 중요한 요점을 다루기 위해 설계된 한 시간 분량의 워크숍이다. 이러한 짧은 워크숍을 학기가 시작하기 직전과 직후에 워크숍 유인물로 편찬한 워크북과 함께 교수진에게 제공한다.

둘째, 매 학기의 시작과 가까운 토요일에 8시간 종일 프로그램을 제공하는 것이다. 대략 1/3은 기관의 정보 및 캠퍼스 자원을 안내하고, 나머지 2/3는 교육학적 주제를 집중적으로 다룬다. 외래 교수진에게 참석에 따른 비용을 지불하고 수업에 관한 책의 사본을 제공한다. 참가자들은 캠퍼스 및 교육 자원에 관한 전, 후 설문조사를 하고 일반적인 교육학 원리 및 구체적인 UCF 정책에 관한 지식에 대해 사전 및 사후 테스트를 받는다.

셋째, 캠퍼스 자원 및 교육학 주제에 관한 온라인 코스이다. 이 코스는 자기주도학습으로 설계되고 퀴즈, 토론 포럼 및 피드백을 위한 온라인 제출이 가능한 과제를 통하여 모듈 내용을 강화한다. 또한 이 코스는 수업 포트폴리오를 만드는 기회도 제공한다.

수업지원

전임 및 외래 교수진의 수업전략 비교연구는 집단 간 유의미한 차이가 없다는 결과와 차이가 있다는 결과가 혼재되어 있다. 이 장의 앞 부분에서 언급한 바와 같이 Leslie와 Gappa(2002)는 전임교수와 외래교수 사이에 강의, 토론 및 시험을 실시하는 것이 차이가 없음을 밝혔다. Eagan(2007)은 전임 및 외래 교수진이 사용하는 수업방법과 관련하여 '2004년 교수와 직원에 관한 중등이후 교원 국가 연구 보고서'(National Center for Education Statistics, 2004)의 결과를 분석하였고, 두 집단 모두 중간 및 기말 시험에서 에세이 및 단답형 문제를 출제한다고 결론지었다. 일부 차이점은 전임 교수진이 학생에게 기말 리포트 및 그룹 프로젝트를 좀 더 시행하는 것이었다. 외래 교수진은 웹 사이트를 가진 전임 교수진보다 수업에서 테크놀로지를 더 적게 사용하였다.

커뮤니티칼리지연구센터가 실시한 커뮤니티칼리지 교수진 설문결과 분석(Schuetz, 2002)에 의하면 외래 교수진이 전임 교수진보다 혁신적이거나 협력적인 수업방법을 더 적게 사용하는 경향이 있다. 그리고 그들은 평균적으로 학생, 동료 및 기관과 더 적은 상호작용을 하였다. 이러한 결과는 외래 교수진이 튜터링이나 상담과 같은 캠퍼스 서비스의 이용에 덜 익숙하다는 것을 암시한다. 이 연구는 특히 전임교수에게 교수공학, 협력학습과 혁신적 수업전략을 사용하도록 지원하는 것보다 외래 교수진에게 더 많은 수업지원이 필요하다고 제안하였다. 전임 및 외래교수의 수업전략의 차이는 이러한 전략에 대한 노출과 경험의 차이, 그리고 이 분야에 초점을 둔 전문성 개발의 결과로, 어떤 차이도 최소화시킬 수 있다.

오리엔테이션은 새로운 교수진에게 필요한 생존기술과 함께 수업을 좋게 시작할 수 있도록 준비해 줄 수 있지만, 오리엔테이션을 하는 동안 참가자가 어떻게 다루고 처리하느냐에 한계는 있다. 수업과 관련된 지속적인 지원은 새로운 교수진뿐만 아니라 수업 개선을 추구하거나 혁신적 전략을 시도하는 교수진을 위해 필수적이다. 이 지원은 워크숍, 심포지엄, 기관, 책, 논문, 웹 세미나, 온라인 자원, 교수진 학습 커뮤니티나 학과 세미나를 통해 제공할 수 있다. 이러한 제공은 전임 교수진에게 제공되는 강의계획서 구성, 첫 강의, 코스 계획, 평가, 수업전략, 다양한 학생, 교수공학 및 강의평가와 같이 유사하다.

수업지원을 위한 심도 있는 접근방법은 수업에 관한 코스를 제공하는 것이다. 하나의 예시는 인디언리버커뮤니티칼리지에서 제공한 '교수자효과성훈련(Instuctor Effectiveness Training)' 코스이다(Harber & Lyons, 2007). 이 코스는 매 가을 및 봄 학기 1~2주 전에 시작하며 토요일 오전에 3시간 30분 가량의 4개의 세션으로 구성되어 있다. 이것은 코스 계획, 효과적인 코스 운영, 좀 더 효과적인 수업 전달을 위한 전략 및 학생 성취도 평가와 수업 효과성에 중점을 둔다.

외래 교수진이 이용할 만한 수업 코스의 다른 예는 인디애나에 있는 아이비테크커뮤니티칼리지에서 제공되는 '학습대학에서의 수업(Teaching in the Learning College)'이라는 코스이다(Silliman, 2007). 혼합 구성 방식으로 6주 동안 코스 내용을 온라인으로 제공하고 두 번의 면대면 회의를 실시한다.

인정과 보상

만약 기관의 목표가 수업의 우수성이라면 그다음은 우수한 수업을 인정하고 보상하는 방법을 찾는 것이 필수적이다. 학과나 기관 수준에서 외래 교수진에게 수업에 관한 보상을 제공하는 것은 외래 교수진이 수업에 기여할 수 있는 가치를 부여하는 한 방법이다. 비록 외래 교수진은 전임 교수진과 직접 대면하는 경쟁을 할 때 불리한 점이 있을 수 있지만 전임 및 외래 교수진 모두에게 열려 있는 일반적인 보상을 하는 것도 하나의 방안이다. Leslie와 Gappa(2002)는 외래 교수진이 전임 교수진보다 우수한 수업에 대한 보상을 적게 받아 왔을 가능성이 있다고 밝혔다.

우수한 수업을 인정하기 위한 또 다른 방법은 수업 우수성에 기반을 둔 승급과 승진의 기회를 제공하는 것이다. 일부 기관은 하나 이상의 외래 교수진 직급을 두어 승진이 가능하다. 예를 들어, 벨몬트대학은 겸임 강사, 겸임 조교수, 부교수 및 외래교수라는 4개의 외래 교수진 직급이 있다(Lohi-Pasey & Bennett, 2006).

외래 교수진을 초청하여 수업 워크숍을 하고 전문성 개발 프로그램 이수에 대한 보상과 전문성 관련 콘퍼런스의 출장경비 지원은 외래 교수진을 인정하는 부가적인 방법이다. 외래 교수진에게 전임 교수진과 같은 전문성 개발 자금을 지원하기는 어렵다.

결론

외래 교수진은 대부분의 고등교육기관에서 중요한 역할을 하고 있으며, 교육개발자는 외래 교수진에게 철저한 오리엔테이션, 학계로 소속될 기회, 최상의 학습 경험을 학생에게 제공하도록 지속적인 지원을 보장함으로써 외래 교수진의 전문성 성장에 공헌하는 중요한 역할을 한다. 이러한 노력은 교수진과 학생 모두에게 가시적인 결과와 보람 있는 경험이 될 수 있다.

 참고문헌

Combs, T. T., & Lucke, J. (2003, March). *"It's our weekend!"*: *A faculty academy promotes teaching excellence and community-building with part-time faculty.* Poster session presented at the American Association for Higher Education 2003 National Learning to Change Conference, Washington, DC.

Eagan, K. (2007). A national picture of part-time community college faculty: Changing trends in demographics and employment characteristics. In R. L. Wagoner (Ed.), *New directions for community colleges, no. 140. The current landscape and changing perspectives of part-time faculty* (pp. 5–14). San Francisco: Jossey-Bass.

Gappa, J. M., & Leslie, D. W. (1993). *The invisible faculty: Improving the status of part-timers in higher education.* San Francisco: Jossey-Bass.

Gappa, J. M., & Leslie, D. W. (1997). *Two faculties or one? The conundrum of part-timers in a bifurcated work force. New Pathways Working Paper Series, no. 6.* Washington DC: American Association for Higher Education.

Harber, F., & Lyons, R. E. (2007). A proven, comprehensive program for preparing and supporting adjunct faculty members. In R. E. Lyons (Ed.), *Best practices for supporting adjunct faculty* (pp. 186–198). Bolton, MA: Anker.

Jaschik, S. (2008, May 28). Professional development for adjuncts. *Inside Higher Education.* Retrieved November 9, 2008, from http://insidehighered.com/news/2008/05/28/nisod

Leslie, D. W., & Gappa, J. M. (2002). Part-time faculty: Committed and competent. In C. I. Outcalt (Ed.), *New directions for community colleges, no. 118. Community college faculty: Characteristics, practices, and challenges* (pp. 59–67). San Francisco: Jossey-Bass.

Lohi-Pasey, B., & Bennett, C. (2006). *Fostering learning: An adjunct faculty development model for evaluation, development, support and professional advancement.* Retrieved on November 9, 2008, from http://www.oln.org/conferences/ODCE2006/papers/fostering_learning/OCDE%20faculty%20development%20final.ppt

Lyons, R. E. (Ed.). (2007a). *Best practices for supporting adjunct faculty.*

Bolton, MA: Anker.

Lyons, R. E. (2007b). Deepening our understanding of adjunct faculty.
In R. E. Lyons (Ed.), *Best practices for supporting adjunct faculty*
(pp. 1–12). Bolton, MA: Anker.

Minnesota State Colleges and Universities. *Center for teaching and learning
tutorials.* Retrieved on November 9, 2008, from http://www.ctl.mnscu
.edu/programs/educ_opp/tutorials.html

Murray, J. P. (2002). The current state of faculty development in two-year
colleges. In C. I. Outcalt (Ed.), *New directions for community colleges,
no. 118. Community college faculty: Characteristics, practices, and
challenges* (pp. 89–97). San Francisco: Jossey-Bass.

National Center for Education Statistics. (2004). *2004 National study of
postsecondary faculty (NSOPF:04) report on faculty and instructional
staff in fall 2003.* Washington, DC: U.S. Department of Education,
Institute of Education Sciences. Retrieved on November 9, 2008, from
http://nces.ed.gov/pubsearch/pubsinfo.asp?pubid=2005172

Schuetz, P. (2002). Instructional practices of part-time and full-time faculty.
In C. L. Outcault (Ed.), *New directions for community colleges, no. 118.
Community college faculty: Characteristics, practices, and challenges*
(pp. 39–46). San Francisco: Jossey-Bass.

Silliman, J. C. (2007). Supporting adjunct faculty through orientation and
mentoring initiatives and an online professional development course.
In R. E. Lyons (Ed.), *Best practices for supporting adjunct faculty*
(pp. 158–185). Bolton, MA: Anker.

Smith, M., & Wright, D. (2000). Orientation of adjunct and part-time faculty:
Exemplary models. In D. E. Greive & C. A. Worden (Eds.), *Managing
adjunct and part-time faculty for the new millennium* (pp. 45–69).
Elyria, OH: Info-Tec.

U.S. Department of Education. (2007). *Digest of education statistics. Chapter 3.
Postsecondary education.* Washington, DC: U.S. Department of Educa-
tion, Institute of Education Sciences. Retrieved November 9, 2008, from
http://nces.ed.gov/programs/digest/d07/

Wagoner, R. L. (Ed.). (2007). *New directions for community colleges, no. 140.
The current landscape and changing perspectives of part-time faculty.*
San Francisco: Jossey-Bass.

Wallin, D. L. (2007). Part-time faculty and professional development: Notes
from the field. In R. L. Wagoner (Ed.), *New directions for community
colleges, no 140. The current landscape and changing perspectives of*

part-time faculty (pp. 67–73). San Francisco: Jossey-Bass.

Yee, K. (2007). Ensuring an effective start for adjunct faculty: Orientation with multiple options. In R. E. Lyons (Ed.), *Best practices for supporting adjunct faculty* (pp. 13–30). Bolton, MA: Anker.

22

경력 단계별 교수지원

Ann E. Austin

모 든 교수진은 수업, 연구 및 봉사에 상대적인 무게감을 가지고 같은 직업에 종사하는 것처럼 보일 수 있다. 그러나 교수 경력에 따른 경험은 개개인의 경력 수준에 따라 상당히 다르다. 특정한 관심, 도전 및 요구사항은 수준이 다양한 교수진 경력의 특징이 된다. 따라서 효과적인 교수개발 계획과 관련하여 교수진 경력이 시간이 지남에 따라 어떻게 변화하는지에 관한 지식과 함께 특정한 경력 수준에 따라 가장 유용하고 효과적인 교수개발 전략을 가지고 있어야 한다. 가장 잘 구성된 교수개발 프로그램이 모든 교수진에게 관련된 프로그램과 서비스를 포함하면서, 또한 특정 경력 수준에 있는 교수진을 위하여 특별히 설계된 프로그램도 제공한다.

이 장의 목적은 (1) 교수 경력을 개념화하는 데 사용하는 전형적인 단계, (2) 각 경력 단계의 특징과 도전 및 고려사항, (3) 각각의 경력 단계에서 교수진의 요구사항을 반영한 교수개발 전략과 프로그램의 조직에 관한 시사점을 설명하기 위함이다. 이 장에서는 세 가지 경력 단계에 관한 설명과 인구학 패턴이 각 경력 단계에서 교수진의 전체 패턴에 어떻게 영향을 미치는지에 관한 간단한 논의부터 시작한다. 각각의 경력 단계에 초점을 둔 3개의 절은 초기 경력, 중기 경력 및 후기 경력이다. 이러한 절은 각 경력 단계의 주요 특징과 각각의 유용한 교수개발 전략을 강조하며, 각 절마다 정보 자원을 제공한다.

경력 단계의 개요

초기 경력 교수는 때때로 '신임교수' 또는 '주니어교수'라 불렸으나 '주니어교수'는 대학 교수진의 연령이 다양하여 최근에는 덜 사용하고 있다. 예를 들어, 일부 교수진은 비즈니스, 법, 의학 혹은 정부 같은 분야에서 수년간의 경력을 가진 후에 초임 또는 신임교수가 될 수도 있다. 일반적으로 초임교수는 처음 7년간 그 직책에 있거나 아직 정년보장이 되지 않는 개인으로 정의된다. 초임교수의 비율은 시니어교수의 은퇴로 증가하고 있다. 게다가 전체 교수의 수는 통상적인 나이의 학생과 더 나이 많은 학생 모두의 수가 계속 증가함으로써 더 많은 교수진을 고용하려는 기관의 필요에 따라 늘어날 가능성이 있다. 일부 기관에서 신임교수를 더 많이 채용하는 결과를 가져오는 다른 요인은 은퇴 연령대가 아닌 교수들이 떠나고 있기 때문이다. 고등교육 연구기관에서 실시한 최근의 설문 데이터는 적어도 1/3의 응답자가 학자 생활을 떠날 것을 고려한 적이 있다고 한다(Lindholm, Szelenyi, Hurtado, & Korn, 2005). 이러한 이유로 초기 경력 교수의 비율은 많은 대학에서 증가하고 있다. 미국에서는 41.3%의 전임 및 시간제 교수가 7년 또는 더 짧은 기간 동안 해당 직위를 가진다(U.S. Department of Education, 2004).

또한 초기 경력 교수집단은 성별, 인종/민족성 그리고 직위 유형에서 주목할 만하다(Gappa, Austin, & Trice, 2007). 여성교수의 비율은 증가하고 있는데, 6년차 신임교수의 44%는 여성이다. 이에 반해 1969년에는 20%였다. 대략 1/4의 신임교수는 소수인종인 반면 약 17%는 7년 혹은 더 오래된 경력을 가진 소수인종 집단이다(U.S. Department of Education, 2004). 초기 경력의 여성이나 유색인종 교수에 대한 이슈와 도전을 인식하고 그들이 경력을 인정받을 수 있도록 지원하는 노력은 기관의 질과 미래에 대한 투자이다.

또한 교수 임용의 변화는 비정년 트랙과 시간제 교수의 지위가 더 많다는 것이다. 초기 경력 교수들(7년 혹은 그 이하 경력의 교수) 중 46.1%는 비정년 트랙에 있다. 이보다 더 많은 경력을 가진 사람들 중 25.1%는 비정년 트랙에 있다(U.S. Department of Education, 2004). 어떤 자료에 따르면 1960년대 이후로 시간제 교수의 비율이 증가하고 있다고 하였다. 2004년에는 오직 54%의 교수진만이 전임교수이고, 나머지 46%는 시간제 교수진이었다(U.S. Department of Education, 2004). 일부 기관에서는 좀 더 오랜 기간 동안 기관에 남아 있을 것 같은 정년 트랙에 있는 교수진에게 교수개발 자원을 투자하였다. 하지만 다른 기관은 비정년 교수진이 중요한 기능과 책임을 가지기 때문에 그들에게 업무의 질을 향상하기 위한 지원을 받을 기회를 제공하여야 한다고 인식하였다. 비정년 트랙에 있는 교수진을 지원하기 위한 방법은 기관이 성장하는 교수를 고용하는 것과 연관되어 있다(제19장 '커뮤니티칼리지에서 교수개발' 및 제21장 '외래 교수진과 협력' 참조).

중기 경력 교수진은 일반적으로 정년보장 시스템이 있고 고용안정 약속과 함께 정년보장이 되는 기관에서 수습 채용 기간을 통과한 사람(일반적으로 많은 기관에서 약 7년간)들로 정의한다. 중기 경력의 끝은 잘 정의되지 않았지만, 중기 경력 교수진으로 분류된 사람들은 자신이 담당하는 업무에 수년간 참여하여 왔다. 1980년대와 1990년대의 빡빡한 고용 조건 때문에 많은 고등교육기관은 초기 및 후기 경력 단계의 비율이 높고 중기 경력의 비율은 비교적 적다. 중기 경력의 사람들은 종종 기관의 봉사 책임을 담당하여 다양한 리더로 선임된다. 수업, 연구 및 봉사에서 교수진의 책임에 관한 '요령을 터득'하는 동안 그들은 여전히 도전에 직면하고 경력 단계와 관련된 몇 가지 특정한 관심을 가진다.

시니어교수(후기 경력 단계에 있는 사람들)는 보통 가까운 시일에 은퇴를 바라보는 사람들로 정의된다. 후기 경력 단계는 공식적인 시작은 없지만 교수진이 10년 혹은 12년 안에 은퇴하게 될 때의 시점으로 종종 개념화한다. 2005년 미국에서 50.5%의 정년보장 교수진은 55세 혹은 그 이상이었다(U.S. Department of Education, 2004). 전임 교수진 중에서 1/3 이상은 55세 혹은 그 이상인 반면에, 1989년대에 55세 이상의 전임 교수는 24%였다(Lindholm et al., 2005). 시니어교수의 비율은 지난 15년간 증가하였다. 따라서 은퇴자는 향후 10년간 꾸준한 속도로 계속될 것이라고 예측된다. 이 그룹의 교수진은 교수개발 프로그램이 동료들의 삶과 자신의 업무를 풍요롭게 하는 방법이 될 수 있다는 특별한 도전과 이슈, 그리고 관심을 경험한다.

다음 절에서는 각 경력 단계마다 교수진과 관련된 경험, 관심사 및 이슈에 대해 더 자세하게 다룬다. 또한 각 절은 기관이 평생 교수 경력의 변화를 인정하여 제공할 수 있는 세부적인 전략 및 프로그램을 제안한다.

초기 경력 단계

연구 문헌에 따르면 초기 경력 교수진의 경험에 관한 보고서와 상당히 일관성이 있다. 신임교수는 수업, 연구, 전문적 태도 및 습관, 대인 관계 능력 및 고등교육에 대한 전문 지식과 관련된 지식과 기술을 갖추는 것이 필요하다(Austin & McDaniels, 2006; Austin, Sorcinelli, & McDaniels, 2007). 그들은 수업과 관련하여 코스 설계, 학습이 어떻게 일어나는지, 학습과정을 강화하기 위해 테크놀로지를 활용하는 방법, 학생을 학습에 적극적으로 참여시키기 위해 장려하는 방법 그리고 학생의 과정 및 학습을 평가하는 방법을 이해할 필요가 있다. 연구방안을 어떻게 발전시키고 실행하고 보고하는지를 이해할 필요도 있다. 그리고 반드시 진실성, 윤리적 기준에 따른 헌신, 전문적인 네트워크 생성을 위한 기술 및 평생학습에 참여하기 위한 목적을 가져야 한다. 또한 고등교육의 역사, 다양한 기관의 종류 및 미션, 다양한 임용 유형의 본질 및 책임감, 학자로서 최근에 등장한 전문적인 정체성에 관한 이해를 가져야 한다. 따라서 신임 교수진의 지위에 따라 예상되는 지식과 기술은 광범위하지만, 연구에 따르면 보통 대학원 과정에서 신임교수 역할에 대해 체계적인 방법으로 준비되지 않았다고 한다(제20장 '석·박사 학위 학생개발 프로그램' 참조).

사실 연구에서는 교수를 갈망하는 많은 박사 학생들이 수업, 조언, 연구를 위한 안전한 투자 또는 기관의 일원으로서의 참여가 완전히 준비되었다고 느끼지 않는다(Golde, 1998; National Association of Graduate-Professional Students, 2001). 교수가 되기를 원하는 대부분의 학생을 위한 박사 교육은 그들을 고용하는 다른 유형의 기관, 기관별 미션의 차이, 교수 업무에 관한 기관별 차이에 관한 시사점을 이해하도록 도와준다. 즉 신임 교수진은 업무에 대해 배울 것이 많다. 전반적인 선행연구에 따르면 박사 학생은 일반적으로 교수진과 함께 연구를 하고, 그 이상을 능가하는 책임을 지는 준비를 경험하였다고 보여준다(Austin 2002a, 2002b; Austin & McDaniels, 2006; Golde & Dore, 2001; Nerad, Aanerud, & Cerny, 2004; Nyquist et al., 1999; Wulff, Austin, Nyquist, & Sprague, 2004).

신임 교수진은 새로운 직위를 시작할 때 열의와 학문에 대한 열정을 가지고 덜 발달된 학습자와 전문지식을 나누는 데 헌신한다. 그들은 지적 도전에 대한 예감, 학생과의 상호작용을 자극하는 약속, 업무에서 융통성을 경험하는 기대감, 그리고 의미 있는 연구에 참여할 수 있는 기회에 따라 동기부여가 된다(Austin et al., 2007; Rice, Austin, & Sorcinelli, 2000). 그러나 그들의 열망, 열정 및 헌신에도 불구하고 이 연구는 초기 경력자들이 이 절에서 논의하는 특별한 도전과 관심사(Gappa et al., 2007)를 보고하고 있다. 이러한 도전은 정년보장 과정, 협력 관계 및 커뮤니티 그리고 전문적인 책임과 개인적인 책임 사이의 균형 및 시간과 관련이 있다.

정년보장 과정

초기 경력 교수진의 가장 큰 관심사 중 하나는 당연하게도 경력 유지 및 정년보장이 있는 기관의 정년보장 과정과 관련 있다(Austin & Rice, 1998; Austin et al., 2007; Boice, 1992; Menges, 1999; Olsen & Sorcinelli, 1992; Rice & Sorcinelli, 2002; Trower, 2005). 초기 경력 교수진은 자신이 반드시 직면해야 하는 앞날에 대해 걱정한다. 그들은 종종 업무에서 무엇을 강조해야 하는지에 대해서 불확실하고 때로는 엇갈리는 의견을 감지하는 데 주목한다. 또한 그들은 기관의 우선사항이 때로는 바뀌고 기대감이 지속적으로 상승할 것이라고 본다. 게다가 초기 경력 교수진은 종종 기대에 부응하고자 노력할 때 자신이 받는 피드백의 목적이 불분명하고 도움이 되지 않는다는 것을 느낀다. 또 다른 관심사는 시니어 동료들이 대학원에 들어오는 사람들이 일하는 분야에서 새로운 영역을 이해하는지에 대한 여부이다.

기대와 피드백에 대한 관심을 넘어설 정도로 초기 경력 교수진은 재임용 및 정년보장 결정 심사과정의 실행 계획에 관해 궁금해한다. 학과장이 바뀔 때 평가에 관한 기대와 기준이 변화한다면 교수진은 때때로 불이익을 느낀다. 이와 유사하게 평가위원회의 위원 교체와 평가과정의 투명성 부족은 초기 경력 교수진의 걱정을 더한다. 정년보장 심사 타임라인은 일부 교수진의 관심사이다. 학회지 발간 기록은 생산성의 증거를 방해할 수 있다. 과학 및 엔지니어링에서 장비의 유용성은 연구 프로그램에 필수적일 수 있고 초기 실험실 구성의 지연은 문제가 될 수 있다. 전반적으로 정년보장 과정은 초기 경력 교수진에게 스트레스, 불확실과 명료성의 부족을 느끼게 하는 요인이 될 것이다. 그리고 정년보장 과정은 교수개발 계획에서 안내, 정보 및 지원을 제공할 수 있는 하나의 영역이다.

협력 관계 및 커뮤니티

초기 경력 교수진에 의해 종종 보고되는 두 번째 관심사는 협력 관계와 커뮤니티에 있다(Austin et al., 2007; Boice, 1992; Gappa et al., 2007; Rice et al., 2000; Tierney & Bensimon, 1996; Trower, 2005). 신임 교수진은 일을 시작할 때 자신을 지원할 수 있는 멘토와 동료를 찾는다. 특히 좀 더 경험이 많은 동료가 어떤 상황에서 일하고 어떤 자원이 자신에게 유용한지 이해할 수 있도록 돕기를 희망한다. 게다가 많은 초기 경력 교수진은 고립과 경쟁을 종종 경험한다고 보고하였다.

학술 관련 직장의 몇 가지 특징은 커뮤니티 정신을 훼손하는 경향이 있고 시간제 교수진이 새로운 동료에게 멘토십을 제공할 수 있다는 것이다. 맞벌이 가정은 수십 년 간의 관습처럼 집에서 모든 교수진이 함께하는 사교모임을 가질 사람이 아무도 없다. 컴퓨터 사용의 파급으로 교수진은 집에서도 일이 가능하게 되었고 교수진이 사무실에서 모이는 것을 방해하였다. 이러한 특징은 신임 교수진과 좀 더 상급 동료들 모두에게 비공식적 상호작용과 커뮤니티를 더 적게 구축하게 한다. 신임 교수진이 동료애와 커뮤니티의 경험을 쌓을 수 있게 하는 방안을 찾는 것은 교수개발을 위한 또 다른 분야로 가치가 있다.

균형 및 시간

연구 문헌에 따르면 박사 학생이 대학원 경험을 쌓으면서 학문 생활의 본질에 대해 걱정한다고 한다(Austin, 2002a, 2002b; Rice et al., 2000; Wulff et al., 2004). 그들의 멘토는 바쁘고 빡빡한 생활을 보여준다. 그래서 처음 교수가 될 때 일반적인 질문은 다양한 전문가 역할에 어떻게 우선순위를 매기고 균형을 잡는지에 대한 것이다(Austin et al., 2007; Boice, 1992; Gappa et al., 2007; Menges, 1999; Rice et al., 2000; Solem & Foote, 2004; Sorcinelli et al., 2001; Trower, Austin, & Sorcinelli, 2001; Whitt, 1991). 그들은 모든 것(수업, 연구, 조언, 위원회 업무, 봉사)을 어떻게 다 완수할지 걱정한다. 그리고 자신의 기관의 평가 구조에서 자신이 반드시 성취해야 하는 과제의 인정기준을 걱정한다. 예를 들어, 신임 교수진은 수업과 수업에 필요한 준비에 많은 시간을 소모하지만, 기관 평가 구조는 연구 생산성을 강조할지도 모른다. 일부 초기 경력 교수진은 이러한 모순을 잘 관리해야 하므로 스트레스를 받는다. 흥미롭게도 교수진은 전점 시간이 지남에 따라 수업에 편안함을 느끼지만, 연구 생산성에 대한 기관의 요구와 정년보장 결정에 관해 고심할 때 시간과 균형에 대한 스트레스가 증가한다(Olsen & Sorcinelli, 1992).

초기 경력 교수진은 때로는 상충되는 다양한 전문가 책임을 관리하기 위한 방법을 찾을 뿐만 아니라 전문가 역할과 이러한 도전에서 오는 스트레스를 어떻게 관리하는지 균형을 잡기 위한 개인의 책무를 고심한다(Austin et al., 2007; Gappa et al., 2007; Gappa & MacDermid, 1997). 맞벌이 부부가 더욱 일반화되고 남자와 여자 모두가 가족생활 및 개인이 추구하는 시간을 포함하는 라이프 스타일을 원한다. 초기 경력 교수진도 전문 생활과 개인 생활을 가로질러 균형을 잡기 위한 효과적인 전략개발에 강한 흥미를 가지고 있다고 본다. 많은 초기 경력 교수진은 승진 일정에 융통성을 가지고 때때로 임용 자체를 추구한다. 즉 전임과 시간제 교수로 전환할 수 있는 기회에 대해서 관심을 가진다(Gappa et al., 2007).

커뮤니티를 발견하고 시간을 관리하며 다양한 책임을 다루는 문제는 특히 여성 초기 경력 교수진과 소수인종 교수진에게 도전이 될 것이다(Rice et al., 2000; Tierney & Bensimon, 1996). 남성과 여성의 초기 경력 교수진은 종종 가정을 이루는데 학문을 하는 어머니는 자신이 경력을 쌓기 위해 애쓸 때 육체적인 산고 스트레스를 받을 수 있다. 제14장 '소수집단 교수와 협업'에서 논의하였듯이 소수인종 교수진은 자주 드러나지 않는 집단의 목소리가 되기 때문에 고립을 느낄 수 있고 학생의 요구와 위원회의 부가적인 요구에만 반응한다(Moody, 2001; Rice et al., 2000).

초기 경력 교수진을 지원하기 위한 교수개발 전략

다수의 저자는 초기 경력 교수진이 안정을 찾고 기대감과 정년보장 및 평가 구조를 이해하며 동료를 찾고 다양한 책무를 관리하며 개인과 전문적 책무 사이에 적절한 균형을 추구하여 요구를 해결하려는 것과 같이, 특히 도움이 되는 많은 교수개발 계획에 관하여 서술하였다(Austin et al., 2007; Boice, 1992; Gappa et al., 2007; Menges, 1999; Rice et al., 2000; Sorcinelli, 2000; Sorcinelli & Austin, 1992, 2006; Sorcinelli, Austin, Eddy, & Beach, 2006; Tierney & Bensimon, 1996).

책임에 대한 자원 초기 경력 교수진을 지원하기 위한 중요한 방법은 수업, 연구 및 봉사 활동, 정년보장 과정과 개인 및 전문적인 책임의 관리에 관하여 반드시 알게 하는 것이다. 임용과 함께 시작하는 최초 오리엔테이션과 첫 학기 또는 초임 학기 중에 체계화된 오리엔테이션과 같은 프로그램은 유용한 정보를 제공할 수 있다. 일부 기관은 한 곳에서 주요 자료와 링크된 CD 및 웹 사이트를 제공한다. 학과장은 신임 교수진에게 첫 번째 자원으로서 그들의 역할을 진지하게 받아들일 수 있도록 장려하여야 한다. 세미나와 워크숍은 종종 초기 경력 교수진이 교육자와 연구자로서 자리잡으려 할 때 유용한 자원을 제공하면서 교수개발 프로그램의 중추적 역할을 한다. 재임용과 정년보장 과정의 불확실성과 궁금증을 줄이기 위한 세미나는 특히 중요하다. 일부 기관들은 재임용, 정년보장 그리고 신임 교수진의 평가과정에 대한 기본적인 정보를 제공하고 경력이 2년 혹은 3년차가 되어 가는 교수진을 위해 설계된 좀 더 상세한 워크숍을 추가한다.

동료 관계의 지원과 장려를 제공하기 위한 전략 1회의 워크숍은 유용한 정보를 제공하는 데는 충분하지 않지만 초기 경력 교수진을 위해 학과와 대학을 초월하여 동료를 만날 수 있는 기회를 제공한다. 초기 경력 교수진이 동료를 만나고 커뮤니티를 경험하는 데 더 효과적인 도움을 주는 것은 장기 프로그램이다. 하나의 예는 신임 교수진의 관심과 요구에 초점을 맞춘 1년간 실시하는 워크숍 시리즈이다. 다른 예로는 다수의 대학에서 매년 선택된 집단이 기관에 대해 배우고 수업문제를 토론하며 교수학습에 관련된 프로젝트에 참여하기 위해 정기적인 만남을 유도하는 동료교육 프로그램이 있다. 또한 일부 기관은 교수진에게 매달 사회적인 모임을 제공하여 대학 내 관계성을 돈독하게 한다.

멘토링 전략 멘토링 프로그램은 신임 교수진이 질문에 답을 찾고 대학 내 관계성을 형성하는 데 도움을 준다(Austin et al., 2007; Sorcinelli & Jung, 2006). 일부 기관은 그룹 멘토링 세션과 동료 및 가까운 동료(몇 년 앞선 동료), 시니어 교수진 및 위원장이 함께 하는 비위계적 조합으로 이루어진 멘토링을 하는 혁신적인 접근 방식을 실험하고 있다 (Sorcinelli & Jung, 2006). 성공적인 멘토링 프로그램은 일반적으로 목적, 정기 모임과 상호관계의 특징이 있는 관계의 형성을 포함한다.

균형강화를 위한 전략 초기 경력 교수진에게 다양한 책임감 관리와 개인 및 전문적 역할의 균형 문제에 관한 기관지원의 가장 좋은 형태 중 하나는 관련된 정책 및 프로그램에 대한 완벽한 정보를 쉽게 이용하는 것이다(Gappa et al., 2007). 예를 들어, 이직 정책, 기한을 연장하는 정년보장 과정 선택, 건강관리, 보육방안, 환자지원 및 수정된 의무요건의 선택에 초점을 두는 웹 사이트와 워크숍은 중요한 기관전략이다. 특히 생활 책무성 관리에 관한 다양한 접근방법에 초점을 둔 워크숍은 초기 경력 교수진에게 유용할 수 있다.

중기 경력 단계

중기 경력 단계는 초기 경력 단계보다 훨씬 적게 연구되었다. 앞서 언급했듯이 심지어는 중기 경력을 정의하는 것도 어렵다. 일반적으로 중기 경력은 수습 채용이 끝나면 시작하지만, 중기 경력의 종료와 시니어 경력의 시작은 모호하다. 중기 경력은 5년에서 20년 혹은 정년보장 후 수년의 기간으로 이해하는 반면, 일부 연구자는 초기의 중기 경력을 정년보장 후 5년까지의 기간으로 개념화하였다(Baldwin, DeZure, Shaw, & Moretto, 2008). 어떤 교수진은 부교수로서 경력을 가지는 동안, 다른 교수진은 이 기간에 전임교수자 자격을 얻는다. 교수진에게 은퇴가 다가오면 중기 경력의 특징인 많은 도전과 이슈가 후기 경력으로 계속 이어진다.

Baldwin 등(2008)의 최근 연구는 중기 경력 교수진의 주요 이슈에 관한 데이터를 제공한다. 중기 경력은 일반적으로 경력 분야를 가로질러 우선순위와 목적을 재평가하는 많은 성인의 중간 연령대와 유사하다. 중기 경력 시기는 정년보장 이상의 경력 달성을 목표로 하기 때문에 목적을 설정하고 자신의 성과를 평가하는 결정이 필요하기 때문에 불안하다. 어떤 교수진은 스트레스를 덜 받으며 정년보장에 성공하는 반면, 다른 교수진은 단기 정년보장 결정기준에 스트레스를 받아서 이를 관리하지 않는 장기 프로젝트를 선택하기도 한다. 일부 기관은 자기 및 동료평가의 기회를 제공하여 정년보장 이후의 평가를 요구하는데, 이 과정은 도움이 되고 자극도 되지만 불안을 고조시킬 수 있다.

중기 교수진에게 공통되는 도전은 더 많은 리더십, 행정 및 봉사의 의무를 담당하게 되는 동료로부터의 기대이다. 주로 위원장이나 시니어 동료들에게 위원회의 연구와 기관 내 봉사에 대한 기대를 하기 때문에 신임 교수진은 보호를 받는다. 반면에 중기 경력 교수진은 위원장 또는 학과장의 기대에 충족하기 위해 애쓰고 학과에 보조금이 꾸준하게 유입될 수 있도록 노력하며 정년보장 전 동료의 시간을 보호하는 역할을 맡으면서 부족한 자신을 발견하게 된다. 따라서 신임 기간의 시간관리는 도전인 반면 중기 경력에서의 시간 압박은 더 클 수 있다. 특히 연구와 생활의 균형은 경력에 따른 기회와 책임이 확장되고 발전하고자 하는 집단의 요구에 의해 곡예를 하듯 악화될 수 있다. 일부 여성 교수진은 정년보장이 될 때까지 출산을 미루기도 해서 아이를 가지는 일이 중기 경력의 초기에 중요한 일을 맡으면서 동시에 일어난다.

일부 중기 경력 교수진의 또 다른 중요한 도전은 활기 있게 일에 대한 열정을 유지하는 것이다(Baldwin et al., 2008). 교수진은 몇 년 동안 똑같은 것을 가르치고 더 이상 흥미롭지 않은 연구 문제를 쫓고 있는 자기 자신을 발견하기도 한다. 일부는 학생의 연령과 자기 자신의 나이 차이가 학생에 대한 도전을 준다고 언급한다. 활기를 유지하는 다른 방법은 누군가의 분야에 관심을 두는 것이다. 이 도전은 종종 많은 분야에서 지식개발과 보급을 위해 테크놀로지와 관련된 지식을 창출하며 빠른 속도로 변화하는 새로운 기법에 의해 고조된다(Gappa et al., 2007; Sorcinelli & Austin, 2006; Sorcinelli et al., 2006).

학생 조직의 본질과 최근 몇 년간의 기술개발의 빠른 속도 변화는 또한 중기 경력 교수진과 후기 경력 교수진에게 도전을 가져온다(Gappa et al., 2007; Shih & Sorcinelli, 2007; Sorcinelli & Austin, 2006; Sorcinelli et al., 2006). 예를 들어, 다양한 학생 조직의 증가는 교수진이 다양한 학습 양식을 지원하고 연령과 배경이 다른 학생의 학습 요구를 포함하는 새로운 전략을 배울 필요가 있다는 의미이다. 학습자중심수업에 대한 관심의 확산은 교수진이 전문적으로 성장할 수 있는 새로운 기회를 주는 즐거움과 함께 전문적인 실제로 전환하는 도전에 직면한다는 의미가 될 수 있다. 테크놀로지의 보급은 교수진에게 수업에 테크놀로지 매개 학습을 통합하고 연구하여 데이터를 이용하는 새로운 방법을 배우기 위한 기대와 기회를 제공하고 있다. 이메일과 다른 의사소통 도구들은 교수진이 손쉽게 자주 이용 가능하며, 연구 습관에 변화를 주기 위해 중기 경력 교수진과 시니어 교수진에게 요구될 수 있는 것으로 학생들에게 기대감을 준다. 학생과 학습과정 및 테크놀로지와 관련된 이러한 변화는 각각 모든 교수진을 위한 기회와 도전을 가져오는데, 특히 중기나 후기 경력 교수진을 위한 것이다.

중기 경력 교수진 지원을 위한 교수개발 전략

어떤 전문성 개발 전략이 특히 중기(그리고 후기에 있는) 교수진에게 지지받을 수 있을까? 교수진 경력 단계를 연구하는 몇 명의 학자들은 여러 의견을 제안한다(Baldwin et al., 2008; Gappa et al., 2007; Sorcinelli & Austin, 2006; Sorcinelli et al., 2006). 이 절은 중기 교수진이 담당하는 위원장의 역할과 연구비 및 보상, 멘토링 관계와 리더십 개발을 포함한 전략을 강조한다.

중요한 위원장의 역할 위원장은 육성과 장려 그리고 중기 경력 교수진에게 활력을 주는 도전과 같은 중요한 역할을 한다. 그들은 중기 경력 교수진 동료의 마음에 담은 이슈를 경청하고 노련한 교수진에게 기관에 대한 분명한 존경심을 갖게 하며 교수진이 교수학습을 위해 현재에 머물지 않고 새로운 방안을 탐색하도록 돕는 경제적인 지원 및 다른 자원을 제공함으로써 이 역할을 할 수 있다. 또한 위원장은 학과의 우선순위를 고려하여 교수진의 목적과 계획을 다루며 3~5년 차인 개인 전문성 성장을 계획하는 경력 교수진과 함께 연구할 수 있다. 안식년은 전통적으로 활기를 되찾게 할 수 있다. 안식년에 관한 한 가지 문제는 재정적으로 시행하기 너무 어렵고 중기 교수진이라면 흔히 있을 법한 학령아동이 있는 맞벌이 가정 때문이다. 혁신적인 전략으로는 중기 경력 및 시니어 교수진에게 수업 또는 연구에 초점을 둔 전환 단계를 포함하는 융통성 있는 다년 연구 계획을 개발할 수 있는 선택권을 허락하는 것이다(Gappa et al., 2007).

연구비 및 보상 전문성 개발에서 '최일선의 제공자'가 되는 위원장뿐만 아니라 중기 경력 교수진이 새로운 연구방향을 모색하거나 다른 분야 또는 기관에서 동료와 함께 협력을 지원하는 데 도움이 되는 종자 연구비와 같은 추가적인 교수개발 기회 및 자원을 기관이 제공할 수 있다(Baldwin et al., 2008; Gappa et al., 2007). 이러한 보상은 연구 활동을 촉진시킬 뿐만 아니라 대학 내 관계도 발전시킨다. 수업에 대한 보상은 특히 노련한 교수진에게 업적을 인식하고 고무시키기 위함일 수 있다.

멘토링 관계　앞서 언급했듯이 일부 기관은 멘토링에 대한 새로운 접근 방식을 실험하고 있다. 멘토링 관계는 새로운 동료와 자신의 경험을 공유할 수 있도록 중기 교수진과 시니어 교수진이 함께 발전적으로 전념을 하게 돕는 것이다. 이러한 관계는 기관에서 새로운 사람을 위한 지원을 제공하고 심지어 저명한 교수진에게 활기를 줄 수 있다. 멘토링의 또 다른 방법은 중기 경력 교수진 자신을 위해 멘토링을 받기 위한 기회를 제공하는 것이다(Baldwin et al., 2008).

리더십 개발　몇몇 기관은 중기 교수진을 위한 리더십 개발의 중요성을 인지하고 있다 (Baldwin et al., 2008; Gappa et al., 2007). 리더십 개발은 오랫동안 많은 기관에서 학과장을 위해 제공되었지만, 최근에는 예를 들어 프로젝트 관리, 인적 자원 및 갈등관리 기술을 포함한 위원회 및 태스크포스 리더십기술을 개발하는데 이는 초기의 중기 경력 교수진을 돕기 위한 것이다.

후기 경력 단계

은퇴하기 전 5년 혹은 12년 안의 교수진은 후기 혹은 시니어 경력 단계로 볼 수 있다. 중기 경력의 절에서 다루었던 이슈로, 특히 시간 경과에 따른 활력 유지의 중요성, 리더십 개발의 관심과 변화하는 학생 요구의 충족과 테크놀로지의 사용 능력 습득 등에 대한 기대는 후기 경력 교수진에게도 똑같이 관련 있다(Gappa et al., 2007).

　이전에 언급한 교수개발 전략은 시니어 교수진에게도 유용한 지원을 제공할 수 있다. 그러나 특히 중요한 점은 후기 경력 교수진과 최근 은퇴한 교수진에게 특별한 관심이 될 수 있는 멘토링 기회이다. 종종 열정이 있는 경력 교수진은 새로운 동료를 도울 수 있는 연륜을 갖춘다. 동시에 멘토링 관계는 시니어 교수진에게 신선한 관점과 새로운 아이디어를 떠올리게 할 가능성이 있다. 예를 들어, 시니어 교수진은 신임 동료와 학과 정책을 협의하거나 원고에 대한 피드백을 주고, 새로운 교수진은 그 분야의 최근

개발과 수업에서 사용하는 테크놀로지 기술의 효과적인 팁을 공유할 수 있다.

시니어 교수진의 특별한 관심 영역은 은퇴 계획이다. 일부 기관은 교수진이 고용 조건의 성격과 범위를 변경할 수 있는 단계적인 퇴직 기회를 주고 정년 퇴직을 할 수 있게 한다. 교수개발 프로그램은 후기 경력 교수진이 자신의 은퇴 계획에 이용할 수 있는 정책과 방안에 대한 상세한 정보를 제공하는 세미나와 웹 사이트에 접속하게 도와준다. 시니어 교수진도 은퇴와 관련하여 성취감과 경력에 생산적인 영향을 미치는 이슈를 다룰 때 신뢰할 만한 위원장, 교수개발 책임자 혹은 다른 기관 리더와 의사결정에 관해 이야기 나누는 것에 감사한다.

결론

교수진은 각 경력 단계마다 기관에서 가치 있는 자산이다. 대학은 교수진의 경력을 통해 발전하게 되므로 교수진에 대한 관심을 가질 때 인적 자원을 현명하게 활용할 수 있다. 효과적인 교수개발 프로그램은 경력 단계별로 교수진에게 관련된 기회를 주고, 각 경력 단계마다 그들에게 세부적인 프로그램을 제공하여야 한다.

참고문헌

Austin, A. E. (2002a). Creating a bridge to the future: Preparing new faculty to face changing expectations in a shifting context. *Review of Higher Education*, 26(2), 119—144.

Austin, A. E. (2002b). Preparing the next generation of faculty: Graduate education as socialization to the academic career. *The Journal of Higher Education*, 73(2), 94–122.

Austin, A. E., & McDaniels, M. (2006). Preparing the professoriate of the future: Graduate student socialization for faculty roles. In J. C. Smart (Ed.), *Higher education: Handbook of theory and research*, Vol. XXI (pp. 397–456). Dordrecht, The Netherlands: Springer.

Austin, A. E., & Rice, R. E. (1998). Making tenure viable: Listening to early career faculty. *American Behavioral Scientist*, 41(5), 736–754.

Austin, A. E., Sorcinelli, M. D., & McDaniels, M. (2007). Understanding new faculty: Background, aspirations, challenges, and growth. In R. Perry &

J. Smart (Eds.), *The scholarship of teaching and learning in higher education: An evidence-based perspective* (pp. 39–89). Dordrecht, The Netherlands: Springer.

Baldwin, R. G., DeZure, D., Shaw, Al, & Moretto, K. (2008). Mapping the terrain of mid-career faculty at a research university: Implications for faculty and academic leaders. *Change, 40*(5), 46–55.

Boice, R. (1992). *The new faculty member: Supporting and fostering professional development.* San Francisco Jossey-Bass.

Gappa, J. M., Austin, A. E., & Trice, A. G. (2007). *Rethinking faculty work: Higher education's strategic imperative.* San Francisco: Jossey-Bass.

Gappa, J. M., & MacDermid, S. M. (1997). *Work, family, and the faculty career. New Pathways Working Paper Series #8.* Washington, DC: American Association for Higher Education.

Golde, C. M. (1998). Beginning graduate school: Explaining first-year doctoral attrition. In M. S. Anderson (Ed.), *New directions for higher education, no.101. The experience of being in graduate school: An exploration* (pp. 55–64). San Francisco: Jossey-Bass.

Golde, C. M., & Dore, T. M. (2001). *At cross purposes: What the experiences of today's doctoral students reveal about doctoral education.* Philadelphia: Pew Charitable Trusts.

Lindholm, J. A., Szelenyi, K., Hurtado, S., & Korn, W. S. (2005). *The American college teacher: National norms for the 2004–2005 HERI Faculty Survey.* Los Angeles University of California, Los Angeles, Higher Education Research Institute.

Menges, R. J. (1999). *Faculty in new jobs.* San Francisco: Jossey-Bass.

Moody, J. (2001). *Demystifying the profession: Helping junior faculty succeed.* New Haven, CT: University of New Haven Press.

National Association of Graduate-Professional Students. (2001). *The national doctoral program survey: Executive summary.* Washington, DC: National Association of Graduate-Professional Students.

Nerad, M., Aanerud, R., and Cerny, J. (2004). "So you want to become a professor!": Lessons from the PhDs-Ten Years Later study. In D. H. Wulff & A. E. Austin (Eds.), *Paths to the professoriate: Strategies for enriching the preparation of future faculty* (pp. 137–158). San Francisco: Jossey-Bass.

Nyquist, J. D., Manning, L., Wulff, D. H., Austin, A. E., Sprague, J., Fraser, P. K., Calcagno, C., & Woodford, B. (1999). On the road to becoming a professor: The graduate student experience. *Change, 31*(3), 18–27.

Olsen, D., & Sorcinelli, M. D. (1992). The pretenure years: A longitudinal perspective. In M. D. Sorcinelli & A. E. Austin (Eds.), *New directions for higher education, no 48. Developing new and junior faculty* (pp. 15–25). San Francisco: Jossey-Bass.

Rice, R. E., & Sorcinelli, M. D. (2002). Can the tenure process be improved? In R. P. Chait (Ed.), *The questions of tenure* (pp. 101–124). Cambridge, MA: Harvard University Press.

Rice, R. E., Sorcinelli, M. D., & Austin, A. E. (2000). *Heeding new voices: Academic careers for a new generation.* Washington, DC: American Association of Higher Education.

Shih, M. Y., & Sorcinelli, M. D. (2007). Technology as a catalyst for senior faculty development. *Journal of Faculty Development, 21*(1), 23–31.

Solem, M. N., & Foote, K. E. (2004). Concerns, attitudes, and abilities of early career geography faculty. *Annuals of the Association of American Geographers, 1*(4), 889–912.

Sorcinelli, M. D. (2000). *Principles of good practice: Supporting early-career faculty. Guidance for deans, department chairs, and other academic leaders.* Washington, DC: American Association for Higher Education. Retrieved January 2, 2009, from http://www.umass.edu/cft/publications/early_career_faculty.pdf

Sorcinelli, M. D., & Austin, A. E. (Eds.). (1992). *New directions for higher education, no 50. Developing new and junior faculty.* San Francisco: Jossey-Bass.

Sorcinelli, M. D., & Austin, A. E. (2006). Developing faculty for new roles and changing expectations. *Effective Practices for Academic Leaders, 1*(11), 1–16.

Sorcinelli, M. D., Austin, A. E., Eddy, P., & Beach, A. (2006). *Creating the future of faculty development: Learning from the past, understanding the present.* Bolton, MA: Anker.

Sorcinelli, M. D., Austin, A. E., & Trower, C. A. (2001). Paradise lost. *The Department Chair, 12*(1), 1–3, 6–7.

Sorcinelli, M. D., & Jung, Y. (2006, June). *Mutual mentoring initiative: Envisioning a new culture of mentoring.* Poster presentation at the Fourth Annual International Conference on Teaching and Learning in Higher Education, Galway, Ireland.

Tierney, W. G., & Bensimon, E. M. (1996). *Promotion and tenure: Community and socialization in academe.* Albany: State University of New York Press.

Trower, C. A. (2005). How do junior faculty feel about your campus as a work place? *Harvard Institutes for Higher Education: Alumni Bulletin.* Cambridge, MA: Harvard University.

Trower, C. A., Austin, A. E., & Sorcinelli, M. D. (2001). Paradise lost: How the academy converts enthusiastic recruits into early career doubters. *American Association of Higher Education (AAHE) Bulletin, 53*(9), 3–6.

U.S. Department of Education, National Center for Education Statistics. (2004). *National Study of Postsecondary Faculty* (NSOPF:04). Washington, DC: Author. Retrieved January 2, 2009, from http://nces.ed.gov/pubsearch/pubsinfo.asp?pubid=2007175

Whitt, E. (1991). Hit the ground running: Experiences of new faculty in a school of education. *Review of Higher Education 14*(2): 177–197.

Wulff, D. H., Austin, A. E., Nyquist, J. D., & Sprague, J. (2004). The development of graduate students as teaching scholars: A four-year longitudinal study. In D. H. Wulff & A. E. Austin (Eds.), *Paths to the professoriate: Strategies for enriching the preparation of future faculty* (pp. 46–73). San Francisco: Jossey-Bass.

23

조직개발

Kay J. Gillespie

1974년 고등교육의 전문성 및 조직개발(POD) 네트워크가 설립된 이래 조직개발은 조직의 이름이나 미션의 일부가 되었다. POD 미션에는 이 구성요소를 다음과 같이 표현하고 있다. "고등교육의 전문성 및 조직개발(POD) 네트워크는 교수진과 조직개발을 통해 교수학습의 지속적인 개선을 옹호하고 장려한다. 이를 위해 교육개발자의 연구를 지원하고 교육 기업에서는 그 중요성을 지지한다(POD Network, 2003)." 또한 조직개발과 관련된 의미 있고 중요한 요소는 '인도적이고 협력적인 조직 및 행정'의 개발, 특히 명확한 의지를 드러내는 곳에서 POD의 '공식적 가치'가 나타난다(POD Network, 2003). 미국과 캐나다의 POD 네트워크 구성원의 최근 설문조사에서 나타난 것처럼 조직개발 임무 및 가치의 설정은 POD 회원들에 의해 내면화되었다. 모든 유형의 기관에서 수집된 설문조사에서 교육개발자는 에이전트 및 주요 기관의 대표선수로서 변화에 대응하여 대학을 돕는 위치에 있어야 한다고 믿는 것을 보여주었다(Sorcinelli, Austin, Eddy, & Beach, 2006).

POD 네트워크 활동 영역 내에서 지속적으로 강조하는 조직개발은 POD 연례 콘퍼런스의 주제 세션으로 설명될 수 있다. 예를 들어, 1977년 두 번째 연례 콘퍼런스에서는 다음과 같은 세션이 포함되었다.

- 학과장을 위한 리더십 개발 워크숍
- 내부 연구 : 학과와 행정부서와의 상담
- 학과 중재에 관한 사례연구
- 행정가 개발을 위한 접근방법

2008년 33번째 연례 콘퍼런스에서는 다음과 같은 세션 제목에서 볼 수 있듯이 조직 문제를 다루는 다수의 세션을 포함하였다.

- 기관의 시민문화 창조를 위한 학과장 개발
- 조직개발 및 학생학습을 향상시키기 위한 시설 계획 사용
- 개발지원을 위한 캠퍼스 부서 간의 협력 구축
- 카페식 대화를 통한 조직 변화의 영향
- 조직 변화 에이전트의 위험과 보상

조직개발에 대한 관심 수준의 지표로 POD 콘퍼런스를 고려한다면 이 관심은 분명 처음부터 있어 왔고 앞으로도 계속될 것이다.

이러한 역사적인 토대를 바탕으로, 특히 교육개발 맥락에서 조직개발의 정의 및 이해에 관하여 이 장에서 간단하게 논의하고자 한다. 조직개발지원으로 교육개발 활동을 제공하기 위한 실질적인 제안을 하며 실제 사례를 제공한다. 필자는 토론을 통해 어떻게 교육개발자가 기관 수준에서 교육 기업 전체를 개념화하고 교육개발 연구를 위한 협력관계 구축의 중요성을 경청하며 **생각뿐만** 아니라 **행동도** '조직적으로' 관여하는지를 다룬다.

이 책의 모든 장에서 교육개발 노력의 행위에 대한 정보 및 안내 그리고 많은 실질적인 대안을 제공한 바 있다. 우리는 이 책에서 이런 용어, 즉 **교수개발, 교육개발** 및 **전문성 개발**을 왔다 갔다 하였다. 왜냐하면 이러한 분야는 여전히 흐름과 형태가 하나이기 때문이다. 필자는 이 장에서 **수업, 교수진** 및 **대학원생** 개발과 관련된 자세한 문제를 다룰 것이다. 이는 꾸준히 발전하는 주제로 전체 기관의 숙고사항인 **조직개발**을 고려함으로써 우리에게 주어진 위에 있는 주제에 대한 언급이다.

신입 및 경력 교육개발자, 교수진, 행정가 및 다른 이들을 포함한 이 책의 독자는 특히 새로운 교육개발을 착수하는 사람 혹은 노력하는 사람을 위해 필요하다. 아주 간단하게 어느 누구도 모든 장에서 언급 및 논의되거나 혹은 이 장에 제시된 모든 것을 알 수 없고, 어떤 프로그램도 이 장에 있는 모든 제안을 이행할 수는 없다. 누군가의 지식과 경험은 이 연구가 시작하고 계속되며 프로그램이 발전할 때 개발되거나 성장한다. 사실 경력 있는 교육개발자는 우리가 이 분야의 이해를 위해서 성장이나 발달을 절대 멈추지 않아야 한다는 것에 동의할 것이다. 독자들은 조직개발에 관여하는 것이 교육개발 활동 영역에서 좀 더 발전된다는 것을 알아야 한다. 그리고 그것은 일반적으로 이 연구를 위한 출발점이 아니다. 그럼에도 불구하고 조직은 그 분야에서 시작하는 사람들을 위해 교육개발에서 발생하는 중요한 조직개발의 노력을 이해하기 위한 체계를 제공한다.

정의 및 개념화

교육개발 맥락에서 **조직개발**은 "기관 및 소단위의 조직 구조와 과정으로 이해될 수 있다. 조직개발 노력은 교수진, 행정가, 학생 및 직원의 연구를 지원하기 위하여 효과적이며 효율적인 방법으로 조직 기능을 돕는 것을 추구한다. 학과장을 위한 리더십 훈련, 집단과정의 효과적인 사용, 기관의 미션 검토 및 개정, 조직적 변화 과정의 실행과 기관 관리는 조직개발의 범위에 속하는 대표적인 주제이다(Gillespie, 2002)." 필자의 의견으로 관계와 상황이라는 두 가지 개념은 이번 토론에서 중요하다.

관계

조직개발은 관계에 관한 것이다. 즉 그것은 개인과 집단 사이의 관계, 한 개체의 단위와 하위 단위의 관계를 포함한다. 예를 들어, 조직개발은 정년보장의 평가 및 수정, 승진 정책 및 과정, 교수진 역할 논의, 그리고 보상제도, 토론 촉진, 단위 수준에서의 집단과정, 적절하고 질서 있는 검색행위, 갈등관리 및 해결절차와 같은 포괄적인 인사 문제로 여겨질 수 있다. 또한 그것은 단위별 보고라인 또는 학교나 대학 안에서의 프로그램 및 학과의 조정과 같은 기관 내 관계에 고려사항을 포함한다. 따라서 교육개발자는 교육기관 내에서 다른 사람과의 구조적 상호작용을 고려하고 어떻게 그들이 개인뿐 아니라 기관 및 하위 단위의 기능에 영향을 주는지 고려하며 참여한다. 그래야만 우리는 좀 더 효과적이고 인간적인 상호작용 방법을 모색할 수 있다.

상황

우리는 학습이 발생하는 광범위한 상황과 이 상황의 세부적인 사항이 기관별로 크게 다르다는 것을 깨닫는 것이 필요하다. 조직적으로 생각해서 기본적인 의사결정이 얼마나 조직의 틀과 기능에서 중요하고, 얽혀 있는 정책이나 실제가 어떻게 조직적인 그물(web)을 형성하는지를 인식하여야 한다. 예를 들어, 이 그물은 코스의 형식과 전달 방법의 변화를 위한 결정, 물리적 공간의 설계 및 배치, 교수진 관리를 위한 구조, 그리고 우리가 너무 적은 관심을 보이는 기관 이사진의 선임과 같은 특별한 관심을 포함할 수 있다. 이러한 모든 상호작용은 조직에 포함된 모든 사람의 연구와 수업 상황, 그리고 전체 기관의 기능뿐만 아니라 그것의 하위 단위 사이의 관계에서도 보여지는 조직개발 상황에 영향을 미친다. Baron(2006)은 이러한 연관성을 다음과 같이 간결하게 표현하였다. "캠퍼스 조직은 외부와 단절된 상태에서 존재할 수 없고, 그것은 섬 자체가 될 수 있다. 따라서 교수개발 기능은 전체 기관의 상황을 고려할 필요가 있다. 교수개발의 효과성, 때로는 그것의 생존은 자신이 속한 조직개발에서 영향을 미치고 참여할 수 있는 능력의 정도에 따른다."

또한 상황은 이 책의 다른 장에서 중요성을 강조한 것처럼 기관문화를 고려한다(제5장 '교수개발 업무의 시작'과 제7장 '교수개발 프로그램의 프로모션' 참조). 그 중요성은 여전히 여기서도 언급된다. 기관의 문화는 기관의 조직적 가치를 반영한다. 시작했든 하지 않았든, 조직개발은 좋든 나쁘든지 반드시 그 문화에 국한되어 발생한다. 우리는 변화로서 발전하는 문화를 도입하거나, 혹은 발전하는 문화로서 변화를 도입하는 것을 발견할 수 있다. 혁명은 거의 발생하지 않는다. 결과적으로 우리는 긍정적 변화로의 이행이 종종 느린 과정이라는 사실을 인식하고 받아들여야 하는데, 이것은 가끔 참 힘들다.

교수개발 분야의 초기 리더인 Bergquist(1992)의 책 아카데미의 네 가지 문화(*The Four Cultures of the Academy*)는 우리에게 생각할 만한 토론을 하게 하고 학계에서 문화의 개념을 제공하였다. 그리고 조직개발에 관해 생각하는 데 좋은 배경 지식을 제공한다. 그는 처음에 전반적인 조직문화를 형성하기 위한 공동 연구로 네 가지 문화를 개념화하고 다음과 같이 설명하였다.

1. 학문에 근간을 둔 대학문화
2. 명백한 교육 목적에 초점을 둔 경영문화
3. 커뮤니티 모든 구성원의 더 큰 성장을 강조하는 개발문화
4. 기관 자원의 공정하고 평등한 분배를 중시한 협상문화

이 개념의 이해는 각 기관의 틀에서 누군가 조직적으로 생각할 때 도움이 된다. Bergquist는 '조직 변화와 혁신의 육성'이라는 토론에서 "우리는 단지 현재의 상황을 개선하는 방법을 배우는 것보다 우리 대학의 문제에 대응하기 위해 무엇인가를 더 할 수 있다."고 저술하였다(1992). 필자는 이 코멘트가 교육개발자가 조직적으로 생각하고 행동하는 데 격려가 된다고 믿는다[주의 : 이 연구의 최신 수정에는 본래 네 가지에 유형과 가상의 두 가지 문화 개념을 추가하였다(Bergquist & Pawlak, 2008)].

조직개발 : 실용성 및 행동

교육개발자로서의 본질은 학계 내의 변화 에이전트로서 행동하는 역할을 해야 한다는 것을 빠르게 인식하는 것이다. 많은 개발자는 교육개발자가 매우 흥미로운 자리임을 강하게 믿고 그들 스스로를 변화의 퍼실리테이터 및 리더로서 인식한다(Diamond, 2005). 이러한 이해는 조직 내 교육개발 연구에서 실제적인 측면을 고려하게 한다. 즉 조직적인 생각을 행동으로 옮기게 된다. 이러한 모든 노력은 내부 및 외부의 도전과 고등교육 환경의 복잡성, 그리고 교육개발자가 조직적으로 생각할 때 포함시키는 지지층 및 관계에서 근간이 된다.

고등교육 환경의 도전 및 복잡성

우리가 다른 방향에서 불어오는 개혁, 변화의 필요성, 우리 모두가 직면하고 있는 경

제적 및 예산의 어려움, 책무성의 요구 등 매일 우리를 둘러싸고 쏟아지는 모든 문제에 대한 반응을 고려하면 고등교육 환경의 도전은 더 복잡해진다. 이 모든 것은 이러한 환경에서 주도하기보다는 너무 쉽게 반응하게 된다. 우리는 교육개발자로서 현실에서 매우 자주 긴장감에 직면하여 이렇게 행동하게 된다.

수십 년 동안 개혁에 대한 요구는 여러 측면에서 있어 왔다. 학계는 집단이나 기관의 입장에서 여러 다양한 방법으로 응답하였고 정부 보고서와 권고사항이 등장하였다. 개인 재단은 그들의 생각을 전파하였고 혁신을 조성하였다. 학위수여기관은 그들의 기준과 기대치를 수정하였다. 학생과 부모는 그들의 요구로 알고 있는 것일지라도 그러한 바람을 가졌다. 입법자는 법을 제정했고 법원은 판결을 내렸다. 주정부 시스템은 변화를 지시하였고 기관은 전략적인 계획을 생성하고 수정하였다. 이런 리스트는 계속 제시할 수 있다.

우리는 권고사항을 담고 있는 정부 보고서의 장황한 설명을 읽으면서 최근 맞춤법위원회(Spelling Commission)처럼 일반적으로 알려진 곳에서 공표된 연구결과와 관련하여 학계에서는 그것에 대한 논쟁을 할 수 있다(About the Commission, 2008). 반면에 우리는 학문 본질에 대한 고등교육 전반에 걸친 토론을 자극했던 Boyer의 중대한 연구(1990)를 함께했던 것처럼 때때로 매우 열심히 생각하고 권고사항을 수용한다. Boyer의 연구에 대한 반응은 교수학습의 학문성(Scholarship of Teaching and Learning)과 같이 적응을 선도하는 우리의 행동에 대한 중요한 영향력의 증거가 된다(Hutchings & Shulman, 2007). 또한 우리는 1960년대에 했던 것처럼 외부 요구(예 : 수업의 학생평가 시행)에서 최근의 책무성 요구까지 반드시 응답하여야 한다. 우리는 결정을 이행하고 행동을 평가할 때 이러한 외부 요구에 대해 긍정적이거나 가끔 문제가 되는 결과도 다루어야 한다. 때때로 국가협회는 교육개발을 옹호하였다. 미국고등교육협의회(AAHE)는 1970년대부터 2000년대까지 교수 역할 및 보상의 여건이 좋지 않은 몇몇 지역에서 개혁을 주도하였다. 그러나 유감스럽게도 협회는 재정적인 이유로 시행을 중단하도록 강요받았다. 입법자는 법원, 대학 그리고 이 주제를 둘러싼 열띤 토론에 참여한 시민 그룹까지 함께 차별 시정 조치법을 제정하였다. 우리 기관은 새로운 프로그램을 실시하고 우리가 무엇을 하고 무엇을 할 수 있는지 여부를 재고하고 재조명하기 위한 예산 삭감을 요구받았다. 변화를 위한 반응과 초래된 반응과 같은 변화는 다시 계속될 수 있다.

개개인의 업무목록에 무엇이 포함되어 있든지 간에 우리가 직장에서 매우 복잡한 환경에 있다는 것은 의심할 여지가 없다. 만약 우리가 교육개발자로서 교수학습을 개선하고 우리의 기관에서 교육개발 활동의 모든 다른 측면을 강화시키는 큰 책임을 가진다면, 그것은 우리에게 이 환경을 이해하고 그것에 대해 잘 알고 있도록 의무를 부여하는 것이다. 그것은 교수진, 행정가 및 직원 업무에서 볼 때 더 큰 조직 시스템과 단위를 만들고 그들의 행동에 영향을 미치는 환경이 된다.

우리가 조직적으로 생각하게 되면 우리는 이러한 조직 구조의 중요성을 인식하고 우리의 가치 및 미션에 일치하는 방법으로 그 변화에 기여하고자 한다. 또한 교육개발의 다양한 범주 간의 분리, 즉 교수진, 대학원생, 수업 및 조직개발에 대한 명확한 선이 없다는 것을 깨닫게 할 필요가 있다. 각 영역의 활동은 다른 것에 영향을 줄 수 있다. Hutchings와 Shulman(2007)은 이러한 연결의 중요성에 관한 사례를 제공한다. 그들은 교수진과 조직개발을 함께 유도하는 것에 대해 다음과 같이 말한다. "그것은 교수가 수업의 사례를 개발하는 데 용기를 주며 수업에 초점을 둔 여러 전통을 따르는 연구에 방향을 제시한다. 하지만 **연구를 활성화하기 위해 문화와 기반 시설을 허용하는 것이 필요하다**."

우리의 환경에서 도전과 복잡성, 그리고 그 영향을 인식하는 것은 다음과 같은 의미가 될 수 있다.

지식 우리는 무엇보다도 전반적인 고등교육의 관심사, 데이터, 트렌드 및 혁신에 대해 알기 위한 우리의 노력을 수행하고 유지하여야 한다. 이런 지식은 콘퍼런스에 참석하고 '고등교육 연대기 및 변화(Chronicle of Higher Education and Change)'와 같은 일반적인 고등교육 출판물을 읽거나 다른 교육개발자와의 네트워크를 통해 얻고 확장할 수 있다. 또한 이 책의 다른 장에서 강조했듯이 우리는 기관 내의 정책과 절차에 대해 잘 알고 있어야 한다. 중요한 정책, 절차 및 정보 매뉴얼은 모든 교육개발센터 내에서 중요한 자리를 차지하고 있어야 한다.

기관 참여 우리는 외부 및 내부 환경의 복잡성을 인식하고 탐구하며 변화를 위해 규명된 요구를 반영할 수 있는 조직 계획에 참여하고 긍정적으로 기여해야 한다. 예를 들어, 이런 행동은 종종 비전이나 기관 혹은 단위 내 전략 계획 위원회에서의 봉사에 의해 촉진된다.

현실   우리는 함께 일하는 사람들의 본성과 성격, 기관 환경의 구조와 문화, 기관 내 미션에서 현실적이거나 알고 있는 제약조건과 이러한 활동에 관여하는 것에 대한 망설임 혹은 고려사항을 포함하는 도전과 장애물에 직면할 수 있음을 알아야 한다.

지지층 및 관계

'교수개발의 미래 창조(Creating the Future of Faculty Development)'(Sorcinelli et al., 2006)에서 이 분야의 미래에 대한 개발자의 비전은 좀 더 조직개발 및 변화를 강조하고 있다. 특히 응답자는 개발자가 기관 내에서 학과장이나 학장과 같은 학교 리더와 함께 일하고 관리 구조에 포함되어야 하며, 교육개발자가 협력 및 관계 형성을 위해 어떻게 접근해야 할지 기관의 우선순위를 살피고 자신의 센터 혹은 프로그램의 조정에 영향력 있는 리더 역할을 해야 한다고 믿는다.

학과장 및 다른 행정가와의 작업   학과는 어떤 기관 내에서도 중요한 단위이다. Lucas의 연구(1994, 2002; Lucas & Associates, 2000)에서 학과장 연구의 중요성이 관심을 끌었다. 그녀가 말하길, "지난 십 년 동안 학과장 연구는 효과적인 학과 기능을 위한 주요한 열쇠로서 리더와 교수진 개발자의 역할을 정하도록 유도하였다(1994)." 그리고 "학과에서 학과를 변경하는 에이전트가 되는 경우, 학과장은 좋은 학과 개설을 위해 교수진에게 동기부여할 수 있는 리더십, 지식 및 기술을 연마하여야 한다(2002)." Lucas는 조직개발에서 학과장 연구에 대해 다음과 같이 말하였다. "학과연구는 상당히 영향력이 있는 수업을 하는 교수진과 교수개발 직원에게 시너지 효과를 준다. 학과장 연구는 전체로서 기관에 영향을 주기 때문이고 그것은 조직개발 전략이라 볼 수 있다(2002)."

이러한 배경으로 학과장은 교육개발 연구의 협력자가 된다. 그리고 그들은 학과 내에서 교수와 기관개발에 중요한 영향을 미치기 때문에 학과장의 관계를 발전시키고 구축하는 데 신경을 쓴다. 교육개발의 새로운 책임자는 시간을 가지고 회의의 특정 의제에 신경을 쓰며 모든 학과장과 만나는 노력을 하여야 한다. 학과장은 학과의 교수진에게 전달자이다. 그리고 그들의 영향력 또는 부재는 수업개발 활동과 프로그램을 추진하는 데 있어서 교수진의 관심에 큰 영향을 미친다. 만약 학과장 회의가 있다면 논의와 시행을 가능하게 하기 위해 특별한 의제로 제공하여 학과장들과의 만남을 요청할 수 있다.

교육개발 기회가 많고 인력 수준이 높은 기관에서, 교육개발자는 때때로 학과장의 리더십시리즈 워크숍이나 세미나에 관련되어 시작하게 된다. 이 위치에 있는 사람에게 관심 있고 중요한 주제는 끝이 없다. 이런 시리즈는 학과장이 될 생각을 하는 사람에게 개발 기회가 될 수 있다. 우리는 종종 리더의 중간 위치에 있는 사람들이 준비가 미흡하고 효과적인 리더십을 위해 필요한 중요 기술과 지식이 부족하다는 것을 알고 있다. 학과장 신분에 초점을 맞춘 리더십시리즈는 인사관리와 절차, 예산, 갈등관리, 대인관계 기술, 고충처리 절차, 법률적 쟁점사항의 중요성과 기타 중요한 분야의 다양한 주제를 포함할 수 있다. 워싱턴대학교의 기관변화센터는 그들이 제공하는 워크숍을 통해 기관 내에서 계획된 리더십 훈련의 사례를 제공한다. 이 프로그램은 "리더십 개발에 초점을 둔다. 반나절 일정의 분기별 사전 리더십을 통해 학장과 학과장 그리고 다른 교수진은 좀 더 효과적인 리더가 될 수 있도록 전문성 개발 워크숍을 제공받는다. 각 워크숍은 다른 교수진이 학술 리더십 이슈에 노출될 수 있도록 하는 것으로 학과장은 신진 리더를 초청하는 것이 좋다(UW ADVANCE, n.d.)."

특히 학과장 개발과 교육개발과의 연결은 그들의 리더십 개발을 장려할 수 있는 가능성이 있다. 예를 들어, 밴더빌트대학교의 교육센터는 학과장을 위한 웹 자원을 제공하는 웹 사이트가 있고, 센터 도서관에서 이용 가능한 프린트 자료와 학과 내에서 발생하는 이슈에 초점을 맞춘 사례연구를 제공한다.[1]

학계와 비학계에 있는 다른 행정가들 또한 우리의 연구를 위해 중요한 관계를 구축할 수 있다. 이러한 노력에 따른 산출물은 교육개발 연구의 촉진과 강화로 나타난다. 우리는 공식 혹은 비공식적인 접촉을 통해서 조교수나 부교수를 포함한 학장의 신분에 있는 사람과의 관계를 구축할 수 있다. 이러한 접촉은 공식적이거나 비공식적이다.

---

1 http://www.vanderbilt.edu/cft/resources

예를 들어, 그 미션이 교육개발의 미션과 일치하는 경우라면 대책위원회와 임시위원회에 기여할 수 있으며 혹은 학장이 관심을 가진 의제를 개선하는 데 도움을 준다. 일부 기관은 학장협의회를 가지고 있으며 그 회의에는 이점이 있는데, 그것은 교육개발 활동에 대해 알리기 위한 기회가 되며 그들의 특정한 관심사에 관해 배울 수 있는 기회를 제공하기 때문이다. 미시간주립대학교의 교수진 및 조직개발실의 활동은 행정 및 리더십 개발을 위한 광범위한 프로그램을 제공한다는 점에서 계획적이고 내적인 리더십 개발 노력의 사례를 제공한다. 이런 노력은 새로운 행정가와 새로운 학장, 임원리더십아카데미(Executive Leadership Academy) 그리고 리더십과 행정가(LEadership and ADministrator, LEAD) 세미나 시리즈를 위한 오리엔테이션 웹 사이트를 포함한다(Office of Faculty and Organizational Development, n.d.).

우리는 신입 및 경력 행정가를 위해 기관을 초월하여 이용할 수 있는 여러 종류의 프로그램이나 기회를 알아야만 한다. 연구를 기반으로 하는 우수사례에 대한 좋은 정보는 행정 역할을 하는 사람들이 사용할 수 있으며, 그들에게는 이 연구와 모범사례에 대해 배우고 능숙하게 수행하기 위해 필요한 기술을 개발할 수 있는 기회가 필요하다. 우리 스스로가 최근 정보를 잘 챙겨 둔다면, 다른 사람을 선도할 수 있는 적절한 기회를 가질 수 있다. 이 정보가 있는 좋은 자료는 모든 교육개발자의 주간 독서 목록에 갖추고 있어야 하는 '고등교육의 연대기(*Chronicle of Higher Education*)'이다.

그 단체가 교수회의 또는 교수협의회 등 무엇이라고 불리든 간에 잊지 말아야 하는 것은 교수관리 단체의 리더이다. 이 단체는 매우 중요한 조직이며, 그 리더와의 공식 또는 비공식적인 참여는 조직개발을 할 수 있는 기회를 가져올 수 있고 우리의 연구 전체에 영향을 미칠 수 있다. 또한 기관이 연합하여 교육개발 연구를 위한 중요한 협력자가 될 수 있는 협회 리더와 알게 된다는 이점이 있다(제6장 '교수개발자에게 중요한 기술과 지식' 참조). POD 네트워크는 국가교육협회, 전국교사노조와 오랫동안 계속되었고, 효과적인 공동 출판을 하며 협회 회원 대상 잡지에 교수학습 효과성에 관한 정기적인 칼럼을 제공한다.

우리는 보고라인의 구조와 단위를 조직적으로 생각하여야 한다. 예를 들어, 센터의 개인 혹은 책임자와 같이 교수개발 책임자가 최고 교육 담당관의 지시를 받으면, 사무실에 있는 직원과 알게 되고 행정 안건을 인지하며 안건에 관한 지원을 사전 또는 사후에 제공할 준비를 하도록 노력하여야 한다.

학과 및 전체 캠퍼스 단위와의 협력   이 책의 다른 부분에서 강조되었던 것처럼 교육개발 작업은 매우 자주 기관 내의 다른 개인 또는 다른 단위와 협력하여 이루어진다. 우리가 학과장과 관계를 잘 구축한다면 우리는 단위의 조직 가입 자격을 얻을 수도 있다. 우리가 단위 조직을 넘어서 일할 수 있다면 교육개발 연구에서 다른 사람들과의 계획적인 참여로 다양한 가능성을 제공한다. 가령, 예산 책임자는 예산 절차에 관한 워크숍이 제공되는 학과장리더십시리즈에 참여할 수 있다. 교육개발 프로그램의 메커니즘을 통해 학생과 직원은 학생 및 강사 행동에 영향을 미치는 정책 및 절차에 대한 필수 정보를 전파하는 데 도움이 될 수 있다. 실천가는 중앙집권 교육개발 구조와 프로그램을 사용하여 많은 장점이 있는 만족스러운 정보를 제공할 수 있다. 다양한 다문화 단위와 연구하는 것은 기관의 다양한 의제에 참여하여 영향력을 크게 증가시킬 수 있다.

우리는 대학 및 학과가 관심을 가지고 변화하려는 의지가 있다고 인식하는 경우 때때로 그 의지를 도와주는 방법을 모색하여 조언, 퍼실리테이터 또는 참가자로 참여하는 것이 가능하다. Lee, Hyman과 Luginbuhl(2007)는 학부교육의 중요한 변화를 설명하고, 학과 수준에서 집단의 처리 과정의 좋은 예를 제공하며 학과 내에 변화를 위한 '준비성'의 개념을 다루었다.

우리는 특정 주제의 토론이나 행동 안건을 제안하여 교육개발 프로그램 및 활동을 알리기 위해 교수가 아닌 행정집단과의 만남을 주선할 수 있고 그들의 관심과 특정 안건의 정보를 유지할 수 있다. 위의 모든 것은 직원이 모든 범주에서 기관 미션에 기여할 수 있도록 존중하는 것이 중요하다. 우리의 태도는 다른 사람을 돕고 교육개발 연구에 그들을 참여시킬 방법을 찾기 위해 적절하게 준비하여야 한다. 구체적인 언급은 다양성의 문제에 초점을 두고 있는 도서관 인력과 사무실 사람들에게 해당된다.

이러한 파트너십은 우리에게 다양한 방법으로 조직개발에 기여할 수 있는 위치에서 잠재성을 깨닫게 하는 데 중요하다.

위원회 봉사 및 교수진 관리   위원회 봉사는 조직개발 참여에 좋은 메커니즘이다. 교육개발자는 조직개발 문제에 영향을 줄 수 있고 변화에서 에이전시로 참여하는 전달자처럼 이런 위원회에 참여하여야 한다. 또한 이러한 참여는 교육개발 연구를 위한 중요한 공적 관계 활동이 될 수 있다.

특히 주요 위원회 연구의 좋은 사례는 기관의 방향을 계획하고 교수학습 환경에 직접적으로 영향을 미치는 운영의 모든 측면에 영향력이 있는 기관전략기획위원회이다. 다른 좋은 사례는 기관의 시설위원회이다. 새로운 교실의 신축 계획이 있는 경우, 처음부터 그 설계는 매우 중요하다. 교육개발자는 교수학습 공간으로 변환할 수 있도록 교수학습의 요구사항에 대해 조언할 수 있다. 아마도 우리의 연구를 발전시킬 수 있거나 교육개발자의 참여를 환영하는 다른 위원회는 학부교육, 교양교육, 여성과 소수민족, 교수 역할 및 평가, 그리고 다른 학계 문제에 관한 대책위원회를 포함한다. 이러한 위원회 봉사는 우리를 가장 확실히 조직적으로 포함시킨다. 따라서 대학이나 학교 수준뿐만 아니라 교육개발 단위의 보고 부서 내에서도 위원회 구조를 알게 된다. 개발자가 학과에서 전임교수 임용을 받는다면 학과위원회에 참가하는 기회도 있을 것이다. 개발자는 위원회가 무엇이든 간에 반드시 연구를 하고 위원회 직무와 관련 있는 정책 및 절차에 관한 지식이 있어야 한다.

그러나 어떤 위원회에 얼마나 참여하는 것이 적당한지에 대한 결정을 신중하게 하는 데 또 다른 주의가 필요하다. 예를 들어, 전략기획위원회, 시설위원회, 또는 교육과정개발위원회에서의 봉사는 교육개발 맥락에서 재미있고 중요하고 이득이 되며, 상당한 시간을 소비할 가능성이 있다. 체육위원회(또는 주차위원회)에서의 봉사는 대부분 적절하지 않다. 물론 위원회 위원이 결정되는 방식을 유념하여야 한다. 개발자의 직위특성에 따라 제약이 있을 수 있다. 공식적인 위원이 불가능한 경우, 비공식적으로 투표권이 없는 위원이나 고문으로서 참여할 수도 있다.

커뮤니티 및 집단과정 여기에는 어떤 고등교육 기관에서든 항상 일어날 수 있는 중요한 주제에 관한 모든 종류의 토론이 일어난다. 변화가 점점 유행하고 있으므로 지속적인 과정이어야 한다. 조직개발은 어떻게든 항상 발생한다. 실제로 조직은 의도적이든 아니든 '학습 조직'이다(제3장 '교육개발 프로그램 수립' 참조). Senge(1990)는 학습 조직에 대해 "사람들이 지속적으로 자신이 진정으로 원하는 결과를 얻기 위해 자신의 능력을 확장하는 곳, 새롭고 광범위한 유형의 사고가 양성되는 곳, 집단적인 열망이 자유로워지는 곳, 그리고 사람들이 꾸준히 함께 학습하는 법을 공부하는 곳"이라고 서술하였다. 고등교육 기관이 Sengian 의미에서 계획적인 학습 조직이 될 수 있을까? 교육개발자로서 우리의 연구가 기관의 계획적인 학습 강화를 위해 기여할 수 있을까? 우리가 이러한 열망으로 계획적인 학습 조직, 학습 커뮤니티의 구축에 기여할 수 있을까? 열망이 완벽하게 실현되지 않는다는 것을 인지하더라도 교육개발자의 대답은 이상주의의 정신, 긍정적인 동기 그리고 열망적인 의도를 반영하는 것이기에 '그렇다'라고 울려 퍼져야 한다.

그러나 명확하게 고등교육의 일상생활에는 이상과 현실 사이의 긴장감이 있는데, 이 긴장은 우리에게 흥분뿐만 아니라 좌절감도 가져올 수 있다. 아주 간단하게 우리는 무엇을 할지 언제 그것을 할지 그리고 얼마나 해야 할지 결정의 딜레마와 마주친다. 우리는 전체 학계와 이를 포함하고 있는 기관 전체의 관점에서 서로 이야기하며 기관의 미션을 이행하기 위해 그들의 공유된 비전을 기관과 그 단위를 도와 정교화하고 갈등을 해결하는 방법을 고무시키고 개발할 수 있도록 조직 절차에 포함할 방법을 모색할 수 있다. 그렇게 하는 것이 긍정적으로 갈등을 이해하고 반영할 수 있다(Algert & Stanley, 2007; Stanley & Algert, 2007 참조).

우리는 교수학습에 귀감이 되는 연구문화를 육성하여야 하고 의도적으로 연구를 교육개발 프로그램에 통합시켜야 한다. 귀감이 되는 연구와 긍정적인 갈등해결은 커뮤니티 구축에 기여한다. 긍정적인 탐구 정신의 촉진을 반영하고 있는 라스베이거스의 네바다대학교의 교수학습센터는 대학 간 학술성공센터(Academic Success Center)와 결연을 맺고 기관이 계획한 '카페식 대화(Café Conversations)' 프로그램을 제공한다. 이 대화의 목적은 대학에서 1년차 경력자에게 이해를 공유할 수 있도록 하는 것이다. 1시간씩 5회의 '카페(Cafés)'의 일정이 계획되어 참가자에게는 두 가지 주제의 토론이 주어지는데 그 주제는 각 카페 이벤트마다 다르다(Teaching Learning Center, n.d.). 이런 방법은 기관 내에서 커뮤니티를 구축하는 데 기여할 수 있다.

우리는 기관, 대학 그리고 학과 수준에서 이루어지는 학습평가과정에 참여할 수 있다. 평가를 긍정적으로 접근하고 데이터 수집을 긍정적으로 보는 것은 주로 조직 변화로 이어지는데, 예를 들어 단위의 지지, 교수진 사이의 갈등 해결 혹은 교육 과정과 프로그램의 재고이다('변형'으로 평가 개념을 설명한 Wehlburg의 제11장 '학습 관련 평

가 : 전환평가' 참조).

인증 혹은 재인증 과정은 집단과정에 참여함으로써 조직적 사고 및 행동을 위한 다른 기회를 제공한다. 최근 조직개발에 영향을 미치는 인증기준의 변화사례는 잘 정의되고 초점이 맞춰진 주제 혹은 학생학습 개선과 관련된 이슈를 다루며 주의 깊게 설계된 코스의 행동으로 설명되는 품질 개선 계획의 도입이다. QEP는 통합 기관 차원의 지속적인 계획과 평가과정 내에서 포함되어야 한다(The Quality Enhancement Plan, 2008). 이러한 계획의 개발과 이행에 관한 연구는 중요한 조직 변화를 포함할 수 있다(Southern Association of Colleges and Schools, 2008 참조).

우리는 우리의 행동으로 협력 관계의 학술적 가치를 구축하고 강화시킬 수 있다. 우리는 가능한 모든 방법으로 기관 분위기에 잠재되어 있는 부정적인 측면에 대응하는 연구를 선택할 수 있다. 우리 중에 유명하고 영향력 있는 Parker Palmer는 긍정적인 집단의 과정과 토론을 장려하고 커뮤니티를 구축하기 위해 가장 결정적이고 숙련된 노력이 줄어들 것이라고 학계 내에서의 두려움에 관한 많은 말과 글을 남겼다. 또한 그는 우리에게 학자 생활에서의 두려움의 문화에 대해 충고하였다. "우리는 도전이나 우리를 변화시키는 것에 관해 듣는 것을 두려워한다. (중략) 우리는 그러한 말을 듣지 않길 원한다. 우리는 도전하게 하고 깨뜨리고 열리게 하는 모든 것을 경시하며 그것들에게서 우리 자신을 조심스럽게 분리한다(1998)." 교육개발 프로그램은 촉진, 경청 그리고 긍정적 연구와 갈등 해결의 개선을 포함하는 커뮤니티를 구축하고 유지하기 위한 기술에 관하여 교수진, 행정가 및 직원을 위한 워크숍을 포함할 수 있다.

웰즐리대학의 전 총장인 Walsh(2006)의 값진 리더십(*Trustworthy Leadership*)이란 책에서, "모든 구성원에게 학습과 성장 그리고 기여할 수 있는 기회를 주고, 그들이 누구이고 어떤 결과를 가져올 수 있는지를 보고, 인식할 수 있도록 희망과 커뮤니티를 설계하고 유지하기 위한 고등교육에서의 중앙 리더십 책임감을 확인하였다." 우리는 교육개발자로서 이 도전적인 과제에 긍정적으로 기여할 수 있다.

우리 자신의 조직개발   우리가 교육개발에서 수행할 것은 특정 기관의 상황 내에서 노력에 대한 미션과 책임에 따라 기관의 특성과 유형에 따른 많은 요소, 특징 그리고 조직 상황에서의 제약점과 우리가 일하는 문화에 의해서 결정된다. 우리는 개인으로서 전체 기관 내, 더 나아가 자신의 교육개발 단위 내에서 더 많은 영향력을 미칠 수 있다. 자신의 단위 조직은 전체 기관 내에서 보다 더 쉽고 빨리 조직적으로 활동할 수 있는 조직개발 분야이다. 우리는 단위 내부 프로그램 평가, 기관의 안건, 전략 계획 및 전체적인 미션에 관련된 교육개발 노력을 위한 전략적 기획 연습을 수행하거나 감독할 수 있다. 자신의 단위 조직 내 분위기를 조사하기 위해 조치를 취할 수 있으며, 잠재적인 어려움에 대한 경고와 필요한 경우 변경할 준비를 한다.

우리는 무엇보다도 동료의 말을 경청하고 다른 사람들을 육성하여야 한다. 그리고 필자는 우리가 '인간 및 협력적 조직과 행정'을 촉진하고 개발하는 공식적인 POD 가치를 안내하기 위해 노력할 것을 제안한다. 이 가치는 조직개발 활동에서 우리가 하는 모든 참여를 안내하는 것이다(Gillespie, 2000). Bergquist(1992)는 조직 가치에 대해 다음과 같이 서술하였다. "본인은 우리가 조직 가치에 대해 조사할 때 … 우리는 '암묵 지식'을 살피게 된다. 우리는 이 가치가 존재하고 있으며 완전히 삶과 일하는 조직에 대한 우리의 태도에 영향을 미치는 것을 알고 있다. 하지만 이 가치는 종종 우리가 직접적으로 알 수 없으며, 종종 '무의식'에 남아 있다. 그들은 우리가 조직에서 옳고 그른 행동과 변화된 정도를 측정하는 것에 맞서는 암묵적인 템플릿 같은 것을 제공한다고 제안한다."

결론 및 독자들을 위한 마무리

이 장의 목적은 조직적으로 **생각**하고 **행동**하기 위해서 교육개발 분야에서 일하거나 관심 있는 사람을 격려하고 그렇게 하기 위한 틀을 생각하게 하며 주어진 개개인의 상황에서 가능한 수준으로 조직개발 활동을 이행하기 위한 실질적인 제안을 제공하는 것이다. 필자는 조직개발의 틀을 위한 **관계**와 **상황**이라는 개념적인 두 기둥을 제안하였다. 그리고 이러한 개념들은 기관의 복잡한 문화 내에 존재한다.

이러한 기초 위에서 교수진, 대학원생 및 교수개발에서 수행된 것을 엮어 조직개발 접근방식을 구성할 수 있다. 교육개발의 노력이 새롭게 재형성되거나 혹은 오히려 그 일이 평범하게 수행된다면 교육개발자가 조직적으로 생각하는 것보다 훨씬 더 많은 일을 할 수 없는 경우가 있다. 그러나 이런 방식의 **생각**은 이런 방식의 **행동**을 이끌게 된다. 이런 행동은 학과의 흥미와 관심에 관해 알리기 위해 모든 학과장과 함께하는 회의를 주선하는 것처럼 단순할 수도 있다. 또한 그것은 다른 사람과의 협력에서 제안되고 계획되는 것과 기관 내에서 확장된 리더십시리즈처럼 좀 더 복잡할 수 있다. 그것은 관심사에 관한 학과의 토론을 촉진하기 위해 스스로 자원하게 될 수 있고, 기관의 장기적인 전략기획위원회의 위원을 추구할 수도 있다. 행동하기 위한 선택은 많고 다양하며 조직개발은 교육개발 노력의 부분으로서 의도적으로 포함된다. 이렇게 하기 위한 첫 번째 단계는 조직적으로 생각하고 기관 전체와 교육개발 노력에 대해 자신의 생각을 스며들게 하는 미션을 허용하는 것으로, 그 자체가 행동이다.

따라서 이 장과 이 책은 우리를 교육개발에 초인지적으로 인지할 수 있게 초대하는 방법으로 조직개발의 관점에 가깝다. 즉 우리의 사고에 대한 생각과 우리가 하고 있는 모든 것에 대한 생각, 우리가 하고 싶어 하는 모든 것, 또한 우리가 아직 할 수 없는 모든 것이다. 조직개발의 생각과 행동에 참여하는 것은 고등교육과 우리 기관의 목표를 촉진하기 위한 것으로, 교육개발의 모든 다른 측면과 함께 우리를 포함시킨다. 이것은 재미있는 기회이다!

참고문헌

About the Commission. (2008). Retrieved January 30, 2009, from http://www .ed.gov/about/bdscomm/list/hiedfuture/about.html

Algert, N. E., & Stanley, C.A. (2007). Conflict management. *Effective Practices for Academic Leaders, 2*(9), 1—16.

Baron, L. (2006). The advantages of a reciprocal relationship between faculty development and organizational development in higher education. In S. Chadwick-Blossey & D. R. Robertson (Eds.), *To improve the academy: Vol. 24. Resources for faculty, instructional, and organizational development* (pp. 29–43). San Francisco: Jossey-Bass.

Bergquist, W. H. (1992). *The four cultures of the academy: Insights and strategies for improving leadership in collegiate organizations.* San Francisco: Jossey-Bass.

Bergquist, W. H., & Pawlak, K. (2008). *Engaging the six cultures of the academy: Revised and expanded edition of the four cultures of the Academy* (2nd ed.). San Francisco: Jossey-Bass.

Boyer, E. (1990). *Scholarship reconsidered: Priorities of the professoriate.* Princeton, NJ: Carnegie Foundation for the Advancement of Teaching.

Diamond, R. M. (2005). The institutional change agency: The expanding role of academic support centers. In S. Chadwick-Blossey (Ed.), *To improve the academy: Vol. 23. Resources for faculty, instructional, and organizational development* (pp. 24–37). Bolton, MA: Anker.

Gillespie, K. H. (2000). The challenge and test of our values: An essay of collective experience. *To improve the academy: Vol. 18. Resources for faculty, instructional, and organizational development* (pp. 27–37). Bolton, MA: Anker.

Gillespie, K. H. (Ed.). (2002). *A guide to faculty development: Practical advice, examples, and resources.* Bolton, MA: Anker.

Hutchings, P., & Shulman, L. S. (2007). *The scholarship of teaching: New elaborations, new developments.* Stanford, CA: Carnegie Foundation for the Advancement of Teaching. Retrieved January 30, 2009, from http://www.carnegiefoundation.org/publications/sub.asp?key=452&subkey=613

Lee, V. S., Hyman, M. R., & Luginbuhl, G. (2007). The concept of readiness in the academic department: A case study of undergraduate education reform. *Innovative Higher Education, 32*(1), 19–34.

Lucas, A. F. (1994). *Strengthening departmental leadership: A team-building guide for chairs in colleges and universities.* San Francisco: Jossey-Bass.

Lucas, A. F. (2002). Increase your effectiveness in the organization: Work with department chairs. In K. Gillespie (Ed.), *A guide to faculty development: Practical advice, examples, and resources* (pp. 157–166). Bolton, MA: Anker.

Lucas A. F., & Associates (2000). *Leading academic change: Essential roles for department chairs.* San Francisco: Jossey-Bass.

Office of Faculty and Organizational Development. (n.d.). Michigan State University. Retrieved January 30, 2009, from http://fod.msu.edu/

Palmer, P. J. (1998, October 9). Melange. *The Chronicle of Higher Education,* p. B12.

POD Network. (2003). *The mission.* Retrieved January 13, 2009, from http://podnetwork.org/about/mission.htm

Senge, P. M. (1990). *The fifth discipline: The art and practice of the learning organization.* New York: Doubleday.

Sorcinelli, M. D., Austin, A. E., Eddy, P. L., & Beach, A. L. (2006). *Creating the future of faculty development: Learning from the past, understanding the present.* Bolton, MA: Anker.

Southern Association of Colleges and Schools. (2008). *Principles of accreditation: Foundations for quality enhancement.* Atlanta: Southern Association of Colleges and Schools.

Stanley, C. A., & Algert, N. E. (2007). An exploratory study of the conflict management styles of department heads in a research university setting. *Innovative Higher Education, 32*(1), 49–66.

Teaching Learning Center. (n.d.). *Café conversations.* University of Nevada, Las Vegas. Retrieved January 30, 2009, from http://www2.tlc.unlv.edu/tlc/registration/winterspring.php?semester=spring&year=2009

The Quality Enhancement Plan. (2008). Southern Association of Colleges and Schools. Retrieved January 30, 2009, from http://www.sacscoc.org/pdf/081705/QEP%20Handbook.pdf

UW ADVANCE. (n.d.). *Leadership workshops.* Retrieved January 30, 2009, from http://www.engr.washington.edu/advance/workshops/

Walsh, D. C. (2006). *Trustworthy leadership; Can we be the leaders we need our students to become?* Kalamazoo, MI: Fetzer Institute.

후기

William H. Bergquist

교수개발(faculty development) 분야에서 뚜렷하게 다른 남녀에 의해 저술된 영역을 이해하고 책의 후기를 준비해 달라는 요청을 받은 것은 하나의 특권이다. 필자는 저자들과 함께 고등교육에 크게 헌신하고 더 나아가 애정을 공유하였다는 의혹을 받았다. 필자는 이 책과 그다지 어울리지는 않지만 브로드웨이 뮤지컬과 같은 2번째 사랑의 마음으로 후기를 준비하게 되었다. 후기 집필에 참여하면서 필자는 뮤지컬 선셋 블리바드(Sunset Boulevard)와 뮤지컬에 영감을 준 같은 이름의 고전 영화에 대한 추억에 빠졌다. 뮤지컬에서 예전의 할리우드 스타 Norma Desmond는 오랜 세월 동안 몸담았던 파라마운트 스튜디오로 돌아간다. 그녀는 남아 있는 것뿐 아니라 변화될 것에 대해 많이 이야기하였고 그녀의 생각은 "세상에서 꿈꿀 수 있는 새로운 방법을 가르치겠다."라는 노래를 통해 알 수 있다.

필자는 스스로 Norma Desmond와 같은 입장에 있다고 느꼈다. 필자는 오랜 시간이 지났지만 20세기의 지난 30년 동안 친숙했던 영역으로 돌아가는 중이다. 필자는 이 책에 있는 풍부하고 통찰력이 있으며 유용한 챕터들을 읽으면서 다른 것들은 변화되었지만 지난 20년 동안 변화되지 않은 것들에 주목하였다. 더욱이 필자는 고등교육이 '꿈꿀 수 있는 새로운 방법'의 세계를 계속 가르쳐 주는 교수개발 분야의 범위가 가장 인상 깊었다.

후기를 쓰면서 필자는 이 분야로 돌아가 두 가지 주제에 초점을 두는 것이 가장 가치를 높이는 것이라고 믿는다. 첫째, 필자는 이 책의 제23장에서와 마찬가지로 남아 있는 것과 변화된 것을 성찰하여 돌이켜 보았다. 필자는 최근에 알려진 훈련이나 간학문 영역에서의 몇 가지 개념과 학술에서 존재하는 하위문화의 분석과 더불어 혼돈과 복잡성을 활용하고 있다. 둘째, 필자는 이 책을 통해 고등교육 커뮤니티에서 이례적인 혁신을 전파할 수 있는 기반을 제공하는 방법을 제안한다. 필자는 Everett Rogers의 용어를 빌리고 이 책의 제16장 테크놀로지와 교수개발에서 Kuhlenschmidt가 제안한 대안적인 용어와 은유를 사용한다.

모든 것은 같고도 다르다

수년 전 영국의 Tavistock 기관의 구성원은 이 조직이 조직을 설립할 때 제안한 역동적인 패턴을 복제하는 경향이 있다고 주장하였다. 이 원리는 '하위 체제 미러링'이라 불리며 각 하위 체제가 조직 전체의 역동적인 패턴에서 발견된 몇 가지 패턴을 미러링하거나 복제한다고 주장하였다. 이 원리는 20세기에 크게 주목받지는 못하였지만 최근 혼돈과 복잡성 체제에 관한 연구에서 다시 주목받았다. 우리는 체제의 역사를 거치면서 체제가 운영되는 처음 조건과 조건을 유지하는 방법에서 영향력 있는 역할을 공감해 왔다. 가장 시각적으로 드러난 역동성의 사례는 프랙털(fractal)에서 발견할 수 있고, Mandelbrot와 동료에 의해 만들어진 아름다운 설계에서 좀 더 두드러진다. 프랙털은 하나 또는 대부분의 하위 체제에서 스스로 복제하는 시스템이다. 예를 들어, 소나무의 가지는 뾰족한 잎과 같이 전체 나무의 구조를 복제하는 경향이 있다.

이 책에는 교수개발이 계속 존재하고 확실하게 개발되면서 발생한 많은 기본 이슈와 긴장감이 존재한다. 그러나 필자는 다소 도발적인 제안으로 자격을 가지려고 한다. 첫째, 필자는 교수개발의 분야를 언급할 때 1968년부터 1998년까지 주로 미국과 캐나다의 기관에서 일한 실천가로서의 관점에서 개인적인 경험의 렌즈로 보고 있다. 제1장 Quellett(교수개발 개관)에 의하면 이 분야의 많은 공헌자는 1968년 이전부터 계속되었다. 필자는 스스로 그들 중 몇 명을 확인할 것이다. Chism, Gosling과 Sorcinelli가 쓴 제15장 교수개발의 세계화에서 보면 많은 교수개발 창시자들은 북미 이외 지역에서 시작하였다.

둘째, 필자는 좋든 나쁘든 많은 초창기 이슈와 다투는 역할을 맡았기 때문에 필자의 분석이 많은 부분에서 편향성을 드러낸다고 알고 있다. 또한 현재 이 분야에서 긴장감을 조성하였고 유지하고 있다. 필자는 이 스토리의 일부분이기 때문에 객관적인 관찰자가 될 수 없다. 그러나 필자가 대화와 행동을 목격하였기 때문에 교수개발이 떠오르는 분야로 '초기'에 발생하는 정확성과 순수성에 대해 말할 수 있다.

교수개발 : 수단인가, 목적인가

초기에 Jossey-Bass에서 출판한 교수개발의 촉진(*Facilitating Faculty Development*)(Friedman, 1973)에서 새로운 방향(New Directions)이라는 논문은 교수개발 분야가 진화하는 데 의미 있는 공헌을 하였다. 이 책은 합법적인 기업으로서 '교수개발'이라는 명칭을 처음 사용하였으며 다음의 질문으로 긴장을 가져왔다. 교수개발은 그 자체가 중요한가? 더 크고 중요한 목적을 위한 수단인가? 초기 출판물은 특히 교수진에 초점을 두었으며 캘리포니아 버클리의 Wright 연구소 Nevitt Sanford와 박사논문을 함께 쓴 Brown과 Shukraft(1971)에 의해 샌프란시스코주립대학교에서 실시한 교수진의 인터뷰로 구성되었다. Jack Noonan의 초기 연구와 Steven Phillips와 공동으로 한 필자의 연구는 교수들이 자신의 연구에서 독특한 학술 환경을 존중하는 방식으로 참여하는 방법을 규명한 Brown과 Shukraft에 의해 출판과 연구가 이루어졌다.

이 분야는 긴축시기의 교수개발(*Faculty Development in a Time of Retrenchment*)(Astin et al., 1974)을 출판하면서 상당히 발전하였다. 필자는 여러 가지 이유로 이 출판에 집중하였다. 첫째, 우리는 놀랍게도 2009년 상당한 긴축의 시기를 다시 보내게 되어 유사한 제목으로 책을 쉽게 쓸 수 있었다. 교수개발은 긴축의 새로운 도전과 어떤 관련이 있는가?

이 중요한 책의 저자는 교수개발뿐 아니라 일반 고등교육에서도 리더이다. Nevitt Sanford는 이 책의 후반부와 교수개발의 촉진(*Facilitating Faculty Development*)(Friedman, 1973)에서 중요한 영향력이 있는 사람이다. Astin과 Sanford는 초기 교수개발의 분야에 관한 개념과 연구중심 기반을 구축하는 데 중요한 역할을 담당하였다. 그들은 1960년대 후반과 1970년대 초반에 충분한 기금을 가지고 더 이상 활기차지 않은 고등교육 커뮤니티에 도전할 만한, 교수개발에서 중요한 역할을 한 주목할 만한 사례이다.

셋째, 변화(Change)라는 잡지에서 출판한 작은 책은 수년 동안 교수개발을 주도하였고, 초기에 이 분야를 강화시키고 긴장을 오래 유지할 수 있도록 해주었다. 교수개발 자체는 정당한 결과(outcome)인가? 긴축(*Retrenchment*)(Astine et al., 1974)의 저자는 힘든 경제 상황에서 기관의 수행의 질을 개선하기 위한 수단으로서 교수개발 사례를 제시하였고 초기 프로젝트에서 참여한 많은 사람들은 주로 교수진에게 전문성 개발 기회를 주는 도전에 관심을 가졌다. 필자를 포함하여 많은 초기 실천가는 솔직히 미숙한 18~20세 학생의 '교육'보다 더 큰 관심이 있는 동료들과 성숙의 '교육'을 추구하였다. 특히 Nevitt Sanford는 그의 책인 칼리지 이후의 학습(*Learning After College*, 1980)에서 볼 수 있듯이 전문성의 평생 개발에 관심을 가졌다.

수업 및 조직개발의 역할

중요한 다음 단계는 교수개발 프로그램이 북미의 여러 교양대학에서 확립되어 왔고, 수업개선센터가 매사추세츠대학교와 같은 여러 대학에서 시작되었다. 다음 단계로 위스콘신에 있는 윙스프레드콘퍼런스센터(Wingspread Conference Center)에서 2일간 콘퍼런스가 개최되었다. 콘퍼런스는 미국고등교육협의회(American Association for Higher Education, AAHE)와 독립칼리지협의회(Council of Independent Colleges, CIC)가 공동 후원하였는데, 초기 교수개발을 위해 공헌한 Dyke Vermillye와 Gary Quehl이 주요 후원자로 앞장섰다. 이 행사는 교수개발의 초창기 리더와 교수개발 관련 분야의 Bob Diamond를 포함하여 여러 명의 리더, 그리고 Jack Lindquist를 포함한 조직개발 분야가 함께하였다. 콘퍼런스의 중요한 결과는 교수개발 분야에 전념하는 새로운 협의회를 창립하는 결정을 하였다.

새로운 협의회를 창립하는 회의에 참석자가 늘어나고, CIC가 주최한 교수개발훈련 이벤트가 같은 시간에 개최되었다. 공식 회의에 앞서 2일간의 T 그룹(감수성 훈련) 세션이 팀빌딩연습으로 진행되어 더욱 선풍적인 인기를 끌었다. T 그룹은 감수성 분야의 주요 실천가인 Charles Seashore가 진행하였고, 훗날 전문성 및 조직개발(POD) 네트워크를 만든 14명이 참석하였다. 신시네티 근처 여대의 작은 강의실에서 진행되었으며, T 그룹은 새로운 협의회를 잘 시작하는 데 상당히 기여하였다. 필자는 객석에 의자도 없이 책상다리로 앉아있던 Bob Diamond를 확실히 기억하고 있으며, 집단 역동성의 대가로 소개되어 감정이 증폭되었다. 필자는 이틀 동안 Bob에게 큰 감동을 받았으며, 교수개발 분야가 교수진의 전문성 개선에 기여하는 협회를 대표할 것이라는 확신을 가지고 비교 문화 영역에 관한 그의 성향에 감탄하였다.

공식 회의가 개최되었을 때 필자는 새로운 협의회의 상임이사로 선출되어 1시간 동안 봉사하였다. 이 집단은 곧 Joan North가 중요한 리더십을 발휘할 자격이 있다고 결정하였다. 새로운 조직의 명칭에 관한 토론은 두 번째로 긴장감을 주었다. 이 분야는 교수(전문적)개발뿐 아니라 조직개발과 수업개발(instructional development)을 포괄하여야만 하는가? Jack Lindquist는 협의회 명칭에 '조직적'이라는 용어가 있어야 한다고 일관성 있게 주장하였다. 비록 이 분야의 차원은 부차적이지만 초반 Lindquist의 주장은 교수진과 조직개발 간의 상호작용에 관한 대화를 계속하게 해주었다.

대화는 더 나아가 교수개발 프로그램의 영향을 유지하고 확장하는 데 기관의 계획과 개발의 역할에 대한 관심을 가져왔다. 분석에 대해서는 제7장 Ed Neal과 Iola Peed-Neal, 제9장 Kathryn M. Plank와 Alan Kalish, 그리고 제23장 Kay J. Gillespie가 제공하였으며, 교수진과 조직개발, 전략적 기획, 기관개발 간의 상호작용에 관한 대화는 아직도 진행 중이라고 할 수 있다. 그러나 필자는 조직개발이 여전히 부가적인 역할이라고 생각하지 않을 수 없다. 결국 이 책에는 이 주제를 직접 다룬 23장만이 있다. Jack Lindquist의 때 이른 죽음은 조직개발의 지지자를 잃었다는 의미인가? 이 분야에서 아직도 긴장감이 있는가? 초기의 대화는 40년이 지나도록 반복되어 왔는가? 그것은 프랙털인가?

Bob Diamond의 노력은 수업개발(instructional development)과 교수개발(faulty development) 간의 차이를 무엇으로 연결하였는가? Bob이 감수성 훈련 세션에서 책상다리를 하고 앉아 있던 가치가 있었는가? 여러분은 수업개발이 PIOD 또는 POID라는 식으로 POD 명칭에 포함되지 않은 점에 주목할 것이다. 이 책의 여러 챕터에서 강조한 것처럼 Bob의 노력은 결국 보상받았을 것이다. 그는 여러 번 인용되었으며 수업개발과 교수개발이 기관의 핵심으로 자리매김하는 데 Bob의 주장이 자주 강조되었다. 중요한 교수공학의 출현은 제3장 Robertson의 정보공학과 교육개발의 구분에도 불구하고 차이점을 가지게 되었다.

이 책을 읽은 후 많은 교수개발자는 자신의 기관에서 교육적 우선순위를 두기 위해 교수개발 계획을 연결시킬 것이다. 교육개발(educational development)이라는 용어는 이 책에서 자주 사용하였으며, 교수개발이 수업개발, 교과과정 개발, 심지어는 조직개 발까지 연결할 것을 제안하고 있다. 교육개발은 목적이 아니라 수단으로서 교수개발 로 범주화하는 데 핵심이 있다. 아니면 이것이 교육개발에 관한 미사여구인가? 아마도 근본적인 관심은 교수진에 대한 전문성 개발을 지속하는 데 있다. 수단과 목적의 긴장 감이 현재 교수개발 분야에서의 프랙털인가?

하위문화와 교수개발

신시네티에서 POD가 창립되고 나서 미국과 캐나다 고등교육의 모든 부문에서 교수개 발 프로그램의 양과 규모는 급성장하였다. 이 책의 제3부에서는 여러 유형의 고등교육 기관이 교수개발에 참여한다는 것을 입증하고 있다. 필자가 후기의 마지막 부분에서 논의하고자 하는 확산은 비용의 영향을 받는데 교수개발은 여러 상황에서 상당히 다르 게 보여진다. 다시 말해 발산적 과정이라고 하여 구체적인 교수개발 전략의 활용은 상 당히 다르게 가정하고 있다.

필자는 1970년대, 1980년대와 1990년대에 여러 유형의 기관에서 일하면서 다양한 관점과 기본적인 가정에 점점 흥미를 가졌다. 그 관심은 호기심뿐 아니라 생존본능으 로 동기부여가 되었다. 필자는 고객에 의해 내 말이 왜곡되기도 하고 교수개발 개념과 전략을 수용하기 위해 다른 참조를 채택할 필요가 있다는 것을 알아야 했다. 제23장 Gillespie의 '조직개발'에서 주목하는 바와 같이 필자는 1990년대 초에 학술기관의 대 학(collegial), 관리(managerial), 협상(negotiating), 개발(developmental)이라는 4개의 하 위문화에 관하여 책(Bergquist, 1992)을 저술하였다. 필자는 최근 Ken Pawlak과 공동으 로 이 책을 개정하였다(Bergquist & Pawlak, 2008). 우리는 한 하위문화의 명칭을 협상 에서 지지(advocacy)로 바꾸고 유형(tangible)과 가상(virtual)이라는 두 가지 다른 하위문 화를 포함시켰다.

20세기 후반 30년 동안 필자는 대학 문화가 주류를 이루고 있으며 두 번째로 관리 문화가 있는 것을 관찰하였다. 많은 교수개발 연구는 교양대학, 주요 대학과 대학문화의 중심부에서 이루어졌다. 이 책에서 연구중심대학과 소규모 대학에 관한 여러 챕터에 나타나 있듯이 필자는 비록 교수개발 문화의 초점이 그 안에 목적이 있고 덜 믿을지라도 21세기의 기관과 문화가 교수개발에서 중요한 역할을 담당한다고 결론을 내린다. 관리문화의 핵심인 커뮤니티칼리지는 오랜 기간 교수개발 프로그램을 제공한 역사가 있으며 교수 및 교과과정 개발에 틀을 제공하였다. 필자는 교수개발이 관리문화와 밀접하게 관련 있다는 점을 이 책에서 충분히 증명하고 있다. Zakrajsek는 제6장 교수개발자에게 중요한 기술과 지식에서, Plank와 Kalish는 제9장 교수개발 프로그램 평가에서 책임 및 재정관리의 가치, 그리고 데이터 통합에 주목하여 관리문화가 아직 여전하고 잘되고 있다고 제안한다.

교수개발은 아쉽게도 20세기 후반 30년 동안 협상(지지)문화와 밀접하게 양립하지 못하였다. 제2부에서 저자들은 특히 다양성 이슈를 다루었고 최근 교수진의 백인 비율에 초점을 두었다. 소수집단의 교수진을 위한 전문성 개발이나 모든 교수에게 다양한 관점을 개선하는 프로그램 자체에 가치를 두는 경우가 적은 점에 주목하였다. 필자는 다른 책(Bergquist, 1995)에서 교육이 다양한 관점을 제공하지 않는다면 현재 학생에게 높은 질과 가치를 부여할 수 없다고 주장하였다. 결국 다양성은 잠재력 있는 학생과 교수진이 고등교육을 많이 접할 수 있도록 하며, 자신의 경력, 지식 기반과 삶의 목적을 추구하는 데 많은 난관과 다양한 경험에 직면하게 한다. 필자는 이 책에서 품질과 접근의 상호작용을 설명하는 챕터를 보는 것이 기쁨이었고, 특히 제13장 Stanley의 논쟁을 읽는 것이 즐거웠으며, 교수개발자가 행동으로 다문화를 포괄할 때 "우리는 기관에서 교육자원의 풀(pool)을 풍요롭게 할 뿐만 아니라 전체 학술기관을 풍부하게 한다." 제14장 Tuitt의 통합적 수월성 평가카드(Inclusive Excellence Scorecard)가 마음에 들고 제12장 Ouellett의 학술기관에서의 권력과 권위에 집중한다. 우리는 교수개발 분야에 또다른 Christine Stanleys, Frank Tuitts와 Mathew Ouellett가 있기를 바란다. 지지와 안내를 해주는 여러 사람들과 함께 하는 지지 문화는 향후 교수개발 분야에서 튼튼한 발판으로 남을 것이다.

필자는 협상(지지)문화의 다른 차원과 관련하여 4대 문화(*Four Cultures*)라는 책(1992)에 큰 관심을 가졌다. 이 차원은 고등교육에서 단체교섭의 역할에 관심을 두고 '협상'이라는 제목을 붙였다. 이 책에서 단체교섭이 중요한 초점은 아니지만 제6장에서

Zakrajsek는 간략하게 언급하였다. 1970년대 교수개발 촉진에서 단체교섭 단위가 담당하는 역할에 대해 상당한 혼란이 있었다. 교수개발은 교수단체가 협상하는 혜택 중 하나인가? 또는 교수단체가 방어하고자 하는 학술적 자유와 자치에 대한 행정 조치 중 하나인가? 단체교섭 정신과 모든 교수진의 공정한 대우에 대한 관심은 제14장 소수집단 교수진에 관한 부분에서 분명하게 나타나 있다. 지지와 관련된 관점은 제21장 외래 교수진에서도 입증되고 있다. 지지 문화는 여전히 교수개발 분야에서 2등급 시민이라고 생각한다. 실제 변화할 수 있는가? 동종의 프랙틸은 온전하게 남아 있는가? 제13장에서 Stanley가 주장한 '생산적 갈등관리'는 상당히 개방되어 있는가?

4번째 문화인 개발은 무엇인가? 이 문화는 학술기관의 모든 구성원에게 학생 학습과 전문성 신장을 둘 다 계속 육성시킬 것을 강조하여 교수개발 분야에서 두드러진다. 이 문화는 이 책을 만드는 데 크게 공헌하였으며, Theall과 Franklin이 쓴 제10장 형성적 목적의 수업평가의 형성평가(총괄평가는 관리문화와 좀 더 관련 있음) 부분에서 강조되었고, Kolb, Perry, Cross와 Boyer 같은 주목할 만한 개발이론가, 연구자, 지지자의 연구에 관심을 두었다. 제11장 Wehlburg의 전환평가(transformative assessment)의 촉진은 개발문화의 오리엔테이션이다. 개발중심의 연구를 수행할 때 필자는 "당신은 정신을 차리고 깨어 있어도 배를 조종할 수 없다."라고 말한 것으로 알고 있다. 특히 안목이 높은 관점을 가진 현재 개발자의 선진 전략에 대해 강렬한 은유가 된다.

이러한 공헌에도 불구하고 필자는 개발문화가 여전히 현재 교수개발에서 두 번째 역할을 담당하고 있다고 본다. 필자는 이 책의 여러 챕터에 있는 강력한 관리 오리엔테이션에 대한 평가에서 이러한 결론을 내린다. 교수개발은 투자회수율을 명확하게 계산하고 든든한 행정지원이 프로그램을 운영할 수 있게 해주며 교수개발 계획이 기관의 중심에 자리 잡았기 때문에 수용되고 제도화되었다. 학생, 교수진, 학술기관의 다른 구성원 전체 입장에서 '개발'은 수량화하기 어려워서 '회수'의 형태가 없다면 투자회수율을 명확히 산출하기 어렵다. 개발지향적 프로그램에 대한 행정지원은 개발 관점이 동료중심 보조(peer-based assistance)를 필요로 하므로 '고정(nail down)'하기는 어렵다. 게다가 개발전략은 서비스의 분권화를 요구하며 '개발'이 개발 지향적인 기관의 분위기를 조성하거나 기관중심의 개발문화를 선도하여 기관 어디서나 그래야 한다는 가정에 기초한다. 모든 것은 기관중심의 개발 지향적 프로그램으로 자리 잡는 데 이례적인 도전이 된다.

이는 개발문화가 21세기 교수개발에서 운영될 수 없다는 의미는 아니다. 이 책의 많은 챕터에서 개발 이론의 상당히 정교하고 확실한 분석이나 결합을 제공하였다. 제11장 Wehlburg의 제안은 교수개발이 인증과정과 병행하여야 하며 개발문화가 좀 더 정치적인 상식이라는 점을 입증하여 개발자의 명칭을 에이전트로 바꾸었다. 또한 제22장 Austin의 경력 단계별 교수지원은 연구와 프로그램 설계를 설명하며, 사람들에게 다양한 삶의 경험을 발견할 수 있는 다양한 개발 이슈와 유형에 관한 다양성을 알려 주었다. 교수개발은 개발문화와 깊이 관련 있는 학습자 참여 운동과도 연관된다는 것이 인상적이다.

필자는 이 책을 읽으면서 Norma Desmond와 같이 교수개발 분야에서 오래된 이슈를 보게 된다. 하위 체제 미러링과 프랙털은 이 분야에 존재하는 것처럼 보인다. Norma는 "그것은 마치 안녕이라고 말하지 않는 것이다."라는 방식으로 말한다. 그러나 Norma Desmond가 현재의 필름 스튜디오를 방문한다면 그녀는 많은 변화를 목격할 것이다. 마찬가지로 이 책에서도 다루어졌듯이 필자가 교수개발센터를 방문했다면 좀 더 테크놀로지, 더 많은 행정 지원, 더 많은 평가에 관한 관심, 더 큰 다양성을 강조하는 많은 변화를 보았을 것이다. 교수개발 분야의 지속성과 변화는 활기찬 조짐이다.

혁신으로서 교수개발의 확산

1960년대 이후 Everett Rogers(1962, 2003)가 주장한 혁신 확산 모델은 분배하는 수질 정화시스템과 피임기구의 사용부터 '평평한 세계(flat world)'에서의 새로운 디지털 테크놀로지의 도입에 이르기까지 모든 유형의 계획에서 많은 사람들의 변화하는 사고와 관점에 영향을 주었다. 혁신 확산 모델과 관련된 연구는 역설적이지만 Malcolm Gladwell의 티핑포인트(*Tipping Point*)(2000)가 출판되기 전까지 그 자체는 매우 혼란스러웠다. 그 책은 Roger의 확산 모델을 어느 정도 요약하고 또한 왜곡한 버전이다. 필자는 이 책에서 통찰력에 따른 초기 방식을 적용하였으며 교수개발의 탄생을 목격한 사람으로서의 경험을 가지고 왜곡되지 않은 Rogers 모델을 확산할 것을 제안한다. 분석을 위해 필자는 제6장에서 Kuhlenschmidt가 사용한 대안적 용어를 빌리고자 한다.

혁신가/탐험가

스타트랙(Star Trek)에서 소개된 것을 빌리자면 아무도 가지 않았던 곳을 용감하게 간 사람이다. 교수개발 역사 초기에 비판적인 움직임으로 나선 여러 유형의 혁신가 (innovator)와 탐험가(explorer)가 있다. 어떤 혁신가는 John Dewey, Kurt Lewin, Wilbur McKeachie, Nevitt Sanford, Arthur Chickering, Ernest Boyer와 Parker Palmer와 같이 시대의 중요한 사상가 리더이다. Lewin이 변화 전략을 제안할 때 Dewey는 교육적 토대를 제공하였다. Sanford가 성인 발달에 관한 연구에 기여하고 유명한 심리학자로서 신뢰도를 제공하는 동안 McKeachie는 학술적 신뢰도와 교수(teaching)에 관한 연구에 공헌하였다. Boyer가 학술현장의 비판적 분석과 직무현장의 리더십 역할 간의 격차를 연결하는 동안 Chickering은 학생의 개발 요구에 대한 상세한 분석에서 혁신가가 되었다. Palmer는 철학, 종교, 인문주의와 교육을 연결하였다. Dewey와 Lewin이 앞서서 고등교육에 영향을 미치는 동안 McKeachie, Sanford, Chickering, Boyer와 Palmer는 20세기 후반 30년 동안 미국 고등교육에서 적극적인 연구자로 직접 영향을 주었다.

혁신가의 두 번째 클러스터는 새로운 아이디어를 가지고 변화를 위한 새로운 프로그램과 전략을 개혁하는 실천 리더들이다. Dwight Allen은 교사교육 프로그램에서 처음으로 마이크로 티칭을 도입하였다. Walter Sykes와 Tony Grasha는 고등교육에서 조직개발 전략을 처음 사용하였고, Don Schön은 Chris Argyris와 Peter Senge와 함께 성찰적 탐구와 사고에 관한 메타인지 사고를 위한 도구를 제공하였으며 이는 제23장 조직개발에 언급된 바 있다. Brown과 Shukraft의 면담 기법은 Cross와 Angelo가 도입한 교실 평가도구로 혁신적이다. 다른 사람들도 나열할 수 있는데, 교수개발은 새로운 실천가가 교사교육(Allen)과 조직컨설팅(Sykes, Grasha, Schön) 또는 Brown과 Shukraft의 박사논문과 같은 다른 목적의 다양한 분야에서 사용되고 계속 추가되어 번창하고 있다는 점이 중요하다.

초기 수용자/선구자

Kuhlenschmidt가 용어를 제시한 바와 같이 초기 수용자(early adopters)인 선구자 (pioneer)는 자신의 영역을 벗어나 탐험하는, 기꺼이 '서부로 모험할 수 있는(venture West)' 사람이다. 선구자는 스스로 혁신가가 되는 다른 영역에 있기 때문에 새로운 아이디어를 포용하고 시도한다. 선구자는 과거 경험이 있기 때문에 더 많이 설득할 필요가 없다. 그들은 새로운 아이디어나 절차를 시도하고 오류를 발견하고 개선을 도모하며 큰 잠재력이 있는 세계에 대해 이야기하려고 한다.

선구자는 사람들을 '하게 하거나 떨어지게(make of break it)' 한다. 만약 그들이 새로운 아이디어를 지지하거나 시도하지 않는다면 아무도 '서부로 향하는' 포장마차에 오르지 않을 것이다. 교수개발에는 여러 가지 다양한 유형의 선구자가 있다. 첫째는 지원금 제공자(funder)이다. 지원금 제공자는 마차 주인이나 촉진자에게 마차 대금을 지불한다. 2개의 핵심 사학재단인 Lilly Endowment와 Kellogg Foundation이 생각난다. Danforth Foundation과 Lilly Endowment에서 각기 다른 시간에 일하는 Laura Bornholdt는 교수개발 실제에 관한 지지와 지식이 두드러진다. Ouellett는 제1장에서 Bush와 Ford 재단을 언급하였다. 공공영역에서 FIPSE(Fund for the Improvement of Postsecondary Education)와 '개발 중인 기관(developing institutions)'을 위한 Title III 프로그램을 지적할 수 있다. FIPSE 지원금은 Title III 지원금보다 더 적지만 꽤 영향력이 있다. FIPSE의 10만 달러는 혁신적인 프로그램을 시작하는 데 큰 차별성을 준다.

대부분의 지원금 기관은 교수개발 그 자체를 지원하는 데 관심이 없다는 점이 중요한 포인트이다. 지원금 기관은 만약 교수개발 활동이 학생학습을 개선하고 교육에의 접근을 증가시키고 시민 리더를 준비한다면 그 활동에 자금을 지원한다. 지원금 에이전트는 뚜렷한 우선순위를 가지고 있으며, 현명한 교수개발자는 교수개발의 배경지식이 있는지 지원금 제공자의 우선순위가 우위에 있는지 지원금 계획서의 틀에 맞추는 방법을 배운다. 그리하여 최종 목적으로서의 교수개발과 다른 목적을 위한 수단으로서의 교수개발을 끝까지 보면서 긴장한다.

지원금은 현재 교수개발의 초기 단계에서 매우 중요하며, 조기에 수용하여 혁신을 하는 데 매우 귀중한 두 번째 클러스터의 사람들이 있다. 그들은 교수개발의 스폰서이다. 이 책에서 필자는 Jack Armstrong(Bergquist & Armstrong, 1986)과 함께 썼는데, 우리는 새로운 프로그램의 창시자보다는 챔피언으로서 칼리지 학장이 담당하는 중요한 역할을 규명하였다. Art Chickering과 Jack Lindquist는 미국 칼리지와 대학에서 성공적인 혁신에 대해 광범위하게 연구하였는데(Lindquist, 1978), 혁신은 조직의 꼭대기에 있는 강하고 능력 있는 챔피언을 필요로 한다. 필자는 교수개발의 두 챔피언으로 Dyke

Vermillye(AAHE 회장)와 Gary Quehl(CIC 학장)을 손꼽는다. 비록 후원했다고 알려져 있지 않거나 상당히 값진 공헌을 하였지만 집단 기억에서 사라진 많은 다른 이름을 추가로 나열할 수 있다. 이 책에는 교수개발을 위해 협회에서 일한 특별한 사람들을 인정할 뿐 아니라 교수개발 계획을 지원하는 국내 및 국외 협회에 관한 참조를 포함하고 있다.

두 번째 클러스터는 교수개발을 적극적으로 촉진하는 사람들과 관련이 있다. 촉진자는 지원금 제공자에게는 돈과 스폰서에게는 권위를 가진 공식적인 기관의 지위를 받아서 교수개발을 초기에 수용하도록 하였다. 그러나 그들은 Johnny Appleseed와 같이 육지 식물 씨앗과 상관없이 움직인다. Harold (Bud) Hodgkinson은 교수개발의 초기 촉진자 중 한 사람이다. Hodgkinson의 동료인 Patricia Cross는 초기 촉진자이다. 반면 Hodgkinson은 그에게서 잘 짜여진 OHP 형태의 씨앗을 받았다. Cross는 그녀가 방문한 기관마다 혁신하게 하고 다른 기관에는 씨앗을 주는 혁신의 씨앗을 뿌렸다. 그녀는 꽃가루 매개자로 미국 고등교육의 커뮤니티칼리지의 캠퍼스 토양에서 씨앗이 잘 자라도록 리더를 격려하였다. 필자는 Carol Zion과 Lance Buhl이 수행한 초기 촉진 연구를 이례적으로 지적한다. 필자는 대학에서도 동료인 David Halliburton를 지적한다.

일찍 수용하여 혁신을 이끈 세 번째 클러스터는 행정가에게 혁신을 주문하고 혁신을 최상으로 하는 방법을 규명하였다. 초기 관리자는 체계적이지 못한 혁신가에게서 인수받았다. Seymour Sarason은 새로운 환경을 창조할 때 관리자로서의 비판적인 역할을 규명하였다. 교수개발에서 POD의 첫 번째 상임 이사인 Joan North를 직접 지적하였다. 그 후 Peter Fredrick은 특히 교양대학에서 운영될 수 있는 교수개발 프로그램의 효과적인 관리에 관한 많은 아이디어를 제안하였는데, Reder가 쓴 이 책의 제18장에서 다루었다. 이에 관하여 이 책의 Mooney(제4장), Cohen(제5장), Neal과 Peed-Neal(제7장), Ellis와 Ortquist-Ahrens(제8장), Cook과 Marincovich(제17장), Reder(제18장), 그리고 Brunstad와 Hoss(제19장)에서 안내하고 있다.

초기 다수자/정착자

초기 다수자(early majority)의 일원인 정착자(settler)는 초기 수용자보다 더 선택적이다. 정착자는 결정하기 전에 증기를 요구하며 다음과 같은 질문을 할 것이다. "어떻게 내가 이 결과물이 운영되는 방법을 알아야 하는가? 당신은 이 서비스가 효과적이고 가치가 있는지 장담할 수 있는가? 이 결과물이나 서비스가 시장에서 돈을 쓸 만한 가치가 있다는 증거를 가지고 있는가?" 미국 서부 사람들은 정착자가 정착하는 데 필요한 것을 다 알 때까지 기다린다. 그들은 개척자의 보고가 정확하다면 개척자의 보고를 기다리고 볼 것을 검토한다. 그들은 믿을 만한 '진짜' 서부 구좌를 제공할 Lewis와 Clarks를 바라본다.

'신뢰할 만한' 혁신을 하기 위한 구성요소는 무엇인가? 어떻게 교수개발이 신뢰받을 수 있고 학술기관의 핵심이 될 수 있을까? 이 책의 많은 저자들은 칼리지와 대학 캠퍼스에서 교수개발이 신뢰받고 수용할 수 있도록 하는 핵심적인 구성요소를 규명하였다. 다음은 네 가지 구성요소이다. (1) 연구 성과와 간학문 학식(scholarship) 기반 구축, (2) 견고한 행정 지원 구성, (3) 새롭게 등장하는 기관 규범과 가치 구축, (4) 후속 개발을 안내하는 전문성 확립이다. 필자는 각각의 구성요소를 간략하게 언급하고자 한다.

첫째, Rogers(2003)의 주장에 따르면 저명한 연구에 토대가 되는 질적 및 양적 연구 성과에 주목하여야만 한다. Plank와 Kalish의 제9장에서 보면 우리는 주요 대학의 연구자와 이 책에 기여한 Chism, Gosling과 Sorcinelli(제15장), Austin(제22장)과 같은 사람들이 수행하는 여러 방대한 프로젝트에 관한 설명을 보게 된다. 이 연구는 여러 학문의 토대가 되는 탄탄한 학식으로 보완하여야 한다. 학식은 이론적으로 건전하고 실제적이어야 한다. 필자는 이미 성인 발달(Sanford), 학생 발달(Chickering, Perry)과 같은 교수개발 분야에서 학문적으로 기여하였다고 언급한 바 있다. 또한 비판적 사고(Brookfield, Mezirow)와 조직 분위기 및 문화(Birnbaum)를 덧붙일 수 있다. 제22장에서 Austin은 연구와 학식이 교수개발 프로그램의 계획과 평가에 관한 안내를 제공하는 데 접목되는 우수한 사례를 제공하였다.

둘째, 혁신은 초기 다수자에 의해 좀 더 포용될 것이며, 만약 잘 관리된다면 좀 더 유지될 것이다. Mooney는 제4장에서 교수개발 프로그램을 위해 적절한 행정 구조를 확립할 수 있는 가치 있는 조언을 하였다. Robertson(제3장)은 교수개발이 대학기관에서 자리 잡힌 프로그램일 때 예산의 중요성과 재정적 안정성에 대해 기술하였다. 다른 중요한 요소를 설명하면, 서비스가 다양한 교수의 관심과 요구에 대해 반응을 하기 위해서는 프로그램을 세심하고 체계적으로 구성하여야 한다는 것이다. 예를 들어, 대학원생, 외래교수, 교수경력(제20~22장)에 관한 챕터에서 논의된 것처럼 프로그램은 모든 경력 단계, 전일제와 시간제 교수를 고려하여야 한다. 평가 챕터에서 언급한 것처럼 프로그램은 기관의 평가 및 보상체제와 연결되어야 하며, 기관 유형에 관한 챕터에 언급된 것처럼 칼리지나 대학의 기관적 특성에 따라 구별되어야 한다.

셋째, 새로운 결과물이나 서비스를 수용하는 것은 새로 등장한 조직의 규범과 가치에 대한 혁신과 상호작용하는 것이다. 예를 들어, 새로운 디지털 테크놀로지는 Thomas Friedman의 '평평한 세계'라는 세계화의 광범위한 수용을 포함한다. 누군가는 세계 어디서나 친구나 동료와 이야기할 때 Skype, Adobe Connect와 저렴한 인터넷 기반 커뮤니케이션 도구를 필요로 한다. 또는 세계적인 의견을 모으고자 할 때 SurveyMonkey나 Zoomerang을 사용한다. 전 세계가 참조의 공동체(community of reference)가 된다면 적어도 어떤 사람은 제2나 제3의 외국어를 배워야만 한다. Chism 등이 쓴 제14장에서 외래 교수진 개발에 대해 21세기 교수진이 세계화된 사고방식으로 전환해야 한다고 설명하였으며, Pawlak와 필자는 21세기 고등교육에서 '가상' 하위문화(Bergquist & Pawlak, 2008)가 출현했다고 하였다. Chism, Gosling과 Sorcinelli는 제15장에서 교수개발이 속도를 유지하여야 하며, 칼리지와 대학의 국제화와 세계화의 출현에서 그 에너지를 얻을 수 있다고 본다. 제17장에서 Cook과 Marinocovich도 설득해야 하는 모든 교수진의 교수공학에 관한 관심이 증가되고 있으며, 교수공학은 교수진을 교수개발 프로그램에 끌어들이는 데 사용될 수 있다.

규범과 가치에서 다른 중요한 전환점은 이 책이 증거이다. 우리는 특히 교수개발과 새롭게 출현한 동료중심 교실 관찰과 교실중심 연구가 양립되는 것을 이 책에서 볼 수 있다. 필자가 이 분야를 처음 시작하였을 때 교실의 관찰에 상당한 저항이 있었다. 그 활동은 교수 자치 규범을 침해하는 것이었다. 제6장에서 Zakrajsek은 교실 관찰이 교수진에게 민감하다고 했지만 교실수업에서의 동료 관찰에 관한 제4장 Mooney의 제안에 따르면 교수진 자치에 관한 규범은 변화되거나 도전을 받고 있다. 전문성 연구에서 관찰된 불편함이라는 이해할 만한 의미를 제외하면 교수개발 계획을 지지하는 초기 다수자가 증가될 수밖에 없는 규범으로 바뀌고 있다. 소그룹수업진단(Small Group Instructional Diagnosis, SGID)과 같은 교실평가 기법과 본래 Angelo와 Cross(1993)가 제공한 교실평가기법은 교수개발 프로그램에 가치 있는 보완재가 된다.

넷째, 만약 초기 다수자가 새로운 유형의 인간 서비스 계획을 특별히 수용한다면 전문성의 확립을 고려하여야 한다. Bledstein(1976)은 몇 년 전에 미국 사회와 미국 고등교육이 전문주의(professionalism) 문화에서 깊이 빠져 있다고 주장하였다. 더 나아가 서구사회는 전문 자격증이 사회 계층화의 준거가 되면서 사회경제 등급 구조를 대체하는 문화로 바뀌고 있었다. 사회적 역동성은 교수개발과 같이 새로 출현한 분야, 그리고 의약, 법률, 치과학, 정부부처와 같은 특정 전문성을 기르기 위해 남녀를 교육하고, 자격을 주기 위해 많은 대학기관에게 미션을 주었다는 점에서 특히 안타깝다. 교수개발의 토대를 제공하는 POD의 역할은 전문성에서 가치가 있는 것이다. POD는 콘퍼런스와 워크숍뿐 아니라 출판을 제공하고 웹 사이트는 많은 자원과 공식 윤리기준을 제공하고 있다. POD는 비공식적으로 후기의 마지막 부분에서 다시 언급할 중요한 요소가되는 전문성 간의 지속적인 대인관계를 구축하기 위한 사회적 네트워크를 제공한다.

후기 다수자/주민

Kuhlenschmidt는 확산의 범주에 관한 용어를 제공하지 않았는데, 왜냐하면 공식적으로 성립되고 나면 마을이나 도시로 이주하는 사람들에게 쉽게 접근 가능한 이름이 없기 때문이다. 유럽에서 주민(burgher)은 공식적으로 인가받은 마을에서 사는 사람을 말한다. 필자는 이 유럽 용어를 사용하는 이유는 Rogers의 후기 다수자(late majority)의 본질을 전달하고 있다고 생각하기 때문이다. 사람들은 운영할 수 있다고 완전히 허가를 받고 승인된 후에 합법적이거나 혁신적인 아이디어를 포용한다. 미 서부에서는 마을이 '잘 완성'되고 필요한 학교, 포장된 도로, 가게, 교회가 있을 때만 이주하는 사람들이 있다. Gladwell(2000)은 티핑포인트라고 하여 합법적인 아이디어의 광역 중심 승인(broad-based acceptance)이라고 한다. 편승(bandwagon)이라는 용어가 적절한 것은 후기 다수자가 결과물이나 서비스를 수용하는 것이 결과물이나 서비스를 실제로 사용하는 사람들이 많아진다는 의미라는 점이다.

'편승' 현상은 오랜 기간 새로운 결과물이나 서비스를 받아들인 사람들에게는 매우 흐뭇하지만, 혁신이 후기 다수자에게 완전히 이해되지 않고 종종 잘못 사용되기 때문에 많은 문제가 생긴다. 여기서 '피해자'가 발생한다. 예를 들어, 조깅이 '유행(in thing)'하지만 후기 다수자인 조깅자는 자신이 훈련에 맞는 새로운 자세를 적절하게 준비하지 못했기 때문에 다치게 된다. 편승은 실패와 분노를 가져올 수 있다. "왜 이렇게 안 되는 거야?" 다시 말해 새로운 결과물이나 서비스를 후기 다수자가 비판 없이 수용하는 것은 태만이나 비효율성을 유발할 수 있다. 예를 들어, 새로 구입한 데스크톱 컴퓨터는 사용하지 않고 책상에 올려 있거나 타자기나 비싼 게임기기로 사용하는 것과 같다.

교수개발의 경우 우리는 안정적으로 지원금을 받는 상황이 될 때 주민을 발견한다. 이는 닭과 달걀 현상이다. 더 많은 교수진이 참여할 때 지원금은 많아지고, 지원금이 더 많아질 때 더 많은 교수진(후기 다수자)이 포함된다. 현재 많은 학술기관에서 재정이 불안정해지고 있는데, 교수개발 지원금이 감소되고 다음으로는 많은 교수진의 참여가 줄어든다. '주민' 교수진은 안전한 재정 기반(인가 마을)으로 돌아가는 선택을 하게 된다. 잠재적인 재정적 도전 상황(교수개발의 긴축 시기)에도 불구하고 이 책은 후기 다수자가 이 상황에 참여하여 기회와 도전 속에서 이 분야를 연구하기 위해 집중한 시기에 쓴 것이다.

여러 챕터에서 후기 다수자와 관련된 전략을 직접적으로 설명하였다. 제7장 Neal과 Peed-Neal, 그리고 제16장 Kuhlenschmidt는 이 집단 사람들에게 잠재적인 그림을 그리는 일련의 마케팅 원리를 제시하였다. Neal과 Peed-Neal은 설문조사, 초점집단과 자문위원회를 활용할 것을 제안하였다. 예를 들어, 계획할 때 수집된 데이터를 활용하는 것이 중요하지는 않지만 연구도구는 마케팅도구로 삼아야 한다. 설문조사, 초점집단, 자문위원회 참가자는 혼자가 아니라는 입장을 가지고, 다른 사람을 참여시킨다. 게다가 그들은 자신의 견해를 가지기 때문에 그 활동은 정당하고 주류가 될 수 있다. 만약 정당하지 않다면 의문 속에서 그렇게 될 수는 없다. 심리학자는 우리에게 사람이 가치 없는 일에 참여한다면 인지적 불협화음이 일어난다고 여러 해 동안 조언하였다. 한 번 참여하게 되면 인지적 평형을 회복하기 위해 적어도 최소한의 활동을 하게 된다. Neal과 Peed-Neal의 주장에 따르면 효과적인 교수개발 프로그램은 각자 다른 커뮤니케이션 전략을 가지고 여러 다양한 사람들을 목표로 하여야 한다. 어떤 사람들은 후기 다수자가 될 수 있으며 인지적 불협화음중심 마케팅은 현 상황에서 효과적인 영향력 포인트가 될 수 있다. Kuhlenschmidt는 좀 더 많은 교수진(후기 다수자를 포함)을 교수개발 이벤트에 참여시키기 위해 여러 테크놀로지의 활용을 제안한다. 그녀는 교수진이 서적 리뷰, 기관 정책, 그리고 후기 다수자가 관심을 가질 모든 이벤트와 자원에 관한 적시 정보를 링크할 수 있는 교수개발 웹 사이트 개발을 권장하였다.

좀 더 기본적으로 보면 교수개발은 후기 다수자를 이미 수용하고 존경하는 다른 전통, 가치, 활동과 연결한다면 인정받는 실제사례가 될 것이다. 비판적인 역할은 교수개발의 초기 단계에서 혁신을 이미 완성된 결과물이나 서비스와 연결시킨 사람이 할 수 있다. 이 분야는 현재 초기 참가자에게 유리하다. 필자가 앞에서 언급한 Jack Lindquist와 Bob Diamond는 조직개발 및 수업개발을 교수개발과 연결하였다. 이 목록에는 Jerry Gaff도 포함된다. 그는 교수개발을 교과과정 개발에 접목한 이례적인 연구를 하였다. 제19장 커뮤니티칼리지에서 언급한 '훌륭한 교사(Great Teachers)'에 나와 있는 것을 추천할 수 있다. 장기적인 안목으로 볼 때, 어느 누구도 Gene Rice만큼 교수개발 프레임을 확장시키고 Pawlak와 필자(Bergquist & Pawlak, 2008)가 유형문화로 정의한 여섯 가지 하위문화가 있는 이 분야를 후기 다수자가 인정하는 방법으로 삼는 것이 효과적이라고 할 수는 없다. Rice의 영향력은 이 책에서 다룬 연구에 기술되어 있고 참조할 수 있는 증거가 있다. Gene은 교수진의 역할과 보상에 관한 AAHE 프로그램, 프레젠테이션과 논문에서 교수개발을 기관의 기획과 행정전략의 핵심으로 관심을 유도하였다. 그는 교수진의 역할과 책무성에 대해 말하고 글을 썼으며, 교수개발을 깊이 박혀 있는 교수진의 전통 및 가치와 관련시키는 방법을 보여주었다. David Halliburton과 Gene Rice는 동료들과 함께 특히 시니어 교수진과의 간학문적 대화에 깊이 관심을 가지고 강조하였고, 이 대화는 교수개발 프로그램을 유도하고 포함시키는 방법을 제안하였다. 관련된 추천 내용은 제17장 Cook와 Marincovich가 제안하였다.

최종 수용자/나서지 않는 사람

집에 남아 있는 사람들은 어떠한가? 나서지 않는 사람(stay-back easter)은 어떤 조건에서도 서부로 이주하지 않을 것이다. 그들은 그렇게 하는 것을 확신하지도 매수되지도 회유되지도 않을 것이다. 가끔 그들은 혁신의 광범위한 도입을 막는 활동에 참여한다. 그들은 처음에는 조용하지만 혁신이 초기 다수자에 의해 수용되면 방해하고 위협을 시작하며 그들은 상당히 목소리를 내게 된다.

최종 수용자(laggard)를 거부하고 자주 오해하는 것은 혁신에도 불구하고 다른 관점을 가지기 때문이다. 학문 분야에서 하위문화 모델을 사용하는데, 우리는 최종 수용자가 고등교육 내에서의 자신보다는 다른 하위문화에서 온다고 말할 수 있다. 그들은 자신이 선호하는 것과 맞지 않는 하위문화의 대표로 교수개발을 바라본다. Birnbaum(1988)은 관리할 만한 '유행(fads)'을 예로 든다. 그는 관리 가능한 '개선'과 '개혁'을 촉진하는 사람으로서 최종 수용자를 생각하였다. 마찬가지로 교수진과 행정가는 제11장 Wehlburg가 언급한 바와 같이 '무혈관리에 의한 사기'로 결과평가 사례를 말하고 강한 대학문화 성향을 최종 수용자라고 이름 지었다. 필자는 지지문화를 가진 교수진이 교수개발을 교수 수행에 대한 비판적인 관리로 보고, 또한 대학문화는 교수개발을 학문 자유에서 불필요하거나 침해하는 것으로 바라본다고 앞에서 이야기한 바 있다. 우리는 수용적 접근과 가치 있는 대안적 관점, 그리고 만약 가시적으로 남아 있다면 이러한 모든 관점은 21세기 학문에서 필요하다고 반대 입장에서 잘 대변할 수 있다. 감사 연구(appreciative inquiry)의 생성과 대화 도구는 적절하고 양극성 관리(polarity management)의 도구와 같다.

새로운 결과물이나 서비스를 반대하는 또 다른 최종 수용자가 있다. 예를 들어, 반대는 혁신으로 인한 결함과 위협에서 발생하지 않는다. 결국 우리는 잘못 조언하거나 과장하여 새로운 아이디어를 확신할 때 최종 수용자가 된다. 많은 진정한 최종 수용자에게는 좀 더 개인적인 이슈가 있다. 최종 수용자가 된 사람들이 있는데 그들은 몇 년 전에 혁신을 하는 데 실패하거나 소진한 것이다. 그들은 중요한 교과과정 개혁위원회에서 의장을 하지만 개혁은 하지 못하였다. 그들은 새로운 중요한 교육공학을 활용하는 챔피언이 되었지만 동료가 술책으로 테크놀로지를 제쳐 놓는 것을 보기만 하였다. 그들은 기관에 설치한 후 4년간 방치한 새로운 일반 교육 프로그램을 설계하는 데 여러 시간 동안 헌신하였다. 만약 교수개발 계획이 성공적이라면 교육 혁신가로서 최종 수용자의 과거 실패에 대해 어떻게 이야기할 수 있을까? 중요한 교훈은 최종 수용자가 말하는 열정적인 반대에서 배울 수 있다. 우리가 혁신가를 소외시키거나 따돌릴 때 우리는 그 사람의 아이디어와 잠재적인 리더십을 잃게 될 뿐만 아니라 나중에 오게 될 혁신가의 집요한 적이 될 수 있는 최종 수용자를 만들어내게 된다.

우리는 매우 개인적인(보통 밝혀지지 않은) 이유에서 혁신가를 반대하는 최종 수용자를 어찌해야 하는가? 우리는 그들을 고립시킬 수 있는데 이는 가끔 효과적이기도 한다. 다시 말해 우리는 역사가와 조언자로서 최종 수용자를 키울 수 있으며, 우리는 그들에게 질문을 할 수 있다. "우리는 당신에게서 오래 전에 일어난 것에 대해 무엇을 배울 수 있는가? 당신은 우리에게 무엇을 가르칠 수 있는가? 만약 당신이 새로운 교수개발 프로그램의 성공적인 규정에 관한 계획을 가지고 있다면 당신은 무엇을 할 것인가?" 그렇다. 이것은 상호선택(co-option) 전략이다. 요구가 합법적이지 않고 그들이 제공하는 조언과 이야기를 참고 들어주지 않는다면 최종 수용자는 옳다고 볼 것이다. 앞서 제시한 것처럼 특정한 반복되는 패턴(프랙털)이 있으며 대부분의 대학기관에서 발견된다. 우리는 최종 수용자가 되는 동료를 도와주는 패턴을 규명할 수 있으며, 이러한 패턴은 우리의 장점과 학술기관의 장점에 효과적으로 영향을 미칠 수 있다.

마무리

이제 후기에서 두 가지 마지막 질문을 설명할 것이다. 필자는 왜 30년 동안 교수개발에 그렇게 많은 시간을 헌신하였는가? 그리고 좀 더 중요한 질문으로 이 책을 서술한 필자의 동료들은 왜 교수개발에 관한 힘든 연구를 하였는가? 필자는 저자들에게 말해 줄 수 없지만 필자의 동기에 대해서는 밝힐 수 있다. 그 동기는 우리가 21세기 '사회적 네트워크'라고 불리는 곳의 중심에 있다는 것이다. 새로운 사회적 신경생물학 분야 연구자는 우리에게 사회적 동물인 호모사피엔스가 두뇌에서 화학적 결합체인 옥시토신을 만들었다고 말한다. 우리는 분명히 다른 동물보다 주위에 많은 우리 종족이 필요하다. 우리는 특히 교수개발 실천가가 옥시토신에 중독되고 사회적 네트워킹을 우선시해야 한다고 제안하고자 한다. 이 책의 많은 저자들은 교수개발이 '네트워크 시대(Age of Network)'(Sorcinelli et al., 2006)로 이동해야 한다는 견해를 구축할 시기라는 데 동의하고 있다. 이것이 아마도 왜 교수개발이 아직도 우리와 함께하고 있는지에 관한 진정한 이유이다.

필자는 교수개발자에게 동기부여할 수 있는 힘이 되는 행동으로 사회적 네트워킹의 예를 제시하면서 마무리하고자 한다. 필자는 오랫동안 일해 온 교수개발 실천가로서 독립칼리지협의회(CIC) 후원으로 48명에게 일주일간 훈련 프로그램을 진행하였다. 전에 이야기한 후원자 중 한 사람으로부터 지원을 받았고, 이 워크숍을 위해 5명의 교수개발과 학술적 변화 에이젠트 '전문가'를 모집하였다. 필자는 이미 후기에서 5명의 전문가는 밝혔지만 워크숍에 있는 그들의 신분은 보호할 것이다. 워크숍의 절반은 변화하는 이론과 설문조사의 활용에 초점을 두었다. 모든 워크숍 참가자는 설문조사를 완성하고 변화에 대한 가정을 공유하였다. 그리고 어떤 참가자는 5명의 전문가에게 설문지 점수가 무엇인지 질문하였다. 몇몇은 망설였지만 참가자가 자꾸 재촉하여 5명의 전문가는 자신의 점수를 공개하였다.

각 사례에서 가장 높은 점수는 이 전문가들이 성공적인 변화가 매우 자주 일어난다고 믿지 않는 것을 나타냈다. 지엽적인 것은 뒤따르는 참가자 중에서 일어난다는 것으로 이해할 수 있다. "만약 성공적인 변화가 드물게 일어난다면 왜 이 프로그램에서 참여하였는가?!" 5명의 전문가는 솔직하고 사려 깊은 많은 조언을 해주었고 필자는 이런 종류의 워크숍을 들은 적이 있다. 첫째, 그들은 학술기관에서 개선을 하려고 하지 않는다는 대안을 수용할 수 없기 때문에 연구한다고 밝혔다. 5명은 지속적인 변화의 기회에 대해 현실적이긴 하지만 변화를 야기하려는 포기는 거부하였다. 그들은 어려운 원인에 전념하였고 다른 폭로를 하였다. 그들은 이 분야 참가자들 간의 우정 때문에 연구하였다고 동의하였다. 다른 4명의 전문가는 동료들을 매우 존경하였다. 5명 중 한 사람은 자신의 친구들과 함께하는 특권과 영예가 있다고 느꼈다. 필자는 이 5명의 전문가 중 하나이다. 필자는 2009년에 알게 되었고 교수개발에 관한 이례적인 책의 저자들과 함께 다시 한 번 영광을 느끼게 되었다. 뮤지컬의 Norma Desmond처럼 나는 "안녕"이라고 말하지 않을 것이다.

찾아보기

저자 소개

편저자 소개

Kay J. Gillespie는 고등교육 컨설턴트 및 편집자로 독립적으로 활동한다. 그녀는 콜로라도주립대학교의 명예교수로 원래 그 대학 외국어문학부의 정년 전임교수였다. 콜로라도주립대학교 볼더캠퍼스에서 독일어문학으로 박사학위를 받았으며, 전공 분야에서는 스위스의 극작가인 Friedrich Dürrenmatt의 작품과 국가사회주의 시대에 로마의 문화예술적 표현에 대해서 연구했다. 1976년에 교수개발과 관련된 업무를 시작했으며, 1986년에서 1995년까지 콜로라도주립대학의 교수서비스 부서(Office of Instructional Services)의 부디렉터를 역임하였다. Gillespie 박사는 교수, 수업, 조직개발에 관한 국제적인 협의회인 고등교육의 전문성 및 조직개발 네트워크(POD Network)의 회장이자 (이사회) 핵심 위원이다. 그녀는 협의회 내에서 수많은 위원회에서 소속되었으며, 콘퍼런스의 계획과 개최에도 포괄적으로 관여해 왔다. 또한 2001년부터 2006년까지 위원회의 운영이사로도 재직하였다. 교수, 수업, 조직개발과 관련된 수많은 다양한 주제에 관한 글을 쓰고 발표를 하였다. 연락처는 kaygi2@aol.com이다.

Douglas L. Robertson은 시라큐스대학교에서 문화지리학 박사학위를 받았으며, 플로리다국제대학교에서 학부교육 학과장이자 고등교육 관련 교수로 재직하고 있다. 그는 33년 이상 미국 고등교육의 혁신을 위해 일해 왔으며, 24년간 학부와 대학원 교육에서 행정을 한 경험이 있다. 또한 다섯 대학교에서 정년 전임교수로 있었다. Robertson 박사는 4개 대학교 전문성 개발 센터를 출범하거나 재구조화하는 데 조력하였으며, 그들 중 3개에서 디렉터 역할을 하였다. 그는 POD 핵심 위원회의 구성원이며, 출판 위원회장이다. 그는 대학 수업에 관한 도서 시리즈(New Forums 출판사)의 선임 편집자이며, *Innovative Higher Education, Journal for Excellence in College Teaching, Kentucky Journal for Excellence in College Teaching and Learning* 저널의 전현직 편집위원이다. 최근에 풀브라이트 주견 전문가 후보자로서 5년간 임명되었다. 교육, 건강관리, 복지사업, 정부와 기업에 150회 이상의 자문을 하였다. *Making Time, Making Change: Avoiding Overload in College Teaching and Self-Directed Growth* 등을 포함하여 6권의 책을 저술하거나 공동 편집하였다. 전체적으로 110편 이상의 학술논문, 도서, 챕터, 발표문, 여러 시 등을 저술하거나 공동 편집하였다. 연락처는 drobert@fiu.edu이다.

기고자 소개

Ann E. Austin은 미시간주립대학교에서 고등, 성인 및 평생교육을 전공하여 Mildred B. Erickson 박사에 탁월한 교수이다. 그녀는 미시간대학교에서 고등교육으로 철학박사 (PhD)학위를 받았다. 그녀는 연구, 교수 및 학습 통합 센터(Center for the Integration of Research, Teaching, and Learning, CIRTL)의 공동 책임연구원이며, 국제적인 맥락에서 고등교육 이슈에 초점을 둔 미시간주립대학교 기관을 총괄한다. Austin 교수의 연구는 교수진 경력과 전문성 개발, 고등교육에서의 조직변화와 변형, 대학원 교육의 변혁, 고등교육에서 교수학습과정의 개선에 관심을 두고 있다. 그녀의 연락처는 aaustin@msu.edu이다.

William H. Bergquist는 국제적인 코치이며 컨설턴트이다. 그는 44권을 저술하였고, 대학원 총장을 역임하였다. Bergquist는 개인, 집단, 조직, 사회 변혁에 관한 컨설팅과 저술을 하고 있다. 그는 오랜 기간 교수개발 분야를 연구하였고, 전문성 및 조직개발(POD) 네트워크를 창립하는 데 기여하였으며, 교수개발 핸드북 시리즈 3권을 출판하였다. 다른 출판물로는 지난 30년 동안 고등교육, 교과과정 설계, 프로그램 개발, 품질과 접근성, 학술기관을 운영하는 하위 문화에 관한 것이 있다. 최근에는 조직적 코칭의 과정에 초점을 두고 여러 서적을 저술하였다. 그는 국제 저널 조직에서의 코칭(International Journal of Coaching in Organizations)과 조직에서의 코칭을 위한 국제 컨소시엄(International Consortium for Coaching in Organizations)을 공동으로 창립하였다. 그의 연락처는 whbergquist@aol.com이다.

Laura L. B. Border는 볼더에 있는 콜로라도대학교 교사 프로그램의 디렉터로, 동 대학교에서 프랑스문학 박사학위를 받고 제5판 콜라주와 몽타주(*Collage and Montage*)의 공동 저자이다. 그녀는 고등교육핵심위원회(Higher Education's Core Committee)의 전문성 및 조직개발(POD) 네트워크에서 일하였고, 2002~2004년에 회장을 역임하였다. 그녀는 현재 국립연구교수학습통합센터(National Center for the Integration of Research Teaching and Learning, CIRTL)의 캠퍼스 리더이다. 그녀는 학습양식, 비편향적 수업, 그리고 현재의 수업조교와 미래의 교수진으로서의 모든 훈련으로 대학원생 준비에 관심을 두고 있다. 그녀의 연락처는 laura.border@colorado.edu이다.

Helen Burnstad는 존슨카운티커뮤니티칼리지에서 직원 및 조직개발의 명예교수로, 현재 커뮤니티칼리지에서 직원 및 조직개발 문제에 관한 컨설팅을 하고 있다. 그녀는 페이엣빌에 있는 알칸사스대학교에서 커뮤니티칼리지 수업과 직원개발에 초점을 둔 고등교육행정으로 교육학박사(EdD)학위를 받았다. 그녀의 연구는 커뮤니티칼리지 직원개발 프로그램, 커뮤니티칼리지에서의 외래 교수진 개발과 중기 단계 관리자의 개발, 조직개발에 관심을 두고 있다. 그녀의 연락처는 helenb@jccc.edu이다.

Nancy Van Note Chism은 인디애나폴리스에 있는 인디애나대학교 교육학부에서 고등교육과 학사 관련 교수로 재직 중이다. 그녀는 오하이오주립대학교에서 교육정책과 리더십으로 박사학위를 받았으며, 그곳과 인디애나대학교, 인디애나폴리스의 퍼듀대학교에서 전문성과 기관의 개발 활동을 20년 이상 이끌었다. 국제적 맥락에서의 교육개발, 교수 전문성, 수업 동료평가, 대학 다문화 수업에서 교수학습 주제, 학습에서 물리적 공간의 영향, 교수 공학 등에 관심이 있다. 그녀의 연락처는 nchism@iupui.edu이다.

Margaret W. Cohen은 미주리대학교 세인트루이스 캠퍼스의 교육심리학과 부교수, 전문성 개발을 위한 교무부처장, 교수학습센터를 설립한 디렉터이다. 그녀는 세인트루이스의 워싱턴대학교에서 교육심리학 박사학위를 취득하였다. 그녀의 관심 연구 분야는 전문성 개발과 교수학습과정, 교수와 학생의 참여이다. 그녀의 연락처는 Peggy_Cohen@umsl.edu이다.

Constance Ewing Cook은 미시간대학교 교수학습연구센터(Center for Research on Learning and Teaching)의 교무부처장 겸 실무 디렉터이며, 교육학 임상교수로 근무하고 있다. 그녀는 보스턴대학교에서 정치학 철학박사학위를 받았다. 그녀의 연구는 수업문화의 창조에 중점을 둔 기관변형전략과 학과장과 국제 고등교육 리더에 초점을 둔 교육개발전략에 관심을 두고 있다. 그녀의 연락처는 cecook@umich.edu이다.

Donna E. Ellis는 워털루대학교 교수수월성센터의 부디렉터이다. 그녀는 워털루대학교에서 언어와 professional writing 석사학위를 취득하였고 워털루 경영과학 프로그램의 박사과정에 있다. 그녀의 관심 연구 분야는 혁신적 수업에 대한 학생들의 반응, 평가방법, 새로운 교육개발자들과 대학원생의 전문성 개발이다. 그녀의 연락처는 donnae@uwaterloo.ca이다.

Jennifer L. Franklin은 애리조나대학교의 수업연구 및 계획지원국의 교수 및 교과목 평가 관련 선임컨설턴트이며, 이 대학의 학습공학센터에서 수업개발 및 평가 전문가로 근무하고 있다. 그녀는 인디애나대학교에서 교수체제공학으로 박사학위를 받았다. 연구 관심사는 학문 분야를 넘어선 효과적인 교수학습, 교사 및 교과목 평가, 온라인 수업활동 등을 포괄한다. 교수개발과 평가 서비스를 주관하며, 대학기관에서 폭넓게 교사-수업평가 시스템에 대한 컨설팅을 해왔다. 그녀의 연락처는 jennyfra@email.arizona.edu이다.

David Gosling은 독립적으로 활동하는 대학 컨설턴트이며, 영국 플리머스대학교의 개원연구원이다. 리드대학교에서 교육철학으로 박사학위를 받았으며, 2002년까지 이스트런던대학교에서 교육개발의 수장으로 활동하였다. 현재 연구 관심 분야는 국제적인 교수개발센터의 역할, (영국에서) 교수학습 수월성을 위한 센터, 교수학습에 대한 동료평가지원, (국제연구로서) 학문개발 역사 등에 대한 것이다. 그의 연락처는 dwg@davidgosling.net이다.

Cynthia J. Hoss는 그랜섬대학교의 교무처장이며, 네브래스카대학교 링컨컴퍼스에서 교육과정, 수업 및 행정전공의 교육학박사학위를 받았다. Hoss 박사는 34년 동안 공공기관과 2년 동안 사기업, 그리고 4년 동안 고등교육기관에서 일하였다. 그녀는 직원, 프로그램 및 조직개발을 위한 북미위원회(North American Council for Staff, Program, and Organizational Development, NCSPOD) 회장과 고등교육 학습위원회 컨설턴트 평가자로 봉사하였다. 그녀의 연구는 교수진 개발, 기관 및 학술평가, 기관 효과성, 리더십에 관심을 두고 있다. 그녀의 연락처는 choss@grantham.edu이다.

Alan Kalish는 오하이오주립대학교에서 수업증진센터의 디렉터이자 교육정책 및 리더십의 객원조교수이다. 그는 인디애나대학교에서 영미문학으로 박사학위를 받았다. 대학 수업에서 대학원 학제 간 연구 전문화에 대해서 강의한다. 대학원생에서 교수로의 전환, 대학에서 교수와 학습, 수업에 대한 동료평가, 미래교수자준비, 교수와 학습의 학문성 지원, 대학지원기관 평가 등에 대한 질적 연구와 양적 연구에 관심이 있다. 그녀의 연락처는 kalish.3@osu.edu이다.

Sally Kuhlenschmidt는 1994년부터 서부켄터키대학교의 수업수월성을 위한 교수센터의 디렉터를 역임해 왔다. 그녀는 퍼듀대학교에서 임상심리학으로 박사학위를 받았으며, 1986년부터 학생들을 가르쳐 왔는데, 1997년부터는 온라인으로 학생들을 가르치는 등 교수공학을 활용해 왔다. 초기 POD 네트워크 콘퍼런스 웹 사이트를 주도적으로 개발했으며, 오랫동안 POD 전자 커뮤니케이션 및 자원 위원회의 구성원으로 활동해 왔다. 소속된 센터의 혁신사례는 POD로부터 여러 번 인정을 받았다. 현재 연구 관심 분야는 교수개발 평가와 개발을 제고하기 위한 테크놀로지 사용에 대한 것이다. 그녀의 연락처는 sally.kuhlenschmidt@wku.edu이다.

Virginia S. Lee는 노스캐롤라이나주 더럼에 기반을 두고 수업, 학습, 평가에 관심을 가지고 있는 고등교육상담회사인 Virginia S. Lee & Associate의 경영진이며 선임 상담가이다. 전문 영역은 교과목과 교육과정 개발, inquiry-guided learning, 교육기관의 교육개선 효과, 품질강화 계획이다. 그녀는 *Teaching and Learning Through Inquiry: A Guidebook for institutions and Instructors*의 편집자이다. 그녀는 2008년에 POD 네트워크의 회장을 역임하였다. 그녀는 노스캐롤라이나대학교 채플힐캠퍼스에서 교육심리학 박사학위를 취득하였다. 그녀의 연락처는 vslee@virginiaslee.com이다.

Michele Marincovich는 스탠퍼드대학교에서 학부 교무부처장과 교수학습센터(Center for Teaching and Learning)의 디렉터이다. 그녀는 조지타운대학교에서 동아시아역사학 전공으로 철학박사학위를 받았다. 전문성 및 조직개발 네트워크(POD Network)의 실무책임자이며, 연구중심대학에서의 수업 개선, 수업조교 훈련, 교수개발 프로그램의 설계와 평가, 수업평가 접근방법과 고등교육에서의 학문 간 차이의 역할에 관하여 저술하고 발표하였다. 그녀의 연락처는 marin@stanford.edu이다.

Kim M. Mooney는 그녀의 모교인 프랭클린피어스대학교의 교무부처장이며 임시 처장이다. 뉴햄프셔대학교에서 사회심리학 박사학위를 취득하였다. Mooney 박사는 세인트로렌스대학교 교수학습센터의 설립 디렉터이며 평가를 담당하는 총장의 전 특별 보좌관이다. 그녀의 최근 저서는 여성 심리학자의 전문적인 경험에 대한 전국 설문조사 결과, 학부중심대학에서 전문성 개발에 대한 핵심 이슈의 탐색, 소규모 대학에서 교수개발 프로그램의 시작을 위한 일련의 전략들을 다루었다. 그녀의 연락처는 mooneyk@franklinpierce.edu이다.

Ed Neal은 노스캐롤라이나대학교 채플힐캠퍼스에서 성인 및 고등교육으로 박사학위를 취득하였으며, 교수개발 부서의 설립 디렉터를 역임하였다. 그는 그 능력으로 32년 동안 근무하였으며, 최근 은퇴한 후 그의 파트너 Iola Peed-Neal과 함께 미국 전역의 대학과 대학교에 교수개발 서비스를 제공하기 위하여 고등교육 전문 컨설턴트로 계속해서 일하고 있다. 그의 연락처는 Ed_Neal@unc.edu이다.

Leslie Ortquist-Ahrens는 오하이오주 웨스터빌에 있는 오터바인대학의 외국어학과 부교수이며 교수학습센터의 설립 디렉터이다. 그녀는 인디애나대학교에서 독일, 영화, 대중문화 연구에 역점을 둔 비교문학으로 박사학위를 취득하였다. 그녀의 연락처는 LOrtquist-Ahrens@otterbein.edu이다.

Mathew L. Ouellett는 매사추세츠대학교 애머스트캠퍼스의 교수학습센터의 디렉터이다. 그는 동대학교에서 사회정의교육으로 교육학박사학위를 받았다. 그는 센터의 교수개발 프로그램 전체를 총괄하고 있으며, 사회복지를 위한 스미스칼리지스쿨에서 겸임 보직을 맡고 있다. 스미스칼리지스쿨에서 그는 미국에서의 사회 복지실천과 인종과 인종주의의 영향에 대한 대학원 과목을 가르치고 있다. 그의 관심 연구 분야는 고등교육에서의 교수학습, 다양성, 체제적 변화에 관한 포괄적 이슈들이다. 그의 연락처는 mlo@acad.umass.edu이다.

Iola Peed-Neal은 노스캐롤라이나대학교 그린즈버러캠퍼스에서 MFA를 취득하였으며 노스캐롤라이나대학교 채플힐캠퍼스에서 32년 동안 교수학습센터의 부디렉터이자 교수개발자로 근무하였다. 그녀는 2008년에 은퇴하였으며 현재 수업개선 프로그램과 관련된 행정적이고 실제적 이슈에 대하여 컨설팅하고 있다. 그녀는 고등교육 기관을 위한 프로젝트와 서비스에 대하여 Ed Neal과 함께 일하고 있다. 그녀의 연락처는 Iola_Peed-Neal@unc.edu이다.

Kathryn M. Plank는 교수발전을 위한 대학교센터(University Center for the Advancement of Teaching)의 부디렉터이고, 오하이오주립대학교에서 교육정치리더십의 객원조교수이다. 펜실베이니아주립대학교에서 영문학으로 박사학위를 받았으며, 대학 수업에 관한 대학원과정을 가르치고 교수들의 학습공동체 프로그램을 운영한다. 연구 관심사는 프로그램 평가, 수업 컨설팅, 다양성, 교육공학, 비판적 사고, 팀 수업 등이며, plank.28@osu.edu로 연락할 수 있다.

Michael Reder는 코네티컷대학의 Joy Shechtman Mankoff 교수학습을 위한 교수수월성센터(Faculty Center for Teaching & Learning)를 총괄하며 교수진을 지원하고 학생 학습을 개선하는 다양한 프로그램을 운영하고 있다. 그는 매사추세츠대학교 애머스트 캠퍼스에서 영문학 전공으로 철학박사학위를 받았다. 그는 전문성 및 조직개발(POD) 네트워크가 출판한 우수수업 에세이(*Essays on Teaching Excellence*)와 학문의 번성(*Thriving in Academe*)에서 출판된 POD 시리즈의 자문위원과 혁신적 고등교육(Innovative Higher Education) 저널의 편집위원이다. 그는 교양교육의 와바시 국가 연구(Wabash National Study of Liberal Arts Education)에서 부상하는 평가 학자(Teagle Assessment Scholar)이며, 교수진 개발 프로그램을 시작하거나 개선하려는 소규모 교양대학에서 정규적으로 컨설팅을 한다. 그의 연락처는 reder@conncoll.edu이다.

Mary Deane Sorcinelli는 매사추세츠대학교 애머스트캠퍼스에서 교육정책, 연구, 행정 교수이자 부학장이다. 이 대학에서 교육정책, 연구, 행정으로 교육학박사학위를 받았으며, 인디애나대학교 블루밍턴캠퍼스와 이 대학에서 20년 이상 전문성과 조직개발 활동을 이끌어 왔다. 연구 관심사는 신입교수에서 중견교수까지의 학문적 경력개발과정, 신임교수와 저평가교수를 위한 멘토링 프로그램, 북아메리카와 국제적 상황에서 교수개발, 대학 수업의 개선 및 평가와 관련된 일련의 주제들이다. 그녀와 연락하기 위해서는 msorcinelli@acad.umass.edu로 하면 된다.

Christine A. Stanley는 텍사스 A & M대학교의 부총장이자 다양성 관련 부학장, 그리고 고등교육 전공 교수로 재직 중이다. 관심사는 고등교육에서 대학 수업, 다양성, 전문성 개발 등이다. 2003년 이래로 저명한 백인 대학교에서 유색인종 교수의 경험에 초점을 둔 연구를 주로 진행해 왔다. 2000년부터 2001년까지 고등교육 분야 POD 네트워크의 회장을 역임하였다. 그녀의 이메일 주소는 cstanley@tamu.edu이다.

Terri A. Tarr는 인디애나폴리스의 인디애나대학교-퍼듀대학교(IUPUI) 교수학습센터 (Center for Teaching and Learning) 부센터장이며, 심리학과의 외래교수이다. 그녀는 볼주립대학교에서 심리학 학사와 학교 심리학 석사, 그리고 퍼듀대학교에서 발달심리학 전공 철학박사학위를 받았다. 그녀는 시간제 교수진 이슈에 관한 저술과 발표를 하였으며, 1998~2006년에 IUPUI에서 부교수 사무실의 책임자를 역임하였다. 그녀의 연락처는 tatarr@iupui.edu이다.

Michael Theall은 오하이오주의 영스타운에 있는 영스타운주립대학교에서 교사교육에 관한 부교수로 근무하며, 2009년에는 대학 POD 네트워크 회장이었다. 그는 시라큐스대학교에서 교수설계, 개발, 평가 분야에서 박사학위를 받았다. 그는 대학원 과목과 신입생 적응 교과목을 가르치며, 이 대학의 비글리교육대학 교수개발 프로그램을 운영하고 있다. 그는 대학교수, 교원평가, 수업에 대한 학생평가, 교수전문성 개발, 고등교육기관개발, 대학교수학습, 동기 관련 주제 등에 관심이 있다. 연락처는 mtheall@ysu.edu이다.

Franklin Tuitt는 덴버대학교에서 모그리지교육대학의 고등교육 프로그램 디렉터이자 조교수이다. 그는 하버드교육대학원에서 박사학위를 받았다. 연구 분야는 고등교육의 접근성과 평등성, 인종이 다양한 대학 수업에서의 교수학습, 다양성과 조직의 전환성 등에 관한 것들을 포괄한다. 그는 전국적으로 교육 관련 조직의 컨설턴트이자 훈련가로 일해 왔다. 연락처는 ftuitt@du.edu이다.

Linda M. von Hoene는 버클리의 캘리포니아대학교에서 대학원생 강사(Graduate Student Instructor, GSI) 교수자원센터(Teaching and Resource Center)의 디렉터이다. 그녀는 UC 버클리에서 독문학 철학박사학위를 받았다. 그녀는 UC 버클리에서 대학원생을 대상으로 고등교육에서의 교수학습에 관한 코스를 가르치고, 학생 동기 증진을 위한 코스를 설계하며, 고등교육을 모니터링하고 있다. 그녀의 연구는 대학원생과 미래 교수진의 전문성 개발, 코스 설계와 동기, 그리고 페미니스트, 정신분석학과 외국어 교수학습에서 포스트식민주의적 관점에 관심을 두고 있다. 그녀의 연락처는 vonhoene@berkeley.edu이다.

Catherine M. Wehlburg는 텍사스 크리스천대학교에서 평가와 질 제고 부서의 운영 디렉터이다. 그녀는 플로리다대학교에서 교육심리학으로 박사학위를 받았다. 그녀는 교수와 학습을 변화시키는 수단으로서 평가자료를 활용하는 데 관심이 있다. 그녀는 남부대학 및 학교협의회의 대학위원으로 일하며, 기관의 효과성 이슈를 다루는 방문 인증위원으로 활동한다. 연락처는 c.wehlburg@tcu.edu이다.

Todd D. Zakrajsek은 노스캐롤라이나대학교 채플힐캠퍼스의 교수수월성센터의 최고 디렉터이다. 현재 보직 이전에는 센트럴미시간대학교의 수업혁신을 위한 교수센터와 서던오리건대학교의 교수학습센터를 설립하였다. 서던오리건대학교에 있는 동안 그는 심리학과의 정교수였다. Zakrajsek 박사는 학습자 학습과 교수개발에 대한 폭넓은 주제로 저술하며 발표하고 있다. 그는 교수학습에 관한 국내와 국제 콘퍼런스를 총괄하고 있다. 그의 연락처는 tzak@email.unc.edu이다

역자 소개

장은정은 한양대학교에서 교육공학 박사학위를 취득하였으며 동덕여자대학교 교양교직학부와 대학원 교육컨설팅전공 교수로 재직하고 있다. 25년 이상 SK 하이닉스(구. 현대전자산업), LG-CNS, 미래넷, 숙명여대 사이버교육센터, 한양대 사이버대학 팀과 동덕여대 교수학습개발원 원장으로서 이러닝, 교수법, 학습법, 수업컨설팅 등에 관한 실제 개발과 연구 및 교육을 수행해 왔다.

홍성연은 서울대학교에서 교육학 박사학위를 취득하였으며 아주대학교 다산학부대학에서 교직주임 교수로 재직하고 있다. 서울대학교와 가톨릭대학교 교수학습센터에서 근무하였으며 10년 이상 교수지원과 학습지원에 관한 연구를 수행하면서 여러 편의 논문을 출간하였다. 성신여대, 건국대, 서울교대 외 여러 대학에서 수업컨설팅과 교수법 특강을 수행해 왔다.

신종호는 한양대학교에서 교육공학 박사학위를 취득하였으며 아주대학교 다산학부대학 교수로 재직하고 있다. 10여 년 이상 교육기업에서 교육기획 및 이러닝 관련 업무를 수행하였으며, 이후 교수학습개발센터 전담교수로서 혁신 교수방법 개발 및 적용, 수업컨설팅, 학습분석, 이러닝, 수업 테크놀로지 등에 관한 연구와 교육을 수행해 왔다.